D1452406

SCRIPTORUM CLASSICORUM
BIBLIOTHECA OXONIENSIS

OXONII

E TYPOGRAPHEO CLARENDONIANO

DELECTUS EX
IAMBIS ET
ELEGIS GRAECIS

EDIDIT

M. L. WEST

OXONII
E TYPOGRAPHEO CLARENDONIANO

Oxford University Press, Walton Street, Oxford OX2 6DP

Oxford New York Toronto
Delhi Bombay Calcutta Madras Karachi
Kuala Lumpur Singapore Hong Kong Tokyo
Nairobi Dar es Salaam Cape Town
Melbourne Auckland Madrid
and associated companies in
Berlin Ibadan

Oxford is a trade mark of Oxford University Press

Published in the United States by
Oxford University Press Inc., New York

British Library Cataloguing in Publication Data

Delectus ex iambis et elegis Graecis.—(Oxford
classical texts).
1. Greek poetry
I. West, Martin Litchfield   II. Series
884'.01'08   PA3443   77-30251
ISBN 0-19-814589-6

3 5 7 9 10 8 6 4 2

Printed in Great Britain
on acid-free paper by
Ipswich Book Co. Ltd.
Suffolk

PRAECENTIO

Si quibus antiquis Elegeia sive quis Iambus
    risit poetis, tempus et pepercit,
ante voluminibus largissimus edidi duobus:
    horum medullas ecce nunc in arto.
Advenit Archilochi carmen leve, quo calet senectus
    nunc omnis ut cum filia Lycambae.
Nil muto numeros dum frustula supprimo minora:
    idem citandi qui prius valet mos.
Non iam quisquilias criticus dabit apparatus omnes,
    αἴδεone libris scripserint an αἴδευ;
nec ratio dabitur qua suaserit huc vir eruditus
    punctum vel illuc esse transferendum.
Est opus emunctum; sed et utile miscuisse dulci
    conabar — an spes impudens fefellit?
I liber, emptorum tempta vada nunc egentiorum:
    me ducet in nouos Camena saltus.

CONSPECTUS

SIGLA, BREVIATA

[ ]	textus periit (in Theognideis : excerptoris supplementum
⌞ ⌟	testis antiquissimus periit
⟦ ⟧	delevit scriba
{ }	delenda censeo
⟨ ⟩	inserenda censeo
‖‖‖	rasura unius litterae
*	fragmentum sine auctoris sive generis indicio certiore receptum
⊗	initium vel finis carminis
a.c.	ante correcturam
ci.	coniecit, coniectura
m²	manus altera
Π	papyrus
p.c.	post correcturam
sscr.	suprascripsit, cum suprascripto
u.v.	ut videtur
De siglis	× > < in Theognideis vide p. 185.

Auctor supplementi si non nominatur, scito eum esse qui papyrum primus edidit.

ix

ADESPOTA ELEGIACA

1 Plato, *Resp.* 368a οὐ κακῶς εἰς ὑμᾶς, ὦ παῖδες ἐκείνου τοῦ ἀνδρός, τὴν ἀρχὴν τῶν ἐλεγείων ἐποίησεν ὁ Γλαύκωνος ἐραστής, εὐδοκιμήσαντας περὶ τὴν Μεγαροῖ μάχην, εἰπών·

⊗ παῖδες Ἀρίστωνος, κλεινοῦ θεῖον γένος ἀνδρός.

*2 Plato, *Prot.* 344d; Xen. *mem.* 1. 2. 20
αὐτὰρ ἀνὴρ ἀγαθὸς τοτὲ μὲν κακός, ἄλλοτε δ' ἐσθλός.

*2a Plato, *Phaedr.* 241d
ὡς λύκοι ἄρν' ἀγαπῶσ', ὡς παῖδα φιλοῦσιν ἐρασταί.
Cf. schol. Hom. *Il.* 22. 263; Diogen. 8. 76.

3 Arist. *Eth. Nic.* 2. 5 p. 1106ᵇ35
ἐσθλοὶ μὲν γὰρ ἁπλῶς, παντοδαπῶς δὲ κακοί.

*4 Ib. 8. 5 p. 1157ᵇ13
πολλὰς δὴ φιλίας ἀπροσηγορία διέλυσεν.

*5 Id. *Eth. Eud.* H 2 p. 1236ᵃ36; 10 p. 1242ᵇ25
οὐκέτι γιγνώσκουσιν Ἀθηναῖοι Μεγαρῆας.

---

2 ὁτὲ Xen. cod. unus
2a ἄρν' Hermias ad Plat., schol. Hom. v.l.: ἄρνας codd. Plat., schol. Hom. v.l.: αἶγ' schol. Hermog.

I

6 Arist. *Ath. Pol.* 20. 5 ἔτι δὲ πρότερον τῶν Ἀλκμεωνιδῶν Κήδων ἐπέθετο τοῖς τυράννοις, διὸ καὶ ᾖδον καὶ εἰς τοῦτον ἐν τοῖς σκολίοις·

> ἔγχει καὶ Κήδωνι διάκονε, μηδ᾽ ἐπιλήθου,
> εἰ χρὴ τοῖς ἀγαθοῖς ἀνδράσιν οἰνοχοεῖν.

Ath. 695e inter scolia.

7 Theophrastus, *de ventis* (= fr. 5 Wimmer) 51 καὶ τῶν ἐν παροιμίᾳ λεγομένων πρός τινας τόπους ἔνια, ὡς περ⟨ὶ⟩ τοῦ Ἀργέστου καὶ Λιβός, ᾗ χρῶνται μάλιστα περὶ Κνίδον καὶ Ῥόδον·

> ⊗   Λὶψ ἄνεμος ταχὺ μὲν νεφέλας, ταχὺ δ᾽ αἴθρια ποιεῖ·
> Ἀργέστηι δ᾽ ἀνέμωι πᾶσ᾽ ἕπεται νεφέλη.   ⊗

8 Chrysipp. π. ἀποφατικῶν 9 (*Stoic. fr.* ii. 54. 24)

> ⊗   οὔ μοι ἔτ᾽ εὐκελάδων ὕμνων μέλει οὐδ᾽ ἔτι μολπῆς.

10 Polyb. 15.16.6

> ἐσθλὸς ἐὼν ἄλλου κρείττονος ἀντέτυχεν.

Exscripsit *Suda* s.v. ἐπιβολή (ii. 350. 6 Adler), addito τοῦτο δέ φασι περὶ Ὕλλου τοῦ Ἡρακλείδου καὶ Ἐχέμου τοῦ Τεγεάτου.

11 Dion. Hal. *de comp. verb.* 201

> κοῦραι ἐλαφρὰ ποδῶν ἴχνι᾽ ἀειράμεναι.

*12 Plut. *Alex.* 53. 5 ex Hermippo (fr. 49 Müller, *F.H.G.* iii. 47)

> ἐν δὲ διχοστασίηι καὶ ὁ πάγκακος ἔλλαχε τιμῆς.

---

6 εἰ δὴ χρὴ τοῖς Ath.
8 οὐδέ τι Letronne
10 fort. ἄντ᾽ ἔτυχεν
11 fort. recentioris poetae   ἐλαφροπόδων dett. (MV)   ἴχνεα V

ADESPOTA ELEGIACA

Id. *Nic.* 11. 3, *Sull.* 39. 3 (*comp. Lys. et Sull.* 1. 3), *de frat. amore* 2 p. 479a; Paroem. Gr. i. 76. 2; imit. Com. adesp. 51 - 2 Kock ἐν δὲ διχοστασίῃσι καὶ ᾿Ανδροκλέης πολεμαρχεῖ, et ἐν γὰρ ἀμηχανίῃ καὶ ὁ Καρκίνος ἔμμορε τιμῆς.

*13 Plut. *Them.* 18. 3; *reg. et imp. apopth.*, *Them.* 8 p. 185c "ὦ μειράκιον," εἶπεν, "ὀψὲ μέν, ἀμφότεροι δ᾿ ἅμα νοῦν ἐσχήκαμεν".

14 Ps.-Plut. *cons. ad Apoll.* 26 p. 115a
  τοιάδε ( ) θνητοῖσι †κακὰ κακῶν† ἀμφί τε Κῆρες
  εἰλεῦνται, κενεὴ δ᾿ ἔκδυσις οὐδ᾿ ἀθέρι.

16 Ps.-Herodian. *Philet.* 167 p. 59 Dain (et excerpta 72 p. 80)
  ὀλίγης ἐστὶ διδασκαλίας.

17 Paus. 4. 16. 6
  ⊗ ἔς τε μέσον πεδίον Στενυκλήριον ἔς τ᾿ ὄρος ἄκρον
  εἵπετ᾿ ᾿Αριστομένης τοῖς Λακεδαιμονίοις.

19 Ath. 337e
  ἀνδρὶ μὲν αὐλητῆρι θεοὶ νόον οὐκ ἐνέφυσαν,
  ἀλλ᾿ ἅμα τῶι φυσῆν χὠ νόος ἐκπέταται.

20 Apthonius, Gramm. Lat. vi. 112
  ἡμεῖς δ᾿ εἰς ῞Ελλης πόντον ἀπεπλέομεν.

---

12 ἔμμορε *frat. am.*, *Nic.* cod. unus, Paroem. cum comico
13 subesse videtur primus versus elegi, ὀψὲ μέν, ἀμφότεροι δ᾿ ἅμα νοῦν ἐσχήκαμεν ὦ παῖ. si recte video, Themistocles fertur versum iam notum scite in suum convertisse usum
14 fort. Callimachi, v. P. Sorb. 2248 (b) 1 in *RÉG* 89, 1976, 75
1 κακῶν κακά Wilamowitz (antea requiram τοῖ᾿ ἔχεται)   2 ἔκδυσις olim Bergk : εἴσδυσις codd.   ἀθέρι Wilamowitz : αἰθέρι codd.
20 fort. Antimachi

3

ADESPOTA ELEGIACA

21 Stob. 1. 1. 6

Ζεὺς πάντων αὐτὸς φάρμακα μοῦνος ἔχει.

22 Id. 1. 8. 15

οὐκ ἔστιν μείζων βάσανος χρόνου οὐδενὸς ἔργου,
ὃς καὶ ὑπὸ στέρνοις ἀνδρὸς ἔδειξε νόον.

23 Ib. 16

ὤφελεν ὡς ἀφανὴς οὕτω φανερώτατος εἶναι
καιρός· ὃς αὐξάνεται πλεῖστον ἀπ' εὐλαβίης.

•24 Id. 4. 10. 10 Εὐριπίδου ἐκ Τηλέφου (= fr. 702 N.²)

†τόλμ' ἀεὶ κἄν τι τρηχὺ νέμωσι θεοί.

25 Schol. Eur. *Andr.* 184

ἡ νεότης ἀσύφηλος ἀεὶ θνητοῖσι τέτυκται·
εἰ δὲ δίκην βλάπτοι, πουλὺ χερειοτέρη.

26 Macar. 8. 39 (Paroem. Gr. ii. 219. 10)

τὸν φρουρὸν φρουρεῖν χρή, τὸν ἐρῶντα δ' ἐρᾶν.

---

21 huc pertinere potest nomen συνά⁸ in marg. cod. F paullo inferius additum; in quo σιμωνίδου latere posse monuit Wachsmuth *πάν-των* Grotius : *πάντως* codd.

22-23 codd. FP. Ad 23 adscriptum est in F ἀγάθωνος, in P ἀγά-θωνος μόνου; Agathonem ad 22 transfert, tum σιμωνίδου truncatum videt Wachsmuth

23 1 ὤφελον FP : corr. Grotius

24 codd. SMA *τόλμης ἀεὶ* A, unde δεῖ Meineke : *τόλμα δή* Bergk : *τόλμα σύ* Nauck ut sit trimeter *τραχὺ νείμωσιν* Bothe *νέμωσιν* S¹M

25 2 ut supra (sed πολὺ) M : εἰ δὲ δίκαιον οὐ δύναται ἔχειν χερειο-τέρα O

26 χρὴ· φρουρεῖν libri : transp. Bergk

4

27 P. Berol. 13270, ed. Schubart-Wilamowitz, *BKT* v (2). 62

⊗ χαίρετε συμπόται ἄνδρες ὁμ[. . . . . . · ἐ]ξ ἀγαθοῦ γὰρ
   ἀρξάμενος τελέω τὸν λόγον [ε]ἰς ἀγα[θό]ν.
   χρὴ δ', ὅταν εἰς τοιοῦτο συνέλθωμεν φίλοι ἄνδρες
      πρᾶγμα, γελᾶν παίζειν χρησαμένους ἀρετῆι,
5 ἥδεσθαί τε συνόντας, ἐς ἀλλήλους τε φ[λ]υαρεῖν
      καὶ σκώπτειν τοιαῦθ' οἷα γέλωτα φέρειν.
   ἡ δὲ σπουδὴ ἐπέσθω, ἀκούωμέν [τε λ]εγόντων
      ἐν μέρει· ἥδ' ἀρετὴ συμποσίου πέλεται.
   τοῦ δὲ ποταρχοῦντος πειθώμεθα· ταῦτα γάρ ἐστιν
10   ἔργ' ἀνδρῶν ἀγαθῶν, εὐλογίαν τε φέρειν.   ⊗

28 P. Oxy. 2327 fr. 1 + 2(a) col. i. 3-12, ed. Lobel

⊗? ο]ὐ δύναμαι, ψυχ[ή,] πεφυλαγμένος ε[ἶ]ναι ὀπηδός·
      χρυσῶπιν δὲ Δίκ[ην ἅζ]ομαι ἀχνύμενος,
5 ἐ]ξ οὗ τὰ πρώτιστα νεο[τρεφέ]ων ἀπὸ μηρῶ[ν
      ἤ]μετέρης εἶδον τέρμ[ατα πα]ιδεΐης,
   κ]υά[ν]εον δ' ἐλεφαντίνεόν [τ' ἀνεμί]σγετο φέ[γγος,
   . . . . .] δ' ἐκ νιφάδων [. . . . . (.) ἰ]δεῖν.
   ἀλλ' αἰδ]ὼς ἤρυκε, νέου δ.[. .] . ι[   ] ὕβριν
10   ]ἐπέβη[   ]νοι·
                                                   ]οφύλλοις
                                  ← ? ἀκροπόλοις]

---

27 1 ὁμ[ήλικες Schubart   6 φέρει edd.   10 φέρει edd.
28 3 fort. ψυχ[ηι] Π : vocativum praefero   4.ᐟ.]ομαι Π:
ἅζ]ομαι vel αἴδ]ομαι Barigazzi   5 νε sscr. ·δι· Π : supplevi
6 supplevi   7 ελεφαντι[textu, marg. ελεφαντίνεον Π : κ]υά[ν]εον
δ' ἐλεφαντι[νέω cum v.l. [κυανέω δ'] ἐλεφαντίνεον ci. Merkelbach :
possis et κ]υά[ν]εον δ' ἐλέφαντι νέον[συνεμί]σγετο   φέ[γγος Merkelbach
8 e.g. καλῶν] δ' ἐκ νιφάδων [ἦν ζοφοειδὲς ἰ]δεῖν   9].σηρυκε,νρ.[
textu, marg. νεουδ'.[ ].ι· Π   10 απιω επεβη[   ] marg. (Apio
grammaticus?)   11 ἀκριτ]οφύλλοις Lobel   12 marg. ακρο-
ποροις α[et infra rursus α.[, ubi ακ[ροπολοις ci. Lobel

5

58 P. Oxy. 2327 fr. 27 col. ii

    (fragmenta versuum v)

    θ[   ]πτολε[

    τολ[   ]αρα[

    ὄφρ' ἀπὸ μὲν Μήδ[ων

    καὶ Περσῶν, Δώρου δ[

10   παισὶ καὶ Ἡρακλέος[

    .(.)]δ' ἐπεὶ ἐς πεδίον[

    εἰ]σωποὶ δ' ἔφ[α]νεν[

    ]ρεστε[.]οντ[

60 Ib. fr. 31 col. ii

    .]ω...[

⌒   ποντοβοα[

×   πειθωντα[

    ὡς ὑπὸ σάλ[πιγγος

5   παισὶν μη[

    Φρυξί τ[ε

    Φοινίκω[ν

    ἦλθ[

61 P. Oxy. 2507, ed. Lobel

           ]νοσ[

           ]λος ατε[

       ].η πολυω[νυμ-

       ]μιν πῆμ' ἐφύτ[ευσε βροτοῖς

---

58 non liquet utri sint pentametri, nisi sumas col. i, sicut Π fr. 2 i, numerum versum continuisse imparem; quod si ita est, hexametri erunt vv. 7, 9, etc.   7 ọ : aut ạ   10 ọς sscr. υ   11 οἱ] Lobel   επιεσ Π a.c., επειεισ p.c.   12].ὠποιδέφ[.]ν⟦θ⟧ν[(sscr. ε[) Π, vel fort. φ[.]ν⟦θη[ἔφ[α]νεν non vult Lobel

60 1, 3, etc. hexametri erunt si et hic factum est ut ad fr. 58 posui 5 possis Μη[δείων, vel Μη[δείης (cf. 58. 9-10)

61 4 fort. de ferro e.g. σχετλίη· ἦ μέγα] μιν : ἡ]μὶν vel ὑ]μὶν Lobel ἐφύτ[ευ- Lobel, cetera ego

5 .   ο]ὺκ ἂν ἔγωγε μ[
.   ]των φάσγανον[
.   ]ην μοι κεχαρισμ[έν-
.   ]νεην Θεσσαλ[
.   ]στος 'Αθηναίησ[
10 .   ]ν δῶρον ἐπιστ[αμεν-
.   ἀ]λκὴν ἐρρύσατο .[
.   ]δακρυόεντα β[έλεα
.   ]η πυρὶ μὲν πολυ[
.   ]γος λάμπετο και[ομεν-

62 P. Oxy. 2508, ed. Lobel

.   ]ην τετράφαλον[
.   ]τοῖσιν ἔβη ταχύ[
.   ]ὲν γὰρ τοῦτ' ἔπος ᾳ[
.   ]ισιν ἔνα πρόμον[
5 .   ].ας ἀσπίδας ἀντ[
.   ].τείνηισι Καρύσ[τι-
.   ]ον χῶρον 'Ερετρ[ιέων
.   ]ν ἔργον ἐμήσατ[ο
.   ]πάλων βουσὶν ἐσ[
10 .   ]ης ἐς ἀνάκτορ[ον
.   ]δυσμενέων ἐ[
.   ]ο̬ υσα μένει̭ δ.'[
.   ]ωνδ' εἶπε τάδ[
.   ἐ]ροπὴν θωρή[

---

61 6 vel]γ   8 fort. κυ]νέην θεσσαμ[εν- Tarditi   9 sq. e.g.
ἦν χαλκεὺς κάμ' ἄρι]στος, 'Αθηναίης [πολυτέχνεω | 'Ηφαίστου τ' ἀγα-
θὸ]ν δῶρον ἐπιστ[άμενος   11 fort. β[vel ρ[12 supplevi
14 aut]τ
62 1 e.g. κυνέ]ην   3 ἐν Lobel propter accentum   5 ἀμφ[
sscr. ντ   9 ἀντι]πάλων Lobel   10 ἐ π (sic) sscr. ς   12 vel
]φ fort. longius haec littera ab]υσα distitit   ι p.c. u.v.; sscr. ρ vel
post gravem ι

7

15   ]ν ἄνδρα Διὶ ξυ[ν
          ]ς ἐχέτω δόμο[
               ]ἀνέρα· τὼσφ.[
     ]λος ἔβη[
     (fragmenta versuum vii)

ADESPOTA IAMBICA

1 - 35. TRIMETRI RECTI

1 Heraclides Lembus π. πολιτειῶν 34 Dilts τὴν δὲ πολιτείαν
τῶν Σαμίων Συλοσῶν ἠρήμωσεν· ἀφ' οὗ καὶ ἡ παροιμία·

  ἔκητι Συλοσῶντος εὐρυχωρίη.

Strabo 14. 1. 17 p. 638; Zenob. vulg. 3. 90 (Paroem. Gr. i.
79. 12) = Zenob. Ath. 2.21.

2 Cic. *ad Att.* 6. 3. 1

          πολλὰ δ' ἐν μεταιχμίωι
    Νότος κυλίνδει κύματ' εὐρείης ἁλός.

3 Strabo 14. 1. 30 p. 644

    Ἄβδηρα, καλὴ Τηΐων ἀποικίη.

---

62 17 fort. ạ [
     Adesp. iamb.   **2** 2 vel κυλινδεῖ   εὐρέης Lobel
     3 Anacreonti tribuit Crusius

8

4 Herodian. π. παθῶν, ii. 266 Lentz

γηρεὶς ἐν οἰκίοισι.

5 Iuba Artigraphus ap. Rufinum, Gramm. Lat. vi. 561

⊗? Ξάνθηι παλαιῆι γρη⟨ΐ⟩, πολλῆισιν φίληι.

6 Hesych.

× — Πριηπίδος τε τῆς πρὸ Βοσπόρου.

35 P. Oxy. 2320, ed. Lobel

```
       ] . . . . . . . . νειδ. καλὸν.[
       ]ἀκρ[ο]β[η]μάτιζε καὶ βι[
       ]ασ.ε . . . τρις· ᾱ.[.]..[
       ] . . . . . . . . . . . . με.α[
   5   ] . μ . . τ . . . . . . . . . . [
       ]ν ἆρα κἀσεβέως εἴργα[σμέν-
       ].ευ Φιλάνθη τεύξε[
       ].νεκείνη γ' ἀνδρὸς ἢ' ἐρινύω[ν
       ]η τό γ' αὐτὸς ἴσθι· πολλά τοι κακὰ[
  10   ]σσα θεοσύλησιν ἀνδράσιν θ[εοὶ
       διδοῦσιν, ὅ]στις περὶ φίλους ἁμαρτ[άνηι.
       ἀλλ' οὐδέ]πω τις ἄλλος οὔτε μητέρα[
       προδοὺς] μέγ' εὖρε κέρδος οὐδ' ἀδελφ[εήν.
```

---

4 οἰκίοισι Sylburg : οἰκέοισι Et. Gen. A B : οἰκέουσι Magn.
5 πολλοῖσιν Bergk
35 fort. Archilochi. Tetrametros esse posse monuit Lobel, in quo genere tamen caesuras quales exhibent vv. 2 et 10 non inveniri ante tragicos.   2 βι[vel βρ[: Hesych. βρυανιῶν (-ίων cod.)· μετεωρι-ζόμενος καὶ κορων⟨ι⟩ῶν confert Lobel   6 Peek   e.g. εἴργα[σμένων | πρὸς] σέο Φιλάνθη τεύξε[ται τιμωρίης   8]. : η, ι, ω   ἤ Π   9 fort. καὶ δ]ὴ   10 e.g. ἔσθ' ὅ]σσα (vel ἅ]σσα), κἀβυ]σσα   ανθρασιν Π   θ[εοὶ Peek   11 - 14 initia supplevi (οὐδέ]πω et ἀμοι]βή Lobel)   11 vel ἁμαρτ[άνει (Lobel)   13 possis φθείρας], περνὰς], alia ουδ sscr. τ

ἕξει σ' ἀμοι]βή· ταῦτ' [ἐ]γὼ μαντεύρ[μαι·

15]μ' αὐτῆς μῆλ' ἐπισφάζει[

]μοῖρα νηλεὴ[ς] κιχή[σεται

οὐ μ]αλάξεις θυμὸν οὐδεκ[

οὐδὲ]ν ἐοῦσαν αἰτίην ἀπώλεσα[ς

]αγτ[.]καιλαοισιν ἀνδα[ν

20]··[

2 Hesych. ἀκροβημάτιζε·· ἐπ' ἄκροις τοῖς βήμασιν ἵστασο.

36 - 8. TETRAMETRI

36 Plut. *de cohib. ira* 9 p. 457c

βαῖνε λὰξ ἐπὶ τραχήλου, βαῖνε καὶ πέλα χθονί.

37 Plut. *non posse suav. viv. sec. Epic.* 21 p. 1101f

⟨—⟩ παχυσκελὴς ἀλετρὶς πρὸς μύλην κινουμένη.

38 P. Oxy. 2317, ed. Lobel

.. ε.[.]ποιερ[..].υπαντωγ[

.]..νος· .(.)δ[...]ριμε....[

....] ἐπικροτέωγ[

..]εβαμβάλυζε· πολλ[ὰ

---

35 14]βη[ν] Π   15-16 e.g. κεἰ πάνθ' ἁ]μ' αὐτῆς μῆλ' ἐπισφάζει[ς
γάμῳ, | πάντως σε] : ἐπισφ. [θεοῖς Peek   17 κ[αρδίην Peek
18 init. e.g. ὃς, ὅτ', ὡς   ἐῦσαν Π   19 sc. καὶ ἰλάοισιν. e.g.
οὐκ ἔστι π]άντ[α] καιλάοισιν ἀνδά[νειν | θεοῖσι
36 fort. Solonis (divitum praecepta referentis)
37 (Com. adesp. 55 Kock)   fort. μύλῃ   βιν- potes vel
legere vel intellegere : si Ionicum est, lege -εομένη
38 fort. Archilochi   1-2 fort. — ∪ —ποιέω[ν] σὺ πάντων [... |
μ]οῦνος   2 ε., sscr. ι, fort. μὲν cum v.l. μιν   3 [ὀδόντας
Peek   4 Peek

5   καὶ τὸ μὲν φυγεῖν ὅταν δη[
     ἀνδράσιν κείνοις χολωθεὶ[ς
     δυσμενέων κομῆτα παιδ[
     οὔ σε τοῦτ' ἤισχυνεν οὐδεν[
     ὡς ἀπ' εὐεργέα τινάξας ἐτρ[άπης
10 καὶ γὰρ ἀλκιμωτέρους σέο κατα[
     ταῦτ' ἐπηβόλη[σ]ε· θεοὺς γὰρ οὐκ ἐνίκ[ησεν βροτός·
     ἀλλ' ὁτεούνεκεν πρὸ πάντων εκ[
     ἦλθες ἐκπλ[...]ς ἐφ' ὑγρὰ κύματ[' εὑρέης ἁλὸς
     ἀδρυφής, ου[...]ρσε[......]ρκλεϊ[
15 ἀλλαπαρθε[.........]δεμ.[
   .[..π]όλιν π[...........]ναγγ[
   ....]ι· πολ.[
   ....].ρς· π[

39 - 48. TRIMETRI VEL TETRAMETRI

*39 'Longinus' de subl. 34. 4
      καρδίηι νήφοντος ἀργά.

Cf. Plut. de garrulitate 4 p. 503f τὸ γὰρ ἐν τῇ καρδίᾳ τοῦ νήφοντος ἐπὶ τῆς γλώττης ἐστὶ τοῦ μεθύοντος, ὡς οἱ παροιμια-ζόμενοι λέγουσιν, = Paroem. Gr. i. 313. 9, ii. 219. 11, 687.18.

---

38 5-7 e.g. καὶ τὸ μὲν φυγεῖν ὅταν δὴ [χρεώ τις, οἷα καὶ τότε] ἀνδράσιν κείνοις χολωθεὶ[ς θεὸς ἐπώτρυνε στρατὸν] δυσμενέων, κομῆτα Π : Κομῆτα Peek   παῖδ[ων Latte   8 e.g. ν[έμεσίς ἐστιν, ἀσπίδα   9 Peek   10 σεῦ Π   e.g. κατα[λαβόντα δείματα 11 Peek; vel -σαν βροτοί   12 οτευνεκεν Π   ἐκ[κριθεὶς στρατη-λάτης Peek : malim ἐκ[λιπὼν στρατηίην   13 ἐκπλ[εύσα]ς Peek, potuit et ἐκπλ[ώσα]ς; an ἐκπλ[αγεὶ]ς? fin. e fr. 2, quod contulit Lobel   14 e.g. οὐ[κ ὦ]ν σε [τούτων] ἐκλεῖ[ζομεν χάριν 16 fort. ἀ[νὰ π]όλιν
39 de Anacreonte cogitat Russell

ADESPOTA IAMBICA

39a Ath. 126f

ἄκικύς εἰμι κωλιγοδρανέω.

43 - 48 P. Oxy. 2328, ed. Lobel : glossae ad iambum

43 (Col. ii) ....[.].[·] Κάρ.

44 γηλείτης· ἀναμάρτητος.

45 τοὺς ἀπεσκολυμμένους· τοὺς κεκακουχημένους.

46 συκοτραπέζωι· μὴ ἔχοντι [ἄ]ρτον ἀλλὰ δι' ἔνδειαν .[σῦκα τρώγοντι.

47 (Col. iii) ἐμπαλ{λ}αγ[μα(τ-)· τε]ταραγμέν[

48 μῦς[·] ἡ ἰγ[νύα.

49 - 53. TRIMETRI CLAUDI

49 Arist. *de part. anim.* Γ 10 p. 673ᵃ19 τοῦ γὰρ ἱερέως τοῦ 'Οπλοσμίου Διὸς ἀποθανόντος, ὑφ' ὅτου δὲ δὴ ἀδήλως, ἔφασάν τινες ἀκοῦσαι τῆς κεφαλῆς ἀποκεκομμένης λεγούσης πολλάκις †ἐπ' ἀνδρὸς ἄνδρα Κερκιδᾶς ἀπέκτεινεν.

50 Io. Philop. τονικὰ παραγγέλματα p. 32 Dind. (Lentz, Herodian. i. 495)

× — ‿ "βαύ βαύ" καὶ κυνὸς φωνὴν ἱείς.

39a nuper agnovit Lloyd-Jones; fort. Archilochi
49 fort. ἄνανδρος et Κερκιδᾶς ⟨μ'⟩
50 fort. ⟨λάσκων⟩ vel sim.   ἱείς pro ἵεις W. Dindorf   καὶ
—ἵεις; alteri personae dat Knox

51 Schol. *B (Porphyrius ?) Hom. *Il.* 9. 539, "χλούνην"...
ἄλλοι δὲ κακοῦργον, καὶ γὰρ τῶν ἀρχαίων ἰαμβοποιῶν τινα
φάναι·

ἀνὴρ ὅδ' ⟨   ⟩ ἑσπέρης καθεύδοντα
ἀπ' ὧν ἔδυσε ⟨   ⟩ χλούνην.

52 Schol. Ar. *Av.* 704
ἐγὼ μὲν ὦ Λεύκιππε δεξιῆι σίττηι.

53 Phot. *lex.* ii. 33 Naber
ὁ τὸν κυσὸν τρωθεὶς
†ἤδη αἰσώπου† μάλιστα τοῦ κράνους χρεία.

54 - 5. TRIMETRI VEL TETRAMETRI CLAUDI

54 Epimerismi, *An. Ox.* 371. 19 Cramer
ζῷον ἐν πυρὶ σκαῖρον·
ἡ σαλαμάνδρα.

55 Schol. Plat. *Leg.* 968e = Zenob. vulg. 4. 23 (Paroem. Gr.
i. 90. 5) "ἢ τρὶς ἓξ ἢ τρεῖς κύβοι"· ...τοὺς δὲ κύβους τοὺς
τοιούτους οἱ Ἴωνες καλοῦσιν οἴνας, καὶ τὴν παροιμίαν οὕτως
ἐκφέρουσιν·

ἢ τρὶς ἓξ ἢ τρεῖς οἶναι.

---

51 2 ἄπουν ἔδησε cod. : corr. Hermann (οὖν), Schneidewin   ⟨νῦν
δ' ἄρ' ἔλαβον τὸν⟩ χλούνην Hiller
52 ἐγὼ : an ἐρῶ(μεν)?   ὡς schol.   λευκίππη schol., *Suda*:
corr. Bentley
53 2 ἤδεις ὅπου Dobree   χρείη Bergk, potuit etiam κράνεος
54 vel ζωόν

55a O. Edfu 326

> ἔπος δ' ἐφώνησεν τόδε·
> "σὸν τὸ κράτος βασιλεῦ."
> {σὸν τὸ κράτος ἱέραξ.}

56 Schol. M [Aesch.] *Prom.* 400

> οἴχεται
> τὸ κλέπος αὐτὸς ἔχων.

57 *Suda* iii. 443. 13 Adler

> ναὶ ναὶ μὰ μήκωνος χλόην·

ὅρκος ἐπὶ χλευασμῷ.
Cf. ib. 315. 31 ; *Append. prov.* 3. 100 (Paroem. Gr. i. 435. 8).

58. INCERTI GENERIS

58 Herodianus, v. ad Hippon. 155b

> οὐ γὰρ μὰ τὸν Καδμῖλον

AESCHYLUS

Atheniensis
cita sis 'fr. eleg.' ca. 525-456

Dubium est num quid elegiacum praeter epigrammata reli-

55a Archilochi esse conieci, v. *ZPE* 32 (1978), 1 - 5
56 et metro et re simile est Hippón. 117
57 Callimachum sapit
58 v. ad Hippon. 155b

14

querit: fr. 2 sepulcro aptum est, neque contra facit quod
Theophrastus·ἐν ταῖς ἐλεγείαις apponit; fr. 1 ad elogium
referre in promptu est cuius mentionem facit Vita
Aeschyli 8.

1 Plut. *quaest. conv.* 1. 10. 3 p. 628de Γλαυκίας δὲ ὁ ῥήτωρ
καὶ τὸ δεξιὸν κέρας Αἰαντίδαις τῆς ἐν Μαραθῶνι παρατάξεως
ἀποδοθῆναι, ταῖς Α΄.σχύλου †τὴν μεθορίαν ἐλεγείαις πιστούμενος,
ἠγωνισμένου τὴν μάχην ἐκείνην ἐπιφανῶς.

2 Theophrastus, *hist. plant.* 9. 15 καὶ γὰρ Αἰσχύλος ἐν ταῖς
ἐλεγείαις ὡς πολυφάρμακον λέγει τὴν Τυρρηνίαν·
Τυρσηνὸν γενεάν, φαρμακοποιὸν ἔθνος.

AGATHON : v. Adesp. eleg. 23.

ALCIBIADES

Atheniensis
ca. 450 - 404

Schol. Aristid., iii. 444. 23 Dindorf ἄλλοι δὲ λέγουσιν ὅτι
ἐκωμῴδουν ὀνομαστὶ τοὺς ἄνδρας μέχρις Εὐπόλιδος· περιεῖλε
δὲ τοῦτο Ἀλκιβιάδης ὁ στρατηγὸς καὶ ῥήτωρ. κωμῳδηθεὶς
γὰρ παρὰ Εὐπόλιδος ἔρριψεν αὐτὸν ἐν τῇ θαλάττῃ ἐν Σικελίᾳ
συστρατευόμενον, εἰπών·

†βάπτε με σὺ/ἐν† θυμέλῃσιν· ἐγὼ δὲ σὲ κύμασι πόντου
βαπτίζων ὀλέσω νάμασι πικροτάτοις.

Aeschylus 1 εἰς τὴν μεθορίαν Stephanus, εἰς τὸ μεθόριον Hecker,
εἰς τὴν Μαραθωνίαν Bergk, omnes cum hiatu
2 τυρρηνὸν codd. : corr. Hermann   'Tusco genere natum'
Alcibiades historia falsa fort. genuinis nata versibus   1 ἐν
schol. : σὺ Tzetz. : βάπτές μ' ἐν Meineke : βάπτε σύ μ' ἐν Hiller.
Eupolidis Baptas significat   2 fort. πικροτέροις

Tzetz. π. κωμῳδίας pp. 20, 27 sq. Kaibel.

Cf. Cic. *ad Att.* 6.1.18 *quis enim non dixit* Εὔπολιν τὸν τῆς ἀρχαίας *ab Alcibiade navigante in Siciliam deiectum esse in mare? redarguit Eratosthenes* (241 F 19); *adfert enim quas ille post id tempus fabulas docuerit. num idcirco Duris Samius, homo in historia diligens, quod cum multis erravit* (76 F 73), *irridetur?*

Fabulam respiciunt etiam schol. Iuv. 2.92 (p.24.10 Wessner), Themist. *or.* 8. 110b, Platonius π. κωμῳδίας p. 4 Kaibel.

ANACREON

cita sis 'fr. eleg.',   Teius
'fr. iamb.'   s. vi pars post.

Suda s.v. Ἀνακρέων (i. 171. 26 Adler) ἔγραψεν ἐλεγεῖα καὶ ἰάμβους Ἰάδι πάντα διαλέκτῳ ... καὶ συνέγραψε παροίνιά τε μέλη καὶ ἰάμβους καὶ τὰ καλούμενα Ἀνακρεόντεια.

ELEGI

eleg.
1 Hephaest. *Ench.* 1. 6, de correptione interna καὶ παρ' Ἀνακρέοντι ἐν ἐλεγείαις·

   οὐδέ τί τοι πρὸς θυμόν· ὅμως γε μὲν ὡς ἀδοιάστως.

eleg.
2 Ath. 463a

   οὐ φιλέω, ὃς κρητῆρι παρὰ πλέωι οἰνοποτάζων
   νείκεα καὶ πόλεμον δακρυόεντα λέγει,
   ἀλλ' ὅστις Μουσέων τε καὶ ἀγλαὰ δῶρ' Ἀφροδίτης
   συμμίσγων ἐρατῆς μνήσκεται εὐφροσύνης.

Anacreon eleg. **2** 1 φιλέω ὃς epit. : φιλεος A : φίλος ὃς recc.
2 λέγῃ Kaibel   4 possis ἐρατῇ ... εὐφροσύνῃ   μνήσεται Franke
an -ετ' ἐϋφρ-?

eg.

3 Schol. Hom. *Od.* 8. 294 καὶ 'Ανακρέων δὲ ὡς πολεμικῶν
μέμνηται (τῶν Σιντίων u.v.)·

τί μοι (φησί) τῶν ἀγκυλοτόξων
†φιλοκιμέρων καὶ Σκυθέων† μέλει;

(4-5 exempla minus certa)

eg.

4 Ath. 460c

οἰνοπότης δὲ πεποίημαι.

eg.

5 'Longinus' *de subl.* 31. 1

Θρηικίης ἐπιστρέφομαι.

IAMBI

mb.

*1 Plut. *de comm. not.* 20 p. 1068b

⊗   ἔστε ξένοισι μειλίχοις ἐοικότες,
στέγης τε μοῦνον καὶ πυρὸς κεχρημένοις.

1 Hephaest. *Ench.* 5. 2 ἀκατάληκτα μὲν δίμετρα, οἷον τὰ

---

3 1 ἀγκύλων τόξων codd. : corr. Cramer   2 ita H : φιλο-
κιμέως Q : ὦ φίλε Κιμμερίων Schneidewin (Cimmerios viderat Cra-
mer), deinde Σιντιέων τε quod ferri nequit : ⟨Σίντεων⟩ φυλό⟨πιδος⟩
Κιμμερίων ⟨τε⟩ Bergk : possis e.g. φύλων Κιμμερίων Σαυροματέων τε
μέλει | ⟨σιντέων⟩
4 non optimum hexametrum faciet; fort. δὴ scribendum (δὲ A,
om. epit.) ut fiant ionici vel choriambi
5 Θρηίκίης ⟨πώλου⟩ Bergk ut sit pentameter
iamb. 1 Anacreonti tribuitur propter Hephaest.   1 ἔσται codd.
(ε sscr. Hephaest. *I*) : ξείνοισίν ἐστε Gentili (transp. iam Barnes)
de μειλίχοισιν οἰκότες cogit. Page   2 fort. κεχρημένοι

'Ανακρεόντεια ὅλα ᾄσματα γέγραπται... τρίμετρα δέ· "ἔστε—
ἐοικότες".

iamb.
2 Anth. Pal. 13. 4 'Ανακρέοντος·
⊗ ἀλκίμων σ' ὦ 'Αριστοκλείδη πρῶτον οἰκτίρω φίλων·
ὤλεσας δ' ἥβην ἀμύνων πατρίδος δουληΐην.

iamb.
3 Iulianus Misop. 38 p. 366b
εὖτέ μοι λευκαὶ μελαίναις ἀναμεμίξονται τρίχες.

iamb.
4 Epimer. in Hom., An. Ox. i. 288. 3 Cramer; Et. Gen./
Magn./Sym. s.v. ἐκκεκωφέαται

αἰ δέ μεο φρένες
ἐκκεκωφέαται.

iamb.
5 Et. Gen./Magn. s.v. κνύζα... παρὰ 'Ανακρέοντι ἐν ἰάμβῳ·
κνυζή τις ἤδη καὶ πέπειρα γίνομαι
σὴν διὰ μαργοσύνην.

Eust. in Hom. p. 1746. 13 ex Herodiano (i. 446. 1 Lentz).
iamb.
6 Zonaras p. 1512 πανδοκεῖον· ... τὸν δὲ μοχλὸν ἐν τῷ χ καὶ
'Αττικοὶ καὶ Δωριεῖς, καὶ "Ιωνες πλὴν 'Ανακρέοντος· οὗτος
δὲ μόνος σχεδὸν τῷ κ· Ζηνόδοτος δὲ ⟨κἀνταῦθα τῷ χ⟩·

---

2 δουλείην cod. : corr. Salmasius
4 1 δέ μευ Epimer. : δεμε Gen. A, Sym. V : δ' ἐμαὶ Gen. B, Magn.
5 1 κνυζή Hoffmann : κνυζῆ Gen. A, κνύζει B, κνύζη Magn.,
κνίζη Eust. : vix κνυζῆτις

18

IAMBI

κοὐ μοκλὸν ἐν θύρῃσι διξῆισιν βαλὼν
ἥσυχος καθεύδει.

Cf. Phryn. *Ecl.* 277 Fischer.

amb.

7 Ps.-Ammonius *de adfin. vocab. diff.* 120 (p. 31 Nickau)
— ∪ ∪ καὶ θάλαμος
οὗ κεῖνος οὐκ ἔγημεν ἀλλ' ἐγήματο.

Item ps.-Herodian. π. ἀκυρολογίας 3 p. 140 Nickau; *Et.
Gud.* ii. 310. 17 de Stefani; Symeonis *synagoge* 168 inedita
(lectiones ap. Nickau); Thomas Magister, *ecl. voc. Attic.*
p. 75. 3 Ritschl; brevius Eust. in Hom. pp. 694. 25, 1678.
58.

ANANIUS

Ion occidentalis
s. vi

'Ανανίας scribit schol. Ar., Tzetz. in Lyc. p. 2. 18 Scheer
(fort. Novi Testamenti memores) : 'Ανάνιος quater Athe-
naeus, et citatio Epicharmi apud eundem, et schol. Hom.

1 - 4. TRIMETRI

1   Ἄπολλον, ὅς που Δῆλον ἢ Πυθῶν' ἔχεις
ἢ Νάξον ἢ Μίλητον ἢ θείην Κλάρον,

---

6 1 καὶ οὐ μοκλὸν ἐν οὔρῃσι δίζῃσι cod. : corr. Bergk (θυρ- iam vir
doctus ap. Fischer, *Anacr.*³, 1793)
7 1 θάλαμος ps.-Hdn. : θαλάμοις ps.-Ammon., Sym. : θάλαμον
Eust., θάλειμονος (sine ἐν ᾧ) cod. *Et. Gud.*   2 οὗ scripsi : ἐν ᾧ libri
Ananius 1 trimetri recti, sed inter claudos stare poterant, cf. 5. 3-5
1 κου Meineke

ANANIUS

ἵκεο †καθ' ἱέρ' ἢ † Σκύθας ἀφίξεαι.

Ar. Ran. 659 sq. *ΔΙΟΝ.* Ἄπολλον—ὅς που Δῆλον ἢ Πυθῶν'
ἔχεις. *ΞΑ.* ἤλγησεν· οὐκ ἤκουσας; *ΔΙΟΝ.* οὐκ ἔγωγ', ἐπεὶ |
ἴαμβον Ἱππώνακτος ἀνεμιμνησκόμην. Schol. ad loc. ὡς
ἀλγήσας καὶ συγκεχυμένος οὐκ οἶδε τί λέγει, ἐπεὶ οὐχ Ἱππώ-
νακτος ἀλλ' Ἀνανίου. ἐπιφέρει δὲ ὁ Ἀνανίας αὐτῷ· "ἢ Νάξον—
ἀφίξεαι."

2 Ath. 625c οὗτός ἐστι Πύθερμος οὗ μνημονεύει Ἀνάνιος ἢ
Ἱππῶναξ ἐν τοῖς ἰάμβοις· ⟨"***". καὶ⟩ ἐν ἄλλῳ οὕτως·

> χρυσὸν λέγει Πύθερμος ὡς οὐδὲν τἆλλα.

λέγει δὲ οὕτως ὁ Πύθερμος (*Melici* 910)· "οὐδὲν ἦν ἄρα τἆλλα
πλὴν ὁ χρυσός".

3 Ath. 78f καὶ Ἀνάνιος δὲ ὁ ἰαμβοποιὸς ἔφη·

> εἴ τις καθείρξαι χρυσὸν ἐν δόμοις πολὺν
> καὶ σῦκα βαιὰ καὶ δύ' ἢ τρεῖς ἀνθρώπους,
> γνοίη χ' ὅσωι τὰ σῦκα τοῦ χρυσοῦ κρέσσω.

Stob. 4. 33. 12 Ἱππώνακτος· "εἴ—κρείσσω".

4 Ath. 370b

> καὶ σὲ πολλὸν ἀνθρώπων
> ἐγὼ φιλέω μάλιστα, ναὶ μὰ τὴν κράμβην.

---

1 3 ἱέρ' V : ἱερὸν Θ : κατ' ἱρὰ πρὶν Meineke ἢ : καὶ vel τί Knox :
possis εἰ vel μὴ...;
3 1 καθείρξει Stob. (SMA) : 'forsan κατείρξαι' Meineke πολλὸν
Musurus 3 γνώῃ σχάσοντας Stob., ubi latere potest γνοίης χ'
ὅσον τὰ (Schneidewin) : κόσον Knox κρείσσω fere Stob. (-ων M,
-ον A)

5· TETRAMETRI

5 Ath. 282b

> ἔαρι μὲν χρόμιος ἄριστος, ἀνθίης δὲ χειμῶνι·
> τῶν καλῶν δ' ὄψων ἄριστον καρὶς ἐκ συκέης φύλλου.
> ἡδὺ δ' ἐσθίειν χιμαίρης †φθινοπωρισμῶι κρέας·
> δέλφακος δ' ὅταν τραπέωσιν καὶ πατέωσιν ἐσθίειν,
> 5 καὶ κυνῶν αὐτὴ τόθ' ὧρη καὶ λαγῶν κἀλωπέκων.
> οἰὸς αὖθ', ὅταν θέρος τ' ἦι κἠχέται βαβράζωσιν·
> εἶτα δ' ἐστὶν ἐκ θαλάσσης θύννος οὐ κακὸν βρῶμα,
> ἀλλὰ πᾶσιν ἰχθύεσσιν ἐμπρεπὴς ἐν μυσσωτῶι.
> βοῦς δὲ πιανθείς, δοκέω μέν, καὶ μεσέων νυκτῶν ἡδὺς
> 10 κἠμέρης.

1 respicit Epicharmus fr. 58 Kaibel.

ANTIMACHUS

Colophonius
s. v/iv

LYDE

Hermesianax fr. 7. 41 sqq. Powell

> Λύδης δ' Ἀντίμαχος Νυσηΐδος ἐκ μὲν ἔρωτος
> πληγεὶς Πακτωλοῦ ῥεῦμ' ἐπέβη ποταμοῦ·
> †δαρδανη δὲ θανοῦσαν ὑπὸ ξηρὴν θέτο γαῖαν
> †καλλίων αἴζαον δ' ἦλθεν ἀποπρολιπὼν

---

5 epitome om. 2-3, 5-6, et praeterea singula verba   1 μὲν
A : δὲ epit.   2 συκῆς Fick   3 suspicor glossema φθινοπώ-
ρῳ illatum esse   κρείας Hermann   5 αὕτη A : αὖ τῇ τόθ'
ὥρη Meineke (τότ' Dindorf) : τρύγητος ὥρη Bergk   6 αὖθ'
Heringa (αὖτ' Dindorf) : αὐτοετ' A   καὶ ἠχέται A   7 fort.
θύννος,   8 fort. ἰχθύσ' ἐστὶν   ἐμπρεπεῖς A   μυσσωτῷ
Schneidewin : μυττωτῷ codd.

45   †ἄκρον ἐς Κολοφῶνα· γόων δ' ἐνεπλήσατο βίβλους
       †ἱερὰς ἐκ παντὸς παυσάμενος καμάτου.

41 Νυσ- scripsi : λυσ- cod.   43 Σαρδιανὴν Hermann : Δαρδανίη
Dalecampius : ἀδρανίη Kaibel   44 κλαίων αἰάζων τ' Ilgen 'Αζειῶν
Harberton   45 fort. ἀβρὴν   46 ἱρὰς Musurus

Ps.-Plut. cons. ad Apoll. .9 p. 106b ἐχρήσατο δὲ τῇ τοιαύτῃ
ἀγωγῇ καὶ 'Αντίμαχος ὁ ποιητής. ἀποθανούσης γὰρ τῆς γυ-
ναικὸς αὐτῷ Λύδης, πρὸς ἢν φιλοστόργως εἶχε, παραμύθιον
τῆς λύπης αὐτῷ ἐποίησε τὴν ἐλεγείαν τὴν καλουμένην Λύδην,
ἐξαριθμησάμενος τὰς ἡρωικὰς συμφοράς, τοῖς ἀλλοτρίοις κακοῖς
ἐλάττω τὴν ἑαυτοῦ ποιῶν λύπην.

---

56   Schol. Ap. Rhod. 1. 211 - 5c, "Ζήτης καὶ Κάλαϊς"... κατα-
λέγει δὲ τούτους (sc. ἐν τοῖς 'Αργοναύταις) καὶ 'Αντίμαχος.

57   P. Berol. 12605 (ostr., iii a. C.), ed. Wilamowitz, Sitz.-
Ber. preuss. Ak. 1918, 741

     ἐν δ' ἱστὸν θῆκεν, λαίφεσι δὲ λινέοις
     σοῦσ' ἐτίθει παντοῖα θεά, πόδας ἠδὲ κάλωας,
     ἐν δ' ὑπέρας στρεπτάς, ὅπλα τε πάντα νεώς.

58   Schol. Ap. Rhod. 1. 1289 - 91a 'Απολλώνιος μὲν οὖν ἀπο-
λελεῖφθαί φησι τὸν 'Ηρακλέα περὶ Κίον, ἐκβάντα ἐπὶ τὴν "Υλα
ζήτησιν... 'Αντίμαχος δὲ ἐν τῇ Λύδῃ φησὶν ὑπὸ τῶν ἡρώων
ἐκβιβασθῆναι αὐτὸν διὰ τὸ καταβαρεῖσθαι τὴν 'Αργώ.

59   Schol. Ap. Rhod. 2. 178-82a, " 'Αγηνορίδης ἔχε Φινεύς"·

Antimachus 57 1 δε | λινεοισ^ι ostr. : priores fort. δελλινεοις pro
δ' ἐν λινέοις   2 fort. θεῇ ut fr. 186   3 fort. νεός

Ἀγήνορος γὰρ παῖς ἐστιν, ὡς Ἑλλάνικος (4 F 95)· ὡς δὲ Ἡσίοδός φησιν (fr. 138 M.-W.), Φοίνικος τοῦ Ἀγήνορος καὶ Κασσιεπείας. ὁμοίως δὲ καὶ Ἀσκληπιάδης (12 F 22) καὶ Ἀντίμαχος.

60 Schol. Ap. Rhod. 2. 296-7a, "Στροφάδας δὲ μετακλείουσ' ἄνθρωποι | νήσως τοῖο ἔκητι, πάρος Πλωτὰς καλέοντες "· Στροφάδας φησὶ κεκλῆσθαι διὰ τὸ τοὺς Βορεάδας αὐτόθεν ὑποστρέψαι στραφέντας εἰς τοὐπίσω, λαβὼν παρὰ Ἀντιμάχου. οἱ δὲ Στροφάδας φασὶν αὐτὰς κεκλῆσθαι καθὸ ἐπιστραφέντες αὐτόθι ηὔξαντο τῷ Διὶ καταλαβεῖν τὰς Ἁρπυίας. κατὰ δὲ Ἡσίοδον (fr. 156 M.-W.) καὶ Ἀντίμαχον καὶ Ἀπολλώνιον οὐ κτείνονται.

b. αἱ Πλωταὶ νῆσοι μετωνομάσθησαν Στροφάδες. μέμνηται αὐτῶν καὶ Ἀντίμαχος ἐν τῇ Λύδῃ.

61 *Et. Gen.* (Miller, *Mélanges* 265) ex schol. Ap. Rhod. 2. 941 Σήσαμοι καὶ Ἐρυθῖνοι· χωρία Παφλαγονίας. οὓς Ἐρυθίνους φησὶν Ἀντίμαχος διὰ τὴν ἐρυθρότητα καὶ διὰ τὴν τοιαύτην χροιάν.

62 Schol. Ap. Rhod. 3. 409-10, "δοιώ μοι πεδίον τὸ Ἀρήιον ἀμφινέμονται | ταύρω χαλκόποδε, στόματι φλόγα φυσιόωντε"· καὶ Ἀντίμαχος ἐν τῇ Λύδῃ Ἡφαιστοτεύκτους τοὺς ταύρους ἀπεφήνατο.
Cf. Schol. Pind. *Pyth.* 4. 398 (d), ii. 152. 2 Dr.

63 Schol. Ap. Rhod. 4. 156-66a ἐν τούτοις καὶ τοῖς ἐφεξῆς φησι τὴν Μήδειαν ἐπιρραίνουσαν ἀρκεύθῳ ⌊τὸ⌋ φάρμακον κοιμίσαι τὸν δράκοντα ἐπάδουσαν, καὶ οὕτω τὸ κῶας ἀνελέσθαι, καὶ χωρισθῆναι ἀμφοτέρους ἐπὶ τὴν ναῦν κοιμωμένου τοῦ θηρίου, συμφώνως Ἀντιμάχῳ.

64 Schol. Ap. Rhod. 4. 1153-4, "κεῖνο καὶ εἰσέτι νῦν ἱερὸν κλη-
ίζεται ἄντρον | Μηδείης, ὅθι τούς γε σὺν ἀλλήλοισιν ἔμειξαν" ...
᾽Αντίμαχος δὲ ἐν Λύδῃ ἐν Κόλχοις πλησίον τοῦ ποταμοῦ μιγῆναι.

65 Schol. Ap. Rhod. 4. 259, de reditu Argonautarum ῾Ησίοδος
δὲ (fr. 241 M.-W.) καὶ Πίνδαρος ἐν Πυθιονίκαις (cf. 4. 25 -7)
καὶ ᾽Αντίμαχος ἐν Λύδῃ διὰ τοῦ ᾽Ωκεανοῦ φασιν ἐλθεῖν αὐτοὺς
εἰς Λιβύην, καὶ βαστάσαντας τὴν ᾽Αργὼ εἰς τὸ ἡμέτερον πέλαγος
⟨παρα⟩γενέσθαι.

66 Ath. 469e

τότε δὴ χρυσέωι ἐν δέπαϊ
῾Ηέλιον πόμπευεν ἀγακλυμένη ᾽Ερύθεια.

67 Phot. lex. ii. 24 Naber = Suda iii. 552. 22 Adler
†γενεᾷ Καβάρνους θῆκεν ἀβακλέας ὀργειῶνας.

Cf. Harpocr. s.v. ὀργεῶνας (p. 225. 2 Dindorf).

68 Porphyrius in Hom. Il. 6. 200 (pp. 94-6 Schrader) de
Bellerophonte ᾽Αντίμαχος δὲ ἐν τῇ Λύδῃ, ὅτι τοὺς Σολύμους
ἀνεῖλε θεοῖς ὄντας προσφιλεῖς, διὰ τοῦτο μισηθῆναι αὐτόν φησιν
ὑπὸ τῶν θεῶν.

69 Schol. Hom. Od. 5. 283 τῆς Κιλικίας εἰσί (τὰ Σόλυμα ὄρη),
ὅθεν καὶ οἱ Σόλυμοι. ὠνομάσθησαν ἀπὸ Σολύμου τοῦ Διὸς καὶ
Καλχηδονίας, ὡς ᾽Αντίμαχος λέγει.

---

66 1 χρυσέῳ Stoll : εὐχρεωι A   2 ῾Ηελίου Jessen   πόμπευεν
Schweighäuser : πομπει A : πομπεύει Stoll
67 γενεᾷ : γ'· ἔνθα Voss : malim merum ἔνθα   ἀγακλέας ὀργίωνας
cod. Phot. : ἀβακλέας ὀργεῶνες Suda (ἀβλακέας unus). cf. Cyril. lex.
ἀβακλή· ἅμαξα   fort. ἔνθα Καβάρνους | θῆκεν ⟨(◡)—◡◡—◡⟩
69 Καλχηδονίας : Χαλδήνης St. Byz. p. 524. 4 Meineke, unde Et.
Magn. p. 721. 44 (Καλδήνης) : Chalcea Rufin. recogn. 10. 21 : Χελι-
δονίας Huxley

70 Schol. Eur. *Phoen.* 44 ὅτι δὲ Πολύβῳ δέδωκε τοὺς ἵππους
(sc. Οἰδίπους τοὺς Λαίου), καὶ 'Αντίμαχός φησιν ἐν Λύδῃ·

> εἶπε δὲ φωνήσας· "Πόλυβε, θρεπτήρια τάσδε
> ἵππους τοι δώσω δυσμενέων ἐλάσας."

72 St. Byz. pp. 256-7 Meineke 'Αντίμαχος ἐν β' Λύδης·

> φεύγοντας γαίης ἔκτοθι Δωτιάδος.

FRAGMENTA MINUS CERTE AD *LYDEN* RELATA

73 *Et. Gen./Magn.* s.v. ἔρκτωρ

> τῶν μεγάλων ἔρκτορές εἰσι κακῶν.

93 Schol. Ar. *Pl.* 718

> Τήνου τ' ὀφιοέσσης.

99 Choerob. *can.* i. 157 Hilgard

> κὰδ δὲ Πύδην τε ῥέοντα.

100 Ib.

> Πύδητος κούρη, τηλεκλειτοῦ ποταμοῖο.

102 'Probus' in Verg. *Ecl.* 10.18, '*Adonis*': ⟨filius⟩ ... ut
Antimachus ait, ⟨Cinyrae qui⟩ regnavit in Cypro.

---

70 τάσδε Bergk : τάδε codd. : τούσδε Dübner, cf. schol.
73 τῶν suspectum : σῶν Valckenaer
93 ὀφιοέσσης Ald. (si recte, lege ⟨ἀπὸ⟩ T. τ' ὀ(π)φ.) : ὀφιέσσης V :
ὀφιούσσης Maas
100 κούρη τηλεκλείτου VP : καὶ τηλεκλήτου NC
102 Cinyrae qui addidi, cf. Serv. auct. ad loc.

Philodemus de pietate,, P. Herc. 243 ii [εἰ]τά τε
['Ἀφροδίτην ἀν]αισ[χύντως ἐρᾶν] ἀνθρώ[πων, ὡς 'Αδώ]νιδο[ς,
φασὶν   ]χος καὶ Π[ανύασσις] καὶ 'Επιμ[ενίδης καὶ]
πλείους ἄλ[λοι

*191   Schol. Lyc. 1352
        Πακτωλοῦ χρυσέοισιν ἐπ' ἀνδήροισι θάασσον.

*192   Herodian. καθολ. προσ. in cod. Vind. hist. gr. 10 f. 1ᵛ (H.
       Hunger, Jb. d. öst. byz. Gesellsch. 16, 1967, 20)
       Μιμνέρμου τοῦ Κολοφωνιακοῦ.

ARCHELAUS

                              Milesius et Atheniensis
cita sis 'fr. eleg.'   s. v med.

1 Plut. Cimon 4. 10 δῆλος δ' ἐστὶ καὶ πρὸς 'Ισοδίκην τὴν Εὐρυ-
πτολέμου μὲν θυγατέρα τοῦ Μεγακλέους, κατὰ νόμους δ' αὐτῷ
συμβιώσασαν ὁ Κίμων ἐμπαθέστερον διατεθείς, καὶ δυσφορήσας
ἀποθανούσης, εἴ τι δεῖ τεκμαίρεσθαι ταῖς γεγραμμέναις ἐπὶ
παρηγορίᾳ τοῦ πένθους ἐλεγείαις πρὸς αὐτόν, ὧν Παναίτιος ὁ
φιλόσοφος (fr. 125 van Straaten) οἴεται ποιητὴν γεγονέναι
τὸν φυσικὸν 'Αρχέλαον (Vorsokr. 60 B 1 D.-K.), οὐκ ἀπὸ
τρόπου τοῖς χρόνοις εἰκάζων.

2 ib. 4. 1 Κίμων ὁ Μιλτιάδου μητρὸς ἦν 'Ηγησιπύλης, γένος

---

    102 (Philod.) Καλλίμα]χος Philippson cl. fr. 478 Pf. : 'Αντίμα]χος
Vogliano   v. Henrichs, GRBS 13, 1972, 92
    191 Antimacho tribuit Pfeiffer   θάασσον Nauck : θᾶσσον cod.:
θαάσσων Bergk
    192 Antimacho tribui

ARCHELAUS

Θράττης, θυγατρὸς 'Ολόρου τοῦ βασιλέως, ὡς ἐν τοῖς 'Αρχελάου καὶ Μελανθίου (fr. 2) ποιήμασιν εἰς αὐτὸν {Κίμωνα} γεγραμμένοις ἱστόρηται.

ARCHILOCHUS

Parius et Thasius, s. vii med.

1 - 17. ELEGI

1 Plut. *Phocion* 7. 6; Ath. 627c; Themist. *or.* 15. 185a

εἰμὶ δ' ἐγὼ θεράπων μὲν 'Ενναλίοιο ἄνακτος
καὶ Μουσέων ἐρατὸν δῶρον ἐπιστάμενος.

Cf. Theod. Prodrom., *Patr. gr.* 133. 1246a Migne.

2 Ath. (epit.) 30f; Synes. *epist.* 129b (130 Hercher), a quo pendet *Suda* s.v. ὑπνομαχῶ; *Suda* s.v. 'Ισμαρικὸς οἶνος

ἐν δορὶ μέν μοι μᾶζα μεμαγμένη, ἐν δορὶ δ' οἶνος
'Ισμαρικός· πίνω δ' ἐν δορὶ κεκλιμένος.

3 Plut. *Thes.* 5. 3

οὔτοι πόλλ' ἐπὶ τόξα τανύσσεται, οὐδὲ θαμειαὶ
σφενδόναι, εὖτ' ἂν δὴ μῶλον "Αρης συνάγηι
ἐν πεδίωι· ξιφέων δὲ πολύστονον ἔσσεται ἔργον·
ταύτης γὰρ κεῖνοι δάμονές εἰσι μάχης
5   δεσπόται Εὐβοίης δουρικλυτοί.

Archilochus 1 εἰμὶ δ' ἐγώ Ath., cf. *Anth. Pal.* 9.389 : ἀμφότερον Plut. (orationi suae accommodans), Themist. Theod. ἄνακτος Ath. : θεοῖο Plut. Themist. Theod.   2 ἐρατῶν vel ἐρατᾶν Plutarchi codd.

2 1 μοι Synes. : τοι *Suda* : om. Ath.   an μεμαχμένη?
3 4 δαήμονες codd. (δαίμονες recc. duo) : corr. Fick

4 P. Oxy. 854

    . (.)]. (.) [

⊗ φρα[

    ξεινοι. [

    δεῖπνον δ' ου[

5   οὔτ' ἐμοὶ ωσαῖ[

    ἀλλ' ἄγε σὺν κώ[θωνι θοῆς διὰ σέλματα νηὸς

    φοίτα καὶ κοίλ[ων πώματ' ἄφελκε κάδων,

    ἄγρει δ' οἶνον [ἐρυθρὸν ἀπὸ τρυγός· οὐδὲ γὰρ ἡμεῖς

    νηφέμεν [ἐν φυλακῆι τῆιδε δυνησόμεθα.

6-9 Ath. 483d.

5   ἀσπίδι μὲν Σαΐων τις ἀγάλλεται, ἣν παρὰ θάμνωι,

    ἔντος ἀμώμητον, κάλλιπον οὐκ ἐθέλων·

    αὐτὸν δ' ἐξεσάωσα. τί μοι μέλει ἀσπὶς ἐκείνη;

    ἐρρέτω· ἐξαῦτις κτήσομαι οὐ κακίω.

1-4 (excidit 3 αὐτὸν—μέλει) Plut. *instit. Lac.* 34 p. 239b;
1-3 (—ἐξέφυγον θανάτου τέλος) Sext. Emp. *Pyrrh. hypot.* 3.
216; (—ἐξεσάωσα) Ar. *Pax* 1298-9, 1301; 1-2 Strabo 10.2.
17 p. 457 et 12. 3. 20 p. 549 (fort. ex Apollodoro : 244 F
178b); Vita Arati p. 77. 1 Maass;   3-4 (—ἐρρέτω) Olym-
piod. in Pl. *Gorg.* p. 141. 1 Westerink; Elias *proleg. philos.* 8
(*Comm. in Arist. Graeca* xviii. 22. 21); Ps.-Elias in Porph.
isagogen 12. 19 p. 16 Westerink.

---

4 2 φρά[ζεο Lasserre   3 fort ξείν   ι : vel ν   4 οὔ[τ?
6 ἀλλά τε Ath. cod.   7 κοίλ[Π   9 νηφέμεν[Π : νήφειν μὲν
φ. Ath. cod.

5 fort. carmen integrum   1 παρὰ Aristophanes Strabo p.
457 Sext. Vita Arati : περὶ Strabo p. 549 Plut.   θάμνον Strabo
p. 549 et v.l. p. 457, Plut. v.l.   3 αὐτὸν δ' Hoffmann : αὐτόν μ'
fere Neoplatonici : ψυχὴν δ' Aristophanes : αὐτὸς δ' ἐξέφυγον θανάτου
τέλος Sext.   τί μοι μέλει; ἀσπὶς ἐκείνη ἐρρέτω malunt quidam

6 Schol. Soph. *El.* 96

    ξείνια δυσμενέσιν λυγρὰ χαριζόμενοι.

Hinc *Suda* s. vv. ἐξένισεν et ξένια καὶ ξενίζω.

8 Schol. Ap. Rhod. ι. 824

    πολλὰ δ' εὐπλοκάμου πολιῆς ἁλὸς ἐν πελάγεσσι

    θεσσάμενοι γλυκερὸν νόστον ◡ — ◡ ◡ —

9 P. Oxy. 2356(a) (fragmenta versuum xviii); Plut. *quomodo aud. poet.* 6 p. 23b ὅταν δὲ τὸν ἄνδρα τῆς ἀδελφῆς ἠφανισμέ-
νον ἐν θαλάσσῃ καὶ μὴ τυχόντα νομίμου ταφῆς θρηνῶν λέγῃ
μετριώτερον ἂν τὴν συμφορὰν ἐνεγκεῖν

ιο   εἰ κείνου κεφαλὴν καὶ χαρίεντα] μέλεα   [

      Ἥφαιστος καθαροῖσιν ἐν εἵμασιν] ἀμφεπον[ήθη,

τὸ πῦρ οὕτως, οὐ τὸν θεὸν προσηγόρευκε.

11 Ib. 12 p. 33ab πάλιν ὁ Ἀρχίλοχος οὐκ ἐπαινεῖται λυπούμενος μὲν
ἐπὶ τῷ ἀνδρὶ τῆς ἀδελφῆς διεφθαρμένῳ κατὰ θάλασσαν, οἴνῳ
δὲ καὶ παιδιᾷ πρὸς τὴν λύπην μάχεσθαι διανοούμενος. αἰτίαν
μέντοι λόγον ἔχουσαν εἴρηκεν·

    οὔτέ τι γὰρ κλαίων ἰήσομαι, οὔτε κάκιον

    θήσω τερπωλὰς καὶ θαλίας ἐφέπων.

Tzetz. *alleg. Hom.* Ω 130 sq.

---

6 χαριζόμενος *Suda* utroque loco
11 ex eodem carmine ac fr. 9   2 θαλίας Plut. : θάλειαν Tzetz.
codd., θαλίαν Boissonade

12 Schol. [Aesch.] *Prom.* 616

       †κρύπτομεν ἀνιηρὰ Ποσειδάωνος ἄνακτος
       δῶρα.

13 Stob. 4. 56. 30

    κήδεα μὲν στονόεντα Περίκλεες οὔτέ τις ἀστῶν
    μεμφόμενος θαλίῃς τέρψεται οὐδὲ πόλις·
    τοίους γὰρ κατὰ κῦμα πολυφλοίσβοιο θαλάσσης
    ἔκλυσεν, οἰδαλέους δ' ἀμφ' ὀδύνῃς ἔχομεν
 5   πλεύμονας. ἀλλὰ θεοὶ γὰρ ἀνηκέστοισι κακοῖσιν
    ὦ φίλ' ἐπὶ κρατερὴν τλημοσύνην ἔθεσαν
    φάρμακον. ἄλλοτε ἄλλος ἔχει τόδε· νῦν μὲν ἐς ἡμέας
    ἐτράπεθ', αἱματόεν δ' ἕλκος ἀναστένομεν,
    ἐξαῦτις δ' ἑτέρους ἐπαμείψεται. ἀλλὰ τάχιστα
10   τλῆτε, γυναικεῖον πένθος ἀπωσάμενοι.

14 Orion *etym.* s.v. ἐπίρρησις

⊗   Αἰσιμίδη, δήμου μὲν ἐπίρρησιν μελεδαίνων
    οὐδεὶς ἂν μάλα πόλλ' ἱμερόεντα πάθοι.

＊15 Arist. *Eth. Eudem.* H 2 p. 1236^{a}35 ὥσπερ ἡ παροιμία·

    Γλαῦκ', ἐπίκουρος ἀνὴρ τόσσον φίλος ἔσκε μάχηται.

---

12 κρυπτομένοις Hermann : κρύπτωμεν δ' Liebel   Ποσειδάωνος
Liebel : -δῶνος Φ : -δῶνα (et ἄνακτα) M
   13 fort. carmen integrum   4 ἔκλυσεν Par. 1985 : ἔκλαυσεν S
ἀμφ' ὀδύνῃς ἔχομεν Gaisford (-νῃ Grotius) : ἀμφ' ὀδύνῃ ἴσχομεν S :
ἴσχομεν ἀμφ' ὀδύνῃ Par. 1985   5 πλεύμονας Fick : πνεύμονας S
6 κρατερὸν Reeve   7 τάλλος S : δ' ἄλλος Frobenius : particu-
lam eiciendam esse susp. Diehl   ἄλλον Bethe   τάδε Liebel
9 ἑταίρους S : corr. Frobenius
   14 Αἰσιμήδη δηλοῦμεν cod. : corr. Elmsley (Αἰσιμίδης iam Ruhn-
kenius)   ἐπίρρησι cod. : corr. Ruhnkenius
   15 Archilocho tribuit Bergk   τὸν σοφὸν φίλον codd. : corr.
Fritzsche   ἔστε Fick, fort. recte

ELEGI

16 Stob. 1. 6. 3

πάντα Τύχη καὶ Μοῖρα Περίκλεες ἀνδρὶ δίδωσιν.

17 Syrianus in Hermog., i. 6 Rabe; Io. Sicel. in Hermog., *Rhet. Gr.* vi. 96. 5 Walz

πάντα πόνος τεύχει θνητοῖς μελέτη τε βροτείη.

18 - 67. TRIMETRI

18 Eust. in Hom. p. 518. 28 (ex Herodiano, ii. 639 Lentz)

παῖδ' Ἄρεω μιηφόνου.

Cf. p. 519. 5.

19 Plut. *de tranqu. animi* 10 p. 470c

⊗   "οὔ μοι τὰ Γύγεω τοῦ πολυχρύσου μέλει,
οὐδ' εἷλέ πώ με ζῆλος, οὐδ' ἀγαίομαι
θεῶν ἔργα, μεγάλης δ' οὐκ ἐρέω τυραννίδος·
ἀπόπροθεν γάρ ἐστιν ὀφθαλμῶν ἐμῶν."

"Θάσιος γὰρ ἦν ἐκεῖνος" (sc. φησί τις).

1 Arist. *Rhet.* Γ 17 p. 1418ᵇ23 εἰς δὲ τὸ ἦθος, ἐπειδὴ ἔνια περὶ αὑτοῦ λέγειν ἢ ἐπίφθονον ἢ μακρολογίαν ἢ ἀντιλογίαν ἔχει... ἕτερον χρὴ λέγοντα ποιεῖν... καὶ ὡς Ἀρχίλοχος ψέγει· ποιεῖ γὰρ τὸν πατέρα λέγοντα περὶ τῆς θυγατρὸς ἐν τῷ ἰάμβῳ "χρη-μάτων—ἀπώμοτον" (fr. 122. 1), καὶ τὸν Χάρωνα τὸν τέκτονα ἐν τῷ ἰάμβῳ οὗ ἡ ἀρχή "οὔ μοι

---

16 Archilocho tribuit Liebel (dubitans)
17 Archilocho abiudicavit Hiller
18 μιαιφόνου Diehl (μιη- Eust. disertim)
19 2 ἀγάζομαι Plut. codd. S²V   3 ἐρῶ codd. : corr. Schnei-dewin   (Arist.) verba Χάρων ὁ τέκτων in posteriore parte iambi stetisse ci. Lasserre

31

τὰ Γύγεω". Cf. et Herod. 1. 12. 2 Γύγης, τοῦ καὶ Ἀρχίλοχος
ὁ Πάριος κατὰ τὸν αὐτὸν χρόνον γενόμενος ἐν ἰάμβῳ τριμέ-
τρῳ ἐπεμνήσθη. Iuba Artigraphus ap. Rufinum, Gramm.
Lat. vi. 563. 18. Et. Gud. / Magn. s.v. τύραννος. Schol.
[Aesch.] Prom. 224. Argum. in Soph. Oed. Reg. ἴδιον δέ τι
πεπόνθασιν οἱ μεθ' Ὅμηρον ποιηταὶ τοὺς πρὸ τῶν Τρωϊκῶν
βασιλεῖς τυράννους προσαγορεύοντες, ὀψέ ποτε τοῦδε τοῦ ὀνό-
ματος εἰς τοὺς Ἕλληνας διαδοθέντος, κατὰ τοὺς Ἀρχιλόχου
χρόνους, καθάπερ Ἱππίας ὁ σοφιστὴς (6 F 6) εἴρηκεν.

20 Heraclides Lembus π. πολιτειῶν 50 Dilts
    κλαίω τὰ Θασίων, οὐ τὰ Μαγνήτων κακά.

Strabo 14. 1. 40 p. 647 καὶ τὸ παλαιὸν δὲ συνέβη τοῖς Μά-
γνησιν ὑπὸ Τρηρῶν ἄρδην ἀναιρεθῆναι, Κιμμερικοῦ ἔθνους,
εὐτυχήσαντας πολὺν χρόνον, τῷ δ' ἑξῆς ἔτει Μιλησίους κατα-
σχεῖν τὸν τόπον. Καλλῖνος μὲν οὖν (fr. 3) ὡς εὐτυχούντων ἔτι
τῶν Μαγνήτων μέμνηται καὶ κατορθούντων ἐν τῷ πρὸς τοὺς
Ἐφεσίους πολέμῳ, Ἀρχίλοχος δὲ ἤδη φαίνεται γνωρίζων τὴν
γενομένην αὐτοῖς συμφοράν, κ λ α ί ε ι ν ⟨φάσκων τὰ⟩ Θ α-
σ ί ω ν ο ὐ τ ὰ Μ α γ ν ή τ ω ν κ α κ ά. ἐξ οὗ καὶ τὸ νεώ-
τερον εἶναι τοῦ Καλλίνου τεκμαίρεσθαι πάρεστιν. Ath. 525c
ἀπώλοντο δὲ καὶ Μάγνητες οἱ πρὸς τῷ Μαιάνδρῳ διὰ τὸ πλέον
ἀνεθῆναι, ὥς φησι Καλλῖνος ἐν τοῖς ἐλεγείοις καὶ Ἀρχίλοχος·
ἑάλωσαν γὰρ ὑπὸ Ἐφεσίων. Clem. Strom. 1. 131. 7-8 Ξάνθος
δὲ ὁ Λυδὸς (765 F 30) περὶ τὴν ὀκτωκαιδεκάτην ὀλυμπιάδα
(708/705), ὡς δὲ Διονύσιος (Halicarnasseus u.v., 251 F 3)
περὶ τὴν πεντεκαιδεκάτην (720/717), Θάσον ἐκτίσθαι, ὡς εἶναι
συμφανὲς τὸν Ἀρχίλοχον μετὰ τὴν εἰκοστὴν ἤδη γνωρίζεσθαι
ὀλυμπιάδα (700/697)· μέμνηται γοῦν καὶ τῆς Μαγνήτων ἀπω-
λείας προσφάτως γεγενημένης. Σιμωνίδης μὲν οὖν κατὰ Ἀρχί-

---

20 τὰ Θασίων Tyrwhitt : θαλασσῶν cod. Heraclidis : θάσων, θᾶσ-
σον, θείων codd. Strabonis

λοχον φέρεται, Καλλῖνος δὲ πρεσβύτερος οὐ μακρῷ· τῶν γὰρ
Μαγνήτων ὁ μὲν Ἀρχίλοχος ἀπολωλότων, ὁ δὲ εὐημερούντων
μέμνηται.

21 Plut. *de exilio* 12 p. 604c καθάπερ Ἀρχίλοχος τῆς Θάσου τὰ
καρποφόρα καὶ οἰνόπεδα παρορῶν διὰ τὸ τραχὺ καὶ ἀνώμαλον
διέβαλε τὴν νῆσον εἰπών·

> ἥδε δ' ὥστ' ὄνου ῥάχις
> ἕστηκεν ὕλης ἀγρίης ἐπιστεφής.

22 Ath. 523d περὶ γοῦν τῆς Θάσου λέγων ὡς ἥσσονός φησιν·
> οὐ γάρ τι καλὸς χῶρος οὐδ' ἐφίμερος
> οὐδ' ἐρατός, οἷος ἀμφὶ Σίριος ῥοάς.

Cf. *Et. Magn.* p. 714. 11.
Hesych. ἀμφ' Ἀκίριος ῥοάς· Ἄκιρις ποταμός.

23 P. Oxy. 2310 fr. 1 col. i. 1-21, ed. Lobel
(fragmenta versuum iv)

```
 5        ].....[   ]..[ ].... γὰρ ἐργματ[
          ].....[     ].......ιχα..ω [
     .].[]ρ.βα........δε..⟦ω⟧ρ ἠμειβόμ[ην·
```
"γύνα[ι], φάτιν μὲν τὴν πρὸς ἀνθρώπω[ν κακὴν
μὴ τετραμήνηις μηδέν· ἀμφὶ δ' εὐφ[ρόνηι,
10   ἐμοὶ μελήσει· [θ]υμὸν ἱλ[α]ον τίθεο.   [
    ἐς τοῦτο δή τοι τῆς ἀνολβίης δοκ[έω
    ἥκειν; ἀνήρ τοι δειλὸς ἆρ' ἐφαινόμην[,
    οὐ]δ' οἷός εἰμ' ἐγὼ [ο]ῦτος οὐδ' οἵων ἄπο.   [

---

22 cum fr. 21 coniunxit Bergk   Hesychii glossa est v.l. anti-
qua, cf. Strab. 6. 1. 14 p. 264 de fluviis vicinis Siri et Aciri
23 8 ανθρωπω[sscr. ους Π   9 ευφ[ρόνη ego   10 τιθεῦ Π
11 ανολβειης Π   13 [ο]ῦτος ego : [α]ὐτὸς Lobel

ἐπ]ίσταμαί τοι τὸν φιλ[έο]ν[τα] μὲν φ[ι]λεῖν[,

15   τὸ]ν δ' ἐχθρὸν ἐχθαίρειν τε [κα]ὶ κακο[

μύ]ρμηξ. λόγωι νυν τ[ῶιδ' ἀλη]θείη πάρ[α.

πό]λιν δὲ ταύτη[ν...]α[.... ἐ]πιστρέ[φεα]ι[

οὔ]τοί ποτ' ἄνδρες ἐξε[πόρθη]σαν, σὺ δ[ὲ

ν]ῦν εἷλες αἰχμῆι κα[ὶ μέγ' ἐ]ξῆρ(ω) κ[λ]έος.

20   κείνης ἄνασσε καὶ τ[υραν]γίην ἔχε·

π[ο]λ[λοῖ]σ[ί θ]η[ν ζ]ηλωτὸς ἀ[νθρ]ώπων ἔσεαι." ⊗

24 P. Oxy. 2310 fr. 1 col. i. 22 - 39, ed. Lobel

⊗   ]νηῒ σὺν σ[μ]ικρῆι μέγαν

πόντον περήσ]ας ἦλθες ἐκ Γορτυνίης

].. οτητ.γ.πεστάθη[[ν]]

]καὶ τόδ' ἁρπαλ[ί]ζομ[αι]

κρ]ηγύης ἀφίκ[εο

]λμοισιν εξ[.......].s

---

23 14 φ[ι]λεειν Π   15 δ sscr. Π?   κἀκο[Π : -στομέειν Lobel,
-ρροθέειν Schiassi 17 [ἦν σὺ νῦν] Peek, Latte   18]σαν· Π
19 ν]ῦν ego : τ]ὴν vel ἀν- Lobel   ]ξηρα[.]κ[Π : ἐξῆρας Lobel, -αο
Adrados, quod grammaticos reposuisse credo pro -ω   21 πολλοῖσι
Peek]η[sscr. τοι Π : θ]η[ν ego, δ]ὴ Peek, Latte   [ζ]ηλωτὸς iidem
εσεαι sscr. ηι Π   finem carminis statuit Peek; in Π sequitur
fr. 24 nullo intervallo, nescimus num paragrapho et coronide notatum
24 1 σ[μ]ι : vel μ[ε]ι   2 Adrados : φόρτον κομίσσ]ας Peek
γορτυνιης, sscr. ...α..κος   3 π vel ξ   4 : aut -ομ[εν].
huc fort. spectat Hesych. ἁρπαλίζομαι· ἀσμένως δέχομαι   5-10 ita
intelligo

    οὐ δὴ 'πὶ νηὸς κρ]ηγύης ἀφίκ[εο,

    ἐσθλοῖσιν ὀφθα]λμοῖσιν ἐξ[ηρτυμέν]ης,

    θεὸς δὲ προέσχε] χεῖρα, καὶ π[αρ]εστάθης,

    κέρδος κολ]ούσας· φ[ο]ρτίων δέ μοι μέ[λ]ει

    ἥκιστα, σέο σωθέντ]ος, εἶτ' ἀπώλετο

    εἶτ' οὖν τις ἦι φέροις ἅ]ν ἐστι μηχανή.

5 κρ]ηγύης Lasserre   6]λ : vel]α   ξ[: vel ζ[   ]. : hasta

]χειρα καὶ π[αρ]εστ[ά]θης
]ουσας· φ[ο]ρτίων δέ μοι μέ[λ]ει
].ος εἶτ' ἀπώλετο
10   ]ν ἐστι μηχανή
. . . . . . δ' ἂν ἄλ]λον οὖτιν' εὑροίμην ἐγὼ
τοιοῦτον, εἰ σ]ὲ κῦμ' ἁλὸς κατέκλυσεν
ἤ   ].ν χερσὶν αἰχμητέων ὕπο
ἤ]βην ἀγλ[α]ὴν ἀπ[ώ]λεσ[α]ς.
15   νῦν δ'   ]θεῖ καί σε θε[ὸς ἐρ]ρύσατο
].[.]. κἀμὲ μουνωθέντ' ἰδ..
]ν, ἐν ζόφωι δὲ κείμενο⟨ς⟩[
αὖτις]ἐ[ς] φά[ος κ]ατεστάθην.   ⊗

25 P. Oxy. 2310 fr. 1 col. i. 40-8, ed. Lobel
⊗   ]τις ἀνθρώπου φυή,
ἀλλ' ἄλλος ἄλλωι κα]ρδίην ἰαίν[ε]τα[ι.
].τ[.].μελησα[...]. σάθη
]ε βουκόλωι Φαλ[...]ιωι.
5   τοῦτ' οὖτις ἄλλ]ος μάντις ἀλλ' ἐγὼ εἶπέ σοι·
]γάρ μοι Ζεὺς πατὴρ 'Ολυμπίων
ἔ]θηκε κἀγαθὸν μετ' ἀνδράσι
οὐ]δ' ἂν Εὐρυμᾶς διαψέγο[ι

_____

24 11 Steffen init. e.g. φίλον vel γαμβρὸν   12 τοιοῦτον ego, εἰ σ]ὲ
Peek   13 Peek   ]. : ο aut ω   15 νῦν δ' Schiassi, tum
ἤ μὲν ἀν]θεῖ ego   ε]ρυσατο Π   16 ἴδης Lobel dubitanter
18 αὖτις Peek

25 titulus in Π :]ς· vel]ες vel]ος   1 οὐχ ἁπλῆ] Peek, κοινή]
Latte; e.g. οὐκ ἔστι πως ἁπλῆ]   3 μὲ]ν τ[ο]ῦ Μελησάν[δρο]ν
Peek : malim e.g. [δοκεῖ δ' ἄριστ]ον τ[ῶ]ι Μελησά[νδρω]ι, σάθη [εἶναι,
τράμις δ]ὲ   4 Φαλ[αγγ]ίω?   5 τοῦτ' ego : τόδ' Peek, τάδ'
Lasserre, cetera Lobel   εγωπεσοι Π, explicavit Lobel   8 ευ-
ρυτας Π a.c.

2 Schol. Hom. *Od.* 14. 228; Sext. Emp. *adv. math.* 11. 44;
Clem. *Strom.* 6. 7. 3.

26 P. Oxy. 2310 fr. 1 col. ii (initia versuum xv); Macr. *Sat.*
1. 17. 10

5   ὦναξ Ἄπολλ⌊ον, καὶ σὺ τοὺς μὲν αἰτίους
πήμαινε ⌊καί σφας ὄλλυ' ὥσπερ ὀλλύεις,
ἡμέας δε . [

30 sqq. De Lycambae filiabus
Dioscorides epigr. 17 (*Anth. Pal.* 7. 351)
οὐ μὰ τόδε φθιμένων σέβας ὅρκιον αἵδε Λυκάμβεω
αἳ λάχομεν στυγερὴν κληδόνα θυγατέρες
οὔτε τι παρθενίην ᾐσχύναμεν οὔτε τοκῆας
οὔτε Πάρον, νήσων αἰπυτάτην ἱερῶν,
ἀλλὰ καθ' ἡμετέρης γενεῆς ῥιγηλὸν ὄνειδος
φήμην τε στυγερὴν ἔφλυσεν Ἀρχίλοχος.
Ἀρχίλοχον μὰ θεοὺς καὶ δαίμονας οὔτ' ἐν ἀγυιαῖς
εἴδομεν οὔθ' Ἥρης ἐν μεγάλῳ τεμένει·
εἰ δ' ἦμεν μάχλοι καὶ ἀτάσθαλοι, οὐκ ἂν ἐκεῖνος
ἤθελεν ἐξ ἡμέων γνήσια τέκνα τεκεῖν.

Cf. Meleagri (?) epigr. 132 (*Anth. Pal.* 7. 352).

30 Ps.-Ammonius *de adfin. vocab. diff.* 431 (p. 111 Nickau)
ἔχουσα θαλλὸν μυρσίνης ἐτέρπετο
ῥοδῆς τε καλὸν ἄνθος.
1 Schol. Theoc. 4. 45; 2 Ath. (epit.) 52f.

---

26 5 ων.ξ.π..[*Π*: ἄναξ Macr.   6 πημαιν.[*Π,* πήμαινε
Camerarius in ed. Macrobii (1535) : σημαινε codd.   σφας codd.
primarii : σφεας rec. unus   ωσπερ : v.l. οσπερ   7 ημεα....[*Π,*
deest Macr.

31 Synes. *laudatio calvitii* 11 p. 75b (*Opusc.* p. 211 Terzaghi)
ἐπαινεῖ μὲν (τὴν κόμην) οὖσαν ἐν ἑταίρας σώματι, λέγει δὲ
οὕτως·

ἡ δέ οἱ κόμη
ὤμους κατεσκίαζε καὶ μετάφρενα.

32 *Et. Gen.* / *Magn.* s.v. ἐκ ʿΡώμης
διὲξ τὸ μύρτον,
ἀντὶ τοῦ διὰ τὸ μύρτον (σημαίνει δὲ τὴν μυρσίνην).

33 Ps.-Luc. *amores* 3 τὴν φωνὴν δ᾽ ἴσην τῇ Λυκάμβου θυγατρὶ
λεπτὸν ἀφηδύνων ἀπ᾽ αὐτοῦ τοῦ σχήματος εὐθὺς δῆλος ἦς οὐκ
ἐκείνων μόνων ἀλλὰ καὶ τῆς ἐπ᾽ αὐτοῖς μνήμης ἐρῶν.

34 Ap. Dysc. *de adverb.*, Gramm. Gr. II. 1 i. 161; Herodian.
π. διχρόνων, ii. 19. 24 Lentz
ἀμισθὶ γάρ σε πάμπαν οὐ διάξομεν.

35 *Et. Gen.* / *Gud.* / *Magn.* s.v. κορωνὸς
βοῦς ἐστιν ἦμιν ἐργάτης ἐν οἰκίηι,
κορωνός, ἔργων ἴδρις, οὐδαρ( )

36 Harpocr. s.v. παλίνσκιον (p. 232. 7 Dindorf)
πρὸς τοῖχον ἐκλίνθησαν ἐν παλινσκίωι.

---

31 fragmento 30 adiunxit Bergk, feliciter   (Synes.) ἑταίρας :
v.l. ἑτέρας et ἑτέρῳ   2 κατασκιάζει codd. : corr. Bentley
34 διδάξομεν Elmsley
35 1 δ᾽ ἐστιν *Magn.* v.l. : δὲ *Gud.* v.l.   2 οὐδαρ *Gen.* A : οὐδαμῶς
B : om. *Gud.*, *Magn.* : οὐδ᾽ ἀροῖ κακῶς Diehl (malim ἀροῦν κακός) :
οὐδαμῶς κακὸς Bahntje : οὐδ᾽ ἄλλως κακός Kaibel
36 ἐκινήθησαν codd. : corr. Toup

37 Porphyrius in Hom. *Il.* 9. 90 (*Quaest. Hom. ad Od. pert.*
p. 134 Schrader)

  τοῖον γὰρ αὐλὴν ἕρκος ἀμφιδέδρομεν.

38 Schol. Hom. *Il.* 11. 786
  οἵην Λυκάμβεω παῖδα τὴν ὑπερτέρην,
ἀντὶ τοῦ τὴν νεωτέραν.

39 Ath. 122b Κηφισόδωρος γοῦν... λέγει ὅτι εὕροι τις ἂν...
πονηρῶς εἰρημένα, οἷα παρὰ μὲν 'Αρχιλόχῳ τὸ πάντα ἄνδρα
ἀποσκολύπτειν, Θεοδώρῳ δὲ κτλ. Cf. Hesych. ἀπεσκόλυπτεν.
Bekker, *Anecd.* 423 ἀπεσκόλυπτεν· κυρίως τὸ δέρμα ἀφῄρει,
ἤδη δὲ καὶ τὸ ἐγύμνου. Ael. Dion. a 162 Erbse.

40 Schol. Ar. *Pac.* 1148
  παρδακὸν δ' ἐπείσιον.

41 Schol. Arat. 1009 (p. 531. 3 Maass), "ἀπτερύονται"...
καὶ παρ' 'Αρχιλόχῳ ἡ ὑφ' ἡδονῆς σαλευομένη †κορώνη ὥσπερ
       κηρύλος
  πέτρης ἐπὶ προβλῆτος ἀπτερύσσετο.
Cf. Ael. *H. A.* 12. 9.

42 Ath. 447b

    ὥσπερ αὐλῶι βρῦτον ἢ Θρέϊξ ἀνὴρ

---

 37 fort. fragmento 36 adiungendum
 38 οἴην? Maas   Λυκάμβεω Elmsley : Λυκάμβεος cod.
 39 πᾶς ἀνὴρ ἀπεσκόλυπτεν Bergk : πάντ' ἄνδρ' ἀπεσκόλυπτεν Las-
serre
 40 παρδοκὸν δι' ἐπιοίον cod. : δ' ἐπείσιον Hecker, sed fort. prae-
ferendum παρδακῶν δ' ἐπεισίων
 41 κορώνη : fort. πόρνη vel κόρη, vel delendum ὥσπερ : ὥστε
Wilamowitz : ὡς Edmonds ἐπτερύσσετο nescioquis
 42 1 init. e.g. ⟨ἡ δ'⟩ (Lattimore)   Θρέϊξ Wilamowitz,
Hoffmann (Θρῆϊξ Scaliger) : θρὰιξ cod. Ath.

ἢ Φρὺξ ἔμυζε· κύβδα δ' ἦν πονεομένη.

43 *Et. Gud.* s.v. ἀτρύγετος + Eust. in Hom. p. 1597. 28

ἡ δέ οἱ σάθη

× — ◡ — × ὥστ' ὄνου Πριηνέως
κήλωνος ἐπλήμυρεν ὀτρυγηφάγου.

Cf. *Et. Gen.* (*Magn.*, *Sym.*) s. vv. ἀτρύγετος, διατρύγιος,
ὄβριμος, ὀτρυγηφάγου; Eust. in Hom. p. 1003. 58; Hesych.
s.v. ὀτρυγηφάγου, Phot. s.v. ὀτρυγηφάγον.

44 Schol. Ar. *Lys.* 1254 sqq.

πολλὸς δ' ἀφρὸς ἦν περὶ στόμα.

45 Phot. *lex.* s.v. κύψαι· ἀντὶ τοῦ ἀπάγξασθαι. 'Αρχίλοχος·
κύψαντες ὕβριν ἀθρόην ἀπέφλυσαν.

46 Schol. Hom. *Il.* 9. 7

διὲξ σωλῆνος εἰς ἄγγος.

Cf. *Et. Gen./Magn.* s.v. ἐκ 'Ρώμης.

47 Comm. in comicum aliquem (?), P. Oxy. 2811 fr. 5. 5-6

.]ε παρθένοι
θυρέων ἀπεστύ[παζ]ον.

2 *Et. Gen./Magn.* s. vv. ἀπεστύπαζον, ὁροίτυπος, στύπος.

---

42 2 ἔμυζε Wilamowitz : ἔβρυζε cod.
43 1 ἡ Schneidewin : οἱ *Et. Gud.*   2 ὥστ' Eust. : ὅση τ' fere
Etymologica : ὡσεί τ' Bergk ut sit dimeter   Πριηνέος Schneidewin
3 ἐπλήμυρον Eust. : corr. Bergk
44 πολλὸς Porson : πολὺς codd., quo servato possis γὰρ (Bergk),
δ' ἔτ', etc.
45 ἀπέφλοσαν cod. : corr. Schleusner
46 εἰς ἄγγος ⟨χέων⟩ vel simile : ἐς Schneidewin ut sit hexameter
47 1 fort. σ]ὲ

Cf. schol. Ap. Rhod. 1. 1117. Hesych. ἀπεσούπαζον· (sic)
ξύλοις ἀπεδίωκον.

48 P. Oxy. 2311 fr. 1 (a) (initia versuum xxxii); Ath. 688c
  5   τροφὸς κατ[⌊ἐσμυριχμένας κόμην
        καὶ στῆθος, ⌊ὡς ἂν καὶ γέρων ἠράσσατο.
        ὦ Γλαῦκ. [

49 P. Oxy. 2311 fr. 1 (b) (initia versuum ix); Eust. in Hom.
   p. 1889.1
  5   ἔχθιστε[
        καὶ πατ[
        φιλῆτα ν⌊ύκτωρ περὶ πόλιν πωλεομένωι.

58 P. Oxy. 2312 frr. 6 + 7 + 8 (fragmenta versuum xii);
   Schol. Hom. Il. 18. 492, Ar. Av. 1426
  12   ἄιδων⌋ ὑπ' αὐλητῆρ⌊ος

60 P. Oxy. 2312 fr. 9 (fragmenta versuum xii)
  6   ὦ τρι]σμακά[ριος ὅστις
          τοι]αῦτα τέκ[να

66 Epimer. in Hom., An. Ox. i. 164 Cramer ἀφ' οὗ τὸ φῦμα,
                    μηρῶν μεταξύ,
   Ἀρχίλοχος·

---

48 5 .[: ε vel η, e.g. κατε[ίργεν, κατῆ[γεν   ἐσμυριχμένας (sic)
Ath. cod. A (μυριχμένας B); huc fort. spectat Hesych. ἐσμυριχμέναι·
μεμυρισμέναι (= Adesp. iamb. 61)   κόμην scripsi : κόμας Ath.
6 sqq. hic fr. 50 (Π fr. 2) locat Snell; si recte, lege 6 καὶ στῆθος,
ὡς ἂν καὶ ⌊γέρων, 7 ὦ Γλαῦκε, καλὸν δη[, 8 αἱ [δ'] ὡς ἐπεφράσαν[το
49 φιλῆτα...πολευμένῳ Eust. : πωλ- Liebel -μενε anon.
60 2 ...]ρωνλυκ[: Λυκ[αμβ? Lobel   6-7 ego
66 excidit φῦμα vel φύματ- in fragmento

67 P. Oxy. 2312 fr. 14

```
                                    ] . τομηι
                                    ]λήσομαι·
        ἐσθλὴν γὰρ ἄλλην οἶδα τοιού⌋του φυτοῦ
        ἴησιν⌋                      ]δοκέω·
5                                   ]κακά·
                                    ἐ]πίφρασαι·
                                    ]ήσομαι·
                                    ]ου λίνου
                                    ]ταθη
10                                  ]ν†μενοινιω[
                                    ] . ϵισιω[
                                    ]α . . σϵ . [
```

3 Schol. Theoc. 2. 48/49d λέγει γὰρ καὶ 'Αρχίλοχος τὸ φῦμα
φυτόν· "ἐσθλὴν—†εἴκασιν". Hesych. φυτοῦ· φύματος.

88-167. TETRAMETRI

88 Hephaest. *Ench.* 6. 2; Anon. Ambros. de re metr. (Stu-
demund, *Anecd. Varia* p. 223); *Et. Gen./Magn.* s.v. 'Ερξίας
⊗   'Ερξίη, πῆι δηῦτ' ἄνολβος ἀθροΐζεται στρατός;

89 Mnesiepes, *De Archilocho* (*SEG* 15. 517) B (E₂) I 4-47
[πολέμου γάρ ποτε πρὸς τοὺς Να]ξίους ἰσχυροῦ ὄν[τος — — —]
μένα ὑπὸ τῶν πο[— — —]μασι περὶ αὐτῶ[ν — — —]σας ὡς ἔχει

---

67 1]. : fort. ι, ρ   e.g. οὔ τι γὰ]ρ τομῇ... δη]λήσομαι   4 ἴησιν
Schneidewin (ἴασιν Toup): εἴκασιν codd.: ἄκησιν Hemsterhuys
9 ἐσ]τάθη Peek; vel]ταθῇ   10 μενοινέων? Peek   11]. : γ,
ζ, π, τ ἐπεισίῳ? Lobel, cf. fr. 40   12 : vel]λ
88 Callimacho adscr. Etym.   δ' αὖτ' Etym.   fort. ἀνόλβοις,
cf. fr. 112. 3
89 lacunae in prosa sunt litterarum 20-30

προ[θύμως (?) — — —] πατρίδος καὶ ὑπ[— — —] καὶ ἐνεφά-
νισεν[— — —]ειν, καὶ παρεκάλε[σεν — — —] βοηθεῖν ἀπροφ[α-
σίστως — — —] καὶ λέγει περὶ αὐτ[— — —]

0   τῆς νῦν πάντες[

           ἀμφικαπνίουσιν[
           νηυσίν, ὀξεῖαι δ[
           δηΐων, αὐαίνετ[αι δὲ
           ἠλίωι, θράσος τε[
5   οἳ μέγ' ἱμείροντες[
           Ναξίων δῦναι φ.[
           καὶ φυτῶν τομὴν[
           ἄνδρες ἴσχουσιν[
           τοῦτό κεν λεὼι μ[
10   ὡς ἀμηνιτεὶ παρη[
           καὶ κασιγνήτων.[
           τέων ἀπέθρισαν[
           ἤριπεν πληγῆισιδ[
           ταῦτά μοι θυμὸς[
15   νειόθεν .οβ..δε[

           ἀλλ' ὅμως θανον[

           γνῶθί νυν, εἴ τοι[
           ῥήμαθ' ὃς μέλλε[ι
           οἱ μὲν ἐν Θάσωι .[
20   καὶ Τορωναίην[

           οἱ δ' ἐν ὠκείηις[ι (   ) νηυσί
           και ...ἐκ Πάρου τ[

----

89 τῆς νῦν πάντες[in ecthesi quasi versus esset   2 βοαί
intellexit Peek   4 fin. νέους?   6 φά[λαγγας vel φρ[Kondo-
leon   15 φόβου Peek   17-18 possis [... νόος] ῥήμαθ' ὃς
μέλλε[ι συνήσειν (hoc Kondoleon)   21 Peek

42

καὶ κασιγνη[τ
θυμὸς αλ.[
25 πῦρ ὃ δὴ νῦν ἀμφι.[
ἐν προαστίωι κε[
γῆν ἀεικίζουσιν[
'Ερξίη, καταδραμ[
τῶ 's ὁδὸν στελλ[
30 μηδὲ 'δεξιοὺς επ[
εὐξαμένῳ οὖν [— — — ἐπή]κουσαν οἱ θεοὶ κα[— — — ἐπετέ-
λεσαν τὰς εὐχάς.

91 P. Lit. Lond. 55 + P. Oxy. 2313 fr. 10 (fragmenta versuum
xlvi); Plut. praec. gerendae reip. 6 p. 803a; schol. Pind.
Ol. 1. 91 (a)

μηδ' ὁ Τα]ντάλου λίθος
15 τῆσδ' ὑπὲρ νήσου κρεμάσθω]   ]. ς ἔχων
                                                    ]μεθα

.   .   .   .
εἰ τοδ[.]υ[.].(.)ον.(.)νεθειμ...[
30 ἐς μέσον, τάλαντα δὲ Ζεὺ[ς] ἕλκ[' ἐπ' ἶσα, μήτε τῶν
μήτε τῶν κλίνων μέτωπα, σμ[ικρ
γῆ φόνωι, χλκ.ονδενηεδ[

14 sq. cf. Paus. 10. 31. 12.

92 Comm. in Callim., P. Univ. Mediol. 18 col. v 9 (fr. 104 Pf.)
"Οἰσύδρεω Θρηΐκος ἐφ' αἵματι πολλὰ Θάσοιο"· φησὶν
Παρίους Οἰσύδρην τὸν Θρᾶκα φονεύσαντας διαπολιορκηθῆναι

---

89 26 possis κέ[αντες   29 τωισ lapis, interpr. Kondoleon (tum
στέλλ[εσθε Lasserre) : τῷ σ' ὁδὸν στέλλ[ειν... λιλαίομαι Peek
30 οἰωνοὺς intellexit Kondoleon
91 30-1 ego   30 ελκ[vel εχ[31 καινων videram
32 aegre μακρον
92 ad historiam Archilochiam rettulit Pfeiffer; cf. fr. 93

Θασι[... ἔ]ως τὸ ἀρέσκον Βεισάλταις [ἐ]πιτίμιο[ν] τείνειν
ἔχρησεν ὁ θεός· οἱ δετειχο.[...]χαυνοθ..[.....]Θασίοις ἐρω-
τωισι [....]ειν.η. [.......]πέμπειν πα[

93a IG 12 (5). 445 (+Suppl. p. 212; FGrH 502) A I 40 - 52

                                    ]φονδετοσ[χρή-   40
μ]ατα τοὺς Θρᾷκ[ας λέ]γουσιν Πάριοι ἑαυ[τοῖς (....)
ἀποκαθιστάνα[ι πάλι]ν. διασαφεῖ δὲ τ[οῦτο (....)
τ.. αὐτὸς α[
                              ]ατ.. φυλ[— ∪ —
          το.[∪ — × — ∪]σαι..ι...θο..υ παρα[∪ —
          —]τροφα[× — ∪ —]εκεμ[..]ο.[....]μεν
          ωντολα.[×]ειπεασ[...]ιων πάϊς Πεισιστράτου
   5   ἄνδρας ..(.)ωλεῦντας αὐλὸν καὶ λύρην ἀνήγαγεν
          ἐς Θάσον κυσὶ Θρέϊξιν δῶρ' ἔχων ἀκήρατον
          χρυσόν, οἰκείωι δὲ κέρδει ξύν' ἐποίησαν κακά—
                    ὅτι τοὺς Θρᾷκας
ἀποκτείναντες αὐτοὶ οἱ μὲν αὐτῶν ὑπὸ Παρί-   50
ων ἀπώλοντο, οἱ δ' εἰς τὰς Σάπας ⟨φυγόντες⟩ ὑπὸ τῶν Θρᾳ-
κ]ῶν.

93b Paus. 7. 10. 6 Σαπαίων δὲ τούτων καὶ 'Αρχίλοχος ἐν ἰάμβῳ
(v. l. -ίῳ, sc. -είῳ) μνήμην ἔσχε.

94 Pergit inscriptio, A I 52-9 μετὰ ταῦτα πάλιν γίνεται ἄρχων

──────────

93 (a) 43 fort. 'Α[ρχίλοχος, si citatio in medio versu incipit sicut
fr. 94; at potest in verbo αὐτὸς incipere. Versuum divisio, quam
non respexit lapidarius, prorsus incerta usque ad Πεισιστράτου
5 ἀνήγαγεν Jensen : ανηραγον vel -ων lapis (ex v. 6 corruptus?) :
ἀνὴρ' ἄγων Edmonds   6 κυσὶ Hiller v. Gaertringen, sed in IG
'Φ.Σ certa'; φωσὶ von Arnim   θρηιξιν lapis   7 οικειως lapis,
corr. Wilamowitz   51 φυγόντες addidi

44

Ἀμφ[ί]τιμος· καὶ ἐν τούτοις διασαφεῖ πάλιν ὡς ἐνίκησαν καρτε-
ρῶς τοὺς Ναξίους, λέγων [ο]ὕτω·

τῶν δ᾽ Ἀθηναίη μάχηι
ἴλαος παρασταθεῖσα παῖς ἐρικτύπου Διὸς
καρδίην ὥρινεν †αὐτῆς τῆς πολυκλαύτου λεώ

.[..]υτων[..]αλλα κείνης ἡμέρης ἐπὶ χθ[όν]α
5   ἄλλον †ἤεισεν· τόσους γὰρ ἐξεχώρησεν γύας
νηλὲ[....]παντος· ἀλλὰ θεῶν Ὀλυμπίων νόωι
νη[

96 Inscriptio eadem, A IV 6-20 ὅτι δὲ Γλαυκ[— — —ἀπῆρεν
εἰς Θά]σον μάχῃ κρατησ[άντων— — —]δηλοῖ ὁ ποιητὴ[ς ἐν
τούτοις·

Γλαῦκε, τίς σε θεῶν νό]ον

καὶ φρένας τρέψ[ας
γῆς ἐπιμνήσαιο τ[ῆσδε
δει]νὰ τολμήσας με.[
5   ]αν εἶλες αἰχμῆι καὶ .[

97 Pergit inscriptio, A IV 20-7 ὅτι δ᾽ ἀλη[θ— — —] ὑπὲρ ταύτης
τῆς π[— — —] τάδε· χιλίους γὰρ ἄν[δρας— — —ἔ]πειτα γυ-
ναῖκας ε.[— — —κ]αὶ τι[.....]υς υἱο[ὺ]ς [— — —]ε[....]
εκτησωσ[— — —].ν· ὅτι δ᾽ ἀλη[θ— — —]ωτα[.(.)]αεκτιν[

---

94 1-4 (fines) = P. Oxy. 2313 fr. 2; cetera dedi sicut Maas (*NGG*
1934, 56), sed 3-6 perobscura   3 ὡρεινεν leg. Maas, ωτρυνεν
Peek   αὐτὴ γῆς ci. Steffen : possis αὖτις   ]πολυκλαυτο[tan-
tum Π   4-5]...χθ[Π : επαυ[   ]α legebatur in lap.   5 ἤ-
εισεν leg. Maas, ἤτησεν Hiller v. G. [ἐκφ]υγών [τις] ἄλλα κείνης ἡμέρης
ἐπαύ[λι]α ἄλλον ἤτησεν Diehl   6 Νηλέ[Hiller v. G.
96 1 Γλαῦκε Hiller v. G., τίς σε θεῶν νό]ον Hiller v. G.
2 τρέψ[ας Sitzler, -εν Hiller v. G.   3 τ[ῆσδε ego : τ[αύτης Diehl
4 Hiller v. G.   με[θ᾽ ἡμέων Friedländer   5 vel ἀνεῖλες
97 veri simili est Archilochum de colonia Thasum deducta dixisse.
χιλίους γὰρ ἄνδρας versus initium esse ci. Hiller v. G.; χ⟨ε⟩ιλίους Diehl

98 Inscriptio eadem, A IV 42-58; P. Oxy. 2313 fr. 3(a)

fragmenta versuum iv (fort. prosa)

5   ]ων δούρατ' ἐκπ[

                ]ε τῶν δεδαμν[

                'Α]θηναίη Διός

ἀμφ[   ]εσαν προ[...]τρικ[

               ].το πύργος ἀμφα[— ◡ —

10   ].. ἐκ λίθων εδε[

               ]ε[.] αὐτοὶ Λεσβίω[

— ◡ — ፡ —]ν δ' ἀ[μ]φ[ιθ]έντες χερσὶν ο[

— ◡ — ×   ]ων ἐσο[.(.)]σει Ζεὺς 'Ολυμπίω[ν πατήρ

              ]η[.]σιν θοῆισι πημ[ο]νὴν ἐπήγομ[εν

15   ]οτ' ἀμφὶ πύργον ἔστασαν πονε[όμενοι

κλίμακας, μ]έγαν δ' ἔθεντο θυμὸν ἀμφε[

              ].με[..(.)]ηρ.ν εἱμένη καλ[

                α]μειπτή· πολλὰ δ' ἐρρύ[

              ]φαρέτραι δ' οὐκέτ.κρυ[

20   ]σανιῶν· οιδεπε[

              ]ντες ἴνας καὶ ταρ[

                ]ν..[

101 Plut. Galba 27.9

ἑπτὰ γὰρ νεκρῶν πεσόντων, οὓς ἐμάρψαμεν ποσίν,

χείλιοι φονῆές εἰμεν.

---

98 1-17 lapis, 12-22 Π   5 ἐκπ[έμψαι χερῶν Peek   6 δά-
μν[αται νόον Maas : ἐδάμν[ατο φρένας vel κράτος Peek : an στίχας?
7 παῖς 'Α]θ. Maas   10 ἐδε[ίμαμεν Hiller v. G., -ατο Maas
12]νδα[.]φ[Π,]εντες lap. : conflavi   13 ἐσο[...(.)]ιζ[Π,
]σειζευς lap.   πατήρ Diehl   14 ν]η[υ]σιν Lobel : αἰχμ]ῇ[ι]σιν
Tarditi   fin. Hiller v. G.   15 τ]ότ'? ἐσταϲαϲ Π : ιστασαν lap.
fin. Hiller v. G.   16 init. ego   αμφι[leg. Peek   17]ηρ[.]ν
Π,]ραν vel]ρον lap.   18 ἐρρύ[η Peek; tum fort. βέλεα   19 ἔ-
κρυ[ψαν βέλεα Peek (duce Lobel); an ἔκρυ[πτον φόνον?   20 ἴῶν
Π, sc. ἰῶν aut ἀνιῶν

101 2 χίλιοι codd. : corr. Fick   ἐσμεν codd. : corr. Renner

102 Strabo 8. 6. 6 p. 370 ex Apollodoro (244 F 200)

⟨—⟩ Πανελλήνων ὀϊζὺς ἐς Θάσον συνέδραμεν.

105 Heraclitus, *Alleg. Hom.* 5. 2 ὁ γὰρ ἄλλα μὲν ἀγορεύων τρόπος,
ἕτερα δὲ ὧν λέγει σημαίνων, ἐπωνύμως ἀλληγορία καλεῖται·
καθάπερ Ἀρχίλοχος μὲν ἐν τοῖς Θρακικοῖς ἀπειλημμένος
δεινοῖς τὸν πόλεμον εἰκάζει θαλαττίῳ κλύδωνι, λέγων ὧδέ πως·

⊗   Γλαῦχ’, ὅρα· βαθὺς γὰρ ἤδη κύμασιν ταράσσεται
πόντος, ἀμφὶ δ’ ἄκρα Γυρέων ὀρθὸν ἵσταται νέφος,
σῆμα χειμῶνος, κιχάνει δ’ ἐξ ἀελπτίης φόβος.

Partim excerpta Theophrasti *de signis temp.* (= fr. 6
Wimmer) 45; Plut. *de superstit.* 8 p. 169b; Syrianus in
Hermog., i. 73. 8 Rabe; cf. Cic. *ad Att.* 5. 12. 1, Hesych.
ἐξ ἀελπτίης (-όης cod.)· ἐξ ἀνελπίστου.

106 P. Lit. Lond. 54, ed. Milne

     ]νται νῆες ἐν πόντωι θοαί
     π]ολλὸν δ’ ἱστίων ὑφώμεθα
   λύσαν]τες ὅπλα νηός· οὐρίην δ’ ἔχε
     ]ρους, ὄφρα σεο μεμνεώμεθα
     ]άπισχε, μηδὲ τοῦτον ἐμβάληις
     ]ν ἵσταται κυκώμενον
     ]χης· ἀλλὰ σὺ προμήθεσαι
       ]υμος

107 Plut. *quaest. conv.* 3. 10. 2 p. 658b

ἔλπομαι, πολλοὺς μὲν αὐτῶν Σείριος καθαυανεῖ
ὀξὺς ἐλλάμπων.

---

106 eidem carmini ac fr. 105 ascripsit Croenert   2 Körte
3 Diehl   4 σάου θ’ ἑταί]ρους Diehl; init. Ζεῦ πάτερ?   5-7 e.g.
κἀπὶ γῆς, πνοὰς δ’] ἄπισχε, μηδὲ τοῦτον ἐμβάληις [ὑψόθεν χειμῶν’,
ὁτέοισι]ν ἵσταται κυκώμενον [κῦμα   7]χ : vix]μ   ἢ]χῆς vel
εὐ]χῆς   8 -ών]υμος

Hesych. Σείριος· .... ὁ δὲ Ἀρχίλοχος τὸν ἥλιον.

108 Plut. *quomodo aud. poet.* 6 p. 23a
κλῦθ' ἄναξ Ἥφαιστε, καί μοι σύμμαχος γουνουμένωι
ἵλαος γενέο, χαρίζεο δ' οἷά περ χαρίζεαι.

109 Schol. Ar. *Pac.* 603 sq.
⟨ὦ⟩ λιπερνῆτες πολῖται, τἀμὰ δὴ συνίετε
ῥήματα.

110 Clem. *Strom.* 6. 6. 1
†ἔρξω· ἐτήτυμον γὰρ ξυνὸς ἀνθρώποις Ἄρης.

111 Pergit Clemens
καὶ νέους θάρσυνε· νίκης δ' ἐν θεοῖσι πείρατα.

112 P. Oxy. 2314 col. i + 2313 fr. 27
```
            ].[   ].[      ].[.].ασδι.[.]...
        ]ηρας· ἔλπομαι γάρ, ἔλπομαι
        ἀ]νόλβο[ι]s ἀμφαϋτήσει στρατός
        ].αγγες κοιτον ἀρκαδοσσονον
          ].α, πολλὰ δ' ἔλπονται νέοι
5         ].α· διὰ πόλιν Κουροτρόφος
          ]τατα[ ]εθ.....αειρεται
          ]....ν...αν αγκάσεαι
        ]τοιγει.[ | ]...τοροχλο·βητεται
```

---

108 2 γενοῦ codd., corr. Fick   χαρίζεται codd. nonnulli
109 ὦ add. Liebel : ὦλ- (= ὦ ἀλ-) van Wageningen   συνίετε
Bergk : ξυν- schol.
110 Ἐρξίων Bergk, -ίην Tarditi
111 θαρρῦναι cod., corr. Elmsley
112 3]νολβο ϙι(sic) Π cf. fr. 88   4 vel].αιτευ sim.   8 minus
arridet ἀναγκάσεαι   ...αικαγεαι Lobel

10
$$]ν· τέωι\ προσέρχεται\ [\,.\,]εθε$$
$$]ως\ 'Αφροδίτηι\ \langle δὴ \rangle\ φίλος$$
$$]χων\ ᾶτ'\ ὄλβιος$$
$$]ερον[$$

113 P. Oxy. 2314 col. ii

(fragmenta versuum vi)

7 ⊗   ἀρχὸς εὖ μαθ[ὼ]ν ἄκοντι τ[
πειρέαι; λίην λιάζεις κυρ[
ἴσθί νυν, τάδ' ἴσθι... γγο[

114 Dio Chrys. 33. 17; Gal. in Hp. π. ἄρθρων, xviii (1) 537 et
604 K.; Schol. Hp. μοχλ. 22 = Erot. fr. 43 Nachm.; Schol.
Theoc. 4. 49a

οὐ φιλέω μέγαν στρατηγὸν οὐδὲ διαπεπλιγμένον
οὐδὲ βοστρύχοισι γαῦρον οὐδ' ὑπεξυρημένον,
ἀλλά μοι σμικρός τις εἴη καὶ περὶ κνήμας ἰδεῖν
ῥοικός, ἀσφαλέως βεβηκὼς ποσσί, καρδίης πλέως.

115 'Herodian.' *de figuris*, *Rhet. Gr.* viii. 598 Walz, iii. 97
Spengel

νῦν δὲ Λεώφιλος μὲν ἄρχει, Λεωφίλου δ' ἐπικρατεῖν,

---

112 9 priora 2313, posteriora 2314; intervallum incertum   fort.
ὄχλος ἵπτεται, si ιπτ ex απτ- correctum est   10 vel]εβε :].δε leg.
Lobel   11 ⟨δὴ⟩ add. Treu
113 7 carminis initium indicare videtur ecthesis   ἀρχ' ὃς Lobel
μαθ[ὼ]ν Peek   8 λιαν Π   ρ[: vel κ[, μ[, ν[
114 1 διαπεπλιγμένον Hemsterhuys : -πεπλεγμένον Dio : -πεπηγμέ-
νον Gal.   3 σμικρὸς Erot., cf. Dion. : μικρὸς Gal. (μακρὸς
p. 604 codd.) : ῥοικὸς schol. Theoc. ex v. 4   κατὰ κνήμην schol.
Theoc. (et fort. περὶ κνήμην) : ἐπὶ κνήμαισιν δασύς Dio : περὶ κνήμησ'
Dettmer
115 1 δὲ om. BG CEJ   λ. μὲν AH CJ : μὲν λ. B : μὲν λ. μὲν G :
λ. ἡμῶν EF   λεωφίλου AH EJ : -ος BG CF, sscr. J   ἐπί-
κρατεῖν scripsi : -εῖ codd.

Λεωφίλωι δὲ πάντα κεῖται, Λεώφιλον δ' †ἄκουε.

116 Ath. 76b

ἔα Πάρον καὶ σῦκα κεῖνα καὶ θαλάσσιον βίον.

117 Schol. Hom. *Il.* 24. 81 οἱ δὲ νεώτεροι κέρας τὴν συμπλοκὴν τῶν τριχῶν ὁμοίαν κέρατι.

τὸν κεροπλάστην ἄειδε Γλαῦκον.

'Αρχίλοχος.

Cf. schol. *Il.* 11. 385; Eust. pp. 851. 41 sqq., 1340. 30 sqq.; Poll. 2. 31, 7. 165; Plut. *sollert. anim.* 24 p. 976f; Hesych. κεροπλάστης.

118 Plut. *de E* 5 p. 386d

εἰ γὰρ ὡς ἐμοὶ γένοιτο χειρὶ Νεοβούλης θιγεῖν.

119 Schol. Eur. *Med.* 679

καὶ πεσεῖν δρήστην ἐπ' ἀσκόν, κἀπὶ γαστρὶ γαστέρα προσβαλεῖν μηρούς τε μηροῖς.

120 Ath. 628a

ὡς Διωνύσου ἄνακτος καλὸν ἐξάρξαι μέλος οἶδα διθύραμβον οἴνωι συγκεραυνωθεὶς φρένας.

121 Ath. 180d

αὐτὸς ἐξάρχων πρὸς αὐλὸν Λέσβιον παιήονα.

---

115 2 δ' ἐν Page   πάντ' ἀνεῖται Bergk   (λεώφιλ)ον sscr. E : -ε AH BG EJ : -os CF, sscr. J   -ου δ' ἀκούεται Porson, alii alia

118 χειρὶ Elmsley : χεῖρα codd.

119 fragmento 118 adiunxit Elmsley   2 προσβάλλειν cod., corr. Matthiae

120 fort. post frr. 118 - 19 legendum; verum cave ne ὡς Athenaei sit   1 Διωνύσου Hermann : διονύσοιο cod. A : Διωνύσοι' Bentley

122 Stob. 4. 46. 10 (cod. S) + P. Oxy. 2313 fr. 1 (a)

⊗   "χρημάτων ἄελπτον οὐδέν ἐστιν οὐδ' ἀπώμοτον
οὐδὲ θαυμάσιον, ἐπειδὴ Ζεὺς πατὴρ 'Ολυμπίων
ἐκ μεσαμβρίης ἔθηκε νύκτ', ἀποκρύψας φάος
ἡλίου †λάμποντος, λυγρὸν† δ' ἦλθ' ἐπ' ἀνθρώπους δέος.
5   ἐκ δὲ τοῦ καὶ πιστὰ πάντα κἀπίελπτα γίνεται
ἀνδράσιν· μηδεὶς ἔθ' ὑμέων εἰσορέων θαυμαζέτω
μηδ' ἐὰν δελφῖσι θῆρες ἀνταμείψωνται νομὸν
ἐνάλιον, καί σφιν θαλάσσης ἠχέεντα κύματα
φίλτερ' ἠπείρου γένηται, τοῖσι δ' ὑλέειν ὄρος.

               'Αρ]χηνακτίδης
               ]ητου πάϊς[
               ]τυθη γάμωι[

(fragmenta versuum v)

Arist. *Rhet.* Γ 17 p. 1418b28 (plenius dedi ad fr. 19)
ποιεῖ γὰρ τὸν πατέρα λέγοντα περὶ τῆς θυ-
γατρὸς ἐν τῷ ἰάμβῳ "χρημάτων—ἀπώμοτον".

124 Ath. (epit.) 7f ὅτι περὶ Περικλέους φησὶν 'Αρχίλοχος ὁ Πάριος
ποιητὴς ὡς ἀκλήτου ἐπεισπαίοντος εἰς τὰ συμπόσια
(a)   Μυκονίων δίκην...

(b)   πολλὸν δὲ πίνων καὶ χαλίκρητον μέθυ,
οὔτε τῖμον εἰσενείκας ⟨ — ∪ — × — ∪ —⟩
οὐδὲ μὲν κληθεὶς ⟨∪ — ×⟩ ἦλθες οἷα δὴ φίλος,

---

122 3 μεσαμβρίης Hoffmann : μεσημβρίας S   4 λαμπρόν, τοσοῦτον
Mähly : ὑγρὸν Valckenaer : ὠχρὸν Bentley : αὖον Kamerbeek
5 καὶ πιστὰ Liebel : οὐκ ἄπιστα S : κἄπιστα πιστὰ Thiersch
7 ἐὰν Valckenaer : ἵνα S   9 ὑλέειν Lobel (ὑλήειν Bergk, quod
attestatur Choerob. ii. 214. 18 Hilgard):].ειν Π (]. = η, ι, ν, itaque
fort. υλ]ηειν) : ἠδὺ ἦν (sic) S   10 Lobel   12 ἠρ]τύθη
Latte, hoc vel ἐρη]τύθη Peek   γαμωι[vel γαμων[Π
    124 (b) 1 μέθυ Casaubon : μεθύων codd.   2 εἰσενείκας Kaibel :
εἰσήνεγκας codd.   3 ⟨ὑφ' ἡμέων⟩ Bergk : ⟨ἐσ⟩ῆλθες (Casaubon)
οἷα δὴ φίλος ⟨φίλοις⟩ Meineke

ἀλλά σεο γαστὴρ νόον τε καὶ φρένας παρήγαγεν
5 εἰς ἀναιδείην.

125 Ath. 433e

μάχης δὲ τῆς σῆς, ὥστε διψέων πιεῖν,
ὡς ἐρέω.

126 Theophilus ad Autolycum 2. 37 p. 53a (Corp. Apolog. saec.
secundi viii. 174)

ἓν δ' ἐπίσταμαι μέγα,
τὸν κακῶς ⟨μ'⟩ ἔρδοντα δεινοῖς ἀνταμείβεσθαι κακοῖς.

127 Clem. Strom. 6. 6. 1

ἤμβλακον. καί πού τιν' ἄλλον ἦδ' †ἄτη 'κιχήσατο.

128 Stob. 3. 20. 28

θυμέ, θύμ', ἀμηχάνοισι κήδεσιν κυκώμενε,
†ἄναδευ δυσμενῶν† δ' ἀλέξεο προσβαλὼν ἐναντίον
στέρνον †ἐνδοκοισιν ἐχθρῶν πλησίον κατασταθεὶς
ἀσφαλέως· καὶ μήτε νικέων ἀμφάδην ἀγάλλεο,
5 μηδὲ νικηθεὶς ἐν οἴκωι καταπεσὼν ὀδύρεο,
ἀλλὰ χαρτοῖσίν τε χαῖρε καὶ κακοῖσιν ἀσχάλα
μὴ λίην, γίνωσκε δ' οἷος ῥυσμὸς ἀνθρώπους ἔχει.

---

126 2 με add. Hecker   ἔρδοντα Turyn : δρῶντα cod.
127 ἄση Bentley : ἄλη vel ἄγη Hermann : ἀρὴ Liebel
128 2 ἄναδευ SM, ἀνὰ δ' εὖ A : ἄνα δέ Liebel : ἄνα σύ Pfeiffer :
ἄνεχε Grotius : ἀνὰ δ' ἔχειν (vel ἀναδύεν) μένων δ' Bergk   δυσμε-
νέων Lasserre (recte nisi μένων fuit)   3 δοκοῖσιν SA : δόκοισιν
M : ἐνδόκοισιν Valckenaer cl. Hesych. ἔνδοκος· ἐνέδρα : δοκῆσιν 'possis'
Bergk cl. Hesych. ἐν δοκῇ· ἐν ἐπιβουλῇ et δόκαι· ἐνέδραι, παρατηρήσεις :
λόχοισιν Klinger   4 ἀμφάδην S a.c. : ἐμφάδην S¹MA   5 μήτε
Meineke   οἴκτῳ Ilgen   6 ἀσχάλα Grotius : ἄσχαλλε SA : ἄσχαλε M
7 ῥυσμὸς S¹ : ῥυθμὸς S a.c., MA

129 Arist. *Pol. H* 7 p. 1328ᵃ3 'Αρχίλοχος... τοῖς φίλοις ἐγκαλῶν διαλέγεται πρὸς τὸν θυμόν·

συ γὰρ δὴ παρὰ φίλων ἀπάγχεαι.

130 Stob. 4. 41. 24

τοῖς θεοῖς †τ' εἰθείάπαντα· πολλάκις μὲν ἐκ κακῶν
ἄνδρας ὀρθοῦσιν μελαίνηι κειμένους ἐπὶ χθονί,
πολλάκις δ' ἀνατρέπουσι καὶ μάλ' εὖ βεβηκότας
ὑπτίους, κείνοις ⟨δ'⟩ ἔπειτα πολλὰ γίνεται κακά,
5   καὶ βίου χρήμηι πλανᾶται καὶ νόου παρήορος.

131 Theo *Progymn.* (*Rhet. Gr.* i. 152 Walz, ii. 62 Spengel); Diog. Laert. 9. 71; Ps.-Plut. *de vita et poesi Hom.* (B) 155; Stob. 1. 1. 18; Syrianus in Hermog., i. 30 Rabe

⊗   τοῖος ἀνθρώποισι θυμός, Γλαῦκε Λεπτίνεω πάϊ,
γίνεται θνητοῖς, ὁποίην Ζεὺς ἐφ' ἡμέρην ἄγηι.

132 Ps.-Plato, *Eryxias* 397e

καὶ φρονέουσι τοῖ' ὁποίοις ἐγκυρέωσιν ἔργμασιν.

Contradixit Heraclitus fr. 3 Marcovich (22 B 17 Diels-

---

129 συ J. G. Schneider : οὐ codd.   παρὰ Par. 1858 et versio
Guilielmi de Moerbeka : περὶ ceteri
130 1 ita cod. S (hic unicus) : τέλεια Hommel : alii alia   4 κεί-
νοις Blaydes : κινοῦσ' S : κλίνουσ' Valckenaer (postea interpungens)
δ' addidi   post h. v. lacunam stat. Meineke   5 χρήμη S : χρή-
ζων Gesner   gravem suspicionem movet quod statim in secundo
versu proximi excerpti (= Theodect. fr. 16) stant verba minime
corrupta φήμη πλανᾶται
131 2 ὁποίην Sext. : ὁκοίην Diog. Syr. (οἰκοίην Stob. cod.) : ὁκοῖον
[Plut.] Theo   ἐφ' plerique : ἐπ' Diog. v.l.   ἄγῃ Stob., Syr.
v.l. : ἄγει cett.
132 fragmento 131 adiunxit Jacobs   ὁποίοις Wilamowitz :
ὁκοίοις codd.   ἔρχμασιν Lobel, cf. *Et. Magn.* p. 151. 41 τὸ ἔργμα
ἔρχμα φασίν ("Ιωνες)

Kranz) οὐ φρονέουσι τοιαῦτα πολλοὶ ὁκοίοις ἐγκυρέουσι (ὁκό-
σοι ἐγκυρσεύουσιν cod.) οὐδὲ παθόντες γινώσκουσιν, ἑωυτοῖσι
δὲ δοκέουσι.

133 Stob. 4. 58. 4
οὔτις αἰδοῖος μετ' ἀστῶν οὐδὲ περίφημος θανὼν
γίνεται· χάριν δὲ μᾶλλον τοῦ ζοοῦ διώκομεν
⟨οἱ⟩ ζοοί, κάκιστα δ' αἰεὶ τῶι θανόντι γίνεται.

134 Schol. Hom. *Od.* 22. 412 ; Clem. *Strom.* 6. 5. 9; Stob. 4. 57. 4
οὐ γὰρ ἐσθλὰ κατθανοῦσι κερτομεῖν ἐπ' ἀνδράσιν.

152 P. Oxy. 2313 fr. 21

```
               ]γαιδε· τισ[
    — ‿ — γυναῖ]κα βινέων[
               ].ρε κεινος[
```

166 P. Oxy. 2313 fr. 38

```
               ]ρο'[
             ]θ'αποι[
        ἱμ]ερτὴ Πάρ[ος
             ].ωστρεφε[ ‑
          α]νθρωπα[
             ] . [ ] . [
```

167 Ath. 415d περὶ δὲ Θυὸς τοῦ Παφλαγόνων βασιλέως, ὅτι καὶ
αὐτὸς ἦν πολυφάγος, προειρήκαμεν... Ἀρχίλοχος δὲ ἐν τε-
τραμέτροις Χαρίλαν εἰς τὰ ὅμοια διαβέβληκεν.

---

133 1 ἀστοῖς Blaydes   οὐδὲ Hiller : καὶ codd. καίπερ εὔφημος
Salmasius   3 ⟨οἱ⟩ anon.   δ' αἰεὶ idem : δέει M : δὲ S
166 5 an ἄ]νθρωπ'[?
167 eidem carmini ac fr. 168 ascripserunt plerique

168 - 171.   × — ◡◡ — ◡ ◡ — —

　　　　　　— ◡ ◡◡ ◡ — —

168 Hephaest. *Ench.* 8. 7, 15. 2, 4, 6
⊗　　'Ερασμονίδη Χαρίλαε,
　　　χρῆμά τοι γελοῖον
　　　ἐρέω, πολὺ φίλταθ' ἑταίρων,
　　　τέρψεαι δ' ἀκούων.

169 Ib. 8. 7

　　　Δήμητρί τε χεῖρας ἀνέξων

170 Ib. 15. 2

　　　ἀστῶν δ' οἱ μὲν κατόπισθεν
　　　ἦσαν, οἱ δὲ πολλοί

171 Ib. 15. 6, cf. 8. 7

　　　φιλεῖν στυγνόν περ ἐόντα,
　　　μηδὲ διαλέγεσθαι

172 - 181.   × — ◡ — × ⋮ — ◡ ⋮ — × — ◡ —

　　　　　　× — ◡ — × — ◡ —

Omnia e carmine in Lycambem, ubi narrabatur fabula de
vulpe et aquila. Cf. Philostr. *imag.* 1. 3 φοιτῶσιν οἱ μῦθοι
παρὰ τὸν Αἴσωπον, ἀγαπῶντες αὐτὸν ὅτι αὐτῶν ἐπιμελεῖται.
ἐμέλησε μὲν γὰρ καὶ Ὁμήρῳ μύθου καὶ Ἡσιόδῳ, ἔτι δὲ καὶ
Ἀρχιλόχῳ πρὸς Λυκάμβην· ἀλλ' Αἰσώπῳ κτλ. Schol. Ar. *Av.*
652, "ὅρα νυν, ὡς ἐν Αἰσώπου λόγοις | ἐστὶν λεγόμενον δή τι,

170　2　ἦσαν Meineke
171　3　e.g. ⟨τῶν ἄλλων μηδενὶ μᾶλλον⟩

τὴν ἀλώπεχ' ὡς | φλαύρως ἐκοινώνησεν ἀετῷ ποτε". ὅτι σα-
φῶς ἀνετίθεσαν Αἰσώπῳ τοὺς λόγους, καὶ τοῦτον τὸν παρὰ
τῷ 'Αρχιλόχῳ λεγόμενον καίτοι πρεσβυτέρῳ ὄντι.

Aesop. fab. 1 Perry ἀετὸς καὶ ἀλώπηξ φιλίαν πρὸς ἀλλήλους
ποιησάμενοι πλησίον ἑαυτῶν οἰκεῖν διέγνωσαν, βεβαίωσιν
φιλίας τὴν συνήθειαν ποιούμενοι. καὶ δὴ ὁ μὲν ἀναβὰς ἐπί τι
περίμηκες δένδρον ἐνεοττοποιήσατο, ἡ δὲ εἰσελθοῦσα εἰς τὸν
ὑποκείμενον θάμνον ἔτεκεν. ἐξελθούσης δέ ποτε αὐτῆς ἐπὶ νομήν,
ὁ ἀετὸς ἀπορῶν τροφῆς καταπτὰς εἰς τὸν θάμνον καὶ τὰ γεννή-
ματα ἀναρπάσας μετὰ τῶν ἑαυτοῦ νεοττῶν κατεθοινήσατο. ἡ
δὲ ἀλώπηξ ἐπανελθοῦσα, ὡς ἔγνω τὸ πραχθέν, οὐ μᾶλλον ἐπὶ
τῷ τῶν νεοττῶν θανάτῳ ἐλυπήθη ὅσον ἐπὶ τῇ ἀμύνῃ· χερσαία
γὰρ οὖσα πτηνὸν διώκειν ἠδυνάτει. διόπερ πόρρωθεν στᾶσα,
ὃ μόνον τοῖς ἀδυνάτοις καὶ ἀσθενέσιν ὑπολείπεται, τῷ ἐχθρῷ
κατηρᾶτο. συνέβη δὲ αὐτῷ τῆς εἰς τὴν φιλίαν ἀσεβείας οὐκ εἰς
μακρὰν δίκην ὑποσχεῖν. θυόντων γάρ τινων αἶγα ἐπ' ἀγροῦ,
καταπτὰς ἀπὸ τοῦ βωμοῦ σπλάγχνον ἔμπυρον ἀνήνεγκεν· οὗ
κομισθέντος εἰς τὴν καλιὰν σφοδρὸς ἐμπεσὼν ἄνεμος ἐκ λεπτοῦ
καὶ παλαιοῦ κάρφους λαμπρὰν φλόγα ἀνῆψε. καὶ διὰ τοῦτο κατα-
φλεχθέντες οἱ νεοττοί, καὶ γὰρ ἦσαν ἔτι πτῆναι ἀτελεῖς, ἐπὶ τὴν
γῆν κατέπεσον, καὶ ἡ ἀλώπηξ προσδραμοῦσα ἐν ὄψει τοῦ ἀετοῦ
πάντας αὐτοὺς κατέφαγεν.

172 Schol. Hermog., *Rhet. Gr.* vii. 820 Walz

⊗   πάτερ Λυκάμβα, ποῖον ἐφράσω τόδε;
            τίς σὰς παρήειρε φρένας
         ἧις τὸ πρὶν ἠρήρησθα; νῦν δὲ δὴ πολὺς
            ἀστοῖσι φαίνεαι γέλως.

1 - 2 Hephaest. *de poem.* 7. 2; Apthonius, Gramm. Lat. vi.
170; 1 Iuba Artigraphus ap. Rufinum, ib. 561. 13; Marius
Plotius Sacerdos, ib. 518. 5, 522. 6; 2 Demetr. *de eloc.*
5; Schol. Ar. *Ran.* 387, etc.

172 3 ἠρήρεισθα schol. Hermog. : corr. Bergk

173 Origenes *c. Celsum* 2. 21 καὶ ὀνειδίζων γε ὁ Πάριος ἰαμβο-
ποιὸς τὸν Λυκάμβην ... φησὶ πρὸς αὐτὸν
ὅρκον δ' ἐνοσφίσθης μέγαν
ἅλας τε καὶ τράπεζαν.
Dio Chrys. 74. 16 τὸν Ἀρχίλοχον οὐδὲν ὤνησαν οἱ ἅλες καὶ
ἡ τράπεζα πρὸς τὴν ὁμολογίαν τῶν γάμων, ὥς φησιν αὐτός.

174 Ps.-Ammonius *de adfin. vocab. diff.* 18 (p. 5 Nickau)
αἰνός τις ἀνθρώπων ὅδε,
ὡς ἄρ' ἀλώπηξ καἰετὸς ξυνεωνίην
ἔμειξαν.

Et. Gud. i. 48. 15 de Stefani; Erenius Philo 32; schol. Hom.
Od. 14. 508; Epimer. in Hom., *An. Par.* iii. 371. 13 Cramer;
Choerob. *Epimer. in Psalmos* p. 114. 25 Gaisford; Diogen.
et Apostol. praeff. (Paroem. Gr. i. 178. 6, ii. 235. 7);
2 Ap. Dysc. *de coniunct.*, Gramm. Gr. I. i. 223. 24

175 P. Oxy. 2315 fr. 1, ed. Lobel
× — ⏑ ἐ]ς παῖ]δας φέρων
δαῖ]τα δ' οὐ κᾱλὴν ἐπ[ὶ
ὥρμησαν ἀπτ]ῆνες δύο
× — ⏑ — ×].γῆ[ς] ἐφ' ὑψηλῶι π[άγωι
5   × — ⏑ —]νεοσσιῆι
× — ⏑ —]προὔθηκε, τὴν δ[× — ⏑ —
× — ⏑ —].εχο.[⏑ —
× — ⏑ —]ᾳδε..[⏑ — × — ⏑ —
× — ⏑ — ×]φωλᾳ[δ —

174 2 ξυνωνίην vel -αν codd., corr. Fick   3 ἔμιξαν schol.
Hom. Diogen. : ἔθεντο cett.

175 1 Lasserre   supra]δας sscr.].ς m²   2 δαῖ]τα ´Las-
serre κἀκηνοπ[, corr. m²   3 ὥρμησαν e.g. supplevi   marg.
ὑπὸ τῆς κ[--]μένοι ἦσαν[--]ἐχοντασε.[m²   5 marg. πυρὸς ᾳᵘ.
[—]τᾳ/τοις το[—]φονησαν[m²

176 Atticus fr. 2 Baudry ap. Euseb. *praep. ev.* 15. 4. 4

ὁρᾶις ἵν' ἐστὶ κεῖνος ὑψηλὸς πάγος,
τρηχύς τε καὶ παλίγκοτος;
ἐν τῶι κάθηται, σὴν ἐλαφρίζων μάχην.

ἐπὶ τοῦτον τὸν ὑψηλὸν πάγον τὸ δριμὺ καὶ πανοῦργον ἐκεῖνο
θηρίον ἀνελθεῖν ἀδύνατον· ἵνα δ' εἰς ταὐτὸν ἔλθῃ τοῖς ἀετοῦ
γεννήμασιν ἀλώπηξ, ἢ τύχῃ τινὶ δεῖ χρησαμένους ἐκείνους πο-
νηρᾷ καταπεσεῖν εἰς γῆν, τῶν οἰκίων αὐτοῖς φθαρέντων, ἢ
φύσασαν αὐτὴν ἃ μὴ πέφυκε φύειν "λαιψηρὰ κυκλῶσαι πτερά"
(cf. fr. 181. 11), καὶ οὕτως ἀρθεῖσαν ἐκ γῆς ἀναπτέσθαι πρὸς
τὸν ὑψηλὸν πάγον.

177 Clem. *Strom.* 5. 127. 1; Stob. 1. 3. 34

ὦ Ζεῦ, πάτερ Ζεῦ, σὸν μὲν οὐρανοῦ κράτος,
σὺ δ' ἔργ' ἐπ' ἀνθρώπων ὁρᾶις
λεωργὰ καὶ θεμιστά, σοὶ δὲ θηρίων
ὕβρις τε καὶ δίκη μέλει.

178 Porphyrius in Hom. *Il.* 24. 315 (p. 275 Schrader)

εἴωθε δὲ καὶ ὁ 'Αρχίλοχος μελάμπυγον τοῦτον καλεῖν (sc. τὸν
μέλανα αἰετόν)·

μή τεο μελαμπύγου τύχηις.

Cf. Tzetz. in Lyc. 91 (ii. 50. 23 Scheer) εἰσὶ γὰρ μελάμπυγοι
⟨καὶ⟩ πύγαργοι εἴδη ἀετῶν κατ' 'Αρχίλοχον... ὁ δὲ δειλὸς
πάλιν πύγαργος λέγεται, ὡς λευκὴν ἔχων τὴν πυγήν, ἐκ τοῦ

---

176 fragmento 177 adiunxit Lasserre   1 ἐστὶ κεῖνος Schnei-
dewin : ἐστὶν ἐκεῖνος codd. (ἔστ' ἐκεῖνος unus)

177 1 σεῦ μὲν Pfeiffer   2 ἀνθρώπους Clem.   3 καὶ θεμιστὰ
Liebel : κάθέμιστα fere testt.

178 μήτ' εὐ Hesych. : ἤ τευ schol. Hom. : μὴ σύ γε Zenob. vulg.,
Suda : μὴ Diogen., Greg. : om. Zenob. Ath., Apostol., Phot. : οὔπω
Tzetz.   τύχῃς schol. Hom., Diogen., Greg., Phot., *Suda* :
τύχοις Hesych., Zenob. vulg., Apostol. : συνέτυχες Zenob. Ath. (ex
σύ γε... corruptum?) : τετυχήκας Tzetz.

ἐναντίου τῇ παροιμίᾳ, "οὔπω μελαμπύγῳ τετύχηκας". Hesych.
μή τευ μελαμπύγου τύχοις· μή τινος ἀνδρείου καὶ ἰσχυροῦ τύχοις.
Zenob. Athous 2. 85 μελαμπύγῳ συνέτυχες· παρὰ 'Αρχιλόχῳ
κεῖται. Zenob. vulg. 5. 10 cum adn., Diogen. 6. 38, Greg.
Cypr. (cod. Leid.) 2. 73, Apostol. 11. 19 (Paroem. Gr.
i. 119, 275, ii. 79, 520); Suda iii. 390. 1 Adler; Phot. s.v.
μελαμπύγου τύχης.

179 *Et. Gen.* / *Magn.* / *Sym.* · s.v. αἰηνές
προύθηκε παισὶ δεῖπνον αἰηνὲς φέρων.

180 Schol. Ar. *Ach.* 278
πυρὸς δ' ἐν αὐτῶι φεψάλυξ.

181 P. Oxy. 2316, ed. Lobel

```
                ].ω[
                ]ηρκ[
                ].τάτην[
              μ]έγ' ἠείδει κακ[όν
5              φ]ρέ[ν]ας
                ].δ' ἀμήχανον τ.[
                ]ακον·
              ].αγων μεμνημένος[
              ].ην κλύσας
10          κέ]λευθον ὠκέως δι' αἰθέρος[
          λαιψηρὰ κυ]κλώσας πτερά
              ]ν ἠσ..· σὸς δὲ θυμὸς ἔλπεται
```

11 Atticus fr. 2 Baudry ap. Euseb. *praep. ev.* 15. 4. 4; Plut.
de garrulitate 10 p. 507a; *amat.* 3 p. 750b.

---

180 fragmento 179 olim adiunxit Lasserre, bene   δ' ἐν (αὐῶ)
Schneidewin : δὲ ἦν codd.
181 4]έγ'ηείδεεκα.[Π μ]έγ' Lasserre, κακ[όν Peek   7 κ]ακόν
Adrados : φάρμ]ακον Peek   8]φ vel]ψ   ὀρ]φανῶν Lobel
10 init., de τάμνων cogit. Lobel   12 ἠσ.ι, ἠε., sim. Π

182 - 187.   × — ∪ — × ⫶ — ∪ ⫶ — × — ∪ —

— ∪ ∪ — ∪ ∪ —

182 Hephaest. *de poem.* 7. 2

⊗   εὖτε πρὸς ἆθλα δῆμος ἠθροΐζετο,

ἐν δὲ Βατουσιάδης

2 Hephaest. *Ench.* 7. 3 etc.

*183 Hesych.

Σελληΐδεω·

Σελ⟨λ⟩έως υἱός, ὁ μάντις, Βατουσιάδης τὸ ὄνομα.

184 Plut. *de primo frig.* 14 p. 950e ὁ δ᾽ Ἀρχίλοχος ἐπὶ τῆς τἀ-
ναντία φρονούσης οὐ κακῶς εἶπε·

τῆι μὲν ὕδωρ ἐφόρει

δολοφρονέουσα χειρί, θητέρηι δὲ πῦρ.

Id. *Demetrius* 35. 6, *de comm. not.* 23 p. 1070a, ἡ παρ᾽ Ἀρ-
χιλόχῳ γυνὴ "τῇ—πῦρ".

185-7. Fabula de vulpe et simio

Aesop. fab. 81 Perry ἐν συνόδῳ τῶν ἀλόγων ζῴων πίθηκος
εὐδοκιμήσας βασιλεὺς ὑπ᾽ αὐτῶν ἐχειροτονήθη. ἀλώπηξ δὲ
αὐτῷ φθονήσασα, ὡς ἐθεάσατο ἔν τινι πάγῃ κρέας κείμενον,
ἀγαγοῦσα αὐτὸν ἐνταῦθα ἔλεγεν ὡς εὑροῦσα θησαυρὸν αὐτὴ
μὲν οὐκ ἐχρήσατο, γέρας δὲ αὐτῷ τῆς βασιλείας τετήρηκε,
καὶ παρῄνει αὐτῷ λαβεῖν. τοῦ δὲ ἀμελετήτως ἐπελθόντος καὶ
ὑπὸ τῆς πάγης συλληφθέντος, αἰτιωμένου τε τὴν ἀλώπεκα
ὡς ἐνεδρεύσασαν αὐτῷ, ἐκείνη ἔφη "ὦ πίθηκε, σὺ δὲ τοιαύτην
πυγὴν (τύχην codd., corr. Buchholtz) ἔχων τῶν ἀλόγων
ζῴων βασιλεύ(σ)εις;"

---

182 1 εὖτε Bentley : εὖ τι vel εὖ τοι codd.   ἄεθλα codd. :
corr. Fick
184 2 τῇ ἑτέρῃ δὲ *de primo frig.* : τῇ δ᾽ ἑτέρῃ *Demetr.* : τῇ δὲ *de
comm. not.*

185 Ps.-Ammonius *de adfin. vocab. diff.* 18 (p. 5 Nickau)

> ἐρέω τιν' ὗμιν αἶνον, ὦ Κηρυκίδη,
> ἀχνυμένηι σκυτάληι.
> πίθηκος ἠίει θηρίων ἀποκριθεὶς
> μοῦνος ἀν' ἐσχατιήν,
> 5 τῶι δ' ἆρ' ἀλώπηξ κερδαλῆ συνήντετο,
> πυκνὸν ἔχουσα νόον.

Epimer. in Hom., *An. Par.* iii. 371. 14 Cramer; Apostol. praef., Paroem. Gr. ii. 236. 6; (2-6) Eust. in Hom. p. 1768. 65 ex Eren. Phil.; (5-6) *Et. Gud.* i. 48. 18 de Stefani. 2 Demetr. *de eloc.* 5; schol. Pind. *Ol.* 6. 154a, c; Plut. *sept. sap. conv.* 8 p. 152e. Diogen. 3. 25 (Paroem. Gr. i. 217. 10) ἀχνυμένη σκυτάλη· ἐπὶ τῶν λυπηρὰς ἀγγελίας ἀγγελλόντων κτλ. Similia Apostol. 4. 68 (Paroem. Gr. ii. 323. 8). 5 resp. Plato, *Resp.* 365c, Dio Chrys. 74. 15, alii.

186 Schol. Ar. *Ach.* 687; *Et. Gen./Magn.* s.v. σκανδάλιθρον ῥόπτρωι ἐρειδόμενον.

187 Schol. Ar. *Ach.* 119 sq.

> τοιήνδε δ' ὦ πίθηκε τὴν πυγὴν ἔχων.

188-192. — ⏑⏑ — ⏑⏑ — ⏑⏑ — ⏑⏑? | — ⏑ — ⏑ — —
　　　　 × — ⏑ — × ¦ — ⏑ — ⏑ — —

188 P. Colon. 7511. 36-40, ed. Merkelbach — West, *ZPE* 14 (1974), 97

> ⊗　οὐκέ]θ' ὁμῶς θάλλεις ἁπαλὸν χρόα· κάρφεται[ι γὰρ ἤδη
> ὄγμοι]ς, κακοῦ δὲ γήραος καθαιρεῖ

---

185 2 ἀχνυμένη σκυτάλη praeferunt multi　　3 de ἦε cogit. Kühner–Blass ii. 218

188 2 ὄγμοις Snell : ὄγμος Hephaest. : ολμον Atil. :]ς· Π　κακὸν Atil.

.....]ἀφ' ἱμερτοῦ δὲ θορὼν γλυκὺς ἵμερος π[ροσώπου
.....]κεν· ἢ γὰρ πολλὰ δή σ' ἐπῆιξεν
5   πνεύμ]ατα χειμερίων ἀνέμων, μά⟨λα⟩ πολλάκις δε[

1-2 Hephaest. Ench. 6. 3 (7, 4, 15. 8) + 5. 3; Atilius For-
tunatianus, Gramm. Lat. vi. 298. 6.

189 Ath. 299a
              πολλὰς δὲ τυφλὰς ἐγχέλυς ἐδέξω.

190 Hephaest. Ench. 15. 8 γίνεται δὲ ὁ τελευταῖος τῆς τετραπο-
δίας διὰ τὴν ἐπὶ τέλους ἀδιάφορον καὶ κρητικός·
              καὶ βήσσας ὀρέων †δυσπαιπάλους, οἷος ἦν ἐφ' ἥβης.

191 Stob. 4. 20. 43
              τοῖος γὰρ φιλότητος ἔρως ὑπὸ καρδίην ἐλυσθεὶς
              πολλὴν κατ' ἀχλὺν ὀμμάτων ἔχευεν,
              κλέψας ἐκ στηθέων ἁπαλὰς φρένας.

192 IG 12 (5) 445 (+Suppl. p. 212; FGrH 502; SEG 15. 518)
     A I 7-19
              ἀν]αγέγραφεν δὲ ὁ Δημέας ἕκαστα [τῶν τε πεπραγμέ-
              ν]ων καὶ γεγραμμένων ὑπὸ 'Αρχιλόχου κατ[' ἄρχοντα
              ἕκαστον. καὶ ἦρκται ἀπὸ ἄρχοντος πρῶτον Εὐρ[
     10 δ]οκεῖ πεντηκοντόρος Μιλησίων πρέσβεις ἄγ[ουσα — —
              καὶ ἀνακομιζομένη ἐγ Μιλήτου διαφθαρῆνα[ι ἐν πορθμῷ

---

188 3 e.g. αἰσά σ'·]   4 e.g. οἴχω]κεν   5 ανεμωνμαλλακισ
cum sscr. π... Π u.v.

189 ἐγχέλυας Ath. : corr. Wilamowitz

190 δυσπαιπάλους def. E. Fraenkel, Kl. Beitr. i. 180 : δυσπαίπαλά θ'
Sitzler : possis ὄρεος δυσπαιπάλου   ἦν : fort. ἤ' (ἤα)   ἐπ' codd.
boni

191 3 ἀταλὰς Meineke

192 (inscr.) pleraque suppl. Hiller v. G.

τῷ Ναξιακῷ, καὶ σωθῆναι ἕνα τινὰ αὐτῶν, ᾧ ὄ[νομα Κοίρα-
νος, ὑπὸ δελφῖνος ἀναλημφθέντα καὶ ἐκπεσόν[τα — —
τ[.]ν Συρίων ...[..].ᾳ εἰς τι σπήλαιον συνφυ[γεῖν, καὶ
15 ἐκεῖθεν αὐτ[ις ἐλθεῖν εἰς τὴν ἰδ]ίαν. τὸ δὲ σπ[ήλαιόν
ἐστι νῦν δ[εικνύμενον, καὶ ἀπ' ἐκεί]νου Κοιράνει[ον καλεῖ-
τ]α[ι]· ὁ δὲ [Ποσειδῶν τιμᾶται ὡς ἵ]ππιος ἐντ[αῦθα
απ.[   ]ν μνήμη[ν — —

π[εντήκοντ' ἀνδρῶν λίπε Κοίρα]ν[ο]ν ἵπ[πιος Ποσειδέων.

Plut. *sollert. anim.* 36 p. 985a. Fabulam narrant etiam
Phylarchus (81 F 26) ap. Ath. 606ef (ubi Coeranus Mile-
sius, naufragium prope Myconum), Ael. *H. A.* 8. 3 (ex
eodem fonte ac Plut.). Cf. Arist. *Soph. elench.* 4 p. 166ª35.

193, 194? — ∪∪ — ⏑⏑ — : ∪ ⏓ ∪ — ⏑⏑ — ∪∪ — —
　　　　× — ∪ — × — ∪ —

193 Stob. 4. 20. 45

δύστηνος ἔγκειμαι πόθωι,
ἄψυχος, χαλεπῆισι θεῶν ὀδύνηισιν ἕκητι
πεπαρμένος δι' ὀστέων.

194 Grammaticus ap. Nauck, *Lexicon Vindob.* p. 269. 6

ἔξωθεν ἕκαστος
ἔπινεν, ἐν δὲ βακχίη.

---

192 13/14 de 'Υρίᾳ prisco Pari nomine cogit. Rubensohn, de
insula Syro alii : τῆς Σικύνθου Plut. : aliter Phylarchus   15 ita
Hiller v. G., alias εἰς τὴν πέρ]ᾳς {s} 'Υρίαν :]ΤΑΣΙΛΙΑΝΤΙΔΕΣΠ[
IG imago   16 *EYTιINYN* imago : ἔτι νῦν Hiller v. G. : ἔστι
νῦν δ[εικνύμενον καὶ ego   17 ego   18 καθ]άπ[ερ ὁ ποιητὴς
ποιεῖται αὐτο]ῦ μνήμη[ν λέγων οὕτω Hiller v. G.   19 ήπιος
Plut. v.l.
194 ἔωθεν et βακχίηισιν Bergk ut sit simile fragmentorum 168 sqq.
βακχίη Welcker

195. ⟨— ‿‿ — ‿‿ — ┊ ‿⁚‿ — ‿‿ — ‿‿ — —⟩
— ‿‿ — ‿‿ — ‿‿ — —

195 Hephaest. *Ench.* 7. 2

φαινόμενον κακὸν οἴκαδ' ἄγεσθαι.

196 - 196a. × — ‿ — × ┊ — ‿ ┊ — × — ‿ —
— ‿‿ — ‿‿ —
× — ‿ — × — ‿ —

Hemiepes cum dimetro in uno versu scribebant antiqui.

196 Hephaest. *Ench.* 15. 9

ἀλλά μ' ὁ λυσιμελὴς
ὦταῖρε δάμναται πόθος.

196a P. Colon. 7511. 1-35, ed. Merkelbach - West, *ZPE* 14
(1974), 97

πάμπαν ἀποσχόμενος·
ἶσον δὲ τολμ[
εἰ δ' ὦν ἐπείγεαι καί σε θυμὸς ἰθύει,
ἔστιν ἐν ἡμετέρου
5   ἢ νῦν μέγ' ἱμείρε[ι
κᾱλὴ τέρεινα παρθένος· δοκέω δέ μι[ν
εἶδος ἄμωμον ἔχειν·
τὴν δὴ σὺ ποίη[σαι φίλην."
τοσαῦτ' ἐφώνει· τὴν δ' ἐγὼ ἀνταμει[βόμην·
10   " Ἀμφιμεδοῦς θύγατερ,
ἐσθλῆς τε καὶ [

---

195 secundus versus carminis
196 secundus et tertius versus carminis, fort. eiusdem ac fr. 196a;
praecedere potuit e.g. Γλαῦκ', οὐκέθ' ἱρῶν οὔτ' ἰάμβων μοι μέλει, cf.
fr. 215 et Hor. *Iamb.* 11. 1-2

196a 1 ανασχ sscr. ρο   2 Hesych. τολμήσω· καρτερήσω huc
pertinere potest, e.g. τολμ[ήσω ποθεῖν   5 fin. γάμου vel σέθεν
veri sim.   8 Ebert—Luppe   9 εφωνεε sscr. ι   11 [πε-
ρίφρονος Page, alii alia

γυναικός, ἦν νῦν γῆ κατ' εὐρώεσσ' ἔ[χει,
   τ]έρψιές εἰσι θεῆς
   πολλαὶ νέοισιν ἀνδ[ράσιν
15 παρὲξ τὸ θεῖον χρῆμα· τῶν τις ἀρκέσε[ι.
   τ]αῦτα δ' ἐφ' ἡσυχίης
   εὖτ' ἂν μελανθη[
ἐ]γώ τε καὶ σὺ σὺν θεῶι βουλεύσομεν.
   π]είσομαι ὥς με κέλεαι·
20 πολλόν μ' ε[
θρ]ιγκοῦ δ' ἔνερθε καὶ πυλέων ὑποφ[
   μ]ή τι μέγαιρε φίλη·
   σχήσω γὰρ ἐς ποη[φόρους
κ]ήπους· τὸ δὴ νῦν γνῶθι. Νεοβούλη[ν
25 ἄ]λλος ἀνὴρ ἐχέτω·
   αἰαῖ, πέπειρα, δὶς [τόση,
ἄν]θος δ' ἀπερρύηκε παρθενήϊον
   κ]αὶ χάρις ἣ πρὶν ἐπῆν·
   κόρον γὰρ οὐκ[
30 . .]ης δὲ μέτρ' ἔφηνε μαινόλις γυνή.
   ἐς] κόρακας ἄπεχε·
   μὴ τοῦτ' ἐφοῖτ' ἀγ[
ὅ]πως ἐγὼ γυναῖκα τ[ο]ιαύτην ἔχων
   γεί]τοσι χάρμ' ἔσομαι·
35 πολλὸν σὲ βούλο[μαι
σὺ] μὲν γὰρ οὔτ' ἄπιστος οὔτε διπλόη,
   ἡ δ]ὲ μάλ' ὀξυτέρη,

196a 16 ἐπησυχιησ Π   17 fort. μελανθῆ[ι μοι γένυς   19 φ]είσομαι Rea   21 possis ὑποφ[θάνειν   24 fin. e.g. μὲν ὤν (Lloyd-Jones) vel δέ τις   26 ᾱ ᾱ conieci   δι.[Π (tertia litt. summa plana) : explevi ex Hesych.   29 e.g. οὐ κ[ατέσχε πω   30 ἤβ]ης Lebek : ὥρ]ης Austin : ἄτ]ης Snell : ἄσ]ης Page   31 fort. κόρακάσ' (<κόρακάς (F)έ)   32 ἀγ[ὴρ φίλος ego, ἀγ[αξ θεῶν Page 35 fin. e.g. πάρος vel πρὸ τοῦ

πολλοὺς δὲ ποιεῖτα[ι φίλους·
δέ]δοιχ' ὅπως μὴ τυφλὰ κἀλιτήμερα
40   σπ]ουδῆι ἐπειγόμενος
τὼς ὥσπερ ἡ κ[ύων τέκω."
τοσ]αῦτ' ἐφώνεον· παρθένον δ' ἐν ἄνθε[σιν
τηλ]εθάεσσι λαβὼν
ἔκλινα· μαλθακῆι δ[έ μιν
45   χλαί]νηι καλύψας, αὐχέν' ἀγκάλης ἔχω[ν,
   . . .]ματι παυ[σ]αμέγην
τὼς ὥστε νεβρ[
μαζ]ῶν τε χερσὶν ἠπίως ἐφηψάμην
   . . .]ρέφηνε νέον
50   ἥβης ἐπήλυσιν χρόα
ἅπαν τ]ε σῶμα καλὸν ἀμφαφώμενος
  . . . .]ον ἀφῆκα μένος
ξανθῆς ἐπιψαύ[ων τριχός.   ⊗

15 Hesych. παρὲξ τὸ θεῖον χρῆμα· ἔξω τῆς μίξεως. 26 Id.
δὶς τόσῃ· τῆι ἡλικίαι. 'Αρχίλοχος (= fr. 242).

197.   — ◡ — × — ◡ — × — ◡ —

197 Hephaest. *Ench.* 6. 2; schol. Pind. *Ol.* 12, etc.
⊗   Ζεῦ πάτερ, γάμον μὲν οὐκ ἐδαισάμην.

200 - 202. Epodi incerti metri

200 *Et. Gen.*/ *Magn.* s.v. προίκτης; *Suda* iii. 55. 23 Adler; Zo-
naras pp. 1573 et 1578

196a 41 cf. proverbium ἡ κύων σπεύδουσα τυφλὰ τίκτει (schol. Ar.
Pac. 1073, Macar. 5. 32, etc.) (Gronewald)   42 εφωνευν Π   43 τη-
λεθάουσι ci. Gallavotti   45 αγκάλησ Π   46 sq. e.g. δεί]ματι
et νεβρ[ὸν ἐκ φυγῆς vel νέβρ[ιον φυγῆς   non fuit παλλομένην
49 έφαυ. sscr. η   fort. ἧι πα]ρ- vel ἧιπε]ρ (Page)   50 non
intelligitur; ἐπήλυσις ci. Page   52 θερμ]ὸν ego : λευκ]ὸν Merkel-
bach : χλωρ]ὸν Austin   53 fin. χνόος Taplin

ἐμέο δὲ κεῖνος οὐ καταπροΐξεται.

201 Zenob. 5. 68 (Paroem. Gr. i. 147. 7)

πολλ' οἶδ' ἀλώπηξ, ἀλλ' ἐχῖνος ἓν μέγα.

μέμνηται ταύτης 'Αρχίλοχος ἐν ἐπῳδῇ (sic), γράφει δὲ καὶ
"Ομηρος τὸν στίχον (Margites fr. 5).
Cf. Plut. sollert. anim. 16 p. 971e, Greg. Cypr. 3. 44, Diogen.
3. 69, etc.; schol. Ar. Equ. 1065, Phot. et Suda s.v., Et.
Gen. / Gud. s.v. ἐχῖνος, schol. Lyc. 1093.

202 Schol. Nic. Th. 322; Apoll. Soph. p. 67. 30 Bekker

ἔμπλην ἐμέο τε καὶ φίλου.

205 - 95. INCERTI GENERIS

205 Plut. Pericles 28. 7; Ath. 688c

οὐκ ἂν μύροισι γρηῢς ἐοῦσ' ἠλείφεο.

206 Schol. Ar. Av. 1620; Phot. / Suda s.v. μισήτη; Eust. in
Hom. p. 1651. 2, etc.

περὶ σφυρὸν παχεῖα, μισητὴ γυνή.

Eust. in Hom. 1329. 33 ὁ βαρύγλωσσος 'Ιππῶναξ (fr. 135b)
βορβορόπην ὕβρισε γυναῖκά τινα ... ὃς καὶ ἀνασεισίφαλλον ἄλλην
τινὰ διέσυρεν (fr. 135) ... 'Αρχίλοχος δὲ π α χ ε ῖ α ν καὶ
δ ῆ μ ο ν ἤγουν κοινὴν τῷ δήμῳ, καὶ ἐ ρ γ ά τ ι ν, ἔτι καὶ
μ υ σ ά χ ν η ν πρὸς ἀναλογίαν τοῦ ἁλὸς ἄχνη, καὶ εἴ τι τοιοῦ-
τον. Cf. p. 1088. 38; Hesych. s.v. ἐ ρ γ ά τ ι ς; Suda s.v.
μ υ σ ά χ ν η; Suet. de blasph. pp. 49 sq. Taillardat.

---

202 γε Kaibel
205 γραῦς libri   ἠλείφεο Plut. : -ετο codd. Ath.
206 παρὰ Phot. Suda Apostol. : an περίσφυρος? cf. P. Dublin inv.
193 (a) col. ii. 4 (de Lycambae filiabus) περισφυροι [

207-9 V. supra

δῆμος. ἐργάτις. μυσαχνή.

210 *Et. Gen. / Sym.* s.v. τέο καὶ τεόν + Epimer. in Hom., *An. Ox.* i. 400. 6 Cramer

τίς ἆρα δαίμων, καὶ τέου χολούμενος.

211 Ammon. in Porph. *isag.* (*Comm. in Arist. Graeca* iv (3). 9, cf. addenda p. 134)

τρίαιναν ἐσθλὸς καὶ κυβερνήτης σοφός.

212 *Et. Gen. | Magn.* s.v. ἤκη

ἴστη κατ' ἤκην κύματός τε κἀνέμου.

213 Schol. Ar. *Ran.* 704

ψυχὰς ἔχοντες κυμάτων ἐν ἀγκάλαις.

214 Hesych. s.v. σάλπιγξ

θαλασσίην σάλπιγγα

παρ' Ἀρχιλόχῳ· ⟨ἐκδέχονται⟩ δὲ τὸν στρόμβον. {ἐκδέχονται δέ}.

215 Tzetz. *alleg. Hom.* Ω 125 sqq.

ποιεῖ ὅπερ καὶ ὕστερον Ἀρχίλοχος ἐκεῖνος· | σφῆς ἀδελφῆς γὰρ σύζυγον πνιγέντα τῇ θαλάσσῃ περιπαθῶς ὠδύρετο, γράφειν μὴ θέλων ὅλως, | λέγων πρὸς τοὺς βιάζοντας συγγράμμασιν ἐγκύπτειν·

καί μ' οὔτ' ἰάμβων οὔτε τερπωλέων μέλει.

216 Schol. Plat. *Lach.* 187b, *Euthyd.* 285c

καὶ δὴ 'πίκουρος ὥστε Κὰρ κεκλήσομαι.

---

209 μυσαχνή Hesych. : μυσάχνη Suet. *Suda* Eust.
211 ἐσθλὸς cod. D : ἐσθλὴν cett.
212 ἔστη Edmonds   ἤκην vel ἠκὴν codd. (ἤκη et ἤκην *Gen.* A)

17 *Et. Gen.* s.v. ἐγκυτί
χαίτην ἀπ' ὤμων ἐγκυτὶ κεκαρμένος.

18 Schol. Pind. *Ol.* 12. 10b; Schol. Hom. *Il.* 23. 199
μετέρχομαί σε σύμβολον ποιεόμενος.

19 P. Hibeh 173 = P. Lond. inv. 2946 (s. 111 a. C.)
'Ομήρ[ου· "τεῖ]χος δ' οὐ χραίσμ[ησε τετυγμένον οὐδέ τι τά-
φρος" (*Il.* 14. 66).] 'Αρχι[λόχου·]
χραίσμησε δ' οὔτεπ[

20 'Ομήρου· "ὣς π[οτ]έ τις ἐρέει· τότε μοι χ[άνοι εὐρεῖα χθών"
(*Il.* 4. 182).] 'Αρχιλόχου·
[......(.)]. ἐμοὶ τόθ' ἥδε γῆ χ[

21 'Ομήρου· [.......ἀ]θανάτοισι θεο[ῖς   ]
'Αρχιλόχου·
ἐξουδένιζ' ἔπειτα σὺν θεοῖ[ς

22 *Et. Gud.* s.v. μήδεα· ... ἢ καὶ ⟨μέζεα τὰ⟩ μέσα τοῦ σώματος
... ὡς καὶ 'Αρχίλοχος·
ἶνας δὲ μελέων ⟨τῶν μέσων⟩ ἀπέθρισε.

---

217 ἐγκυτὶς Bergk : ἐν κύτει Dettmer
218 πονεύμενος schol. Hom. T, om. b : ποιούμενος, -μένη, -μαι
codd. schol. Pind.
219 π[ύργος οὔτε Lasserre; an ἐπ[αλξις?
220 χάνοι ∪ — Lasserre non optimo rhythmo; possis χασμωμένη
221 δουλουσδ vel κουδεισδ leg. Turner, .ξουδεριζ ego, quod si recte
video, fragmentum fort. Archilocho erit recentius
222 ⟨μέζεα τὰ⟩ μέσα scripsi : μετὰ codd.   μελέων : v.l. μεδέων :
μεζέων (om. δέ) Blomfield   ⟨τῶν μέσων⟩ addidi

223

τέττιγος ἐδράξω πτεροῦ

Luc. *Pseudolog.* 1 τὸ δὲ τοῦ Ἀρχιλόχου ἐκεῖνο ἤδη σοὶ λέγω,
ὅτι τέττιγα τοῦ πτεροῦ συνείληφας, εἴπερ τινὰ ποιητὴν ἰάμβων
ἀκούεις Ἀρχίλοχον, Πάριον τὸ γένος, ἄνδρα κομιδῇ ἐλεύθερον
καὶ παρρησίᾳ συνόντα, μηδὲν ὀκνοῦντα ὀνειδίζειν εἰ καὶ ὅτι
μάλιστα λυπήσειν ἔμελλε τοὺς περιπετεῖς ἐσομένους τῇ χολῇ
τῶν ἰάμβων αὐτοῦ. ἐκεῖνος τοίνυν πρός τινος τῶν τοιούτων
ἀκούσας κακῶς τέττιγα ἔφη τὸν ἄνδρα εἰληφέναι τοῦ πτεροῦ.
Leo Philosophus, *Anecd. Gr.* p. 557. 25 Matranga λόγους
καθ᾽ ἡμῶν σφενδονοῦσι μακρόθεν, | τέττιγος ἐδράξαντο τοῦ
πτεροῦ τάχα. Constantinus Rhodius, ib. p. 628. 36 ἐπεὶ
πτερῶν τέττιγος ἐδράξω, τάλαν, | τοὐμοῦ σιγῶντος καὶ λαλεῖν
πεπαυμένου | ... | ἄκουε λοιπὸν ᾠδικὰς μουσουργίας.

224 Ath. 388f

πτώσσουσαν ὥστε πέρδικα.

225 Ath. 653d

πάρελθε, γενναῖος γάρ εἰς.

226 Phot. *lex.* s.v. λεωκόρητος

λέως γὰρ οὐδὲν ἐφρόνεον.

227 Schol. Hom. *Od.* 15. 534

ὁ δ᾽ Ἀσίης καρτερὸς μηλοτρόφου.

228 Eust. in Hom. p. 1542. 48 (cf. p. 725. 38)

Θάσον δὲ τὴν τρισοιζυρὴν πόλιν.

---

223 e Leone et Constant. restituit Diels
224 si est dimeter, fort. de vulpis catula ab aquila correpta (frr.
174 sqq.)
225 si est trimetri pars, fort. vulpes simium regem iubet occupare
thesaurum (frr. 185 sqq.)

INCERTI GENERIS

229 Porphyrius in Hom. *Il.* 6. 201 (p. 298 Schrader)

ὀξύη 'ποτᾶτο.

230 *Et. Gen.* s.v. αὐόνη

κακήν σφιν Ζεὺς ἔδωκεν αὐονήν.

231 Schol. Nic. *Th.* 158

ἀμυδρὴν χοιράδ' ἐξαλεόμενος.

232 Heraclides Lembus π. πολιτειῶν 14 Dilts ὅτι δὲ ἀρχαιοτάτη τῶν πολιτειῶν ἡ Κρητική, ἐμφαίνει... καὶ 'Αρχίλοχος ἐν οἷς ἐπισκώπτων τινάς φησιν

νόμος δὲ Κρητικὸς διδάσκεται.

233 Plut. *de garrulitate* 2 p. 503a

πόδες δὴ κεῖθι τιμώτατοι.

234 Ath. 107f

χολὴν γὰρ οὐκ ἔχεις ἐφ' ἥπατι.

235 Pollux 7. 41, 10. 135

κέαται δ' ἐν ἵπωι.

236 Epimer. in Hom., *An. Ox.* i. 441 Cramer

φθειρσὶ μοχθίζοντα.

---

230 αὐόνην Etym., -νήν Nauck
231 ἀμυδρὰν KPA : -ῶν (et χοιράδων) GL : corr. Bergk   ἐξαλεύ-
μενος P, -ευάμενος A : -εύμενον GL : -εύ K   μν
232 τινάς : v.l. τινά   νόμους δὲ Κρητικοὺς Cragius : fort. autem
διδάσκετε

237 Erotianus, *lex. Hippocr.* σ 25 (p. 79 Nachmanson)
πῶς ἀπέπρησε σκύτα;

246 *Et. Gen.*/ *Magn.* s.v. ἀσελγαίνειν
λέγαι δὲ γυναῖκες
ἀντὶ τοῦ ἀκόλαστοι.

247 Eust. in Hom. p. 851. 52 'Αριστοτέλης δέ, φασί (Arist.
Pseudepigraphus p. 166 Rose), κέραι ἀγλαὸν (*Il.* 11. 385)
εἶπεν ἀντὶ τοῦ αἰδοίῳ σεμνυνόμενον... καὶ ἔοικεν ὁ σκορπιώ-
δης τὴν γλῶσσαν 'Αρχίλοχος ἀ π α λ ὸ ν κ έ ρ α ς τὸ αἰδοῖον
εἰπὼν ἐντεῦθεν τὴν λέξιν πορίσασθαι.

248 Hesych. s.v.
Καρπάθιος τὸν μάρτυρα.

250 Eust. in Hom. p. 1828. 9 (de avaris) ἐνταῦθα δὲ χρήσιμα ἐκ
τῶν παλαιῶν καὶ τὸ κίμβιξ... καὶ ῥυποκόνδυλος, καὶ σ υ κ ο-
τ ρ α γ ί δ η ς παρ' 'Ιππώνακτι (fr. 167) καὶ 'Αρχιλόχῳ διὰ
τὸ εὐτελές, φασί, τοῦ βρώματος.
Cf. Suet. *de blasph.* p. 61 Taillardat

252 Cheorob. *can.* i. 158 Hilgard = Herodian., *An. Ox.* iii.
231 Cramer (i. 61, ii. 679 Lentz)
ἀλλ' ἀπερρώγασι μύκεω τένοντες.

254 Schol. Arat. 1 (cod. Salm. 233)
οὗτοι τοῦτο δυνησόμεσθα.

---

237 ἀπέπρησεν codd. : ἀπέπρισε Eustacchi : ἀπεπρίσθη Bergk : ἀπέ-
θρισεν Schneidewin τὰν σκύταν codd. : corr. Bergk
248 Κραπάθιος Bergk cf. proverbium ὁ Καρπάθιος τὸν λαγών
(Epicharm. 95, Arist. *Rhet.* 1413ª16, Zenob. Ath. 1. 80, vulg. 4.
48, etc.)
252 ἀπερρώγασί ⟨μοι⟩ Cobet, ⟨οἱ⟩ Hauvette τένοντες NCV
254 métrum laborat

72

255 Hesych. s.v. Θαργήλια

†ὡς φαίε νῦν ἄγει τὰ θαργήλια.†

259 Aristides *or.* 45, ii. 137. 17 Dindorf καὶ ὁ μέν γε κατ' ἰσχὺν προφέρων, εἰ καὶ ἑνὸς εἴη κρείττων, ὑπὸ δυοῖν γ' ἂν αὐτὸν κατείργεσθαί φησι καὶ 'Αρχίλοχος καὶ ἡ παροιμία. Schol. ad loc., iii. 429. 17 Dind. ἡ μὲν παροιμία φησίν "οὐδὲ 'Ηρακλῆς πρὸς δύο"· τὸ δὲ 'Αρχιλόχου ῥητὸν οἷον μέν ἐστιν οὐκ ἴσμεν, ἴσως δὲ ἂν εἴη τοιοῦτον.

Proverbium bifariam laudatur, cum explicationibus variis :

(*a*) πρὸς δύο οὐδὲ (ὁ) 'Ηρακλῆς. Plato, *Phaed.* 89c, etc.

(*b*) οὐδὲ(ν) 'Ηρακλῆς πρὸς δύο. Schol. Aristid. loc. cit., Zenob. vulg. 5. 49. etc.

270 Schol. Lyc. 771 οἱ δὲ μύκλους φασὶ τοὺς κατωφερεῖς εἰς γυναῖκας· εἴρηται δὲ ἀπὸ ἑνὸς Μύκλου αὐλητοῦ κωμῳδηθέντος ὑπ' 'Αρχιλόχου ἐπὶ μαχλότητι.

280 Eust. in Hom. p. 711. 40 λέγει δὲ ⟨ὁ⟩ αὐτὸς (Arist. Byz. u.v., p. 122 Nauck) καὶ τὰς πρόκας παρ' 'Αρχιλόχῳ ἐπὶ ἐλάφου τεθεῖσθαι, παρ' ᾧ καί τις διὰ δειλίαν προσωνομάσθη π ρ ό ξ.

286 - 8 De Hercule et Deianira

86 Dio Chrys. 60. 1 φασὶ... τὸν 'Αρχίλοχον ληρεῖν ποιοῦντα τὴν Δηιάνειραν ἐν τῷ βιάζεσθαι ὑπὸ τοῦ Κενταύρου πρὸς τὸν 'Ηρακλέα ῥαψῳδοῦσαν, ἀναμιμνήσκουσαν τῆς τοῦ 'Αχελώου μνηστείας καὶ τῶν τότε γενομένων, ὥστε πολλὴν σχολὴν εἶναι τῷ Νέσσῳ ὅτι ἐβούλετο πρᾶξαι.

---

255 e.g. καὶ φαγέ, νῦν ἄγεται Θαργήλια (vel Ταργήλια, quod pro τὰ Θαρ- ci. Schmidt)

287 Schol. *BE⁴ Hom. *Il.* 21. 237 (Porphyrius?) Ἀρχίλοχος
μὲν οὐκ ἐτόλμησεν Ἀχελῷον ὡς ποταμὸν Ἡρακλεῖ συμβαλεῖν,
ἀλλ᾽ ὡς ταῦρον.

288 Schol. Ap. Rhod. 1. 1212 - 19a φεύγων οὖν τὸν φόνον (Her-
cules) καὶ σὺν τῇ γαμετῇ (Deianira) στελλόμενος ἀνεῖλεν ἐν
Εὐήνῳ ποταμῷ Νέσσον Κένταυρον, ὡς καὶ Ἀρχίλοχος ἱστορεῖ.

290 Ath. (epit.) 30f Ἀρχίλοχος τὸν Νάξιον (οἶνον) τῷ νέκταρι
παραβάλλει.

291 Harpocr. p. 281. 4 Dindorf μνημονεύει τῶν Θασίων πρὸς
Μαρωνείτας περὶ τῆς Στρύμης ἀμφισβητήσεως Φιλόχορος ἐν ε᾽
(328 F 43), Ἀρχίλοχον ἐπαγόμενος μάρτυρα.

292 Plut. *Marius* 21 τὴν δὲ γῆν, τῶν νεκρῶν καταναλωθέντων
ἐν αὐτῇ,... οὕτως ἐκλιπανθῆναι... ὥστε καρπῶν ὑπερβάλλον
εἰς ὥρας πλῆθος ἐξενεγκεῖν, καὶ μαρτυρῆσαι τῷ Ἀρχιλόχῳ
λέγοντι πιαίνεσθαι πρὸς τοῦ τοιούτου τὰς ἀρούρας.

293 Ath. 167d τοιοῦτος ἐγένετο καὶ Αἰθίοψ ὁ Κορίνθιος, ὥς φησι
Δημήτριος ὁ Σκήψιος (fr. 73 Gaede)· οὗ μνημονεύει Ἀρχί-
λοχος. ὑπὸ φιληδονίας γὰρ καὶ ἀκρασίας καὶ οὗτος, μετ᾽ Ἀρχίου
πλέων εἰς Σικελίαν ὅτε ἔμελλε κτίζειν Συρακούσας, τῷ ἑαυτοῦ
συσσίτῳ μελιτούττης ἀπέδοτο τὸν κλῆρον ὃν ἐν Συρακούσαις
λαχὼν ἔμελλεν ἕξειν.

294 Euseb. *praep. ev.* 5. 33. 5 ex Oenomao Gadar. τί πράττειν
κελεύεις ἡμᾶς; ἢ δηλαδὴ τὰ Ἀρχιλόχου... λοιδορῆσαι μὲν
πικρῶς τὰς οὐκ ἐθελούσας ἡμῖν γαμεῖσθαι, ἅψασθαι δὲ
κ α ὶ τ ῶ ν κ ι ν α ί δ ω ν ... (13) εἰσὶ καὶ νῦν ἕτοιμοι κω-

INCERTI GENERIS

μῳδεῖσθαι καὶ †Σαβαῖοι καὶ Λυκάμβαι.

295 Ael. *V. H.* 10. 13 (Critias 88 B 44 Diels-Kranz) αἰτιᾶται
Κριτίας 'Αρχίλοχον ὅτι κάκιστα ἑαυτὸν εἶπεν. εἰ γὰρ μή, φησίν,
ἐκεῖνος τοιαύτην δόξαν ὑπὲρ ἑαυτοῦ ἐς τοὺς Ἕλληνας ἐξήνεγκεν,
οὐκ ἂν ἐπυθόμεθα ἡμεῖς οὔτε ὅτι 'Ενιποῦς υἱὸς ἦν τῆς δούλης (a),
οὔθ' ὅτι καταλιπὼν Πάρον διὰ πενίαν καὶ ἀπορίαν ἦλθεν ἐς
Θάσον (b), οὔθ' ὅτι ἐλθὼν τοῖς ἐνταῦθα ἐχθρὸς ἐγένετο (c),
οὐδὲ μὴν ὅτι ὁμοίως τοὺς φίλους καὶ τοὺς ἐχθροὺς κακῶς ἔλεγε
(d). πρὸς δὲ τούτοις, ἦ δ' ὅς, οὔτε ὅτι μοιχὸς ἦν (e) ᾔδειμεν ἄν,
εἰ μὴ παρ' αὐτοῦ μαθόντες, οὔτε ὅτι λάγνος καὶ ὑβριστής (f),
καὶ τὸ ἔτι τούτων αἴσχιον, ὅτι τὴν ἀσπίδα ἀπέβαλεν (g = fr. 5).
οὐκ ἀγαθὸς ἄρα ἦν ὁ 'Αρχίλοχος μάρτυς ἑαυτῷ τοιοῦτον κλέος
ἀπολιπὼν καὶ τοιαύτην ἑαυτῷ ⟨περιάψας⟩ φήμην. ταῦτα οὐκ
ἐγὼ 'Αρχίλοχον αἰτιῶμαι, ἀλλὰ Κριτίας.
Cf. Euseb. *praep. ev.* 5. 31. 1 ex Oenomao Gadar. διόπερ
σοι (Φοῖβε)... παραινῶ ... 'Αρχιλόχῳ τῷ Παρίῳ ἀποβα-
λόντι τὴν οὐσίαν ἐν πολιτικῇ φλυαρίᾳ καὶ ὑπὸ λύπης ἥκοντι
πρὸς σὲ ⟨μηκέτι⟩ λέγειν " 'Αρχίλοχ' εἰς Θάσον ἐλθὲ καὶ οἴκει
εὐκλέα νῆσον", ὃς ἐκείνως ἂν μᾶλλον ὤνατο ἀκούσας· " 'Αρχί-
λοχ' εἰς νοῦν ἐλθὲ καὶ ἐν πενίᾳ μὴ ὀδύρου".

296 - 307. DUBIA

296 *Suda* s.v. καταπροΐξεται; *Et. Gen.*/ *Magn.* s.v. προΐκτης;
Zonaras p. 1573; 'Ηροδότου λέξεις p. 227 Rosén
προτείνω χεῖρα καὶ προΐσσομαι.

297 Orion, *Et. Gen.* / *Magn.* s.v. βάβαξ
κατ' οἶκον ἐστρωφᾶτο μισητὸς βάβαξ.

---

294 Σαβαῖοι, v.l. Σαζαῖοι : Σαβάζιοι Lasserre
297 'Αρχίλοχος Orion : 'Αριστοφάνης (= fr. 900b Edmonds) *Et.*
Gen. et *Magn.* μισητός : δυσμενὴς Orion

298 Aristides *or.* 45, ii. 51 Dindorf

Ζεὺς ἐν θεοῖσι μάντις ἀψευδέστατος,
καὶ τέλος αὐτὸς ἔχει.

Schol. ad. loc., iii. 402. 26 Dind. Εὐριπίδης ἐν ἀπράκτοις
πράγμασί φησι τὸ "Ζεὺς—ἀψευδέστατος", εἶτα μετ' ὀλίγον
"καὶ—ἔχει". (Eur. fr. 1110 N.²)

302 Ael. *V. H.* 4. 14 πολλάκις τὰ κατ' ὀβολὸν μετὰ πολλῶν πόνων
συναχθέντα χρήματα κατὰ τὸν Ἀρχίλοχον εἰς πόρνης γυναι-
κὸς ἔντερον καταίρουσιν. Nicetas Choniata, *Hist.* p. 300
Bekker καὶ τὸ Ἀρχιλόχου ἄντικρυς ἐπεραίνετο, ὃ φησιν εἰς
ἔντερον πόρνης πολλάκις μεταρρυΐσκεσθαι τὰ χρόνῳ καὶ πόνῳ
συλλεγέντα μακρῷ.

303 Eustrat. in Arist. *Eth. Nic.* 6. 7 (*Comm. in Arist.. Graeca*
xx. 320. 36) παράγει δ' εἰς μαρτυρίαν τοῦ εἶναι τὸν ὅλως σοφὸν
ἕτερον παρὰ τόν τινα σοφὸν καί τινα ποίησιν Μαργίτην ὀνομαζο-
μένην Ὁμήρου. μνημονεύει δ' αὐτῆς οὐ μόνον αὐτὸς Ἀριστοτέλης
ἐν τῷ πρώτῳ περὶ ποιητικῆς (1448ᵇ30), ἀλλὰ καὶ Ἀρχίλοχος
καὶ Κρατῖνος (fr. 332 Kock) καὶ Καλλίμαχος ἐν τοῖς ἐπιγράμ-
μασιν (fr. 397 Pf.), καὶ μαρτυροῦσιν εἶναι Ὁμήρου τὸ ποίημα.

304 Hesych. πυρριχίζειν· ... οἱ δὲ ἀπὸ Πύρρου τοῦ Ἀχιλλέως·
ἐφησθέντα γὰρ τῷ Εὐρυπύλου φόνῳ ὀρχήσασθαί φησιν Ἀρχί-
λοχος.

Cf. Luc. *de salt.* 9; schol. Pind. *Pyth.* 2. 127 (ii 53. 3 Dr.);
schol. Hom. *Il.* 16. 617 = Eust. p. 1078. 23; *Et. Magn.* p.
699. 1.

---

298 Archilocho tribuit Blass   1 μάντις ἐν θεοῖσι schol. v.l.
302 (Ael.) καταίρουσιν : καταρρέει Jacobs   si sententia ab Archi-
locho provenit, tamen elocutio recentior videtur
303 Archilochus fort. nihil praeter fr. 201, qui versus et in *Margite*
stetit
304 mihi suspectum

DUBIA

305 Malalas p. 68 Dindorf ὅστις Λυγκεὺς πολεμήσας τῷ Δαναῷ βασιλεῖ τοῦτον ἐφόνευσε καὶ ἔλαβε τὴν βασιλείαν καὶ τὴν θυγατέρα αὐτοῦ (Hypermestram), καθὼς Ἀρχίλοχος ὁ σοφώτατος συνεγράψατο.

*307 Phot. lex.

εὕδοντι δ' αἱρεῖ κύρτος

παροιμία. καθεύδουσι γὰρ καθέντες τοὺς κύρτους. παρὰ τοῦτο ἐποίησε Κρατῖνος Ἀρχιλόχοις (fr. 4 Kock) "εὕδοντι δ' αἱρεῖ πρωκτός".
εὕδοντι κύρτος αἱρεῖ Hesych., Diogen. 4. 65, etc.

322 - 324. SPURIA

322 Hephaest. Ench. 15. 16 τὸ ἐν τοῖς ἀναφερομένοις εἰς Ἀρχίλοχον Ἰοβάκχοις
Δήμητρος ἁγνῆς καὶ Κόρης
τὴν πανήγυριν σέβων.

324 Schol. Pind. Ol. 9. 1 sqq., "τὸ μὲν Ἀρχιλόχου μέλος φωνᾶεν Ὀλυμπίᾳ, καλλίνικος ὁ τριπλόος κεχλαδώς" (pluries); schol. Ar. Ach. 1228, etc.

⊗   τήνελλα καλλίνικε
χαῖρε ἄναξ Ἡράκλεις,
αὐτός τε καἰόλαος, αἰχμητὰ δύω.   ⊗

Schol. Ar. Av. 1762 τὸ τήνελλα μίμησίς ἐστι φωνῆς κρούματος αὐλοῦ ποιᾶς, ἀπὸ τοῦ ἐφυμνίου ὃ εἶπεν Ἀρχίλοχος εἰς τὸν

---

305 in suspicionem vocavit Bergk
307 Archilocho dedi
324 canticum sollemne quod post Iobacchos in Archilochi libris videtur stetisse   3 αἰχμᾶτὰ schol. Pind. i. 267. 9 Dr. codd. CDEQ δύω schol. Ar. Av. et Ach., Suda : δύο schol. Pind.

Ἡρακλέα μετὰ τὸν μέγιστον τῶν ἄθλων αὐτοῦ (μετὰ τὸν ἆθλον αὐτοῦ V, μεγιστῶν ἄθλων αὐτοῦ R : correxi)· "τήνελλα—δύω." δοκεῖ δὲ πρῶτος Ἀρχίλοχος νικήσας ἐν Πάρῳ τὸν Δήμητρος ὕμνον ἑαυτῷ τοῦτο ἐπιπεφωνηκέναι.

ARISTOTELES

Stagirita
384-322

672 Diogenes Laertius 5. 27 ad finem catalogi librorum Aristotelis ἐλεγεῖα, ὧν ἀρχή·

   ⊗   καλλιτέκνου μητρὸς θύγατερ.

Item Hesychii Milesii vita (I. Düring, *Aristotle in the Biographical Tradition*, p. 87 no. 139)

673 Olympiod. in Pl. *Gorg.* p. 215. 1 Westerink ἀλλὰ καὶ ἐν τοῖς ἐλεγείοις τοῖς πρὸς Εὔδημον... Πλάτωνα ἐγκωμιάζει, γράφων οὕτως·

    ἐλθὼν δ' ἐς κλεινὸν Κεκροπίης δάπεδον
    εὐσεβέως σεμνῆς φιλίης ἱδρύσατο βωμὸν
    ἀνδρὸς ὃν οὐδ' αἰνεῖν τοῖσι κακοῖσι θέμις,
    ὃς μόνος ἢ πρῶτος θνητῶν κατέδειξεν ἐναργῶς
5   οἰκείωι τε βίωι καὶ μεθόδοισι λόγων
    ὡς ἀγαθός τε καὶ εὐδαίμων ἅμα γίνεται ἀνήρ·
    οὐ νῦν δ' ἔστι λαβεῖν οὐδενὶ ταῦτά ποτε.

2-3 Vita Marciana p. 4 Gigon, Vita vulgata 11 p. 133. 3 Düring.

Aristoteles 673   7 τῶν νῦν Bergk : νῦν δ' οὐκ Wilamowitz

ARISTOXENUS

Selinuntius
s. vii vel vi

Hephaest. *Ench.* 8. 3 Ἀριστόξενος δὲ ὁ Σελινούντιος Ἐπι-
χάρμου πρεσβύτερος ἐγένετο ποιητής, οὗ καὶ αὐτὸς Ἐπίχαρμος
μνημονεύει ἐν Λόγῳ καὶ Λογίνᾳ· "οἱ τοὺς ἰάμβους καὶ τὸν
†ἄριστον τρόπον | ὃν πρᾶτος εἰσαγήσαθ' Ὡριστόξενος" (fr.
88 Kaibel). καὶ τούτου τοίνυν τοῦ Ἀριστοξένου μνημονεύ-
εταί τινα τούτῳ τῷ μέτρῳ γεγραμμένα·

τίς ἀλαζονίαν πλείσταν παρέχει τῶν ἀνθρώπων; τοὶ μάντεις.

ASIUS

Samius
s. vi?

14 Ath. 125d

χωλός, στιγματίης, πολυγήραος, ἶσος ἀλήτηι
ἦλθε κνισοκόλαξ, εὖτε Μέλης ἐγάμει,
ἄκλητος, ζωμοῦ κεχρημένος· ἐν δὲ μέσοισιν
ἥρωσ' εἱστήκει βορβόρου ἐξαναδύς.

ASOPODORUS

Phliasius
s. iv vel iii?

Ath. 445b de Anthea Lindio καὶ πρῶτος εὗρε τὴν διὰ τῶν
συνθέτων ὀνομάτων ποίησιν, ᾗ Ἀσωπόδωρος ὁ Φλειάσιος
ὕστερον ἐχρήσατο ἐν τοῖς καταλογάδην ἰάμβοις.

Id. 639a de carminibus venereis ἔτι δὲ τὰ Ἀρχιλόχου καὶ

Aristoxenus (Epich.) ἄριστ- ex altero versu se intrusit : καττὸν
ἀρχαῖον Porson : καὶ τὸν ἀμπαιστὸν Vaillant cl. Hesych. ἀμπαιστόν·
ἀναπαιστόν (quidni proparox.?)
Asius 14 4 ἥρωσ' Blaydes : ἥρως edd.

ASOPODORUS

τῶν Ὁμήρου Ἐπικιχλίδων τὰ πολλὰ διὰ τῆς ἐμμέτρου ποιή-
σεως τούτων ἔχεταί τινος τῶν παθῶν, ἀλλὰ καὶ τὰ Ἀσω-
ποδώρου περὶ τὸν Ἔρωτα, καὶ πᾶν τὸ τῶν ἐρωτικῶν ἐπιστολῶν
γένος, ἐρωτικῆς τινος διὰ λόγου ποιήσεώς ἐστιν.

CALLINUS

Ephesius
s. vii med.

1 Stob. 4. 10. 12

μέχρις τέο κατάκεισθε; κότ' ἄλκιμον ἕξετε θυμόν,
 ὦ νέοι; οὐδ' αἰδεῖσθ' ἀμφιπερικτίονας
ὧδε λίην μεθιέντες; ἐν εἰρήνηι δὲ δοκεῖτε
 ἧσθαι, ἀτὰρ πόλεμος γαῖαν ἅπασαν ἔχει

 . . . .

5 καί τις ἀποθνήσκων ὕστατ' ἀκοντισάτω.
τιμῆέν τε γάρ ἐστι καὶ ἀγλαὸν ἀνδρὶ μάχεσθαι
 γῆς πέρι καὶ παίδων κουριδίης τ' ἀλόχου
δυσμενέσιν· θάνατος δὲ τότ' ἔσσεται, ὁππότε κεν δὴ
 Μοῖραι ἐπικλώσωσ'. ἀλλά τις ἰθὺς ἴτω
10 ἔγχος ἀνασχόμενος καὶ ὑπ' ἀσπίδος ἄλκιμον ἦτορ
 ἔλσας, τὸ πρῶτον μειγνυμένου πολέμου.
οὐ γάρ κως θάνατόν γε φυγεῖν εἱμαρμένον ἐστὶν
 ἄνδρ', οὐδ' εἰ προγόνων ἦι γένος ἀθανάτων.
πολλάκι δηϊοτῆτα φυγὼν καὶ δοῦπον ἀκόντων
15 ἔρχεται, ἐν δ' οἴκωι μοῖρα κίχεν θανάτου,
ἀλλ' ὁ μὲν οὐκ ἔμπης δήμωι φίλος οὐδὲ ποθεινός·
 τὸν δ' ὀλίγος στενάχει καὶ μέγας ἤν τι πάθηι·
λαῶι γὰρ σύμπαντι πόθος κρατερόφρονος ἀνδρὸς
 θνήσκοντος, ζώων δ' ἄξιος ἡμιθέων·

Callinus 1 4-5 lacunam stat. Gesner 8 τότ' Par. 1985 :
ποτ' SMA 12 πως A 13 ἦν Brunck 15 ἔκιχεν
Haeberliñ

20   ὥσπερ γάρ μιν πύργον ἐν ὀφθαλμοῖσιν ὁρῶσιν·
     ἔρδει γὰρ πολλῶν ἄξια μοῦνος ἐών.

2 Strabo 14. 1. 4 p. 633 αὗται μὲν δώδεκα Ἰωνικαὶ πόλεις,
προσελήφθη δὲ ὕστερον καὶ Σμύρνα εἰς τὸ Ἰωνικόν, ἐναγα-
γόντων Ἐφεσίων· ἦσαν γὰρ αὐτοῖς σύνοικοι τὸ παλαιόν, ἡνίκα
καὶ Σμύρνα ἐκαλεῖτο ἡ Ἔφεσος· καὶ Καλλῖνός που οὕτως
ὠνόμακεν αὐτήν, Σμυρναίους τοὺς Ἐφεσίους καλῶν ἐν τῷ πρὸς
τὸν Δία λόγῳ·
        Σμυρναίους δ' ἐλέησον,

2a καὶ πάλιν·
        μνῆσαι δ', εἴ κοτέ τοι μηρία καλὰ βοῶν
        ⟨Σμυρναῖοι κατέκηαν⟩.

3 Strabo 14. 1. 40 p. 647 (cf. ad Archil. 20) Καλλῖνος μὲν
οὖν ὡς εὐτυχούντων ἔτι τῶν Μαγνήτων μέμνηται καὶ κατορ-
θούντων ἐν τῷ πρὸς τοὺς Ἐφεσίους πολέμῳ.
Ath., Clem., v. ad Archil. l. c.

4 St. Byz. p. 634 Meineke
        Τρήερας ἄνδρας ἄγων.

5(a) Strabo 14. 1. 40 p. 648 ἄλλης δέ τινος ἐφόδου τῶν Κιμμερίων
μέμνηται πρεσβυτέρας ὁ Καλλῖνος, ἐπὰν φῇ·
        νῦν δ' ἐπὶ Κιμμερίων στρατὸς ἔρχεται ὀβριμοεργῶν,
ἐν ᾗ τὴν Σάρδεων ἅλωσιν δηλοῖ.

b) Id. 13. 4. 8 p. 627 φησὶ δὲ Καλλισθένης (124 F 29) ἁλῶναι

2a 2 suppl. Casaubon
4 Τρήερας scripsi : Τρήρεας codd.
5(a) ὄβριμος ἔργων fere codd. : corr. Xylander

τὰς Σάρδεις ὑπὸ Κιμμερίων πρῶτον, εἶθ' ὑπὸ Τρηρῶν καὶ
Λυκίων, ὅπερ καὶ Καλλῖνον δηλοῦν τὸν τῆς ἐλεγείας ποιητήν,
ὕστατα δὲ τὴν ἐπὶ Κύρου καὶ Κροίσου γενέσθαι ἅλωσιν. λέ-
γοντος δὲ τοῦ Καλλίνου τὴν ἔφοδον τῶν Κιμμερίων ἐπὶ τοὺς
" Ἡσιονῆας" γεγονέναι, καθ' ἣν αἱ Σάρδεις ἑάλωσαν, εἰκά-
ζουσιν οἱ περὶ τὸν Σκήψιον (Demetr. Sceps. fr. ˙41 Gaede)
Ἰαστὶ λέγεσθαι Ἡσιονεῖς τοὺς Ἀσιονεῖς· τάχα γὰρ ἡ Μηο-
νία, φασίν, Ἀσία ἐλέγετο.

6 Paus. 9. 9. 5 ἐποιήθη δὲ ἐς τὸν πόλεμον τοῦτον καὶ ἔπη, Θη-
βαῖς. τὰ δὲ ἔπη ταῦτα Καλλῖνος, ἀφικόμενος αὐτῶν ἐς μνήμην,
ἔφησεν Ὅμηρον τὸν ποιήσαντα εἶναι, Καλλίνῳ δὲ πολλοί τε καὶ
ἄξιοι λόγου κατὰ ταὐτὰ ἔγνωσαν.

7 Strabo 13. 1. 48 p. 604 συνοικειοῦσι δὲ καὶ τὴν ἱστορίαν εἴτε
μῦθον τούτῳ τῷ τόπῳ (Chrysa) τὴν περὶ τῶν μυῶν. τοῖς
γὰρ ἐκ τῆς Κρήτης ἀφιγμένοις Τεύκροις, οὓς (ὡς?) πρῶτος
παρέδωκε Καλλῖνος ὁ τῆς ἐλεγείας ποιητής, ἠκολούθησαν δὲ
πολλοί, χρησμὸς ἦν αὐτόθι ποιήσασθαι τὴν μονήν, ὅπου ἂν οἱ
γηγενεῖς αὐτοῖς ἐπιθῶνται· συμβῆναι δὲ τοῦτο αὐτοῖς φασι περὶ
Ἀμαξιτόν· νύκτωρ γὰρ πολὺ πλῆθος ἀρουραίων μυῶν ἐξανθῆ-
σαν διαφαγεῖν ὅσα σκύτινα τῶν τε ὅπλων καὶ τῶν χρηστηρίων·
τοὺς δὲ αὐτόθι μεῖναι. τούτους δὲ καὶ τὴν Ἴδην ἀπὸ τῆς ἐν
Κρήτῃ προσονομάσαι.

'CLEOBULINA'

Cleobulinae Cleobuli Lindii filiae tribuebant aenigmata
elegiaca, ut fabulas Aesopo. Elegiae non proprie dicentur,
at simili munere fungebantur in conviviis.

1 Ath. 452b

⊗   ἄνδρ' εἶδον πυρὶ χαλκὸν ἐπ' ἀνέρι κολλήσαντα

---

6 Καλλιν- bis Sylburg pro Καλαιν-

οὕτω συγκόλλως ὥστε σύναιμα ποιεῖν.　⊗
τοῦτο δὲ σημαίνει σικύας προσβολήν.
1 Arist. *Rhet.* Γ 2 p. 1405ᵇ1, *Poet.* 22 p. 1458ᵃ29, Demetr.
de eloc. 102, Plut. *sept. sap. conv.* 10 p. 154b, etc.

2 Δισσοὶ λόγοι (*Vorsokr.* 90 D.-K.) 3. 11
⊗　　ἄνδρ' εἶδον κλέπτοντα καὶ ἐξαπατῶντα βιαίως,
　　　καὶ τὸ βίαι ῥέξαι τοῦτο δικαιότατον.　⊗

3 Plut. *sept. sap. conv.* 5 p. 150e ὁ δὲ Αἴσωπος "εἶ γε" εἶπεν
"εἰδείης ὦ ξένε τοὺς νῦν αὐλοποιοὺς ὡς προέμενοι τὰ νέβρεια
χρῶνται τοῖς ὀνείοις καὶ βέλτιον ἠχεῖν λέγουσιν. διὸ καὶ Κλεο-
βουλίνη πρὸς τὸν Φρύγιον αὐλὸν ἠνίξατο·

⊗　　κνήμηι νεκρὸς ὄνος με κερασφόρωι οὐας ἔκρουσεν.

CLONAS

Tegeata vel Thebanus
s. vii vel prius

Ps.-Plut. *de musica* 3 p. 1132c Κλονᾶν τὸν πρῶτον συστη-
σάμενον τοὺς αὐλῳδικοὺς νόμους καὶ τὰ προσόδια ἐλεγείων τε
καὶ ἐπῶν ποιητὴν γεγονέναι (sc. φησὶν Ἡρακλείδης ὁ Ποντι-
κός, fr. 157 Wehrli).

CRITIAS

Atheniensis
ca. 460-403

2 Ath. (epit.) 28b
κότταβος ἐκ Σικελῆς ἐστι χθονός, ἐκπρεπὲς ἔργον,
ὃν σκοπὸν ἐς λατάγων τόξα καθιστάμεθα.

Cleobulina 3 νεβρογόνος αιμε fere codd. : corr. Bernardakis　ἐκτί-
κρουσε, ἔκ τινος κρούσεως, sim., plerique

εἶτα δ' ὄχος Σικελὸς κάλλει δαπάνηι τε κράτιστος

⁙ ⁙ ⁙ ⁙ ⁙

Θεσσαλικὸς δὲ θρόνος γυίων τρυφερωτάτη ἕδρα.

5   εὐναίου δὲ λέχους †κάλλος ἔχει
Μίλητός τε Χίος τ' ἔναλος πόλις Οἰνοπίωνος.
Τυρσηνὴ δὲ κρατεῖ χρυσότυπος φιάλη,
καὶ πᾶς χαλκὸς ὅτις κοσμεῖ δόμον ἔν τινι χρείαι.
Φοίνικες δ' ηὗρον γράμματ' ἀλεξίλογα.
10   Θήβη δ' ἁρματόεντα δίφρον συνεπήξατο πρώτη·
φορτηγοὺς δ' ἀκάτους Κᾶρες ἁλὸς ταμίαι.
τὸν δὲ τροχὸν γαίας τε καμίνου τ' ἔκγονον ηὗρεν
κλεινότατον κέραμον, χρήσιμον οἰκονόμον,
ἡ τὸ καλὸν Μαραθῶνι καταστήσασα τρόπαιον.

1-2 id. 666b; 9 + 11 Eust. in Hom. p. 1771. 45; 9 ἀλεξί-
λογα Phot. s.v.

4 Hephaest. *Ench.* 2. 3
       καὶ νῦν Κλεινίου υἱὸν Ἀθηναῖον στεφανώσω
       Ἀλκιβιάδην νέοισιν ὑμνήσας τρόποις·
οὐ γάρ πως ἦν τοὔνομ' ἐφαρμόζειν ἐλεγείωι,
νῦν δ' ἐν ἰαμβείωι κείσεται οὐκ ἀμέτρως.

5 Plut. *Alcib.* 33. 1 τὸ μὲν οὖν ψήφισμα τῆς καθόδου πρότερον
ἐκεκύρωτο Κριτίου τοῦ Καλλαίσχρου γράψαντος, ὡς αὐτὸς ἐν
ταῖς ἐλεγείαις πεποίηκεν, ὑπομιμνήσκων τὸν Ἀλκιβιάδην τῆς
χάριτος ἐν τούτοις·

Critias 2   3 σικελικὸς κάλλι codd. : corr. Musurus, Casaubon
4 γνω codd. : corr. Musurus   5 ⟨ἔξοχα⟩ κάλλος Musurus :
κάλλ⟨εἴ κῦδ⟩ος Kalinka : possis ⟨στρώμασι⟩ κληδόν' vel sim.   8 ὅστις
codd. : corr. Musurus   9 λεξίλογα Schweighäuser : δεξίλογα
Dobree : ἀεξίλογα Meineke   12 τὲ γόνον codd. : corr. Musurus
14 μαραθῶν(ος) codd. : corr. Musurus
   4 1 ἀθηναίου I, -αῖου A, om. D : corr. dett.

γνώμην δ' ἤ σε κατήγαγ', ἐγὼ ταύτην ἐν ἅπασιν
εἶπον, καὶ γράψας τοὖργον ἔδρασα τόδε,
σφραγὶς δ' ἡμετέρης γλώσσης ἐπὶ τοῖσδεσι κεῖται.

6 Ath. 432d

καὶ τόδ' ἔθος Σπάρτηι μελέτημά τε κείμενόν ἐστι·
πίνειν τὴν αὐτὴν οἰνοφόρον κύλικα,
μηδ' ἀποδωρεῖσθαι προπόσεις ὀνομαστὶ λέγοντα,
μηδ' ἐπὶ δεξιτερὰν χεῖρα κύκλωι θιάσου
. . . .
5   ἄγγεα Λυδὴ χεὶρ ηὗρ' Ἀσιατογενής,
καὶ προπόσεις ὀρέγειν ἐπιδέξια, καὶ προκαλεῖσθαι
ἐξονομακλήδην ὧι προπιεῖν ἐθέλει.
εἶτ' ἀπὸ τοιούτων πόσεων γλώσσας τε λύουσιν
εἰς αἰσχροὺς μύθους σῶμά τ' ἀμαυρότερον
10   τεύχουσιν· πρὸς δ' ὄμμ' ἀχλὺς ἀμβλωπὸς ἐφίζει,
λῆστις δ' ἐκτήκει μνημοσύνην πραπίδων,
νοῦς δὲ παρέσφαλται· δμῶες δ' ἀκόλαστον ἔχουσιν
ἦθος· ἐπεισπίπτει δ' οἰκοτριβὴς δαπάνη.
οἱ Λακεδαιμονίων δὲ κόροι πίνουσι τοσοῦτον
15   ὥστε φρέν' εἰς ἱλαρὰν †ἀσπίδα πάντ' ἀπάγειν
εἴς τε φιλοφροσύνην γλῶσσαν μέτριόν τε γέλωτα.
τοιαύτη δὲ πόσις σώματί τ' ὠφέλιμος
γνώμηι τε κτήσει τε· καλῶς δ' εἰς ἔργ' Ἀφροδίτης
πρὸς θ' ὕπνον ἥρμοσται, τὸν καμάτων λιμένα,
20   πρὸς τὴν τερπνοτάτην τε θεῶν θνητοῖς Ὑγίειαν

---

5 1 γνώμην N : γνώμη Y   2 εἰπὼν Ziegler
6 2 αὐτοῦ Diehl, αὐτῶν Kalinka   5 lacunam post non ante
ἄγγεα stat. Bergk. desiderantur infinitivi duo   8 τε λύουσιν
Musurus (? epit. teste Peppink) : τελέουσιν codd.   9 malim
ἀφαυρότερον   10 ὄμματ' Hermann   15 ἐλπίδα Emperius
πάντας ἄγειν Bergk

CRITIAS

καὶ τὴν Εὐσεβίης γείτονα Σωφροσύνην.

ἑξῆς τε πάλιν φησίν·
    αἱ γὰρ ὑπὲρ τὸ μέτρον κυλίκων προπόσεις παραχρῆμα
    τέρψασαι λυποῦσ’ εἰς τὸν ἄπαντα χρόνον·
    ἡ Λακεδαιμονίων δὲ δίαιθ’ ὁμαλῶς διάκειται,
25   ἔσθειν καὶ πίνειν σύμμετρα πρὸς τὸ φρονεῖν
    καὶ τὸ πονεῖν εἶναι δυνατούς· οὐκ ἔστ’ ἀπότακτος
    ἡμέρα οἰνῶσαι σῶμ’ ἀμέτροισι πότοις.

7 Diogenes Laertius 1. 41
    ἦν Λακεδαιμόνιος Χίλων σοφός, ὃς τάδ’ ἔλεξε·
    "μηδὲν ἄγαν· καιρῶι πάντα πρόσεστι καλά".
Cf. schol. Eur. *Hipp.* 264; Clem. *Strom.* 1. 61. 1.

8 Plut. *Cimon* 10. 5 Κριτίας δὲ τῶν τριάκοντα γενόμενος ἐν
ταῖς ἐλεγείαις εὔχεται
    πλοῦτον μὲν Σκοπαδῶν, μεγαλοφροσύνην δὲ Κίμωνος,
    νίκας δ’ Ἀρκεσίλα τοῦ Λακεδαιμονίου.

9 Stob. 3. 29. 11
    ἐκ μελέτης πλείους ἢ φύσεως ἀγαθοί.

6 23 τὸν ἔπειτα Schneidewin   25 ἐσθίειν A : corr. Musurus
τὸ φανέν A : corr. Bach   26 possis κεῖναι vel δυνατούς τ’   'fort.
κοὐκ vel οὐδ’’ Bergk   ἀπότακτον ἡμέραι A
    7 Critiae vindicavit Wilamowitz   post fr. 6. 21 locat Dietrich
1 Χείλων Hiller
    8 (Plut.) Κριτίας δ’ ὁ Wilamowitz   (Crit.) fort. nominativos
(post εἴη μοι vel sim.) in accusativos mutavit Plut.   2 ἀγησίλα
codd. : corr. Westermann
    9 'fort. ἢ ’κ’ Bergk

DEMODOCUS

Lerius
s. vi?

1 Arist. *Eth. Nic.* 7. 8 p. 1151ª9

    Μιλήσιοι ἀξύνετοι μὲν
οὐκ εἰσίν, δρῶσιν δ' οἷά περ ἀξύνετοι.

2 *Anth. Pal.* 11. 235

  ⊗ καὶ τόδε Δημοδόκου. Λέριοι κακοί· οὐχ ὃ μέν, ὃς δ' οὔ·
πάντες, πλὴν Προκλέους—καὶ Προκλέης Λέριος. ⊗
Strabo 10. 5. 12 p. 487 ἔστι δὲ καὶ 'Αμοργὸς τῶν Σποράδων...
καὶ Λέρ⟨ος, ἐφ' ἧς ἐλέχθη τὰ ἐλεγε⟩ῖα· "καὶ τόδε Φωκυλίδου—
Λέριος".

6. TETRAMETER

6 Diogenes Laertius 1. 84

    ἦν τύχηις †τήνων δικάζεο τὴν Πριηνίην δίκην.

DIONYSIUS CHALCUS

Atheniensis et Thurinus
s. v med.

Ath. 602bc ἔχρησεν δὲ (ὁ 'Απόλλων) καὶ περὶ τῶν ἀμφὶ τὸν
Χαρίτωνα, προτάξας τοῦ ἑξαμέτρου τὸ πεντάμετρον, καθάπερ
ὕστερον καὶ Διονύσιος ὁ 'Αθηναῖος ἐποίησε ὁ ἐπικληθεὶς Χαλ-
κοῦς ἐν τοῖς ἐλεγείοις.

Demodocus 1 1 καὶ τόδε Δημοδόκου· suppl. Bergk
2 1 Φωκυλίδου Strabo lapsu memoriae   Χῖοι *Anth.*   2 Προ-
κλέος Renner   δὲ Λέριος Strab. v.l. : δὲ Χῖος *Anth.* contra metrum
(frustra χίοσ cod. P)
6 τηνων B, τήνων P (η in ras.): πίνων F, fort. recte : possis et Τηίων
vel sim.

1-4 Ath. 668e-9e

1 ⊗? ὦ Θεόδωρε, δέχου τήνδε προπινομένην
τὴν ἀπ' ἐμοῦ ποίησιν· ἐγὼ δ' ἐπιδέξια πέμπω
σοὶ πρώτωι, Χαρίτων ἐγκεράσας χάριτας.
καὶ σὺ λαβὼν τόδε δῶρον ἀοιδὰς ἀντιπρόπιθι,
συμπόσιον κοσμῶν καὶ τὸ σὸν εὖ θέμενος.

2 ἀγγελίας ἀγαθῆς δεῦρ' ἴτε πευσόμενοι,
καὶ κυλίκων ἔριδας διαλύσατε, καὶ κατάθεσθε
τὴν ξύνεσιν παρ' ἐμοί, καὶ τάδε μανθάνετε.

3 κότταβον ἐνθάδε σοι τρίτον ἑστάναι οἱ δυσέρωτες
ἡμεῖς προστίθεμεν γυμνασίωι Βρομίου
κώρυκον. οἱ δὲ παρόντες ἐνείρετε χεῖρας ἅπαντες
ἐς σφαίρας κυλίκων· καὶ πρὶν ἐκεῖνον ἰδεῖν,
5 ὄμματι βηματίσασθε τὸν αἰθέρα τὸν κατὰ κλίνην,
εἰς ὅσον αἱ λάταγες χωρίον ἐκτατέαι.

4 ὕμνους οἰνοχοεῖν ἐπιδέξια σοί τε καὶ ἡμῖν·
τόν τε σὸν ἀρχαῖον τηλεδαπόν τε φίλον
εἰρεσίηι γλώσσης ἀποπέμψομεν εἰς μέγαν αἶνον
τοῦδ' ἐπὶ συμποσίου· δεξιότης τε λόγου
5 Φαίακος Μουσῶν ἐρέτας ἐπὶ σέλματα πέμπει.

5 Ath. 443c

 καί τινες οἶνον ἄγοντες ἐν εἰρεσίαι Διονύσου,
συμποσίου ναῦται καὶ κυλίκων ἐρέται,
⟨ ⟩ περὶ τοῦδε· τὸ γὰρ φίλον οὐκ ἀπόλωλε.

Dionysius Chalcus 2 1 πεσσόμενοι A : corr. Casaubon
3 3 ἐνείρεται A : corr. Musurus : an -ατε? 4 ἰεῖν Dalecampius
5 βηματίσασθε Musurus : -σαισθε A κλίνης Sartori 6 ἐκτα-
τέαι Bücheler : ἐκτέταται A : ἐντατέαι Borthwick
4 2 τηλεπαδον A : corr. Casaubon 4 ἀπὸ Emperius 5 Φαία-
κας Hermann
5 3 ⟨μάρανται⟩ et ὦκ' Hermann

DIONYSIUS CHALCUS

6 Ath. 702b

τί κάλλιον ἀρχομένοισιν
ἢ καταπαυομένοις ἢ τὸ ποθεινότατον;

7 Arist. *Rhet.* Γ 2 p. 1405ᵃ32 οἶον Διονύσιος προσαγορεύει
ὁ Χαλκοῦς ἐν τοῖς ἐλεγείοις "κραυγὴν Καλλιόπης" τὴν ποίησιν,
ὅτι ἄμφω φωναί, φαύλη δὲ ἡ μεταφορὰ ταῖς ἀσήμοις φωναῖς
⟨πρέπουσα⟩.

DIONYSIUS TYRANNUS

Syracusanus
ca. 397-post 336

1 Plut. *de Alex. virt.* 2. 5 p. 338b Διονύσιος δὲ ⌊ὁ νεώτερος⌋
Ἀπόλλωνος υἱὸν ἑαυτὸν ἀνηγόρευσεν ἐπιγράψας·
Δωρίδος ἐκ μητρὸς Φοίβου κοινώμασι βλαστών.

2 Ps.-Plato, *Epist.* 3 p. 315b
χαῖρε, καὶ ἡδόμενον βίοτον διάσωιζε τυράννου.

DIPHILUS

aet. incert.

THESEIS

Schol. Pind. *Ol.* 10. 83 (b), i. 332. 4 Dr., "ἀν' ἵπποισι δὲ
τέτρασιν ἀπὸ Μαντινέας Σᾶμ(ος) 'Αλιρροθίου"· ἐὰν μὲν γρά-
φηται "σᾶμ' 'Αλιρροθίου", ἔσται αὐτὸς ὁ 'Αλιρρόθιος... 'Αρι-
στόδημος δέ φησι μὴ δύνασθαι συγχρονεῖν 'Αλιρρόθιον τὸν

---

6 2 τί ποθεινότερον Bergk
Dionysius Tyrannus 1-2 elegi vel hexametri, fort. ambo ex epi-
grammate dedicatorio
2 fort. ἡδόμενος

89

κατὰ Κέκροπα Ἡρακλεῖ... Σῆμον δέ τινα νῦν νενικηκέναι
ἅρματι, ὥς φησι Δίφιλος ὁ τὴν Θησηίδα ποιήσας ἔν τινι ἰαμβ(εί)ῳ
οὕτω·

<blockquote>

στρέψας δὲ πώλους ὡς ὁ Μαντινεὺς Σῆμος,
ὃς πρῶτος ἅρματ' ἤλασεν παρ' Ἀλφειῶι. (BEQ)

</blockquote>

(a) p. 331. 20 ἔσται οὖν τὸ σαφὲς οὕτω κατ' αὐτὸν (Didymum),
ἔξωθεν παραλαμβανομένου τοῦ ὀνόματος· "ἀν' ἵπποισι δὲ
τέτρασιν ἥρως ὁ ἀπὸ Μαντινέας ἐνίκα, ἤ ἐστιν ἡ Μαντινέα
σημεῖον καὶ ἱερὸν τοῦ Ποσειδῶνος"· Ἁλιρρόθιον γὰρ ἐπιθετι-
κῶς τὸν Ποσειδῶνά φησι, καὶ παρατίθεται τὸ Ὁμηρικὸν
(Od. 5. 292)· "πάσας δ' ὀρόθυνεν ἀέλλας | παντοίων ἀνέμων".
παρατίθεται δὲ καὶ τὸν γράφοντα τὴν Θησηίδα μαρτυροῦντα
τῷ ἥρωι τὴν τοῦ ἅρματος ἡνιοχευτικὴν ἀρετήν· "στρωφᾷς δὲ
πώλους ὡς ὁ Μαντινεὺς Σῆμος." (BCDEQ)

ECHEMBROTUS

Arcas
s. vi pars prior

Paus. 10. 7. 5-6, de Pythiis anni 582 καὶ αὐλῳδίαν ⟨τό⟩τε
κατέλυσαν, καταγνόντες οὐκ εἶναι τὸ ἄκουσμα εὔφημον· ἡ γὰρ
αὐλῳδία μέλη τε ἦν αὐλῶν τὰ σκυθρωπότατα καὶ ἐλεγεῖα
{θρῆνοι} προσᾳδόμενα τοῖς αὐλοῖς. μαρτυρεῖ δέ μοι καὶ τοῦ
Ἐχεμβρότου τὸ ἀνάθημα, τρίπους χαλκοῦς ἀνατεθεὶς τῷ Ἡρα-
κλεῖ τῷ ἐν Θήβαις, ἐπίγραμμα δὲ ὁ τρίπους εἶχεν·

<blockquote>

Ἐχέμβροτος Ἀρκὰς
θῆκε τῷ Ἡρακλεῖ
νικήσας τόδ' ἄγαλμα
Ἀμφικτυόνων ἐν ἄθλοις,
Ἕλλησι δ' ἀείδων
μέλεα καὶ ἐλέγους.

</blockquote>

5

Diphilus 1 στρέψας Bergk : τρέψας BE : τρέψαν Q : στρωφᾷς
(στρωφάσων, στροφάς, στροφαὶ) schol. (a)   Σῆμος : ἥρως schol.
(a) CDEQ

EUCLIDES

Atheniensis?
s. v vel prius

Arist. *Poet.* 22 p. 1458ᵇ5 ὥστε οὐκ ὀρθῶς ψέγουσιν οἱ ἐπιτιμῶντες τῷ τοιούτῳ τρόπῳ τῆς διαλέκτου καὶ διακωμῳδοῦντες τὸν ποιητήν, οἷον Εὐκλείδης ὁ ἀρχαῖος, ὡς ῥᾴδιον ὂν ποιεῖν εἴ τις δώσει ἐκτείνειν ἐφ᾽ ὁπόσον βούλεται, ἰαμβοποιήσας ἐν αὐτῇ τῇ λέξει·

1   Ἐπιχάρην εἶδον Μαραθωνάδε βαδίζοντα,
καὶ

2   οὐκ ἄν γ᾽ ἀράμενος τὸν ἐκείνου ἐλλέβορον.

EUENUS

Parius
ante 470(?)-post 399

1-8c. ELEGI

1 Ath. 367e

πολλοῖς δ᾽ ἀντιλέγειν μὲν ἔθος περὶ παντὸς ὁμοίως,
  ὀρθῶς δ᾽ ἀντιλέγειν, οὐκέτι τοῦτ᾽ ἐν ἔθει.
καὶ πρὸς μὲν τούτους ἀρκεῖ λόγος εἷς ὁ παλαιός·
  "σοὶ μὲν ταῦτα δοκοῦντ᾽ ἔστω, ἐμοὶ δὲ τάδε."
5 τοὺς ξυνετοὺς δ᾽ ἄν τις πείσειε τάχιστα λέγων εὖ,
  οἵπερ καὶ ῥήιστης εἰσὶ διδασκαλίης.

1-4 Stob. 2. 2. 10; 4 Ath. 429f.

Euclides incertum utrum comicus fuerit an iambographus   (Arist.) ἐκτείνειν ⟨καὶ συστέλλειν⟩ Gudeman ex Arab.

1 Ἐπιχάρην Bursian : ἢ ἐπιχαρην B : ἥτει χάριν ALat. : *per laetitiam* Arab.   ἰδον A : ἰδών? Lat.

2 γε ἀράμενος B : γεράμενος A : *utique* et spat. vac. Lat.

Euenus 1 1 δ᾽ om. Stob.   2 τοῦτο ἐθέλει cod. Ath.   4 ἐστὶν Stob., ἔστ᾽ codd. Ath. p. 429

2 *Anth. Pal.* 11. 49

 Βάκχου μέτρον ἄριστον ὃ μὴ πολὺ μηδ' ἐλάχιστον·
 ἔστι γὰρ ἢ λύπης αἴτιος ἢ μανίης.
 χαίρει κιρνάμενος δὲ τρισὶν Νύμφαισι τέταρτος·
 τῆμος καὶ θαλάμοις ἐστὶν ἑτοιμότατος.
5 εἰ δὲ πολὺς πνεύσειεν, ἀπέστραπται μὲν ἔρωτας,
 βαπτίζει δ' ὕπνωι, γείτονι τοῦ θανάτου.

*3 Stob. 2. 15. 4 Ζήνου·

 ἡγοῦμαι σοφίης εἶναι μέρος οὐκ ἐλάχιστον
 ὀρθῶς γινώσκειν οἷος ἕκαστος ἀνήρ.

4 Stob. 4. 10. 5

 πρὸς σοφίηι μὲν ἔχειν τόλμαν μάλα σύμφορόν ἐστιν·
 χωρὶς δὲ βλαβερή, καὶ κακότητα φέρει.

5 Stob. 3. 20. 2

 πολλάκις ἀνθρώπων ὀργὴ νόον ἐξεκάλυψεν
 κρυπτόμενον· μανίης †πολὺ χειρότερον.

6 Plut. *de amore prolis* 4 p. 497a; Artem. 1. 15; Hermias in
Pl. *Phaedr.* 267a p. 238. 7 Couvreur

 ἢ δέος ἢ λύπη παῖς πατρὶ πάντα χρόνον.

7 [Arist.] π. ἀρετῶν καὶ κακιῶν 7 p. 1251[a]36 (Stob. 3. 1. 194
p. 145. 13 Wachsmuth-Hense) (ὕβρις,)

 ἥτις κερδαίνουσ' οὐδὲν ὅμως ἀδικεῖ.

---

2 3 κιρνάμενος τρισὶ νύμφαις τέτρατος αὐτός Planudes 6 τοῦ
Plan. : τῷ P
3 Ζήνου cod. (Z rubro) : Εὐήνου Bach : Ζηνοδότου Gaisford
5 2 fort. ⟨ἢ⟩ πολύ : πουλύ χερειότερον Hertel
6 φόβος et πάντα βίον Hermias

ELEGI

8 Arist. *Metaph. Δ* 5 p. 1015ᵃ29; *Eth. Eudem. B* 7 p. 1223ᵃ31; *Rhet. A* 11 p. 1370ᵃ10; Plut. *non posse suav. viv. sec. Epic.* 21 p. 1102c

πᾶν γὰρ ἀναγκαῖον πρᾶγμ' ἀνιηρὸν ἔφυ.

Cf. Thgn. 472 πᾶν γὰρ ἀναγκαῖον χρῆμ' ἀνιηρὸν ἔφυ.

*8a = Thgn. 467-96

*8b = Thgn. 667-82

*8c = Thgn. 1341-50

9. HEXAMETRI

9 Arist. *Eth. Nic. H* 10 p. 1152ᵃ32

φημὶ πολυχρόνιον μελέτην ἔμεναι φίλε, καὶ δὴ
ταύτην ἀνθρώποισι τελευτῶσαν φύσιν εἶναι.

9a. TRIMETER

9a Simpl. in *Phys.*, *Comm. in Arist. Graeca* ix. 741

σοφώτατόν τοι κἀμαθέστατον χρόνος.

10. INCERTI METRI

10 Plut. *quaest. Plat.* 10. 3 p. 1010c Εὔηνος δὲ καὶ τὸ πῦρ ἔφα-
σκεν ἡδυσμάτων εἶναι κράτιστον.

Cf. *quomodo adulator internosc.* 2 p. 50a; *quaest. conv.* 7 praef. p. 697cd. Idem tamen Prodico adscribit *de tuenda san.* 8 p. 126cd (*Vorsokr.* 84 B 10 D.-K).

---

8 πρᾶγμ' Arist. Plut. : χρῆμ' Thgn.   ὀδυνηρὸν Plut. v.l.

8a-c unius poetae videntur esse propter Simonidis appellationem : Eueno tribuit Camerarius cl. 8a. 6 cum fr. 8 supra

9a χρόνον codd. : corr. Diels

HERMIPPUS

cita sis 'fr. iamb.'

Atheniensis
s. v pars post.

1-3. TRIMETRI

1 Schol. Ar. *Pl.* 701 Ἕρμιππος ἐν τῷ [πρώτῳ] ἰάμβῳ τῶν τρι-
μέτρων Ἀσκληπιοῦ καὶ Λαμπετίας τῆς Ἡλίου λέγει Μαχάονα
καὶ Ποδαλείριον καὶ Ἰασὼ καὶ Πανάκειαν καὶ Αἴγλην νεω-
τάτην.

2 Ath. 76c

τὰς λευκεκρινεὼς δὲ χωρὶς ἰσχάδας.

3 Schol. Ar. *Αυ.* 1150 εἰ μὴ ἄρα πηλόν τινα ὑπαγωγέα καλοῦσι·
τοιοῦτον γάρ τι Ἕρμιππος ἐν τοῖς τριμέτροις ἐμφανίζει. Sim.
Suda iv. 642. 6 Adler, ubi καθὼς καὶ Ἕρμιππος·
ξύνεστι γὰρ δὴ δεσμ⟨ί⟩ωι μὲν οὐδενί,
†τοῖσι δ' ὑπαγωγεῦσι τοῖς ἑαυτοῦ τρόποις†.

4-5. TETRAMETRI

4 Ath. 461e

εἰς τὸ Κυλικράνων βαδίζων σπληνόπεδον ἀφικόμην·
εἶδον οὖν τὴν Ἡράκλειαν, καὶ μάλ' ὡραίαν πόλιν.

5 Schol. Ar. *Vesp.* 1169

ὕστερον δ' †αὐτὸν στρατηγὸν οὓς ἀνειλωτημένην†
καὶ κασαλβάζουσαν εἶδον καὶ σεσαλακωνισμένην.

Hermippus 2 λευκερίνεως Meineke : fort. λευκερινεὼ vel -ὼν (gen.
sg. / pl.)
3 1 δεσμίῳ Bergk : δεσμῷ codd. : δεσπότῃ Kaibel   2 τούτοισι
et αὐτοῦ Meineke : μόνοισι Bergk : χρηστοῖσι Kaibel : possis ἔοικε, alia
5 post fr. 4 locavit Meineke   1 αὐτὴν στρατηγῶν οὖσαν εἰλω-
τισμένην Meineke, item cum στρατηγὸν Kaibel : ἰλλωπημένην Sitzler
2 σεσαλωκισμένην codd. : corr. J.G. Schneider

HIPPONAX

Ephesius, ca. 540

1-114a. TRIMETRI

*1 Iuba Artigraphus ap. Rufinum, Gramm. Lat. vi. 562
⊗ ὦ Κλαζομένιοι, Βούπαλος κατέκτεινεν.

2 Tzetz. *Chil.* 10. 373
Κοραξικὸν μὲν ἠμφιεσμένη λῶπος.

2a Schol. Ap. Rhod. 4. 321
Σινδικὸν διάσφαγμα.
Hesych. Σινδικὸν διάσφαγμα· τὸ τῆς γυναικός. St. Byz.
p. 569. 27 Meineke Σίνδοι . . . ἔνιοι δὲ καὶ τὸ Σινδικὸν γένος
φασὶν εἶναι τῶν Μαιωτῶν ἀπόσπασμα. λέγεται καὶ τὸ γυναι-
κεῖον αἰδοῖον ⟨Σινδικόν⟩.

3 Tzetz. in Lyc. 219 καὶ ὁ Ἱππῶναξ ἐν τῷ κατὰ Βουπάλου
πρώτῳ ἰάμβῳ·
ἔβωσε Μαίης παῖδα, Κυλλήνης πάλμυν.

3a Tzetz. schol. *Chil.* p. 547 Leone (primus versus = *Chil.*
6. 477)
τὸ δὲ Κανδαύλης Λυδικῶς τὸν σκυλοπνίκτην λέγει,
ὥσπερ Ἱππῶναξ δείκνυσι γράφων ἰάμβῳ πρώτῳ·

Hipponax 2 fort. praestat ἀμφιεσμένη
2a verba πρὸς τὸ quae praecedunt in schol. possunt Hipponactis
esse   fragmento 2 proxime stetisse ci. Bergk, verbis ⟨γυμνὴ δὲ⟩
interpositis subiunxit Crusius; cf. Phoenic. 1. 14-15 Powell ἢ Κοραξὸς
ἢ . . . Σίνδος, Hesych. Κοραξοί· Σκυθῶν γένος, καὶ τὸ γυναικεῖον αἰδοῖον
3 ἔβωσε W. Dindorf : ἐβόησε codd.
3a fragmento 3 subiunxit Schneidewin

95

Ἑρμῆ κυνάγχα, μηιονιστὶ Κανδαῦλα,
φωρῶν ἑταῖρε, δεῦρό μοι σκαπαρδεῦσαι.

1 Id. schol. exeg. Il. p. 153. 13 Hermann.

4 Tzetz. exeg. Il. A 14 p. 76. 8 Hermann ἦν δάφνην οἱ ἱερεῖς τοῦ ἡλίου... στεφανούμενοι ἐπορεύοντο, καθὼς δηλοῖ καὶ Ἱππῶναξ ἐν τῷ κατὰ Βουπάλου ἰάμβῳ·

Κίκων δ' ὁ πανδάλητος ἄμμορος καύης
†τοιόνδε τι δάφνας κατέχων†

1 Id. in Lyc. 425 et 741.

*4a Hesych. Κίκων· ὁ Κίκων Ἀμυθάονος ἦν,
οὐδὲν αἴσιον προθεσπίζων.

5 Tzetz. Chil. 5. 728 sqq.

ὁ φαρμακὸς τὸ κάθαρμα τοιοῦτον ἦν τὸ πάλαι.
ἂν συμφορὰ κατέλαβε πόλιν θεομηνίᾳ,
εἴτ' οὖν λιμὸς εἴτε λοιμὸς εἴτε καὶ βλάβος ἄλλο,
τὸν πάντων ἀμορφότερον ἦγον ὡς πρὸς θυσίαν
εἰς καθαρμὸν καὶ φάρμακον πόλεως τῆς νοσούσης·
εἰς τόπον δὲ τὸν πρόσφορον στήσαντες τὴν θυσίαν,
τυρόν τε δόντες τῇ χειρὶ καὶ μᾶζαν καὶ ἰσχάδας,
ἑπτάκις τε ῥαπίσαντες ἐκεῖνον εἰς τὸ πέος
σκίλλαις συκαῖς ἀγρίαις τε καὶ ἄλλοις τῶν ἀγρίων,
τέλος πυρὶ κατέκαιον ἐν ξύλοις τοῖς ἀγρίοις,
καὶ τὴν σποδὸν εἰς θάλασσαν ἔρραινον εἰς ἀνέμους
εἰς καθαρμὸν τῆς πόλεως, ὡς ἔφην, τῆς νοσούσης...

---

3 2 τί μοι cod. : corr. Dübner   σκαπερδεῦσαι LSJ⁹
4 1 πανδάλητος quid sit nescio, fort. nomen proprium   2 τοιόνδε
δάφνης κλάδον ἔχων Bergk
4a Ὠμυθεωνίδης poetae tribuit ten Brink

TRIMETRI

ὁ δὲ Ἱππῶναξ ἄριστα σύμπαν τὸ ἔθος λέγει·
πόλιν καθαίρειν καὶ κράδηισι βάλλεσθαι.

6 καὶ ἀλλαχοῦ δὲ πού φησιν πρώτῳ ἰάμβῳ γράφων·
βάλλοντες ἐν χειμῶνι καὶ ῥαπίζοντες
κράδηισι καὶ σκίλληισιν ὥσπερ φαρμακόν.

7 καὶ πάλιν ἄλλοις τόποις δὲ ταῦτά φησι κατ' ἔπος·
δεῖ δ' αὐτὸν ἐς φάρμακον ἐκποιήσασθαι.

8 κἀφῆι παρέξειν ἰσχάδας τε καὶ μᾶζαν
καὶ τυρόν, οἷον ἐσθίουσι φαρμακοί.

9 πάλαι γὰρ αὐτοὺς προσδέκονται χάσκοντες
κράδας ἔχοντες ὡς ἔχουσι φαρμακοῖς.

10 καὶ ἀλλαχοῦ δέ πού φησιν ἐν τῷ αὐτῷ ἰάμβῳ·
λιμῶι γένηται ξηρός· ἐν δὲ τῶι θύμωι
φαρμακὸς ἀχθεὶς ἑπτάκις ῥαπισθείη.

12 Tzetz. schol. *Posthom.* 687
τούτοισι θηπέων τοὺς Ἐρυθραίων παῖδας
ὁ μητροκοίτης Βούπαλος σὺν Ἀρήτηι
†καὶ ὑφέλξων τὸν δυσώνυμον †ἄρτον.

---

5 ⟨φάρμακον⟩ add. Bergk
6 1 λειμῶνι Schneidewin   2 ὥστε Knox
7 ἐκπονήσασθαι Meineke
8 1 καὶ ἀφῇ intellexit Tzetz. : κἀφη Welcker
9 1 προσδέκονται Schneidewin : -δέχονται codd. : -δοκεῦσι Knox
2 ἔχοντας codd. : corr. Schneidewin   ἇς Rupprecht
10 1 θύμῳ M. Schmidt : θυμῷ codd.
12 1 θηπέων ten Brink : θήπων codd.   2 ὁ ματροκοίτης HV :
οὓς φησι μητροκοίτας L : corr. Masson   inter σὺν et Ἀρήτη gl.
ἄναξ praebent HV   3 καὶ L : κνίζων   H: om. V   ὑφέλξων
HV : φελίζων L   δαρτόν Masson

97

13 Ath. 495c

ἐκ πελλίδος πίνοντες· οὐ γὰρ ἦν αὐτῆι
κύλιξ, ὁ παῖς γὰρ ἐμπεσὼν κατήραξε.

14 καὶ πάλιν·

ἐκ δὲ τῆς ˙πέλλης
ἔπινον· ἄλλοτ' αὐτός, ἄλλοτ' Ἀρήτη
προύπινεν.

15 Choerob. can. i. 268 Hilgard

τί τῶι τάλαντι Βουπάλωι συνοίκησας;

16 Herodian. π. μον. λέξ., ii. 924 Lentz

ἐγὼ δὲ δεξιῶι παρ' Ἀρήτην
κνεφαῖος ἐλθὼν 'ρωιδιῶι κατηυλίσθην.

17 Et. Gen. λ 156 ed. Adler-Alpers

κύψασα γάρ μοι πρὸς τὸ λύχνον Ἀρήτη.

19 Herodian. π. παθῶν ap. Et. Gen. / Sym. s.v. ἀσκαρίζειν

τίς ὀμφαλητόμος σε τὸν διοπλῆγα
ἔψησε κἀπέλουσεν ἀσκαρίζοντα;

20 Choerob. in Hephaest. p. 199. 12 Consbruch περὶ δὲ τῶν
ἀφώνων ἐστὶν εἰπεῖν ὅτι ἀσθενέστερά εἰσι μᾶλλον τῶν ἄλλων
στοιχείων, καὶ εὑρέθη ποιοῦντα σπανίως κοινὴν ἐν αὐτοῖς τὸ
πτ καὶ τὸ κτ, οἷον παρὰ τῷ ποιητῇ· "Αἰγυπτίη, τῇ πλεῖστα
φέρει ζείδωρος ἄρουρα" (Od. 4. 229). καὶ πάλιν παρὰ Ἱππώ-
νακτι ἐν τῷ πρώτῳ ἰάμβων (ita Hoffmann pro τῷ τρόπῳ
ἴαμβον)·

---

13 1 αὐτοῖς epit.
15 συνοίκησαs Bergk : -ῴκησας NC, -οίκησας V
16 1 παρὰ ῥήτηρ cod. : corr. Schneidewin   Ἀρήτη Hoffmann

δοκέων ἐκεῖνον τῆι βα{κ}τηρίηι κόψαι.

21 καὶ πάλιν παρὰ τῷ αὐτῷ·

ἡμίεκτον αἰτεῖ τοῦ φάλεω κολάψαι ἑ.

22 Tzetz. schol. π. μέτρων, An. Ox. iii. 308 Cramer

τὴν ῥῖνα καὶ τὴν μύξαν ἐξαράξασα.

23 Prisc., Gramm. Lat. iii. 426 ex Heliodoro

τοὺς ἄνδρας τούτους † OdΥΝΗΠΙΑΛΛΙΡΕΙΤΙΑe†

iste iambus habet in secundo loco spondeum, et in ⟨tertio et in⟩
quarto dactylum.

24 Erotianus, Lex. Hippocr. σ 10 p. 77. 17 Nachmanson σαπρά·
σεσηπότα, ὡς καὶ Ἱππῶναξ ἐν πρώτῳ ἰάμβων φησὶ

μαδῶντα δὴ καὶ σαπρόν.

25 Tzetz. exeg. Il. A 25 et 118; schol. π. μέτρων, An. Ox. iii.
309 Cramer

"ἀπό σ' ὀλέσειεν Ἄρτεμις."—"σὲ δὲ κὠπόλλων."

26 Ath. 304b

ὁ μὲν γὰρ αὐτῶν ἡσυχῆι τε καὶ ῥύδην

---

20 ἐκεῖνον Hörschelmann : ἐκτεῖνον cod., unde τ' ἐκεῖνον Knox,
ἰκτῖνον Maas βακτηρίᾳ cod. : corr. Knox

21 κολάψαιε cod. : κολάψασα Knox

23 hexameter inter choliambos ut supra V, (-ΕΙΠΑΕ) R :
ΟΔΥΝΗΠΙΑΛΛΙΡΕΙΤΙῼ A : ΟΔΙΝΗΠΙΑ, marg. ΔΛΙΡΕΙΤΑΕ Par.
7504 : ὀδύνη 'πιαλεῖ ῥιγηλή Bergk

24 μυδῶντα Stephanus

25 fort. Ἄρτεμις σὲ δ' Ὠπόλλων Meineke Hephaestioni confisus,
qui negat anapaestum in quinto pede admitti (Ench. 5.4)

26 1 ῥύβδην Bergk

θύννάν τε καὶ μυσσωτὸν ἡμέρας πάσας
δαινύμενος ὥσπερ Λαμψακηνὸς εὐνοῦχος
κατέφαγε δὴ τὸν κλῆρον· ὥστε χρὴ σκάπτειν
5   πέτρας {τ'} ὀρείας, σῦκα μέτρια τρώγων
καὶ κρίθινον κόλλικα, δούλιον χόρτον.

26a Ath. 645c

    οὐκ ἀτταγέας τε καὶ λαγοὺς καταβρύκων,
    οὐ τηγανίτας σησάμοισι φαρμάσσων,
    οὐδ' ἀττανίτας κηρίοισιν ἐμβάπτων.

1 Id. 388b; Tzetz. *Exeg. Il. A* 118

27 Anon. π. βαρβ. καὶ σολοικ. p. 177 Valckenaer (1822); Anon.
Mutinensis, ed. Bühler, *Mus. Criticum* 4 (1969), 10 sqq.

    καὶ τοὺς σολοίκους ἦν λάβωσι περνᾶσι,
    Φρύγας μὲν ἐς Μίλητον ἀλφιτεύσοντας.

1 Eust. in Hom. p. 368. 1; Anon. *de soloec.* p. 187 Valck.

28 Tzetz. schol. *Antehom.* 168 (Morelli, *Iliacum carmen*
p. 8 + ten Brink, *Phil.* 6, 1851, 36) ἐκ τῶν κατὰ Μιμνῆ τοῦ
ζωγράφου χωλιάμβων

    ⊗   Μιμνῆ κατωμόχανε, μηκέτι γράψῃς

---

26 2 θύννον C contra Athenaei contextum : θύννην Marzullo
μυσσωτὸν Bergk ('malim') : μυττωτὸν codd.   4 σκληρόν A : corr.
Dalecampius   5 τ' del. Schweighäuser : γ' Marzullo : vel lac.
post ὀρείας statuenda in qua steterit ὁ δὲ   τρώγοντα possis
   26a fragmento 26 subiunxit Meineke   1 ἀτταγέας Knox : ἀττα-
γᾶς (αττασ 645c) A: an ἀσσ-?   λαγοὺς Meineke : λαγὼς A   δια-
τρώγων Ath. 388b   2 τηγανίας codd. : corr. Casaubon   3 an ἀσσ-?
   27 1 ἵν' ἐθέλουσι Eust.
   28 fort. carmen integrum (Bartalucci)   1 κατωμόχανε (= χαί-
νων κατ' ὤμου, schol. *exeg.* l.c.) schol. *Antehom.* codd. HLV : κατω-
μήχανε, sim., cett.   -χανε mirum : fort. -χαννε vel -χαυνε

ὄπφιν τριήρεος ἐν πολυζύγωι τοίχωι
ἀπ' ἐμβόλου φεύγοντα πρὸς κυβερνήτην·
αὕτη γὰρ ἔσται συμφορή τε καὶ κληδών,
5   νικύρτα καὶ σάβαννι, τῶι κυβερνήτηι,
ἣν αὐτὸν ὄπφις τὠντικνήμιον δάκηι.

Id. *exeg. Il.* A 273 (Masson, *Parola del Passato* 5, 1950,
74 sq.); in Lyc. 425 (p. 156. 22 Scheer). 5 cf. Hesych. νικύρ-
τας· δουλέκδουλος. 6 Tzetz. in Lyc. 234 (p. 107. 20)

9a   Phot. *lex.* ined. s.v. χύτραν
ἐβορβόρυζε δ' ὥστε κύθρος ἔτνεος.

30   Tzetz. schol. π. μέτρων, *An. Ox.* iii. 308
οὔ μοι δικαίως μοιχὸς ἁλῶναι δοκεῖ
Κριτίης ὁ Χῖος ἐν †τῶι κατωτικῶι† δούμωι.

32   Ἑρμῆ, φίλ' Ἑρμῆ, Μαιαδεῦ, Κυλλήνιε,
ἐπεύχομαί τοι, κάρτα γὰρ κακῶς ῥιγῶ
καὶ βαμβαλύζω...
δὸς χλαῖναν Ἱππώνακτι καὶ κυπασσίσκον
5   καὶ σαμβαλίσκα κἀσκερίσκα καὶ χρυσοῦ
στατῆρας ἑξήκοντα τουτέρου τοίχου.

---

28 2 ὄπφιν scripsi pro ὄφιν, cf. 6   4 ἔσται Bergk : ἐστι codd.
γε καὶ v.l. in schol. *Antehom.* et in Lyc., fort. praeferenda   5 σά-
βαννι *exeg. Il.* : σάμ(μ)αννι schol. *Antehom.* HLV (σαβαννί cod. Ca-
sauboni) : σάβωνι fere codd. in Lyc. (σάμαννι V); vox ignota
6 ὄπφις Bergk : ὄφις Tzetz. : οὖφις Gaisford   δήκῃ in Lyc. 234
cod. H : δάκνῃ Hermann
29a ἔτνε cod.   fort. κυθρό⟨που⟩s

30 2 κατῶξ̄' sim. codd. : τῷ κατωτικῷ ut glossema secl. Masson :
κασωρικῷ Bergk   δούμῳ Masson : δούλῳ codd.
32 1 Ἑρμῆ φίλ' Prisc. : ὦ φίλ' Tzetz.   Κυλληναῖε Meineke
2-4 δὸς χλαῖναν Ἱππώνακτι, κάρτα γὰρ ῥιγῶ καὶ βαμβαλύζω Plut.
3 βαμβαλύζω Schneidewin : βαμβακύζω codd. Plut.   5 κἀσκερί-
σκας Fick

1-2 Prisc., Gramm. Lat. iii. 428; 1+4-6 Tzetz. in Lyc.
855; 2-4 confuse Plut. *de cupid. div.* 2 p. 523e, *Sto. paradox.*
6 p. 1058d, *de comm. not.* 20 p. 1068b.

34 Tzetz. in Lyc. 855

> ἐμοὶ γὰρ οὐκ ἔδωκας οὔτέ κω χλαῖναν
> δασεῖαν ἐν χειμῶνι φάρμακον ῥίγεος,
> οὔτ' ἀσκέρηισι τοὺς πόδας δασείηισι
> ἔκρυψας, ὥς μοι μὴ χίμετλα ῥήγνυται.

35 Prisc., Gramm. Lat. iii. 426 ex Heliodoro *Hipponax in
primo* :

> ἐρέω γὰρ οὕτω· "Κυλλήνιε Μαιάδος Ἑρμῆ".

*iste enim versus cum sit choliambus, in quarto loco et quinto habuit
dactylos.*

36 Tzetz. in Ar. *Pl.* 87 p. 30ᵇ3 Massa Positano

> ἐμοὶ δὲ Πλοῦτος—ἔστι γὰρ λίην τυφλός—
> ἐς τὠικί' ἐλθὼν οὐδάμ' εἶπεν "Ἱππῶναξ,
> δίδωμί τοι μνέας ἀργύρου τριήκοντα
> καὶ πόλλ' ἔτ' ἄλλα"· δείλαιος γὰρ τὰς φρένας.

37 Choerob. in Hephaest. p. 195 Consbruch

> ἐκέλευε βάλλειν καὶ λεύειν Ἱππώνακτα.

---

34 1 κω χλαῖναν Schneidewin (πω Scaliger) : χωλεύαν A (χλαῖναν
sscr. m²) : χωδαῖνε Q : χλαῖναν SVHL : τὴν χλαῖναν P   4 μοι μὴ
Hartung : μή μοι codd.   χίμεθλα V m²   ῥήγνυται dett., ῥί-
γνυται H : γίγνηται APV
36 3 μνᾶς cod. : corr. R. Meister   ἀργυρίου cod. : corr. Bergk
4 τὰς φρένας γὰρ δείλαιος Sauppe

38 Tzetz. in Lyc. 690

　　ὦ Ζεῦ, πάτερ ⟨Ζεῦ⟩, θεῶν 'Ολυμπίων πάλμυ,
　　τί μούκ ἔδωκας χρυσόν, ἀργύρου †πάλμυ;

39 Tzetz. schol. π. μέτρων, Ap. Ox. iii. 308 Cramer

　　κακοῖσι δώσω τὴν πολύστονον ψυχήν,
　　ἢν μὴ ἀποπέμψῃς ὡς τάχιστά μοι κριθέων
　　μέδιμνον, ὡς ἂν ἀλφίτων ποιήσωμαι
　　κυκεῶνα πίνειν φάρμακον πονηρίης.

40 Id. ib. 310

　　{'Αθηνᾶ} Μαλὶς †κονισκε, καί με δεσπότεω βεβροῦ
　　λαχόντα λίσσομαί σε μὴ ῥαπίζεσθαι.

41 Et. Gen. / Sym. s.v. ἀρειή

　　καὶ νῦν ἀρειᾶι σύκινόν με ποιῆσαι.

42 Tzetz. schol. π. μέτρων, Ap. Ox. iii. 310 Cramer

　　†τέαρε[. . . . .]δεύειε† τὴν ἐπὶ Σμύρνης
　　ἰθὺ διὰ Λυδῶν παρὰ τὸν 'Ατταλεω τύμβον
　　καὶ σῆμα Γύγεω καὶ [Σεσώ]στρ[ιος] στήλην

38　1 Ζεῦ alterum add. Meineke cf. Archil. 177. 1　　2 πάλμυν
PH　　ἢ ἄργυρον Lobeck (tum πολλὸν Knox) : possis {χρυσὸν} ἀργύ-
ρου ⟨κασίγνητον⟩

39　3 ἄλφιτον codd. : corr. Bergk　　4 πίνειν Ahrens : πίνων codd.

40　1 'Αθηνᾶ del. Bergk　　⟦κο . . . . ⟧νισκε sscr. χαιρε A (si recte
intelligo) : κονὶς κελαῖρε B : κονίσκε C : fort. μ' ὀνισκε　　δεσπότεα
codd. : corr. Schneidewin

41　ἀρειᾶς Sym.

42　1 ita A (spat. vac. quinque litt. post τέαρε), C (nullo spatio) :
Τέαρε fort. nomen Phrygium, ut fluminis Thracii Hdt. 4. 89　ὁδεύε
Schneidewin : possis σεύειε, al.　　2 ἰθὺ Knox : ἴθι codd.　　3 Σε-
σώστριος Bergk cl. Hdt. 2.106 : μεγάστρυ codd. (ex gloss. μεγάλου ad
μυτάλιδι, cf. Hesych.)

HIPPONAX

καὶ μνῆμα Τωτος Μυτάλιδι πάλμυδος,
πρὸς ἥλιον δύνοντα γαστέρα τρέψας.

3 Schol. Nic. *Th.* 633, "Γύγαό τε σῆμα" ἤτοι Γύγου τοῦ
βασιλέως σῆμα, ὥς φησιν Ἱππῶναξ ἐν τῷ πρώτῳ τῶν {Λυδίας}
ἰάμβων, ἢ τὴν Γυγαίαν λίμνην λέγει ἀπὸ Γύγου τοῦ ἑκατόγ-
χειρος. 4 Hesych. μυττάλυτα· μεγάλου huc rettulit Bergk
recte.

43 Choerob. in Hephaest. p. 195. 15 Consbruch ὁμοίως καὶ
τὴν ευ (δίφθογγον) εὑρίσκομεν ποιοῦσαν κοινήν, οἶον ἐν τῷ
πρώτῳ ἰάμβῳ Ἱππώνακτος ἔνθα φησί·

     μάκαρ ὅτις ⟨   ⟩ θηρεύει †πρήσας.

τὴν ρευ ἐν τετάρτῳ ποδὶ συνέστειλε.

44 καὶ πάλιν ὁ αὐτὸς ἐν δευτέρῳ ποδὶ τὴν ευ·

     καί τοί γ' εὔωνον αὐτὸν εἰ θέλεις δώσω.

47 Tzetz. *exeg. Il.* A 25 p. 84 Hermann
          παρ' ὧι σὺ λευκόπεπλον ἡμέρην μείνας
          πρὸς μὲν κυνήσεις τὸν Φλυησίων Ἑρμῆν.

48 Ath. 78c

          συκῆν μέλαιναν, ἀμπέλου κασιγνήτην.

---

42 4 μυτάλιδι (locativum?) codd. : μυττάλυτα Hesych. (ex μυττα-^{υτα}
λιδι?) : Μυταλίδεω Masson   5 στρέψας Knox
43 μάκαρ ὅτις Perrotta : μάκηρ' ὅτις U : μακάριος ὅστις K   πρήσας
U : om. K : e.g. ὅτις τι θηρεύει μὴ τηρήσας
47 2 κυνήσεις Welcker : κυνήσειν codd. : κύνησον Meineke Φλυη-
σίων obscurum, cf. Hesych. Φλυήσιος· ὁ Ἑρμῆς, unde possis τὸν
Φλυήσιον πάλμυν

104

49 P. Berol. 12605 (ostr., 111 a. C.), ed. Wilamowitz, *Sitz.-Ber. preuss. Ak.* 1918. 739 sqq. ὧρος· ἐνιαυτός. "ἐννέωροι γὰρ τοί γε" (*Od.* 11. 311). Ἱππώνακτος

> πονηρὸς [   ]..[...].οι πάντας
> Ἀσωποδώρου παῖδα κ[

50 Strabo 14. 1. 4 p. 633 καὶ τόπος δέ τις τῆς Ἐφέσου Σμύρνα ἐκαλεῖτο, ὡς δηλοῖ Ἱππῶναξ·

> οἴκει δ' ὄπισθε τῆς πόλιος †ἐν Σμύρνηι
> μεταξὺ Τρηχέης τε καὶ Λεπρῆς ἀκτῆς.

51 Harpocr. s.v. μάλθη

> ἔπειτα μάλθηι τὴν τρόπιν παραχρίσας.

52 Schol. Plat. *Gorg.* 494b (p. 157 Greene; marg. in Olympiod. ad loc. p. 157. 25 Westerink); schol. Ar. *Av.* 267 cum *Suda* iv. 787. 10 Adler

> καὶ μὴν καλύπτεαι· μῶν χαραδριὸν περνάς;

53 *Et. Gen.* / *Magn.* / *Sym.* et Zonaras s.v. ἐμβιβάξαντες·

> ἀλλ' αὐτίκ' ἀλλήλοισιν ἐμβαβάξαντες.

---

49 1 [ὤρους Wilamowitz   sensus fort. 'mala fortuna per omnes occupet annos Asopodori filium'
50 1 ᾤκει codd. : corr. Schneidewin   πόληος Allatius, ἐνὶ Meineke, sed utrumque ἐπικώτερον : fort. ἐπὶ vel ἐν τῇ   2 Τρηχείης codd. : corr. Knox
51 τρόπην codd. : corr. de Maussac : τράμιν Blaydes   περιχρίσας Valckenaer
52 καλύπτεαι scripsi : καλύπτει cod. G *Sudae*, schol. Plat. et Ar. : -η cett. *Sudae* : -εις Ruhnkenius   μῶν : ὡς schol. Ar.   περνᾷς *Suda* : πέρνης Bergk
53 ἐμβιβάξαντες Etym. : corr. J. G. Schneider

54 *Et. Gen. / Gud. / Magn.* s.v. κρίκε
κριγὴ δὲ νεκρῶν ἄγγελός τε καὶ κῆρυξ.

56 Pollux 6. 19 καὶ σίφωνα μὲν ὅτῳ ἐγεύοντο (τὸν νέον οἶνον)
Ἱππῶναξ εἴρηκεν·
σίφωνι λεπτῶι τοὐπίθημα τετρήνας.

57 Pollux 10. 75 καὶ ὁ σάκος ἐπὶ τοῦ τρυγοίπου εἰρημένος, καὶ
ὁ ὑλιστήρ. Ἱππῶναξ δέ φησι·
στάζουσιν ὥσπερ ἐκτροπήϊον σάκκος.

58 Pollux 10. 87
κάλειφα ῥόδινον ἡδὺ καὶ λέκος πυροῦ.

59 Erotianus, *lex. Hippocr.* φ 19 p. 92. 6 Nachmanson
πρὸς τὴν μαρίλην τὰς φοῖδας θερμαίνων
οὐ παύεται.
1 Tzetz. in Ar. *Pl.* 535 p. 130. 2 Massa Positano.

60 Ath. (epit.) 49e
†στέφανον εἶχον κοκκυμήλων καὶ μίνθης.

61 *Et. Gen.* s.v. οὐδὸν ἐς λαύρην... τινὲς δὲ τὸν κοπρῶνα,
ὡς Ἱππῶναξ·
ἔκρωζεν ⟨ὡς⟩ κύμινδις ἐν λαύρηι.

---

54 κριψή. τε *Gen.* B   κρίγη Masson cl. Hesych. κρίγη· ἡ γλαῦξ
57 fort. στάζουσαν   ἐκτροπήϊον scripsi, i.e. ἐκτροπίαν οἶνον :
ἐκτροποίιον hyparchetypus II : -ει τροπηίον CL : ἐκ τροπηΐου Bergk
(τραπ- Passow melius)
58 fort. πυρῶν
59 τὰς φωῖδας Tzetz. (φο- Hoffmann) : τοὺς παῖδας fere codd. Erot.
60 ⟨καὶ⟩ στέφανον Gaisford
61 ὡς add Bergk   ἐν λαύρη A : ἐς λαύρην (e lemmate) B

62 *Et. Gen.* B s.v. χαμεύνιον; Did. *lex. Plat.* (Miller, *Mélanges* 402 = Erbse, *Lexica gr. min.* 248)

ἐν †ταμείωι τε καὶ χαμευνίωι γυμνόν.

63 Diogenes Laertius I. 107

καὶ Μύσων, ὃν Ὠπόλλων
ἀνεῖπεν ἀνδρῶν. σωφρονέστατον πάντων.

65 Tzetz. *exeg. Il.* A 314 (Masson, *Parola del Passato* 5, 1950, 74)

πρύμνης ἀπ' ἄκρης ἐς θάλασσαν σπένδοντες.

66 Id. ib. *A* 363 (Masson 74)

κοὐκ ὡς κύων λαίθαργος ὕστερον τρώγει.

67 *Et. Gen.* B s.v. χάλις; Tzetz. in Lyc. 579 et Hes. *Op.* 336 et Ar. *Pl.* 435

ὀλίγα φρονέουσιν οἱ χάλιν πεπωκότες.

68 Stob. 4. 22. 35; P. Berol. 9773 verso (*BKT* v (2). 130)

δύ' ἡμέρ]αι γυναικός εἰσιν ἥδισται,
ὅταν γαμῆι τις] κ[ἀ]κφέρηι τεθνηκυῖαν.

70 P. Oxy. 2174 fr. 1 col. ii

(initia versuum v)

---

62 ταμείῳ Did. : μίῳ (sic) *Gen.* B : σταθμίῳ Bergk : fort. φορμίῳ
65 σπένδοντες Maas : σπεύδοντες cod.
66 λαίθαργος Masson : κρυφιοδάκτης λάθαργος cod. (λαθ- etiam Hesych., Phryn. *praep. soph.* p. 87. 9 Borries, cf. Eust. in Hom. p. 1493. 32 sqq.)
67 οἱ... πεπώκασιν Knox

γρύζουσ'.[
τὸν θεοῖσ⌊ιν ἐχθρὸν τοῦτον, ὃς κατευδούσης
τῆς μητρ⌊ὸς ἐσκύλευε τὸν βρύσσον
τυφλὸν π[
10   καὶ χωλὸν [

⊗   ‌‌‌̔Ωθηνι κυ[
ἐπ' ἡισεπ[
ἔστησα.[

7-8 Tzetz. *exeg. Il. A* 118 (Masson, *Parola del Passato*
5, 1950, 72).

72 P. Oxy. 2174 fr. 3 (initia versuum x); 5-7 Tzetz. schol.
Hom. 190 (Schirach, *Tz. carm. Il.* p. 65)
5   ἐπ' ⌊ἁρμάτων τε καὶ Θρεϊκίων πώλων
λε⌊υκῶν †ὀείους κατεγγὺς† 'Ιλίου πύργων
ἀπ⌊ηναρίσθη ῾Ρῆσος, Αἰνειῶν πάλμυς.

5 Tzetz. *exeg. Il. A* 15 et 118, et in Hes. *Op.* 157.

73 P. Oxy. 2174 fr. 4
.]ων λ[
τῶι πλ[
ὤ⌋μειξε δ⌊' αἷμα καὶ χολὴν ἐτίλησεν·
ἐγὼ δεγ[⌊οἱ δέ μεο ὀδόντες
5   ἐν ταῖς γ⌊νάθοισι πάντες ⟨ἐκ⟩κεκινέαται.
(initia versuum vii)

---

70 8 fort. ἐσκύλευσε : ἐσκάλευ(σ)ε Kassel   βρύττον cod. : corr
Masson   ⟨κάτω⟩ βρύσσον Gallavotti
72 6 schol. ἰὼν κατεγγὺς (cod. L) et καθεύδων ἐγγύς, unde ἰαύων
ἐγγὺς A. Mayor : an ὀείας (ἀπηναρίσθη) 'ovilia strata'?   7 Αἰνίων
ten Brink   πάλμυς Schneidewin : παλαμάς M : βασιλεύς HLV
73 3]μῑξεδ[Π, ὤμιξεν (vel ὤμηξεν) codd. : corr. Medeiros.
5 ἐκ- add. ten Brink

3 *Et. Gen./Sym./Magn.* s.v. ὀμιχεῖν; Gramm. in *An. Ox.*
iv. 191. 5 Cramer; Choerob. *can.* ii. 109. 6 Hilgard; Eust.
in Hom. p. 579. 44, etc.
4-5 Epimer. in Hom., *An. Ox.* i. 287. 28 Cr.; *Et. Gen./Gud.*
s.v. κεκινέαται.

78 P. Oxy. 2174 fr. 9 + 10 + addit. (xix p. 150), ed. Lobel
(fragmenta versuum iv)

5   ὥσπερ τραγω[
    ὑ]πέατι καί μιν[
    ὥσπερ Κίκωνα[
    .].[..] ἐδυσφήμει τε κα.[
    ..].ᾱς μαρίλην ἀνθρ[άκων
10   σέλα]ς δὲ κ[α]ὶ πῦρ οὐκ ἐσέρχε[τ' οὐ π]υρρ[όν
    ..... ἀ]θερίνην ἐς Καβείρ[ων] φοίτε[σκε
    τὸν λ[..]ριῶνα μῆνα κα[ν]θαρο[
    ἐ]λθὼν δ' ἐς οἶκον, συκάμινα δ[ει]π[νήσας,
    καὶ τῶι κιμαίωι τόν[δε] ῥῖνα φοινίξα[ς,
15   ἐπιπτύσας τρὶς καὶ τ[
    ἀ]π' ὧν ἐδέψατ' ὡς .[
    ...]ν δ' ἐ..[
    ].[

78a Erotianus, *lex. Hippocr.* μ 24 p. 61 Nachmanson

    πολλὴν μαρίλην ἀνθράκων.

---

78 6]πέατι (ᾱ a.c.) *Π* : suppl. Lobel (vel ὀπ-)   7 vel Κί-
κων α[8 in fine πολλὴν Masson, fr. 78a huc pertinere ratus
10 supplevi (π] υρρ[όν Adrados)   11 καβιρ[*Π*, suppl. Adrados, ego
12 Λ[αυ]ριῶνα (facete pro Ταυρ-) Bossi   e.g. κα[ν]θάρο[υς
τρώγων   13 δ[ει]π[νήσας supplevi   14 τόν[δε] Adrados
16 ἀ]π' Diehl   ἐδέψατ' Scheller : εδεψᾱτ' *Π*
78a cf. ad 78. 8

HIPPONAX

79 P. Oxy. 2174 fr. 11 col. i (1-17), ed. Lobel

                             ].[
                  ἀ]λοιᾶσθα[ι
              τῆς] ἀνοίης ταύτη[ς
              τὴ]ν γνάθον παρα.[
5   ]ι κηρίνους ἐποι[
              ]κἀνετίλησε[
              ]χρυσολαμπέτωι ῥάβδωι
              ]αν ἐγγὺς ἑρμῖνος·
       Ἑρμῆς δ' ἐς Ἱππώ]νακτος ἀκολουθήσας
10   παρεξέκλεψε το]ῦ κυνὸς τὸν φιλήτην,
       ὃς τοῖς φίλοισιν] ὡς ἔχιδνα συρίζει
              ]αξ δὲ νυκτὶ βου[...(.)].[
              ]καὶ κατεφράσθη[
              ]δευς κατεσκη.[
15   ἐμερ]μήριξε· τῶι δὲ κ[η]λητ[ῆι
              ]ς παῦνι, μυῖαν .[
       ὁ δ' αὐτίκ' ἐλθὼν σὺν τριοῖσι μ[άρτυσιν
       ὅκου τὸν ἔρπιν ὁ σκότος καπηλεύει,
       ἄνθρωπον εὗρε τὴν στέγην ὀφέλλοντα—
20   οὐ γὰρ παρῆν ὄφελμα—πυθμένι στοιβῆς.

9 *Et. Gen.* B s.v. ἀκολουθήσας. 16 Hesych. παυνί· μικρόν,
οἱ δὲ μέγα, ἢ ἀγαθόν. 17-20 Tzetz. in Lyc. 1165; 17-19
Id. ib. 579; 18 Schol. vet. ib.; Tzetz. in Ar. *Pl.* 435.

84 P. Oxy. 2174 fr. 16 col. ii + addit. (xix p. 150)
              .]ῶνο[

---

79 4.[: κ vel ν, e.g. παρακ[ρούσας   5 ἐποί[ησε Lobel   9 δ'
ἐς Ἱππώνακτος Lehrs : δὲ σιμώνακτος cod : δὲ Σημ- Fick   10-11 sup-
plevi   10 φι ex incohato φη factum   12 Ἱππῶν]αξ Diehl
fin. e.g. βου[λεύων   14 Μαια]δεὺς κατέσκηψ[ε Lobel   16]ξ
sscr. σ, e.g. ἔθυσ' ὁ καύη]ς   παῦνι· Π   .[: ε, ο, ω   17 τρί-
οισι Π a.c., τριοῖσι p.c.   μάρτυσιν Buttmann

110

ἦ δ᾽ ἦλθεν οἱ[
.]ειου[.]ακεσ[
γληχῶνος[
5 κ]αί μ᾽ εἴρετ᾽ ὁ[
]εἶπασ.[
]κοὐδιψ[
>)ἀλλ᾽ ἐστεγυ[
>)χαμαὶ ᾽πιφ[
10 >)ἐκδύγτες α[
>)ἐδάκνομέν τε κἀφ[ιλέομεν ἀλλήλους
>)διὲκ θυρέων βλέ[ποντες
>)μὴ ἥμεας λάβ[
>)γυμνοὺς ἐρυ.[
15 >)ἔσπευδε δ᾽ ἡ μ[ὲν
>)ἐγὼ δ᾽ ἐβίνε[ον   ]τε κα[ὶ
)ἐπ᾽ ἄκρον ἕλκ[ων ὥσπερ ἀλλᾶ[ντα ψήχων,
]κλαίειν κελεύ[ων Βού]παλο[ν
]κ[αί] μ᾽ αὐτίκ᾽ ἐξ[..(.)]σεν ἐκ δεπ[
20]καὶ δὴ ᾽πὶ τοῖς ἔργοισιν εὔχομ[εν
]ἐγὼ μὲν ὥσπ[ερ ῥ]υσὸν ἰστι..[
σφάζειν ὑπέτ[.......]φαλουτ[
17 Hephaest. Ench. 5. 4 cum. schol.

92 P.S.I. 1089 col. ii, ed. Coppola (5-9 frustula P. Oxy. 2174
fr. 24 + addit. (xix p. 150))

---

84 3 possis λ]ειου[σ᾽] ἄκεσ[μα   8 ἔς τε γυ[μν Diehl   9 e.g.
φ[ορυτοῦ vel φ[ορμοῦ   11 - 12 ego   14 fort. ψ[15 ego
17 ἐπ᾽ Π, codd. schol. : εἰς codd. Hephaest.   ψήχων Knox : ψύχων
codd.   18 vel κελεύ[σας (Masson)   Βού]παλο[ν Lobel   19 e.g.
ἐξ[έλυ]σεν, ἐκ δ᾽ ἐπ[λήμυρα   20 fin. e.g. παῦλαν   21 ῥ]υ-
σὸν ego, ἱστίον Masson, e.g. ὥσπ[ερ ῥ]υσὸν ἱστίον [χαλῶν] σχάζειν
ὑπέτ[λην τοὐμ]φαλοῦ τ[ὸ πρόβλημα

III

ηὗδα δὲ λυδίζουσα· "βασκ[...κρολεα".

πυγιστί· "τὸν πυγεῶνα παρ[".

καί μοι τὸν ὄρχιν τῆς φαλ[

κ]ράδηι συνηλοίησεν ὥσπ[ερ φαρμακῶι

5   .].τοις διοζίοισιν ἐμπεδ[

καὶ δὴ δυοῖσιν ἐν πόνοισ[ιν

ἤ τε κράδη με τοὐτέρωθ[εν

ἄνωθεν ἐμπίπτουσα, κ[

παραψιδάζων βολβίτωι[

10   ὦζεν δὲ λαύρη· κάνθαρο[ι δὲ ῥοιζέοντες

ἦλθον κατ' ὀδμὴν πλέον[ες ἢ πεντήκοντα·

τῶν οἱ μὲν ἐμπίπτοντε[ς

κατέβαλον, οἱ δὲ τοὺς ὀδ..[

οἱ δ' ἐμπεσόντες τὰς θύρα[ς

15   τοῦ Πυγέλησι[.....]..[

..]ρυσσον οἶα[....]αροιμο[

..]ω δ' ἐς υμν[.....]....[

]εντ[......]..[

1 Hesych. βάσκε πικρολέα· πλησίον ἐξεθόαζε, Λυδιστί, et
βαστιζα κρόλεα· θᾶσσον ἔρχου, Λυδιστί, et κρολίαζε· πλη-
σίαζε θᾶσσον. 10 - 11 Tzetz. exeg. Il. A 273 (Masson, Pa-
rola del Passato 5, 1950, 75).

95a Tzetz. in Lyc. 436 et *Chil.* 13. 316

ὡς οἱ μὲν †ἀγεῖ Βουπάλωι κατηρῶντο.

---

92 1 κ[potius quam τ[fort. βασκατικρολελ vel sim. (βα vel
8α = Lyd. *fa*-, -λελ = Lyd. -(*l*)λλ)   3 e.g. φαλ[άκρης ἕλκουσα
4 Coppola   5 τ : vix π   ἐμπεδ[ωθέντι Knox : ἐμπεδ[έως Latte
6 fin. e.g. ἤλυον·   7 ἔκνιζεν Coppola, ἤλγυνεν Knox   8 κ]ὼ
Knox : κ[άνθεν ὁ πρωκτὸς Latte   11 ὀδμὴν Tzetz. : οσμην Π
13 κατέλαβον?   ὀδό[ντας ὤξυνον Coppola   14 marg. ϑ,
sc. versus DCCC (libri primi)   16 vel ἐπ]τύσσον, vix ὤ]ρυσσον
[κάνθ]αροι?   17 e.g. ἐγ]ὼ
95a ⟨ἐν⟩αγεῖ Fix

102 P. Oxy. 2175 fr. 1

```
                    ]κωτιλλησ[ ]
                    ]ν ἀποπνίξηι
                    ]υνηκεων
                    ]ν τὸ μήνυτρον
5                   ἄ]λλό τι π[ρ]ῆσσε
                    ]αὐχεροπλῆγα
                    ]s ἀνθρ[ώ]που
                    πυ]κταλίζουσι
        σπονδῆι τε καὶ σπλάγχνοι]σιν ἀγρίης χοίρου
10                  ]ὕδρον ἐν Λέρνηι
                    κ]α[ρ]κίνον συνέτριψε
                    ]ρεσθαι φιλήτην
                    ]ρατηρῆσθαι·
        fragmenta versuum 14-22 (17 ]Κίκων..[)
9 Ath. 375c.
```

103 P. Oxy. 2175 fr. 2

```
× — ∪ ∪   ]λάσας τὸν τράχ[ηλον
× — ∪     ]ν ἐς Μίλητον ἐξεκ[
          ]ν νησῖδα τερματιζ[
          ]. σφιν κἀγορη[] πεπο[
5         ]. [. ]ν οὐκ οἶδ' ηκ[.]. ειτ[
          ]. . ήσαντο καὶ δ. [.]απρ[
× — ∪     ἐ]γγὺς τῆς θαλάσ[ση]s αι[
× — ∪ —   ]ρυς κ[α]ρκίνωι κ[..]ηρα[
× — ∪     ]ν ἱερερ[.(.)]ν ροτ[..]κατ[
```

---

102 1 supra λλησ scriptum est κη εις, sc.]κω κηλεῖς?   2 an
σ]υν⟨θ⟩ηκέων?   12 fort. γε]νέσθαι

103 1 e.g. ἐ]λάσας, χα]λάσας   τράχ[ηλον Lobel   3 Λάδη]ν
Diehl cl. Hdt. 6.7   4]. : ε, s, ω   κἀγορὴ πεπο[ίηται Diehl; nisi
καγορη[ι]   6 δέ[κ]α credo   7 τῆς : aut χῆς   αι[vel δι[
8 α[: vel χ[9 possis ἱερεύ[ω]ν, ἱερεὺ[s ὅ]ν   vix τοτ[

10   ] ἀ[σ]βόλ[ου] κασιγ[νητ
πασ]παι̣λ̣]ηφάγον γι̣ρόμφιν
(fragmenta versuum iii)

11 Phot. s.v. πασπάλη; cf. Hesych., schol. Ar. *Vesp.* 91,
Eust. in Hom. p. 1752. 14

104 P. Oxy. 2175 fr. 3 + 4 (xviii p. 184), ed. Lobel
(fines versuum ix)

10   δακ]τύλους μεταστρέψας·
]ος τε καὶ ῥύδην
].ων δ' αὐτὸν ἀσκαρίζοντα
]ν ἐν τῆι γαστρὶ λὰξ ἐγ̣ώρ̣ουσα·
].ις μὴ δοκῆι με λασθαίνειν
15   .']δευν ἐπιβρύκων
]ηιον καταπλ[ί]ξας
ἐ]ξέδυσα τὴν χλαῖναν
πό]δας περιψήσας
τὴν] θύρην ἐπάκτωσα
20   ]. τὸ πῦρ κατακρύψας
βακκάρι̣ δὲ τὰς ῥῖνας
ἤλειφον †ἔστι δ'† ο]ἵηνπερ Κροῖσος·
]ν Δασκυλείωι
(fragmenta versuum 24-44; nota 32 ν]ενυχμένωι πρωκτῶ[ι,
34 πόρνη, 37 κατὰ κνίσην, 39 λοφορρῶγας, 40 κ]ραι-
παλῶντ[)
45   ]λος χορῶι̣[.].. [
]ταραξ[ί]πουν[·
ὁ δ' ἐξολισθὼν ἱκέτευ]ε τὴν κρά[μ]βην
τὴν ἑπτάφυλλον, ἣν θύες]κε Πανδώρ[ηι

---

103 10 μαρίλην] ἀ[σ]βόλ[ου] κασιγ[νήτην Lobel
104 15 fort. κἀσπό]δεον βρυχον a.c.   16 non fuit πλ[η]ξ,
aegre πλ[ε]ξ   21 βακκάρι E corr. : -ρει AE   22 ἐστὶ δ' E :
ἐσθ' A : tum οἵηπερ κρόκος codd.   48 ἣ codd. : corr. M. Schmidt

Ταργηλίοισιν ἔγκυθρον] πρὸ φαρμακ[οῦ
50   μέ]τωπον καὶ πλ[ευράς
     ]ριοσαγσ[.]πη[
21-2 Ath. 690a; 47-9 Id. 370a.

105 P. Oxy. 2175 fr. 5
    (fragmenta versuum v)
  × —]ι Βάραγχος ἀρτεμ[
    ]θ[.....]α[.]λον[.].[
  × κ]αὶ στατῆρας πέν[τε
  ×]ου κυνὸς τον[ ].μ[
10 ×]τον μυσαχνὸν πολ[
    (fragmenta versuum iv)

114a Erotianus, *lex. Hippocr.* τ 13 p. 85 Nachmanson
  †ἔξ τίλλοι τις αὐτοῦ τὴν τράμιν †ὑποργάσαι.

114b Eust. in Hom. p. 1817. 21 ex Aristoph. Byz.
    κρέας ἐκ μολοβρίτεω συός.
  Cf. Ael. *H. A.* 7. 47.

114c Suet. *de blasph.* (excerpta) p. 62 Taillardat (εἰς ἀπλή-
  στους); Eust. in Hom. p. 1837. 42
    μεσσηγυδορποχέστης

---

104 49 Ταργ- Schneidewin : γαργ- recc. : θαργ- A ἔγχυτρον
Schmidt (ἔγκυθρον ego) : ἔγχυτον codd. 50 πλ[ευράς Diehl
51 αν : vel δαι, λαι
 105 6 Callim. fr. 194. 31 Pf. (de Brancho) ἀρτεμέας ἐποίησεν con-
tulit Lobel 8 vel]ϝ 10 vel πρυ[
 114a ἐξ⟨άκις⟩ τίλλοι τις αὐτὸν τὴν τράμιν ⟨θ'⟩ ὑποργάσσαι Meineke
(-ήσαι ten Brink, -άζοι Sitzler)
 114b ἐκ del. Hecker
 114c μεσηγυ- Renner

115 P. Argent. 3 fr. 1. 1-16 (ed. Reitzenstein, *Sitz.-Ber. preuss. Ak.* 45, 1899, 857 sqq.; J. Schwartz, *Rev. Ét. Gr.* 64, 1951, 428 sqq.)

. [
   η[
 π.[   ]ν[...]....[
    κύμ[ατι] πλα[ζόμ]ενος·
5   κἂν Σαλμυδ[ησσ]ῷ̣ γυμνὸν εὐφρονε̣.[
    Θρήϊκες ἀκρό[κ]ομοι
   λάβοιεν—ἔνθα πόλλ' ἀναπλῆσαι κακὰ
   δούλιον ἄρτον ἔδων—
   ῥίγει πεπηγότ' αὐτόν· ἐκ δὲ τοῦ χνόου
10 φυκία πόλλ' ἐπέχοι,
   κροτέοι δ' ὀδόντας, ὡς [κ]ύων ἐπὶ στόμα
   κείμενος ἀκρασίηι
   ἄκρον παρὰ ῥηγμῖνα κυμα....δο̣υ̣·
   ταῦτ' ἐθέλοιμ' ἂν ἰδεῖν,
15 ὅς μ' ἠδίκησε, λ[ὰ]ξ δ' ἐπ' ὁρκίοις ἔβη,
   τὸ πρὶν ἑταῖρος [ἐ]ών.   ⊗

117 P. Argent. 3 fr. 2

          ]..[.]..[
  ἡ χλαῖν[α......]α̣στινη[
  κυρτον ε[......]φιλεῖς

115-17 Archilocho tribuit Reitzenstein, Hipponacti Blass, recte credo; v. imprimis Perrotta, *SIFC* 15, 1938, 3-41

115 2 marg. sin. .ι.ηεκτ | θαλασσ.ος   4 κύμ[ασι] Cantarella πλα[ζόμ]ενος· Keil : non fuit -ον (Blass)   5 fort. φρονε̣ς̣τ̣[· (εὐφρονέσ[τατα Diels)   7 ένθαναπλησει Π, sscr. πο]λλα̣ν̣απλησε̣[ικα]-κα̣ : ἀναπλῆσαι malui   9 χνου Π (Schwartz) : corr. Masson 13 possis κυμαίμ vel etiam κυμαίν[ο]ι.μο̣υ·   fin ν· vel ι·   15 εφορκίοις Π, sscr. επιορκιοις : ἐπ' Blass

ἀγχοῦ καθῆσθαι· ταῦτα δ' Ἱππῶνα[ξ ‿ —

5   ο]ῖδεν ἄριστα βροτῶν,

οἱ]δεν δὲ κἀρίφαντος· ἃ μάκαρ ὄτ[ις

μηδαμά κώ σ' εἶιδε

.]ρ[. .]ου πνέοντα φῶρα. τῶι χυτρεῖ [δὲ νῦν

Αἰσχυλίδηι πολέμει·

10   ἐκεῖνος ἤμερσέ[ν σε τῆς ἀπαρτί]ης,

πᾶς δὲ πέφηνε δό[λος.

118 Comm. in Hipponactem, P. Oxy. 2176

Carminis reliquiae e lemmatibus explicationibusque comm.
frr. A–C compositae :

⊗   ὦ Σάνν', ἐπειδὴ ῥῖνα θεό[συλιν φύ]εις,

καὶ γαστρὸς οὐ κατακρα[τεῖς,

λαιμᾶι δέ σοι τὸ ⌊χεῖ⌋λος ὡς ⌊ἐρωι⌋διοῦ

[   ]

5   τοῦς μοι παράσχες [

σύν τοί τι βουλεῦσαι θέ[λω.

(.   .   .   .)

τοὺς] βρα[χίονας

καὶ τὸ]ν τράχ[ηλον ἔφθισαι,

κα[τεσθίεις δέ·] μή σε γαστρίη [λάβηι

10   [   ]

πρῶτον μὲν ἐκδὺς νεῖμ[ον], αὐλήσει δέ σοι

Κίκων τὸ Κωδάλο[υ μέλος

---

117 4 Ἱππῶνα[ξ Reitzenstein : -α[κτίδης Maas   fin. e.g. ὅδε vel
λέγειν   6 Wilamowitz   8 γ]ρ[άσ]ου Wilamowitz : τ]ρ[άγ]ου
Diehl : alii alia   de κυθρεῖ cogit. Crönert   fin. Reitzenstein
10 ἤμερσέ[Π, -έ]ν σε Blass, cetera ego   11 Diels
  118 (versus) 1 θεό[συλιν Lobel ex comm. A 14   φύ]εις ego
2 Lobel   3 σου schol. Nic.   6 Lobel   post 6 possunt
versus aliquot deesse   7–9 τοὺς—τράχηλον Lobel ex comm. C
8–9   ἔφθισαι,] κα[τεσθίεις δέ ego ex comm. 9–10 (ἔφθισο Snell)
λάβη Maas ex comm. 10   11 νεῖμ[ον] ego, et αὐλήσει κτλ.
subiunxi   12 κωδα[, sscr. τον κωδαλο.[suppl. Latte

3 Schol. Nic. *Th.* 470; 12 cf. Ath. 624b.

Commentarii fragmenta :

A (fr. 1 col. i + fr. 9, cf. P. Oxy. xix p. 153)

"ὦ Σάνν', ἐπειδὴ ῥῖνα θεό[συλιν φύ-
εις, καὶ γαστρὸς ọὐ κατακρạ[τεῖς." κύρι-
ον ὄνομα ὁ Σάννος, ὧι λοιδορ[εῖται, ὃ ἔνιοι
πεποιῆσθαί φασιν παρὰ τὴ[ν σαννάδα,

5 Κρ[ῆτ]ạς δὲ τὰṣ ἀγρίας αἶγας λέγειν σαν-
νάδας, ὥς φη]σιν Πολέμων ἐν τοῖς πρὸṣ
'Αντίγονον κα]ὶ 'Αδαῖον· τὰς δὲ αἶγας ἐπί-
σταται σανν]ιοπλήκτους εἶναι καὶ ναμ-
αδολήπτους] καὶ ἐν τῶι βίωι τọ[ὺ]ṣ εὐή-

10 θεις ἐπιπεφημι]σμέν[ους. ἀ]λλ' οὐδὲ τοῦ-
το, ἀλλά φησι]ν "ὦ Σά[νν', ἐ]πειδὴ ῥῖνα
θεόσυλιν φύει]ṣ, τοὺς μοι παράσχες". ὦ
Σάννε, ἄκουσο]ν· "σύν τοί τι βουλεῦσαι θέ-
λω".]ṣ τὴν ἱερόṣυλιν ῥῖνα
]ννε[.]ạκọντος αὐτοῦ
]ν ἀπὸ παν-
]ν τάχα δε
]νετομε

B (fr. 3 + 5 + 4, cf. xviii p. 184; subter A stetit)
]..[.].[ ]φο[
"]λαιμᾶι δέ σοι τὸ
χεῖ]λος ὡς [ἐρω]διοῦ"· [ἀπὸ] τοῦ λαιμοῦ ωσαν
...].σεικ[.]ε λέγε[ι. ἀρπ]ακτικὸν δὲ τὸ
ὄρνεο]ν ὁ ἐρωδιό[ς, ὅθεν] κ[αὶ] τοῖς περὶ τὸν 'Ο-
δṇ[σσ]έạ ἐν τ[ῆι] γυκτ[ηγρ]εσίαι (*Il.* 10. 274) 'Αθηνᾶ ἐπι-
πέμπ[ε]ι τ[οῦτο]ν τὸν [οἰ]ωνόν, ἁρπασομέ-
νοις δηλονότι γα[
να ὥσπερ καὶ γει[

_____

118 (commentarius) quis quid supplerit non notavi; nonnulla
ipse inveni

10 ἐρωδιόν. Παλ(αμήδης?) γρά[φει "ὡς ἐρωδιός" (?), οὐκ
εὖ. ὡς ἐρωδιοῦ ω[
ος ἐκτιθεὶς τα.[
καθηγησαμεν[
νησον ταύτην[

C (fr. 1 col. ii)

ο . . [
αλ[τοὺς]

βρα[χίονας καὶ τὸ]ν τράχ[ηλον ἔφθισαι,
κα[τεσθίεις δέ·]μή σε γαστρίη [λάβηι"· στρό-
5   φο[ν λέγει καὶ γ]αστρὸς ἀλγηδό[να. οἱ γὰρ λι-
μῶι συνεχόμενοι εἰώθασ[ι . . . .]
τὴν γαστέρα εἰς ἀπόδειξιν [τοῦ ἀπονε⟨νε⟩-
κρῶσθαι. ἴδε σου, φησίν, τοὺς β[ραχίονας
καὶ τὸν τράχηλον, ὅτι ἔφθιν[ται· ἀλλὰ
10   καὶ κατεσθίεις· καὶ μή σε κατα[λάβηι ὁ λι-
μός. "πρῶτον μὲν ἐκδὺς νεῖμ[ον"· παραι-

νεῖ αὐτῶι πρῶτον χειρονομ[ήσαντι τὸ
φάρμακον πιεῖν· ῥαιδίως γὰρ ο[ὕτως τὸ
φάρμακον ποιεῖν καὶ ἀναδοθ[ήσεσθαι.

15   "αὐλήσει δέ σοι Κίκων τὸ Κωδά[λου μέλος."
σκευ[άσα]ι δὲ τὸν Κίκωνα κ[

D (fr. 6)

]εξ[
] . . . . ρ[
] . [.]ς χηραμὸν . ποιοι
ἱπνοὶ κ]αίονται· λέγει δὲ τὰς καμί-
5   νους. ἱπ]νὸς δὲ ἀπὸ τοῦ ἐξιποῦν
τὸ συνεστρ]αμμέν[ο]ν ἐν τῶι στατὶ ὕ-
δωρ. ἢ . . . . .]ον διτουλη ἢ[ι] φησιν

119

]υεσθαι χηρα[μ.]

]ε γυναικ[ο]π[ί]πην. λ[έ-

10 γει δὲ τὰ περιτ]τώματα, τὰ ἐναπολ-

λύμενα τῶι κλι]βάνωι περικαύμα-

τα...... "ἀχ]αΐνας" οὓς ἔνιοι ἀττ[α-

ράγους καλοῦσιν].[..]νισ[.]αρα[..]η[

].[..]ἐκτ.[.]

E (fr. 2 + 8 + add. + Oxy. 1233 fr. 29, cf. xviii p. 185,
xix p. 153)

Versus compositi :

τρ[ιτα]ῖον ἐκ κήρυ[κο]ς· ἀσμε[ν.. δ]έ μιν

× —]ντες ἆσσον [— ∪ —

Commentarius :

αὐτοὺς ἐπὶ χρόνο[ν........] ἕως τ[ὸ

σ]ῶμα ψύχηται· νῦν δ[ὲ ἐ]πὶ ἄμμον θα-

λα]σσίαν ἐ[κ]βάλλουσι. "τρ[ιτα]ῖον ἐκ κήρυ-

κο]ς, ἀσμε[ν.. δ]έ μιν"· πρ[..] αὐτὰ τὰ ἀνδρ[ ]

5   ].[.. ἤν]εγκεν αὐτ[ὸ]ν τριταῖον

]ν προσκηρυ-

]το κἀν τοῖς

]νημος δαρ-

ἐ]κ κήρυκος ε-

10   ]ὅμοιον τῶι

].τανησαν

]ντες ἄσσον

ἔνιοι]γράφου-

---

118 D 9 γυναικοπίπην (cf. Eust. in Hom. p. 851. 54) poetae tribuit
Maas, at etymologia vocis ἱπνός redditur u.v.; e.g. ἦ[ι] φησιν [.......ὸς
ἀπὸ τοῦ δ]ύεσθαι χηραμ[ὰ | λέγεσθαι ἐδήλωσ]ε γυναικοπίπην   E, possis
θινὶ ...| βαλοῦσιν ἐν θαλασσίῃ | τρ[ιτα]ῖον ἐκ κήρυ[κο]ς, ἆσμε[νοι δ]έ μιν
| [ἰό]ντες ἄσσον [ἰχθύες   4-5 fort. πρ[ὸς] αὐτὰ τὰ ἀνδρ[ο | βόρα κήτη

EPODI

<pre>
         σι   ἐγ]γὺς τῆς θα-
   15   λάσσης   ]γωαιαρε
                          ἐκβά]λλουσι
                          ].. πατὴρ
                          ].ϛ διασκευ-
                          ]ν νεκρὸν ε-
   20   ]αιωι ὀστέωι
                          ]. 'Αριστοφά-
                          ]πολ[υ]ανδρει-
                          ]. λονων
                          ]..ῆ
Fragmenta minora omisi.
</pre>

18a Pollux 10. 18 ἐν τῷ δευτέρῳ τῶν Ἱππώνακτος ἰάμβων
ἀκήρατον δὲ τὴν ἀπαρτίην ἔχει.

119 Hephaest. *Ench.* 5. 3; schol. Ar. *Pl.* 253; *Anth. Pal.* 13.
28a; *Et. Gen./Magn.* s.v. αἴ

⊗   εἴ μοι γένοιτο παρθένος κᾱλή τε καὶ τέρεινα.

120-7. TETRAMETRI

120 *Suda* s.vv. Βούπαλος et κόπτω
λάβετέ μεο ταἰμάτια, κόψω Βουπάλωι τὸν ὀφθαλμόν.

121 Erotianus, *lex. Hippocr.* α 31 p. 15 Nachmanson; Gale-
nus in Hp. *Aph.*, xviii (1). 147 sq. Kühn et *lex. Hippocr.*
xix. 78 K

ἀμφιδέξιος γάρ εἰμι κοὐκ ἀμαρτάνω κόπτων

---

120 μου codd.   θοἰμάτιον codd. : corr. Schneidewin   Βου-
πάλου codd. priore loco (ex Aristophanis loco nuper laudato)
121 fragmento 120 subiunxit Bergk   κόπτων om. Gal. utroque
loco

*122 Hephaest. *Ench.* 6. 2; Io. Sicel. in Hermog., *Rhet. Gr.*
vi. 240 Walz
⊗   Μητροτίμωι δηῦτέ με χρὴ τῶι σκότωι δικάζεσθαι.

123 Strabo 14. 1. 12 p. 636; Diogenes Laertius 1. 84 καὶ Ἱπ-
πῶναξ α´·
καὶ δικάζεσθαι Βίαντος τοῦ Πριηνέως κρέσσον.

124 Sext. Emp. *adv. math.* 1. 275 Λεβεδίων γοῦν διαφερομέ-
νων πρὸς τοὺς ἀστυγείτονας περὶ Καμανδωλοῦ ⟨   ⟩ ὁ γραμ-
ματικὸς τὸ Ἱππωνάκτειον παραθέμενος ἐνίκα·

μηδὲ μοιμύλλειν Λεβεδίην ἰσχάδ᾽ ἐκ Καμανδωλοῦ.

Hesych. μοιμύλλειν· θηλάζειν, ἐσθίειν.

125 Strabo 8. 3. 8 p. 340
Κυπρίων βέκος φαγοῦσι κἀμαθουσίων πυρόν.

127 Hesych. s.v. Κυβήβη
καὶ Διὸς κούρη Κυβήβη καὶ Θρεϊκίη Βενδῖς.

128 - 9a.   HEXAMETRI

128 Ath. 698b

---

122 Hipponacti tribuit Meineke; cf. ad fr. 123   Μητρόδημε et
κολάζεσθαι Io. Sicel.
123 fragmento 122 subiunxit ten Brink   δικάσασθαι Str.   Πρι-
ηνέος Schneidewin   κρεῖσσον Diog.
124 μοι μῦ λαλεῖ(ν) codd. : corr. Meineke ex Hesych. : μοι μύλ-
λειν subaudit Bartalucci   καμανδωλοῦ v.l. in versu : -δωδοῦ cett.
125 βέκ(κ)ος, βεκ(κ)ός codd. Hdt. 2. 2 (schol. Ar. *Nub.* 397 et
Ap. Rhod. 4. 262,) βεκός cod. Hesych.
127 κυβήκη in lemm. cod. et mox καὶ διόσκουρος κυβήκη καὶ θρηίκη
βενδῖν : corr. Bergk (Θρε- Fick) : καὶ Διὸς κούρας Κυβήβην καὶ Θρηϊ-
κίην Βενδῖν M. Schmidt

⊗   Μοῦσά μοι Εὐρυμεδοντιάδεα τὴν ποντοχάρυβδιν,
τὴν ἐν γαστρὶ μάχαιραν, ὃς ἐσθίει οὐ κατὰ κόσμον,
ἔννεφ’, ὅπως ψηφῖδι ⟨   ⟩ κακὸν οἶτον ὀλεῖται
βουλῆι δημοσίηι παρὰ θῖν’ ἁλὸς ἀτρυγέτοιο.

29 Gramm. in cod. Voss. gr. Q 20 (Reitzenstein, *Gesch. d. gr. Etymol.* 367)
πῶς παρὰ Κυψοῦν ἦλθε.

9a Suet. π. παιδιῶν p. 65 Taillardat; Eust. in Hom. p. 1397. 27
τί με σκιράφοις ἀτιτάλλεις;

132-72. INCERTI GENERIS

32 Eust. in Hom. p. 1721. 63
ἄδηκε βουλή.

4 *Et. Gen./Magn.* s.v. ἀλίβας· ... σημαίνει δὲ καὶ ὄξος, ὡς παρὰ Καλλιμάχῳ (fr. 216 Pf.)·
ἔβηξαν οἷον ἀλίβαντα πίνοντες.
Orion s.v. ἀλίβας· ... ἔστι παρ’ Ἱππώνακτι καὶ ἐπὶ τοῦ ὄξους.

5 ἀνασεισίφαλλος. **135a** ἀνασυρτόλις. **135b** βορβορόπη.

---

128 1 fort. -αδέα   2 ἐγγαστριμάχαιραν libri, Hesych.
3 ⟨κακῇ⟩ Musurus : ⟨κακὸς⟩ Cobet : vel e.g. ⟨κρυφεὶς⟩   ὄληται codd. : corr. Cobet
129 κῶς Bergk   fort. ἦλθε; ut Il. 1. 8 etc.
132 an βουλῇ?
134 fort. Callimachus per errorem pro Hipponacte nominatur (ten Brink)   ὠλίβαντα (οἱ ἀλ-) Immisch
135a ἀνασυρτόλις Eust. 1921 : -όπολιν codd. *Sudae*
135b βορβορόπη Eust. 862, 1329 : -ώπη cod. Suet. : -οπιν *Suda* bis : -ωπὸν alicunde Hesych. : -ωπιν Toup : -ωπὸν κῆπον Cobet

Eust. in Hom. p. 1329. 33 ὁ βαρύγλωσσος Ἱππῶναξ "βορβο-
ρόπην" ὕβρισε γυναῖκά τινα, σκώπτων ἐκείνην εἰς τὸ παιδο-
γόνον ὡς ἀκάθαρτον. ὃς καὶ "ἀνασεισίφαλλον" ἄλλην τινὰ
διέσυρεν, ὡς ἀνασείουσαν, φασί, τὸν φάλητα. Id. pp. 862.
45, 1413. 37, 1921. 65; Suet. *de blasph.* p. 50 Taillardat;
Suda βορβόροπιν· κῆπον. σημαίνει καὶ τὸ μόριον; ead. s.v.
μυσάχνη.

135c Eust. in Hom. p. 741. 29 Ἀντιφάνης δέ, φασί, "κασωρῖτιν"
ἔφη τὴν ἐπὶ τέγους προεστῶσαν (fr. 320 Kock). οὕτω δὲ καὶ
Ἱππῶναξ.

136 Antiattic. in Bekker, *Anecd.* i. 82. 13 ἀνδριάντα τὸν λίθινον
ἔφη Ἱππῶναξ Βούπαλον ⟨τὸν⟩ ἀγαλματοποιόν.

143 Diogenes Laertius 4. 58 γεγόνασι δὲ Βίωνες δέκα... δέκατος
ἀγαλματοποιὸς Κλαζομένιος ἢ Χῖος, οὗ μέμνηται καὶ Ἱπ-
πῶναξ.

144 *Et. Gen./Magn.* s.v. βόλιτον
βολβίτου κασιγνήτην.

146a Hesych. "ἐμπεδὴς ⟨δὲ⟩ γαμόρος ⟨ἔ⟩μαρψεν "Αιδης" (Trag.
adesp. 208 N.²). ἔμπεδον ἔλεγον τὸν "Αιδην, ὡς Ἱππῶ-
ναξ, ἀντὶ τοῦ ἐν πέδῳ καὶ χθόνιος.

148 *Suda* s.v. ἄρρεν· ... Ἱππῶναξ δὲ ἡμίανδρον, τὸν οἷον
ἡμιγύναικα.

*152 Hesych. κραδησίτης· φαρμακός, ὁ ταῖς κράδαις βαλ-
λόμενος.

146a ἀντίον τοῦ οὖν ἐμπέδου χθόνιος cod. : correxi
152 Hipponacti dedit Bergk

INCERTI GENERIS

53 Ps.-Plut. *de musica* 8 p. 1133f καὶ ἄλλος δ' ἐστὶν ἀρχαῖος νόμος καλούμενος Κραδίας, ὅν φησιν Ἱππῶναξ Μίμνερμον αὐλῆσαι. ἐν ἀρχῇ γὰρ ἐλεγεῖα μεμελοποιημένα οἱ αὐλῳδοὶ ᾖδον. Hesych. κραδίης νόμος· νόμον τινὰ ἐπαυλοῦσι τοῖς ἐκπεμπομένοις φαρμακοῖς, κράδαις καὶ θρίοις ἐπιραβδιζομένοις.

54 Prisc. *Inst.* 7. 7, Gramm. Lat. ii. 289

εὔηθες κρίτη

pro κρίτα.

55 Herodian. καθολ. προσ. in cod. Vind. hist. gr. 10 f. 5ᵛ (H. Hunger, *Jb. d. öst. byz. Gesellsch.* 16, 1967, 23)

κατέπιεν ὥσπερ κερκύδιλος ἐν λαύρηι.

5a καὶ ἐν ἑτέροις

ἢ κερκύδιλον ἢ πίθηκον

καλεῖ τὴν φορὸν †ἐτυμολογίαν.

5b Pergit Herodianus προπερισπᾶται τὸ Κ α σ μ ῖ λ ο ς παρ' Ἱππώνακτι... τοιοῦτο (-ῳ cod., correxi) δὲ καὶ τὸ Καδμῖλος· (Adesp. iamb. 58)

οὐ γὰρ μὰ τὸν Καδμῖλον.

56 Tzetz. in Lyc. 1170 ὁ Ἱππῶναξ Κ ύ β η λ ι ν τὴν Ῥέαν λέγει, παρὰ τὸ ἐν Κυβέλλᾳ πόλει Φρυγίας τιμᾶσθαι.

---

154 εὔηθες Krehl : EYHTHC, EYNTEC, EYΓEC, EITNETEC codd.   κρίτη et κρίτα nescioquis : KAPITH et KAPITA fere codd.
155 κα.επ.εν cod., licet κατέπιεν (vel κᾱτ' ἔπιεν)   κερκύδιλος scripsi pro κρεκύδειλος
155a κρεκύδειλον cod.   καλεῖ pro καλη Hunger   sequentia non intelligo, nisi fuit τὴν φορὸν ἐπὶ ὁμολογίαν, sc. συνουσίαν
155b οὐ γὰρ μὰ τὸν K. fort. Hipponactis, si Herodianus modo Καδμ- modo Κασμ- in exemplari invenit (cf. 92. 11 v.l.)

125

165b Schol. Ar. *Pac.* 482 sq.

σαρκῶν ⟨... ὡς⟩ κύων λιμῶι.

166 Ath. 324a

σηπίης ὑπόσφαγμα.

167 Eust. in Hom. p. 1828. 9, v. ad Archil. fr. 250

συκοτραγίδης

172 *Suda* iv. 797. 10 Adler

χελιδόνων φάρμακον·
παρ' Ἱππώνακτι τὸ φίλτρον τὸ διαγινόμενον (διαπινόμενον
Degani) ἐπειδὰν χελιδόνα πρῶτόν τις ἴδῃ.

175-77. METRA VARIA

*175 Hephaest. *Ench.* 10. 2 τὸ καλούμενον Σαπφικὸν ἐννεασύλ-
λαβον ἢ Ἱππωνάκτειον, οἷον

καὶ κνίσηι τινὰ θυμιήσας

*176 Marius Plotius Sacerdos, Gramm. Lat. vi. 523

†αναβιος πλάνητι προσπταίων κώλωι.

*177 Marius Plotius Sacerdos, Gramm. Lat. vi. 525

Ἑρμῆ μάκαρ, ⟨σὺ γὰρ⟩ κάτυπνον οἶδας ἐγρήσσειν.

165b σαρκῶν κύων λιμῷ J. G. Schneider, ⟨ὡς⟩ addidi : σαρκοκύων
λιμὸν codd.
175 Hipponacti tribuit Welcker
176 Hipponacti tribuit Welcker   ἀνόλβιος πλάνητι Bergk, προσ-
πταίων Putsche : ΑΝΑΒΙΟϹΠΔΔΝΗΤΙΡΡΟϹΠΤΑΙΩΝΙΚΩΑΩ A :
ΑΝΑΒΙΟϹΙΤΑΔΗΝΤΙΡΡΟϹΠΙΛΙΟΝΚΩΛΩ B
177 Hipponacti tribuit Welcker   σὺ γὰρ add. Meineke : an
⟨ὃς καὶ⟩ et mox 'et vigilem sopire'?

'HOMERUS'

MARGITES

poeta Colophonius?
s. vii vel vi

1 Anon. in P. Fackelmann 6 (*ZPE* 34 (1979) 16); Atilius
Fortunatianus, Gramm. Lat. vi. 286; fr. Berol., ib. 633

⊗ ἦλθέ τις ἐς Κολοφῶνα γέρων καὶ θεῖος ἀοιδός,
Μουσάων θεράπων καὶ ἑκηβόλου Ἀπόλλωνος,
φίλῃς ἔχων ἐν χερσὶν εὔφθογγον λύρην.

2 Schol. Ar. *Av.* 914.
Cf. *Cert. Hom. et Hes.* 2 Κολοφώνιοι δὲ καὶ τόπον δεικνύ-
ουσιν ἐν ᾧ φασιν αὐτὸν γράμματα διδάσκοντα τῆς ποιήσεως
ἄρξασθαι καὶ ποιῆσαι πρῶτον τὸν Μαργίτην.

2 Arist. *Eth. Nic.* 6. 7 p. 1141ᵃ15; Clem. *Strom.* 1. 25. 1
τὸν δ' οὔτ' ἄρ σκαπτῆρα θεοὶ θέσαν οὔτ' ἀροτῆρα
οὔτ' ἄλλως τι σοφόν· πάσης δ' ἡμάρτανε τέχνης.
1 Dio Chrys. 7. 116.

3 Ps.-Plato, *Alcib.* ii 147b
πόλλ' ἠπίστατο ἔργα, κακῶς δ' ἠπίστατο πάντα.

4 Eust. in Hom. p. 1669. 48 οὕτως ἔγνωμεν καὶ τὸν ἄφρονα
Μαργίτην (τὸν ἀπὸ τοῦ μαργαίνειν, ὅ ἐστι μωραίνειν)· ὅν ὁ
ποιήσας τὸν ἐπιγραφόμενον Ὁμήρου Μαργίτην ὑποτίθεται εὐ-
πόρων μὲν εἰς ὑπερβολὴν γονέων φῦναι, γήμαντα δὲ μὴ συμπε-

'**Homerus**'   **1** 3 φιλαις Π : ΦΙΑΙϹ Ber. : φιλην Atil.
2 2 ἄλλο cod. Clem.
3 fort. fragmento 2 subiungendum
4 (Eust.) ὑπὸ τῆς μητρὸς add. Knaack

σεῖν τῇ νύμφῃ ἕως ἀναπεισθεῖσα ἐκείνη ⟨ὑπὸ τῆς μητρὸς⟩
τετραυματίσθαι τὰ κάτω ἐσκήψατο, φάρμακόν τε μηδὲν ὠφε-
λήσειν ἔφη πλὴν εἰ τὸ ἀνδρεῖον αἰδοῖον ἐκεῖ ἐφαρμοσθείη· καὶ
οὕτω θεραπείας χάριν ἐκεῖνος ἐπλησίασεν. Dio Chrys. 67. 4.
Hesych. s.v. Μαργε⟨ί⟩της· μωρός τις ἦν, μὴ εἰδὼς μίξιν
γυναικός. καὶ ⟨ἡ⟩ γυνὴ προτρέπεται αὐτόν, ⌊εἰποῦσα σκορπίον
αὐτὴν δῆξαι καὶ ὑπὸ τῆς ὀχείας ⟨δεῖν⟩ θεραπευθῆναι⌋. Schol.
Luc. Philops. p. 162. 7 Rabe ὁ μὲν Μαργίτης μωρός τις
ἀπομνημονεύεται ἄνθρωπος, καὶ οὕτως ὥστε γυναῖκα ἀγα-
γόμενος μὴ ἀνέχεσθαι συγκαθευδῆσαι αὐτῇ διὰ τὸν πρὸς τὴν
πενθερὰν αὐτοῦ φόβον· καὶ οὕτως ἐχομένου τούτου παρθενεύειν
αὐτήν, μέχρις ἄν, τῆς γυναικὸς σκηψαμένης τὸ ἄρθρον ὀδύνῃ
συνέχεσθαι καὶ οὐκ ἂν ἄλλως ἀπολυθῆναι εἰ μὴ τῷ μορίῳ
τοῦ ἀνδρὸς καταψησθεῖσαν, οὕτω τὴν κοινωνίαν τότε τοῦ γά-
μου γενέσθαι.

5 Zenob. 5. 68 (cf. ad Archil. fr. 201)

πόλλ' οἶδ' ἀλώπηξ, ἀλλ' ἐχῖνος ἓν μέγα.

6 Theodorus Metochita, *Miscellanea* p. 510 Müller-Kiessling

καὶ ξυμβαίνει πολλάκις δυσπραγήματα, καὶ βιωτέον ἂν εἴη,
εἰ καὶ ὅλως εἴη, κατὰ τὸν Ὁμήρου Μαργίτην, μηδὲν πονοῦντα
μηδενὸς ἐπαΐοντα.

7 P. Oxy. 2309, ed. Lobel

```
        ].στιν[, χ]ειρὶ δὲ μακρῆι
        ]τεύχεα, [κ]αί ῥα ἔλασσε
        ἐν π]όνοι[σι]ν εἴχετο·
```

---

4 (Hesych.) εἰποῦσα — θεραπευθῆναι add. Latte e cod. A (Cy-
rilli); δεῖν inserui   (sch. Luc.) ἀνέχεσθαι scripsi pro ἂν ἑλέσθαι
6 fort. respicit frr. 2–3
7 1 fort. κ]ύστιν   3 fort. ἔσω· δυοῖσι δ' ἐν, cf. Hippon. 92.6

]ν· ἐν δὲ [τ]ῆι ἀμίδι

5   ]ἐξελεῖν δ' ἀμήχανον

κ]αί ῥ' ἐνώμειξεν ταχύ

]κ[...]ην ἐφράσσατο μῆτι[ν

ἀνόρουσε]λιπὼν ἄπο δέμνια [θερμά

ὦιξε]θύρας, ἐκ δ' ἔδραμεν ἔξω[

10   ]ων διὰ νύκτα μέλα[ιναν

]ύσειε δὲ χεῖρα[[s]]

δι]ὰ νύκτα μέλαιν[αν

]μενουδε φανιφ[

]δύστηνον κα.[

15   ]εδόκεεν λιθ[

]ωι καὶ χειρὶ παχ[είηι

ἐ]θηκεν ὀστρα[κ

(fragmenta versuum iv)

SEPTEM CONTRA ACTIUM

Ps.-Hdt. *vit. Hom.* 24 τοὺς Κέρκωπας καὶ Βατραχομυομα-
χίην καὶ Ψαρομαχίην καὶ 'Επταπακτικὴν καὶ 'Επι-
κιχλίδας, καὶ τᾶλλα πάντα ὅσα παίγνιά ἐστιν 'Ομήρου, unde
Suda iii. 527. 28 Adler. Procl. *vit. Hom.* 73 Severyns
προστιθέασι δὲ αὐτῷ καὶ παίγνιά τινα, Μαργίτην, Βατραχο-
μυομαχίαν, "Εν τε πακτίον, Αἶγα, Κέρκωπας, †κενούς.

---

7 5 fort. ἡ χεὶρ ἐρήρειστ',   6 ωμιξενταχυ[ᵃ] Π   7 fort. αὐτίκα...]
κ[αιν]ὴν   8 ἐξαπίνης ἀνόρουσε?   θερμὰ Latte   9 fort.
κολλητὰς δ'   ὦιξε vel ἀνέωξε Lobel   11 λ]ύσειε credo, cf.
5; e.g. ὄφρ' ἀπὸ μὲν λύσειε σάθην,   13 fort. ἔδρα]μ'{εν}, οὐδὲ φα-
νίο[ν   14 κάρ[α Lobel, debuit κάρ[η   15 fort. καὶ ἐδόκεεν
scriptum pro κἀδόκει   17 λέπτ' ἔ]θηκεν ὀστρα[κα conicio
   Septem contra Actium τοὺς (v.l τὴν) ἑπτὰ ἐπ' ἄκτιον Tzetz.: ἔν
τε πακτίον (v.l. -ου) Procl.: ἐπταπάκτιον *Suda* p. 527 : ἑπταπακτικὴν

Suda s.v. Ὅμηρος (iii. 526. 4 Adler) ἀναφέρεται δὲ εἰς αὐτὸν καὶ ἄλλα τινὰ ποιήματα· Ἀμαζονία, Ἰλιὰς μικρά, Νόστοι, Ἐπικιχλίδες, Ἠθιέπακτος ἤτοι Ἴαμβοι, Βατραχο{μαχία}μυο{βατραχο}μαχία, Ἀραχνομαχία, Γερανομαχία, Κεραμεῖς, Ἀμφιαράου ἐξέλασις, παίγνια, Σικελίας (l. Οἰχαλίας) ἅλωσις, Ἐπιθαλάμια, Κύκλος, Ὕμνοι, Κύπρια. Tzetz. *alleg. Hom.* proleg. 79 sqq.

> τρία καὶ δέκα γέγραφε μνημόσυνον βιβλία,
> Μαργίτην καὶ τὴν Αἶγά τε καὶ τῶν μυῶν τὴν μάχην...
> καὶ τοὺς Ἑπτὰ ἐπ' Ἄκτιον, καὶ τὰς Ἐπι-
> κιγκλίδας.

ION

Chius
ca. 480-422

26 Ath. 447d τῷ δὲ ἡμετέρῳ χορῷ οἶνος φίλος †ον

> θυρσοφόρος μέγα πρεσβεύων Διόνυσος.
> αὕτη γὰρ πρόφασις παντοδαπῶν λογίων,
> αἵ τε Πανελλήνων ἀγοραὶ θαλίαι τε ἀνάκτων,
> ἐξ οὗ βοτρυόεσσ' οἰνὰς ὑπὸ χθονίων
> 5   πτόρθον ἀνασχομένη θαλερῶι ἐπτύξατο πήχει
> αἰθέρος· ὀφθαλμῶν δ' ἐξέθορον πυκινοὶ
> παῖδες, φωνήεντες ὅταν πέσηι ἄλλος ἐπ' ἄλλωι,
> πρὶν δὲ σιωπῶσιν· παυσάμενοι δὲ βοῆς
> νέκταρ ἀμέλγονται, πόνον ὄλβιον ἀνθρώποισιν,

---

ps.-Hdt., sed ἢ ἑπτάκιον sscr. cod. Matr. 4568 : ἐν ἄλλῳ ἠθιέπακτον ἤτι ἴαμβον ibid. in marg. : ἠθιέπακτος ἤτοι ἴαμβοι Suda p. 526

Ion 26 (Ath.) χορῷ Dindorf pro χρόνῳ   ἡμετέρῳ δὲ χορῷ fort. Ionis (Diehl)

26 1 ὂν ⟨πόρε⟩ Hiller   θυρσοφόροις Casaubon   μέγα Musurus : μέτα A, deest epit.   πρέσβευσεν Wilamowitz   2 non explicatus   3 ἢ τε Edmonds   4 ὑποχθόνιον epit.   5 ἐπτήξατο A : ἐπήξατο epit. : corr. Casaubon   9 πόνον Meineke : μόνον codd.

130

10   ξυνὸν τοῦ χαίρειν φάρμακον αὐτοφυές.
    τοῦ θαλίαι φίλα τέκνα φιλοφροσύναι τε χοροί τε
    τῶν ἀγαθῶν ⟨
        .   .   .   .   .   .
        ⟩βασιλεὺς οἶνος ἔδειξε φύσιν.
    τῶι σὺ πάτερ Διόνυσε, φιλοστεφάνοισιν ἀρέσκων
    ἀνδράσιν, εὐθύμων συμποσίων πρύτανι,
15   χαῖρε· δίδου δ᾽ αἰῶνα καλῶν ἐπιήρανε ἔργων
    πίνειν καὶ παίζειν καὶ τὰ δίκαια φρονεῖν.   ⊗

27 Ath. 463a
    χαιρέτω ἡμέτερος βασιλεὺς σωτήρ τε πατήρ τε·
    ἡμῖν δὲ κρητῆρ᾽ οἰνοχόοι θέραπες
    κιρνάντων προχύταισιν ἐν ἀργυρέοις· †ὁ δὲ χρυσὸς
    οἶνον ἔχων χειρῶν νιζέτω εἰς ἔδαφος. †
5   σπένδοντες δ᾽ ἁγνῶς Ἡρακλεῖ τ᾽ Ἀλκμήνηι τε,
    Προκλεῖ Περσείδαις τ᾽ ἐκ Διὸς ἀρχόμενοι
    πίνωμεν, παίζωμεν· ἴτω διὰ νυκτὸς ἀοιδή,
    ὀρχείσθω τις· ἑκὼν δ᾽ ἄρχε φιλοφροσύνης.
    ὅντινα δ᾽ εὐειδὴς μίμνει θήλεια πάρευνος,
10   κεῖνος τῶν ἄλλων κυδρότερον πίεται.
2-3 Id. 496c.

28 Ath. (epit.) 68b
    αὐτὰρ ὅ γ᾽ ἐμμαπέως τὸν ὀρίγανον ἐν χερὶ κεύθει.

29 Plut. *Thes.* 20. 2 ἔνιοι δὲ καὶ τεκεῖν ἐκ Θησέως Ἀριάδνην,

26 12 lacunam statui (post χοροί τε Meineke); potuit τῶν τε
πονηρῶν | τῶν τ᾽ ἀγαθῶν) βασιλεὺς   13 τοῦ Α, deest epit. : corr.
Bergk   15 δ᾽ ἄρ᾽ Ἴωνα Hecker   ἐπιήρανον Schneidewin
27 3 προχοαῖσιν ἐν ἀργυρέαις p. 463 cod. an προχύτῃσιν?   3-4 χρυ-
σοῦ δῖνον... χειροῖν Haupt (χρυσοῦν malim) : χειροῖν iam Bentley
cum ἰζέτω

Οἰνοπίωνα καὶ Στάφυλον· ὧν καὶ ὁ Χῖος Ἴων ἐστὶν περὶ τῆς
ἑαυτοῦ πατρίδος λέγων·

    τόν ποτε Θησείδης ἔκτισεν Οἰνοπίων.

30 Diogenes Laertius I. 120, de Pherecyde Syrio Ἴων δὲ ὁ
Χῖός φησιν περὶ αὐτοῦ·

    ὣς ὁ μὲν ἠνορέηι τε κεκασμένος ἠδὲ καὶ αἰδοῖ
    καὶ φθίμενος ψυχῆι τερπνὸν ἔχει βίοτον,
    εἴπερ Πυθαγόρης ἐτύμως σοφός, ὃς περὶ πάντων
    ἀνθρώπων γνώμας εἶδε καὶ ἐξέμαθεν.

31 Ath. 436f Βάτων δὲ ὁ Σινωπεὺς ἐν τοῖς περὶ Ἴωνος τοῦ ποιη-
τοῦ (268 F 6) φιλοπότην φησὶν γενέσθαι καὶ ἐρωτικώτατον
τὸν Ἴωνα. καὶ αὐτὸς δὲ ἐν τοῖς ἐλεγείοις ἐρᾶν μὲν ὁμολογεῖ
Χρυσίλλης τῆς Κορινθίας, Τελέου δὲ θυγατρός· ἧς καὶ Περι-
κλέα τὸν Ὀλύμπιον ἐρᾶν φησι Τηλεκλείδης ἐν Ἡσιόδοις (fr.
17 Kock).

32 'Cleonides,' introd. harm. 12 (Euclid. viii. 266 Menge)
  ⊗   ἐνδεκάχορδε λύρα, δεκαβάμονα τάξιν ἔχουσα
    †τὰς συμφωνούσας ἁρμονίας τριόδους·
    πρὶν μέν σ' ἑπτάτονον ψάλλον διὰ τέσσαρα πάντες
    Ἕλληνες, σπανίαν μοῦσαν ἀειράμενοι.

MELANTHIUS

Atheniensis
s.v pars post.

1 Plut. *Cimon* 4. 6-7 ἔτι δὲ νέος ὢν αἰτίαν ἔσχε πλησιάζειν τῇ

---

30 3 σοφός, ὃς Sandbach : ὁ σοφὸς codd.   4 ἠδεε κἀξ- Diels
   32 1 ἔχοις ἀεὶ fere codd. : ἔχουσα Meibom, ἔχοισα Diels   2 εἰς
Wilamowitz : τρεῖς Marx : fort. καὶ   3 δὶς Bergk   πάντα malim
4 fort. ἀειρόμενοι

ἀδελφῇ· καὶ γὰρ οὐδ' ἄλλως τὴν Ἐλπινίκην εὔτακτόν τινα
γεγονέναι λέγουσι, ἀλλὰ καὶ πρὸς Πολύγνωτον ἐξαμαρτεῖν
τὸν ζωγράφον, καὶ διὰ τοῦτό φασιν ἐν τῇ Πεισιανακτείῳ τότε
καλουμένῃ ποικίλῃ δὲ νῦν στοᾷ γράφοντα τὰς Τρῳάδας τὸ τῆς
Λαοδίκης ποιῆσαι πρόσωπον ἐν εἰκόνι τῆς Ἐλπινίκης. ὁ δὲ
Πολύγνωτος οὐκ ἦν τῶν βαναύσων, οὐδ' ἀπ' ἐργολαβίας
ἔγραφε τὴν στοάν, ἀλλὰ προῖκα, φιλοτιμούμενος πρὸς τὴν πόλιν,
ὡς οἵ τε συγγραφεῖς ἱστοροῦσι καὶ Μελάνθιος ὁ ποιητὴς λέγει
τὸν τρόπον τοῦτον·

> αὑτοῦ γὰρ δαπάναισι θεῶν ναοὺς ἀγοράν τε
> Κεκροπίαν κόσμησ' ἡμιθέων ἀρεταῖς.

2 Ib. 4. 1, v. ad Archelai fr. 2

3 Ib. 4. 9 οὐ μὴν ἀλλὰ καὶ ὅλως φαίνεται τοῖς περὶ τὰς γυναῖκας
ἐρωτικοῖς ὁ Κίμων ἔνοχος γενέσθαι· καὶ γὰρ Ἀστερίας τῷ
γένει Σαλαμινίας καὶ πάλιν Μ{ν}ήστρας τινὸς ὁ ποιητὴς Με-
λάνθιος μνημονεύει πρὸς τὸν Κίμωνα παίζων δι' ἐλεγείας ὡς
σπουδαζομένων ὑπ' αὐτοῦ.

MIMNERMUS

Zmyrnaeus
s. vii pars post.

Porph. in Hor. *epist.* 2. 2. 101 *Mimnermus duos libros
luculent⟨is vers⟩ibus scripsit.* (suppl. Garzya).

Hermesianax fr. 7. 35-40 Powell

> Μίμνερμος δὲ τὸν ἡδὺν ὃς εὕρετο πολλὸν ἀνατλὰς
> ἦχον καὶ μαλακοῦ πνεῦμα τὸ πενταμέτρου

Melanthius 1 Elpinicae amores a Melanthio diffamatos esse
puto, sicut Cimonis (fr. 3) : ideo de Polygnoto dicit
1 2 ἀρεταῖς Reiske : ἀγοραῖσιν (ex 1) codd.
3 Μνήστρας codd. : corr. Erbse

καίετο μὲν Ναννοῦς, πολιῷ δ' ἐπὶ πολλάκι λωτῷ
κημωθεὶς κώμους εἶχε σὺν Ἐξαμύῃ,
†ηδηχθεε δ' Ἑρμόβιον τὸν ἀεὶ βαρὺν ἠδὲ Φερεκλῆν
ἐχθρόν, μισήσας οἷ' ἀνέπεμψεν ἔπη.

De amoribus agitur, ergo Hermobius et Pherecles aemuli
erant de Examyae favore.

Alex. Aet. fr. 5. 4-6 Powell de Boeoto poeta
      Μιμνέρμου δ' εἰς ἔπος ἄκρον ἰὼν
παιδομανεῖ σὺν ἔρωτι †πότην ἴσον†· ἔγραφε δ' ὡνὴρ
εὖ παρ' Ὁμηρείην ἀγλαΐην ἐπέων κτλ.

Posidippus epigr. 9. 2-1 (Anth. Pal. 12. 168)
      Ναννοῦς καὶ Λύδης ἐπίχει δύο, καὶ †φερεκάστου
      Μιμνέρμου καὶ τοῦ σώφρονος Ἀντιμάχου.

φιλεράστου Jacobs : fort. de Pherecle (Hermes. supra)
cogitandum. ἑκάστου revenit in fine versus tertii.

Ath. 597a (π. ἑταιρῶν) παρέλιπον δὲ καὶ τὴν Μιμνέρμου
αὐλητρίδα Ναννώ.

Callim. fr. 1. 11 sq. Pf.
      τοῖν δὲ] δυοῖν Μίμνερμος ὅτι γλυκύς, αἱ κατὰ λεπτὸν
      ῥήσιες,] ἡ μεγάλη δ' οὐκ ἐδίδαξε γυνή.

Schol. Flor. ad loc. παρα]τίθεταί τε ἐν σ(υγ)κρίσει τὰ ὀλίγων
στί[χ(ων) ὄν]τ(α) ποιήματα Μιμνέρμου τοῦ Κο[λοφω]νίου
καὶ Φιλίτα τοῦ Κῴου, βελτίονα [τ(ῶν) πολ]υστίχων αὐτ(ῶν)
φάσκων εἶναι[.

Locus non intelligitur. 'Magnam mulierem' alii pro Nanno
accipiunt, alii pro Zmyrna Amazone, alii pro Antimachi
Lyde.

Paus. 4. 21. 5 (e Rhiano u.v.) ἐπειδὴ δὲ ἡμέρα τε ἦν καὶ
ἀλλήλους καθορᾶν ἐδύναντο, ἐνταῦθα Ἀριστομένης καὶ Θέο-
κλος ἐπειρῶντο ἐς πᾶσαν ἀπόνοιαν προάγειν τοὺς Μεσσηνίους,
ἄλλα τε ὁπόσα εἰκὸς ἦν διδάσκοντες καὶ Σμυρναίοις τὰ τολμή-
ματα ἀναμιμνήσκοντες, ὡς Ἰώνων μοῖρα ὄντες Γύγην τὸν

Δασκύλου καὶ Λυδοὺς ἔχοντας σφῶν τὴν πόλιν ὑπὸ ἀρετῆς
καὶ προθυμίας ἐκβάλοιεν.
Rhianus fort. Mimnermi carmen respexit.

1 Stob. 4. 20. 16

    τίς δὲ βίος, τί δὲ τερπνὸν ἄτερ χρυσῆς Ἀφροδίτης;
    τεθναίην, ὅτε μοι μηκέτι ταῦτα μέλοι·
    κρυπταδίη φιλότης καὶ μείλιχα δῶρα καὶ εὐνή,
    οἷ’ ἥβης ἄνθεα γίνεται ἁρπαλέα
5   ἀνδράσιν ἠδὲ γυναιξίν· ἐπεὶ δ’ ὀδυνηρὸν ἐπέλθηι
    γῆρας, ὅ τ’ αἰσχρὸν ὁμῶς καὶ κακὸν ἄνδρα τιθεῖ,
    αἰεί μιν φρένας ἀμφὶ κακαὶ τείρουσι μέριμναι,
    οὐδ’ αὐγὰς προσορῶν τέρπεται ἠελίου,
    ἀλλ’ ἐχθρὸς μὲν παισίν, ἀτίμαστος δὲ γυναιξίν·
10   οὕτως ἀργαλέον γῆρας ἔθηκε θεός.

1-2. Plut. de virt. mor. 6 p. 445f.

2 Stob. 4. 34. 12

    ἡμεῖς δ’, οἷά τε φύλλα φύει πολυάνθεμος ὥρη
    ἔαρος, ὅτ’ αἶψ’ αὐγῆις αὔξεται ἠελίου,
    τοῖς ἴκελοι πήχυιον ἐπὶ χρόνον ἄνθεσιν ἥβης
    τερπόμεθα, πρὸς θεῶν εἰδότες οὔτε κακὸν
5   οὔτ’ ἀγαθόν· Κῆρες δὲ παρεστήκασι μέλαιναι,
    ἡ μὲν ἔχουσα τέλος γήραος ἀργαλέου,
    ἡ δ’ ἑτέρη θανάτοιο· μίνυνθα δὲ γίνεται ἥβης
    καρπός, ὅσον τ’ ἐπὶ γῆν κίδναται ἠέλιος.

Mimnermus 1 1 βίος : χάρις Plut.   ἄνευ Plut.   4 οἷ’ Ahrens :
οἱ M, εἰ A : οἱ’ Bergk   5 δ’ Gesner : τ’ MA   6 κακὸν
Hermann : καλὸν MA (cf. 3. 1; hoc recepto ὁμῶς Doederlein)
7 μὲν MA : corr. Bergk   τείνουσι M   9 an γυναικί?
2 paullo post fr. 12 locare possis   codd. SMA   1 πολυάνθεος
(sic) A : -ανθέος ὥρη Bergk   2 ἄ τ’ ... ἄζεται Zacher (ἄζ. iam
Schneidewin)   αὐγῆς Schneidewin : αὐγὴ codd.

αὐτὰρ ἐπὴν δὴ τοῦτο τέλος παραμείψεται ὥρης,
10   αὐτίκα δὴ τεθνάναι βέλτιον ἢ βίοτος·
πολλὰ γὰρ ἐν θυμῶι κακὰ γίνεται· ἄλλοτε οἶκος
τρυχοῦται, πενίης δ' ἔργ' ὀδυνηρὰ πέλει·
ἄλλος δ' αὖ παίδων ἐπιδεύεται, ὧν τε μάλιστα
ἱμείρων κατὰ γῆς ἔρχεται εἰς Ἀΐδην·
15   ἄλλος νοῦσον ἔχει θυμοφθόρον· οὐδέ τίς ἐστιν
ἀνθρώπων ὧι Ζεὺς μὴ κακὰ πολλὰ διδοῖ.

3 Stob. 4. 50. 32
    τὸ πρὶν ἐὼν κάλλιστος, ἐπὴν παραμείψεται ὥρη,
    οὐδὲ πατὴρ παισὶν τίμιος οὔτε φίλος.

4 Stob. 4. 50. 68 Μιμνέρμου Ναννοῦς·
    Τιθωνῶι μὲν ἔδωκεν ἔχειν κακὸν ἄφθιτον ⟨   ⟩
    γῆρας, ὃ καὶ θανάτου ῥίγιον ἀργαλέου.

5 1-6 Theogn. 1017-22; 4-8 Stob. 4. 50. 69 Μιμνέρμου Ναννοῦς·
    αὐτίκα μοι κατὰ μὲν χροιὴν ῥέει ἄσπετος ἱδρώς,
    πτοιῶμαι δ' ἐσορῶν ἄνθος ὁμηλικίης
    τερπνὸν ὁμῶς καὶ καλόν· ἐπὶ πλέον ὤφελεν εἶναι·
    ἀλλ' ὀλιγοχρόνιον γίνεται ὥσπερ ὄναρ
5   ἥβη τιμήεσσα· τὸ δ' ἀργαλέον καὶ ἄμορφον
    γῆρας ὑπὲρ κεφαλῆς αὐτίχ' ὑπερκρέμαται,

---

2 8 σκίδναται Fick   9 τοι τὸ Blaydes   10 αὐτίκα τεθνάμεναι Bach   11 τ' οἶκος SM   16 διδοῖ Par. 1985 et fort. S a.c. : διδῶ S p.c., MA

4 1 σχεῖν codd. : corr. Gesner   fin. Ζεὺς Trincavelli, unde ὁ Ζεὺς Gesner : αἰεὶ Schneidewin

5 1 χροιῆς Spitzner   2 πτοιοῦμαι ο   fort. τ'   3 ἐπὶ Ald. : ἐπεὶ codd.   4 ὀλιγοχρόνιοσ Thgn. ο   5 οὐλόμενον Thgn. 6 αὐτίχ'... γῆρας Thgn.   ἐπικρέμαται Hecker

ἐχθρόν ὁμῶς καὶ ἄτιμον, ὅ τ᾽ ἄγνωστον τιθεῖ ἄνδρα,
βλάπτει δ᾽ ὀφθαλμοὺς καὶ νόον ἀμφιχυθέν.

6 Diogenes Laertius 1. 60 de Solone φασὶ δὲ αὐτὸν καὶ Μι-
μνέρμου γράψαντος

αἳ γὰρ ἄτερ νούσων τε καὶ ἀργαλέων μελεδωνέων
ἑξηκονταέτη μοῖρα κίχοι θανάτου,

ἐπιτιμῶντα αὐτῷ εἰπεῖν· (Sol. fr. 20).

7 Theogn. 795-6; *Anth. Pal.* 9. 50 Μιμνέρμου (*Anth. Plan.*
1a. 87; *Syll. Euphem.* 46; cod. Zavord. 95 f. 200)

σὴν αὐτοῦ φρένα τέρπε· δυσηλεγέων δὲ πολιτέων
ἄλλός τίς σε κακῶς, ἄλλος ἄμεινον ἐρεῖ.

8 Stob. 3. 11. 2 Μιμνέρμου Ναννοῦς·
ἀληθείη δὲ παρέστω
σοὶ καὶ ἐμοί, πάντων χρῆμα δικαιότατον.

9 Strabo 14. 1. 4 p. 634 de Zmyrnaeis ὕστερον δὲ ὑπὸ Αἰολέων
ἐκπεσόντες κατέφυγον εἰς Κολοφῶνα καὶ μετὰ τῶν ἐνθένδε
ἐπιόντες τὴν σφετέραν ἀπέλαβον, καθάπερ καὶ Μίμνερμος ἐν
τῇ Ναννοῖ φράζει, μνησθεὶς τῆς Σμύρνης ὅτι περιμάχητος ἀεί·
Αἰπὺ ⟨   ⟩ τε Πύλον Νηλήιον ἄστυ λιπόντες
ἱμερτὴν Ἀσίην νηυσὶν ἀφικόμεθα,
ἐς δ᾽ ἐρατὴν Κολοφῶνα βίην ὑπέροπλον ἔχοντες

---

6 ante hos vv. Thgn. 1069-70 locat Blass, cl. Sol. 20/21   1 με-
λεδωνέων Cobet : -ώνων codd.

7 1 σὴν αὐτοῦ... πολιτέων Renner : τὴν σαυτοῦ... πολιτῶν libri
2 τοισε, τοῖσδε codd. Thgn.

8 μενάνδρου ναννοῦς codd. : corr. Gaisford

9 1 Αἰπὺ urbem video : ἐπεὶ cod. F (quod sonis = αἰπὺ) : Αἰπύ-
⟨τιόν⟩ Huxley   3 ἄρα τὴν codd. : corr. Wyttenbach

ἐζόμεθ᾽, ἀργαλέης ὕβριος ἡγεμόνες·
5 κεῖθεν †διαστήεντος ἀπορνύμενοι ποταμοῖο
θεῶν βουλῆι Σμύρνην εἵλομεν Αἰολίδα.

10 Strabo 14. 1. 3 p. 633 Κολοφῶνα δὲ Ἀνδραίμων Πύλιος
(κτίζει), ὥς φησι καὶ Μίμνερμος ἐν τῇ Ναννοῖ.

11 Strabo 1. 2. 40 p. 47 e Demetrio Scepsio
οὐδέ κοτ᾽ ἂν μέγα κῶας ἀνήγαγεν αὐτὸς Ἰήσων
ἐξ Αἴης τελέσας ἀλγινόεσσαν ὁδόν,
ὑβριστῆι Πελίηι τελέων χαλεπῆρες ἄεθλον,
οὐδ᾽ ἂν ἐπ᾽ Ὠκεανοῦ καλὸν ἵκοντο ῥόον.

11a καὶ ὑποβάς·
Αἰήταο πόλιν, τόθι τ᾽ ὠκέος Ἠελίοιο
ἀκτῖνες χρυσέωι κείαται ἐν θαλάμωι
Ὠκεανοῦ παρὰ χεῖλος, ἵν᾽ ὤιχετο θεῖος Ἰήσων.

12 Ath. 469f-70b Μίμνερμος δὲ Ναννοῖ ... οὕτως·
Ἠέλιος μὲν γὰρ ἔλαχεν πόνον ἤματα πάντα,
οὐδέ ποτ᾽ ἄμπαυσις γίνεται οὐδεμία
ἵπποισίν τε καὶ αὐτῶι, ἐπεὶ ῥοδοδάκτυλος Ἠὼς
Ὠκεανὸν προλιποῦσ᾽ οὐρανὸν εἰσαναβῆι.
5 τὸν μὲν γὰρ διὰ κῦμα φέρει πολυήρατος εὐνή,

---

9 5 δ᾽ Ἀλήεντος Brunck : δ᾽ αὖτε Μέλητος J. M. Cook : latet
u.v. antiquum nomen fluvii Dereboğaz Deresi   6 εἴδομεν
codd. : corr. Brunck
11 1 οὐδέ κοτ᾽ ἂν Porson : οὐδ᾽ ὁκόταν codd.   μετὰ codd. : corr.
Brunck   αὖτις Hecker
11a 2 χρύσεοι Hecker, debuit -αι   3 χείλεσιν codd. (χείλεσ᾽
ἵν᾽ Ald.) : corr. Bergk   fort. rectius οἴχετο et δῖος
12 1 πόνον ἔλλαχεν Hermann   2 κοτ᾽ Bach   3 ἐπὴν
Casaubon (? ut codicis lectionem dat Kaibel)

138

ποικίλη, Ἡφαίστου χερσὶν ἐληλαμένη,
χρυσοῦ τιμήεντος, ὑπόπτερος, ἄκρον ἐφ' ὕδωρ
εὕδονθ' ἁρπαλέως χώρου ἀφ' Ἑσπερίδων
γαῖαν ἐς Αἰθιόπων, ἵνα δὴ θοὸν ἅρμα καὶ ἵπποι
10   ἑστᾶσ', ὄφρ' Ἠὼς ἠριγένεια μόληι·
ἔνθ' ἐπέβη ἑτέρων ὀχέων Ὑπερίονος υἱός.

13 Paus. 9. 29. 4 Μίμνερμος δὲ ἐλεγεῖα ἐς τὴν μάχην ποιήσας τὴν
Σμυρναίων πρὸς Γύγην τε καὶ Λυδούς, φησὶν ἐν τῷ προοιμίῳ
θυγατέρας Οὐρανοῦ τὰς ἀρχαιοτέρας Μούσας, τούτων δὲ ἄλλας
νεωτέρας εἶναι Διὸς παῖδας.
Cf. comm. in Alcm., P. Oxy. 2390 fr. 2 ii 28 (*Melici* 5 fr.
2, cf. 67); schol. Pind. *Nem.* 3. 16b.

13a Comm. in Antim., P. Univ. Mediol. 17 col. ii 26 Μίμνερμ[ος]
δ[' ἐν] τῆι Σμυρνηΐδι·
ὡς οἱ πὰρ βασιλῆος, ἐπε[ί ῥ'] ἐ[ν]εδέξατο μῦθον,
ἤ[ΐξ]αν κοίληι[ς ἀ]σπίσι φραξάμενοι.

14 Stob. 3. 7. 11
οὐ μὲν δὴ κείνου γε μένος καὶ ἀγήνορα θυμὸν
τοῖον ἐμέο προτέρων πεύθομαι, οἵ μιν ἴδον
Λυδῶν ἱππομάχων πυκινὰς κλονέοντα φάλαγγας
Ἕρμιον ἂμ πεδίον, φῶτα φερεμμελίην·
5   τοῦ μὲν ἄρ' οὔ ποτε πάμπαν ἐμέμψατο Παλλὰς Ἀθήνη
δριμὺ μένος κραδίης, εὖθ' ὅ γ' ἀνὰ προμάχους
σεύαιθ' αἱματόεν⟨τος ἐν⟩ ὑσμίνηι πολέμοιο,

---

12 6 ποικίλη Kaibel : κοίλη codd.   7 ὑπόπτερον A: corr. Heyne
9 ἵν' ἀληθοον A : corr. Meineke   11 σφετέρων Bergk
13a 1 ῥ' vel τ' Maas   2 Vogliano
14 5 κεν Page   κοτε Bach   6 ὅτ' codd. : corr. Schneidewin
7 σεύηθ' A, σεῦ ἦθ' M: corr. Schneidewin   suppl. Gesner

MIMNERMUS

πικρὰ βιαζόμενος δυσμενέων βέλεα·
οὐ γάρ τις κείνου δηίων ἔτ' ἀμεινότερος φὼς
ἔσκεν ἐποίχεσθαι φυλόπιδος κρατερῆς
ἔργον, ὅτ' αὐγῆισιν φέρετ' ὠκέος ἠελίοιο

15 Et. Gen./Magn.. s.v. βάξις
καί μιν ἐπ' ἀνθρώπους βάξις ἔχει χαλεπή.

*16 Ib. statim
ἀργαλέης αἰεὶ βάξιος ἱέμενοι.

17 Schol. Hom. Il. 16. 287
Παίονας ἄνδρας ἄγων, ἵνα τε κλειτὸν γένος ἵππων.

18 Ath. 174a ὁ δὲ αὐτὸς ἱστορεῖ κἂν τῷ τετάρτῳ καὶ εἰκοστῷ τῆς αὐτῆς πραγματείας (Demetr. Sceps. fr. 14 Gaede) Δαίτην ἥρωα τιμώμενον παρὰ τοῖς Τρωσίν, οὗ μνημονεύει⟨ν⟩ Μίμνερμον.

19 Ael. V.H. 12. 36 ἐοίκασιν οἱ ἀρχαῖοι ὑπὲρ τοῦ ἀριθμοῦ τῶν τῆς Νιόβης παίδων μὴ συνᾴδειν ἀλλήλοις... Μίμνερμος εἴκοσι.

20 Plut. de facie lun. 19 p. 931e εἰ δὲ μή, Θέων ἡμῖν οὗτος τὸν Μίμνερμον ἐπάξει καὶ τὸν Κυδίαν (Melici 715) καὶ τὸν 'Αρχίλοχον (fr. 122), πρὸς δὲ τούτοις τὸν Στησίχορον (Melici 271) καὶ τὸν Πίνδαρον (Pae. 9. 2-5) ἐν ταῖς ἐκλείψεσιν ὀλοφυρομένους.

---

14 8 πυκνὰ O. Schneider   βιαζόμενος nescioquis : -μένου codd.
βέλεσιν Schneider   9 ἐπαμεινότερος Wilamowitz   11 αὐγῆισιν
Bergk : -αῖσι(ν) codd. : ἰσ' αὐγῆς Ahrens   ὠκέος : εἴκελος Meineke, quod proximo versu posuit Bergk : malim ⟨εἴκελα χαλκείοις τεύχεσι λαμπόμενος⟩
20 solem totum deficientem non potuit Mimnermus videre inter annos 648 et 585

140

21 Argum. ii (Sallustii) in Soph. *Ant.* Μίμνερμος δέ φησι τὴν μὲν Ἰσμήνην προσομιλοῦσαν Θεοκλυμένῳ ὑπὸ Τυδέως κατὰ Ἀθηνᾶς ἐγκέλευσιν τελευτῆσαι.

21a Corp. proverb. in cod. Athen. 1083, ed. Kugéas, *Sitz.-Ber. bay. Ak.* 1910(4) (=*Corp. Paroem Suppl.*, 1961, V), p.15 "ἄριστα χωλὸς οἰφεῖ" ... μέμνηται τῆς παροιμίας Μίμ⟨ν⟩ερμος.

22. DUBIUM

22 Schol. Lyc. 610 sqq. ἡ Ἀφροδίτη, καθώς φησι Μίμνερμος, ὑπὸ Διομήδους τρωθεῖσα παρεσκεύασε τὴν Αἰγιάλειαν πολλοῖς μὲν μοιχοῖς συγκοιμηθῆναι, ἐρασθῆναι δὲ καὶ {Ἱππολύτου} Κομήτου τοῦ Σθενέλου υἱοῦ, τοῦ δὲ Διομήδους παραγενομένου εἰς τὸ Ἄργος ἐπιβουλεῦσαι αὐτῷ· τὸν δὲ καταφυγόντα εἰς τὸν βωμὸν τῆς Ἥρας διὰ νυκτὸς φυγεῖν σὺν τοῖς ἑταίροις καὶ ἐλθεῖν εἰς Ἰταλίαν πρὸς Δαῦνον βασιλέα, ὅστις αὐτὸν δόλῳ ἀνεῖλεν.

OLYMPUS

Suda iii. 522. 21 Adler Ὄλυμπος Μαίονος, Μυσός, αὐλητὴς καὶ ποιητὴς μελῶν καὶ ἐλεγείων.

PANARCES

Schol. Plat. *Resp.* 479bc e Clearcho
(a)   ⊗   αἶνός τίς ἐστιν ὡς ἀνήρ τε κοὐκ ἀνὴρ
ὄρνιθα κοὐκ ὄρνιθ' ἰδών τε κοὐκ ἰδὼν
ἐπὶ ξύλου τε κοὐ ξύλου καθημένην

---

22 v.l. μνήμερμος, μίμνερμος : videtur scribendum esse καὶ Ὅμηρος
Panarces cf. quae de Cleobulina dixi   (a) 3 καθημένην τε
καὶ οὐ καθημένην schol. Plat., Eust., 'Trypho', ps.- Choerob.

λίθωι τε κού λίθωι βάλοι τε κού βάλοι.　　⊗

ἄλλως·

(b)　⊗　ἄνθρωπος οὐκ ἄνθρωπος, ἄνθρωπος δ' ὅμως,
　　　　ὄρνιθα κοὐκ ὄρνιθα, †ὄρνιθα δ' ὅμως†,
　　　　ἐπὶ ξύλου τε κοὐ ξύλου καθημένην
　　　　λίθωι βαλών τε κοὐ λίθωι διώλεσεν.　　⊗

νυκτερίδα ὁ εὐνοῦχος νάρθηκος κισήρει.

Respiciunt Plato l.c.; Ath 452c; 'Trypho' (i) *De Tropis* 4,
Rhet. Gr. iii. 194. 15 Spengel; ps. - Choer., ib. 253. 18;
Eust. in Hom. p. 713. 8; David, *Comm. in Arist. Graeca*
xviii (2). 42.10, etc.

PHILISCUS

Milesius

ante 400(?)-post 325

Ps.-Plut. *vitae oratorum* 3 p. 836c ἐποίησε δὲ καὶ ἐς αὐτὸν
(Lysiam) ἐπίγραμμα Φιλίσκος ὁ Ἰσοκράτους μὲν γνώριμος,
ἑταῖρος δὲ Λυσίου, δι' οὗ φανερὸν ὡς προέλαβε τοῖς ἔτεσιν,
⟨ὃ⟩ καὶ ἐκ τῶν ὑπὸ Πλάτωνος εἰρημένων ἀποδείκνυται. ἔχει
δὲ οὕτως·

⊗　⟨νῦν⟩ ὦ Καλλιόπης θύγατερ, πολυήγορε Φροντί,
　　　δείξεις, εἴ τι φρονεῖς καί τι περισσὸν ἔχεις·
　　τὸν γὰρ ἐς ἄλλο σχῆμα μεθαρμοσθέντα καὶ ἄλλοις
　　　ἐν κόσμοισι βίου σῶμα λαβόνθ' ἕτερον

　　　. . . . .

5　　δεῖ σ' ἀρετῆς κήρυκα τεκεῖν τινα Λυσίαι ὕμνον
　　　†δόντα καταφθιμένων καὶ σοφῶι ἀθάνατον†,

Panarces (b) 4 βαλών με κοὺ λίθω schol. Plat. : τε κοὺ λίθω βαλών
David

Philiscus 1 νῦν add. Jacobs　　καλλίππης et φροντίδι codd. : corr.
Wyttenbach　　3 τῷ... μεθαρμοσθέντι Salmasius　　4 malim
δῶμα　　λαχόνθ' Hecker　　lacunam stat. Bergk　　5 λυσι-
δάἴμνον codd.: corr. Salmasius　　6 δῶμα κάτα Hecker　　κἂν ζόφῳ
Sitzler (ζόφῳ iam Sintenis) : an κἂν σορῷ?

PHILISCUS

ὃς τό τ' ἐμῆς ψυχῆς δείξει φιλέταιρον ἅπασιν
καὶ τὴν τοῦ φθιμένου πᾶσι βροτοῖς ἀρετήν.

POLYMNESTUS

Colophonius
s. vii

Ps.-Plut. *de musica* 3-4 p. 1132cd ὁμοίως δὲ Τερπάνδρῳ
Κλονᾶν ... ἐλεγείων τε καὶ ἐπῶν ποιητὴν γεγονέναι (sc. φησὶν
Ἡρακλείδης ὁ Ποντικός, fr. 157 Wehrli). καὶ Πολύμνηστον
τὸν Κολοφώνιον τὸν μετὰ τοῦτον γενόμενον τοῖς αὐτοῖς χρή-
σασθαι ποιήμασιν. οἱ δὲ νόμοι οἱ κατὰ τούτους, ἀγαθὲ Ὀνη-
σίκρατες, αὐλῳδικοὶ ἦσαν, ἀπόθετος, ἔλεγοι, κωμάρχιος, σχοι-
νίων, κηπίων †τε καὶ δεῖος† καὶ τριμερής.
Paus. 1. 14. 4 Θάλης δὲ ὁ Λακεδαιμονίοις τὴν νόσον παύσας
οὔτε ἄλλως προσήκων οὔτε πόλεως ἦν Ἐπιμενίδῃ τῆς αὐτῆς,
ἀλλὰ ὁ μὲν Κνώσσιος, Θάλητα δὲ εἶναί φησι Γορτύνιον Πολύ-
μναστος Κολοφώνιος ἔπη Λακεδαιμονίοις ἐς αὐτὸν ποιήσας.
φθέγμα πάγκοινον Polymnesti laudavit Pind. fr. 188 Snell.

SACADAS

Argivus
s. vi pars prior

Ps.-Plut. *de musica* 8 p. 1134a γέγονε δὲ καὶ Σακάδας ὁ
Ἀργεῖος ποιητὴς μελῶν τε καὶ ἐλεγείων μεμελοποιημένων, ὁ
δὲ αὐτὸς καὶ αὐλητὴς ἀγαθός, καὶ τὰ Πύθια τρὶς νενικηκὼς
ἀναγέγραπται. Ib. 9 p. 1134c ἦσαν δὲ οἱ μὲν περὶ Θαλήταν τε
καὶ Ξενόδαμον καὶ Ξενόκριτον ποιηταὶ παιάνων, οἱ δὲ περὶ
Πολύμνηστον τῶν ὀρθίων καλουμένων, οἱ δὲ περὶ Σακάδαν
ἐλεγείων.
De tribus illis victoriis v. Paus. 10. 7. 4, qui annis 586,
582, 578 reportatas esse affirmat.

Philiscus 7 δεῖξαι codd. : corr. Brunck

SCYTHINUS

Teius
s. v/iv?

Diogenes Laertius 9. 16, de Heraclito Ἱερώνυμος δὲ (fr. 46 Wehrli) φησι καὶ Σκυθῖνον τὸν τῶν ἰάμβων ποιητὴν ἐπιβαλέσθαι τὸν ἐκείνου λόγον διὰ μέτρου ἐκβαλεῖν.

1 Plut. *de Pyth. orac.* 16 p. 402a ὕστερον μέντοι (οἱ Μεγαρεῖς) πλῆκτρον ἀνέθηκαν τῷ θεῷ χρυσοῦν, ἐπιστήσαντες ὡς ἔοικε Σκυθίνῳ λέγοντι περὶ τῆς λύρας ἣν

> ἁρμόζεται
> Ζηνὸς εὐειδὴς Ἀπόλλων πᾶσαν, ἀρχὴν καὶ τέλος
> συλλαβών, ἔχει δὲ λαμπρὸν πλῆκτρον ἡλίου φάος.

2 Stob. 1. 8. 43 ἐκ τοῦ Σκυθίνου περὶ φύσεως·

χρόνος ἐστὶν ὕστατον καὶ πρῶτον πάντων καὶ ἔχει ἐν ἑαυτῷ πάντα καὶ ἔστιν εἷς ἀεί· καὶ οὐκ εἰσιν ὁ παροιχόμενος ἐκ τοῦ ἐόντος αὐτῷ ἐναντίην ὁδὸν †παρεωνιατῶν. τὸ γὰρ αὔριον †ἡ μὲν τῷ ἔργῳ χθές ἐστιν, τὸ δὲ χθὲς αὔριον.

Tetrametros subesse vidit Wilamowitz; quos ego sic restituerim :

> ὕστατον πρῶτόν τε πάντων ἕν θ' ἑαυτῶι πάντ' ἔχων,
> εἷς ἀεὶ κοὐχ ⟨εἷς· πάλιν γὰρ⟩ εἰσιν ὃς παροίχεται
> ἐξ ἐόντος ⟨αὐτὸς⟩ αὐτῶι ⟨τὴν⟩ ἐναντίην ὁδὸν
> παρ' ἐνιαυτόν...   τὸ δ' αὔριον
> 5   ἤματι τρίτωι χθές ἐστιν, ⟨τοῦ⟩το δὲ χθὲς αὔριον.

Scythinus 1 2 πᾶσιν Diels olim
2 1 ὕστατον καὶ πρῶτόν ἐστι κἀν ἑαυτῷ πάντ' ἔχει Wilamowitz :
ὕ. πρῶτόν τε πάντων Edmonds   3 αὐτὸς add. Diels, τὴν Wilamowitz   .   5 ἔσται Wachsmuth

SEMONIDES

Samius et Amorginus
s. vii med.

Et. Gen. / *Magn.* s.v. Σιμωνίδης· ἐπὶ τοῦ ἰαμβοποιοῦ διὰ τοῦ η
γράφεται (καὶ ἴσως παρὰ τὸ σῆμα ἐστίν), ἐπὶ δὲ τοῦ λυρικοῦ
διὰ τοῦ ι (καὶ ἴσως ἐπειδὴ παρὰ τὸ σιμός ἐστιν). (Χοιροβο-
σκός add. *Magn.*)

Auctorum qui fragmenta donant codices ubique Σιμ- prae-
bent.

Suda iv. 363. 1 Adler Σιμωνίδης Κρίνεω, ᾿Αμοργῖνος, ἰαμ-
βογράφος. ἔγραψεν ἐλεγείαν ἐν βιβλίοις β΄, ἰάμβους. γέγονε
δὲ καὶ αὐτὸς μετὰ ϙ΄ καὶ υ΄ ἔτη τῶν Τρωικῶν. ἔγραψεν
ἰάμβους πρῶτος αὐτὸς κατά τινας. Cf. ib. 360. 7 Σιμμίας
῾Ρόδιος, γραμματικός. ἔγραψε Γλώσσας, βιβλία γ΄. ποιήματα
διάφορα, βιβλία δ΄. ἦν δὲ τὸ ἐξ ἀρχῆς Σάμιος, ἐν δὲ τῷ ἀποι-
κισμῷ τῆς ᾿Αμοργοῦ ἐστάλη καὶ αὐτὸς ἡγεμὼν ὑπὸ Σαμίων.
ἔκτισε δὲ ᾿Αμοργὸν εἰς τρεῖς πόλεις, Μινῴαν, Αἰγιαλόν, ᾿Αρκε-
σίνην. γέγονε δὲ μετὰ υς΄ (υϙ΄ E) ἔτη τῶν Τρωικῶν. καὶ ἔγραψε
κατά τινας πρῶτος ἰάμβους, καὶ ἄλλα διάφορα, ἀρχαιολογίαν
τε τῶν Σαμίων.

Luc. *Pseudolog.* 2 ταῦτα σοὶ καὶ αὐτὸς ἀπειλῶ, οὐ μὰ τὸν
Δία τῷ ᾿Αρχιλόχῳ εἰκάζων ἐμαυτόν ... σοὶ δὲ μυρία συνει-
δὼς ἰάμβων ἄξια βεβιωμένα, πρὸς ἅ μοι δοκεῖ οὐδ᾿ ἂν ὁ ᾿Αρχί-
λοχος αὐτὸς διαρκέσαι προσπαρακαλέσας καὶ τὸν Σιμωνίδην
καὶ τὸν ῾Ιππώνακτα ... οὕτως σύ γε παῖδας ἀπέφηνας ἐν πάσῃ
βδελυρίᾳ τὸν †᾿Οροδοκίδην καὶ τὸν Λυκάμβην καὶ τὸν Βού-
παλον. †᾿Οροδοκίδης (-δοικ- dett.; ᾿Ορσο-, Οὐρολοιχίδης?)
Semonidis inimicus videtur esse.

Semonides 1 codd. SMA

145

1 Stob. 4. 34. 15

⊗ ὦ παῖ, τέλος μὲν Ζεὺς ἔχει βαρύκτυπος
πάντων ὅσσ' ἐστὶ καὶ τίθησ' ὅκηι θέλει,
νοῦς δ' οὐκ ἐπ' ἀνθρώποισιν, ἀλλ' ἐπήμεροι
ἃ δὴ βοτὰ ζόουσιν, οὐδὲν εἰδότες

5   ὅκως ἕκαστον ἐκτελευτήσει θεός.
ἐλπὶς δὲ πάντας κἀπιπειθείη τρέφει
ἄπρηκτον ὁρμαίνοντας· οἱ μὲν ἡμέρην
μένουσιν ἐλθεῖν, οἱ δ' ἐτέων περιτροπάς·
νέωτα δ' οὐδεὶς ὅστις οὐ δοκεῖ βροτῶν

10 Πλούτωι τε κἀγαθοῖσιν ἵξεσθαι φίλος.
φθάνει δὲ τὸν μὲν γῆρας ἄζηλον λαβὸν
πρὶν τέρμ' ἵκηται, τοὺς δὲ δύστηνοι βροτῶν
φθείρουσι νοῦσοι, τοὺς δ' Ἄρει δεδμημένους
πέμπει μελαίνης Ἀΐδης ὑπὸ χθονός·

15 οἱ δ' ἐν θαλάσσηι λαίλαπι κλονεόμενοι
καὶ κύμασιν πολλοῖσι πορφυρῆς ἁλὸς
θνήσκουσιν, εὖτ' ἂν μὴ δυνήσωνται ζόειν·
οἱ δ' ἀγχόνην ἄψαντο δυστήνωι μόρωι
καὐτάγρετοι λείπουσιν ἡλίου φάος.

20 οὕτω κακῶν ἄπ' οὐδέν, ἀλλὰ μυρίαι
βροτοῖσι κῆρες κἀνεπίφραστοι δύαι
καὶ πήματ' ἐστίν· εἰ δ' ἐμοὶ πιθοίατο,
οὐκ ἂν κακῶν ἐρῶιμεν, οὐδ' ἐπ' ἄλγεσιν
κακοῖς ἔχοντες θυμὸν αἰκιζοίμεθα.

---

1 2 ὄκῃ Ahrens : ὅπῃ(ι) codd.   3 ἐν Blaydes   4 ἃ δὴ βοτὰ
ζώουσιν Ahrens (ζό- ego) : δὴ βροτοὶ ζώομεν codd. sed in MA sequitur
αἴδη (ἄδη A) βοτὰ ζώομεν   8 ὁ δ' M   9 ἐς νέωτα Meineke
10 φίλος : φλέων Meineke   12–13 νόσοι φθείρουσι θνητῶν SM, ν. φθ.
βροτῶν θνητῶν A : corr. Ahrens   17 νῆα νήσωνται ζόης Sitzler
δυνήσονται A   ζώειν codd.   18 ἥψαντο Par. 1985   19 ἢ αὐτά-
γρετοι A   24 ἔδοντες Meineke   25 ⟨ἀλλὰ...⟩ Fränkel

2 Stob. 4. 56 (παρηγορικά). 4

> τοῦ μὲν θανόντος οὐκ ἂν ἐνθυμοίμεθα,
> εἴ τι φρονοῖμεν, πλεῖον ἡμέρης μιῆς.

3 Stob. 4. 53. 2

> πολλὸς γὰρ ἥμιν ἐστὶ τεθνάναι χρόνος,
> ζῶμεν δ᾽ ἀριθμῶι παῦρα †κακῶς ἔτεα.

4 Stob. 4. 41. (ὅτι ἀβέβαιος ἡ τῶν ἀνθρώπων εὐπραξία). 7

> πάμπαν δ᾽ ἄμωμος οὔ τις οὐδ᾽ ἀκήριος.

5 Plut. de prof. virt. 24 p. 84d, de tuenda san. 24 p.136a, etc.

> ἄθηλος ἵππωι πῶλος ὡς ἅμα τρέχ-

6 Clem. Strom. 6. 13. 1; Porphyrius ap. Euseb. praep. ev.
10. 3. 18; Apostolius sive Arsenius, Paroem. Gr. ii. 354.
5; Georgidis gnomologium, Anecd. Gr. i. 22 Boissonade
(Θεόγνιδος); cod. Marc. 496 (olim 23) f. 105ʳ

> γυναικὸς οὐδὲν χρῆμ᾽ ἀνὴρ ληίζεται
> ἐσθλῆς ἄμεινον οὐδὲ ῥίγιον κακῆς.

7 Stob. 4. 22. 193

> χωρὶς γυναικὸς θεὸς ἐποίησεν νόον
> τὰ πρῶτα. τὴν μὲν ἐξ ὑὸς τανύτριχος,
> τῆι πάντ᾽ ἀν᾽ οἶκον βορβόρωι πεφυρμένα
> ἄκοσμα κεῖται καὶ κυλίνδεται χαμαί·

---

3 post fr. 2 legere possis   2 ἀμιθρῷ Ahrens   καὶ κακῶς
Welcker : μοχθηρῶς Valckenaer
5 τρέχ- : forma vera non apparet, cum Plutarchus ubique versum
orationi suae accommodet
6 2 ἄμεινον ἐσθλῆς Euseb. Ars., κάλλιον ἐσθλῆς Georg. cum cod.
Marc.
7 codd. SMA   1 γυναῖκας vel -ῶν Koeler   2 fort. ἐκ
συός   4 κυλίνδεται Par. 1985 : κυλινδεῖται SMA

5   αὐτὴ δ' ἄλουτος ἀπλύτοις ἐν εἵμασιν
ἐν κοπρίηισιν ἡμένη πιαίνεται.

τὴν δ' ἐξ ἀλιτρῆς θεὸς ἔθηκ' ἀλώπεκος
γυναῖκα πάντων ἴδριν· οὐδέ μιν κακῶν
λέληθεν οὐδὲν οὐδὲ τῶν ἀμεινόνων·
10   τὸ μὲν γὰρ αὐτῶν εἶπε πολλάκις κακόν,
τὸ δ' ἐσθλόν· ὀργὴν δ' ἄλλοτ' ἀλλοίην ἔχει.

τὴν δ' ἐκ κυνός, λιτοργόν, αὐτομήτορα,
ἣ πάντ' ἀκοῦσαι, πάντα δ' εἰδέναι θέλει,
πάντηι δὲ παπταίνουσα καὶ πλανωμένη
15   λέληκεν, ἢν καὶ μηδέν' ἀνθρώπων ὁρᾶι.
παύσειε δ' ἄν μιν οὔτ' ἀπειλήσας ἀνήρ,
οὐδ' εἰ χολωθεὶς ἐξαράξειεν λίθωι
ὀδόντας, οὐδ' ἂν μειλίχως μυθεόμενος,
οὐδ' εἰ παρὰ ξείνοισιν ἡμένη τύχηι,
20   ἀλλ' ἐμπέδως ἄπρηκτον αὐονὴν ἔχει.

τὴν δὲ πλάσαντες γηΐνην Ὀλύμπιοι
ἔδωκαν ἀνδρὶ πηρόν· οὔτε γὰρ κακὸν
οὔτ' ἐσθλὸν οὐδὲ οἶδε τοιαύτη γυνή·
ἔργων δὲ μοῦνον ἐσθίειν ἐπίσταται.
25   κὤταν κακὸν χειμῶνα ποιήσηι θεός,
ῥιγῶσα δίφρον ἄσσον ἕλκεται πυρός.

τὴν δ' ἐκ θαλάσσης, ἣ δύ' ἐν φρεσὶν νοεῖ·
τὴν μὲν γελᾶι τε καὶ γέγηθεν ἡμέρην·
ἐπαινέσει μιν ξεῖνος ἐν δόμοις ἰδών·
30   "οὐκ ἔστιν ἄλλη τῆσδε λωΐων γυνὴ

---

7 5 ἄπλυτος codd. : corr. Valckenaer (ἀπλύτοισιν sine ἐν Wilamo-
witz)   6 εἰμένη fere codd. : corr. Trincavelli   8 κακον M
10 κακῶν SM, A a.c.   12 λίταργον Wakefield : vix λαίθαργον
18 οὔτ' Bergk   possis αὖ   19 εἰμένη fere codd. : corr. Trincavelli
19 τύχοι M   24 ἔργον A   25 κὤταν Ahrens : χ'οταν S, κοὔτ' ἂν MA,
χῶταν Trinc. : κοὐδ' ἢν Schneidewin   29 κἀπαινέσει Hiller
μὲν codd. : corr. Valckenaer   30 λώϊον codd. : corr. Gesner

SEMONIDES

ἐν πᾶσιν ἀνθρώποισιν οὐδὲ καλλίων"·
τὴν δ' οὐκ ἀνεκτὸς οὐδ' ἐν ὀφθαλμοῖς ἰδεῖν
οὔτ' ἄσσον ἐλθεῖν, ἀλλὰ μαίνεται τότε
ἄπλητον ὥσπερ ἀμφὶ τέκνοισιν κύων,
35 ἀμείλιχος δὲ πᾶσι κἀποθυμίη
ἐχθροῖσιν ἶσα καὶ φίλοισι γίνεται·
ὥσπερ θάλασσα πολλάκις μὲν ἀτρεμὴς
ἕστηκ', ἀπήμων, χάρμα ναύτηισιν μέγα,
θέρεος ἐν ὥρηι, πολλάκις δὲ μαίνεται
40 βαρυκτύποισι κύμασιν φορεομένη.
ταύτηι μάλιστ' ἔοικε τοιαύτη γυνὴ
ὀργήν· φυὴν δὲ πόντος ἀλλοίην ἔχει.
τὴν δ' ἔκ †τε σποδιῆς† καὶ παλιντριβέος ὄνου,
ἣ σύν τ' ἀνάγκηι σύν τ' ἐνιπῆισιν μόγις
45 ἔστερξεν ὧν ἅπαντα κἀπονήσατο
ἀρεστά· τόφρα δ' ἐσθίει μὲν ἐν μυχῶι
προνὺξ προῆμαρ, ἐσθίει δ' ἐπ' ἐσχάρηι.
ὁμῶς δὲ καὶ πρὸς ἔργον ἀφροδίσιον
ἐλθόντ' ἑταῖρον ὀντινῶν ἐδέξατο.
50 τὴν δ' ἐκ γαλῆς, δύστηνον οἰζυρὸν γένος·
κείνηι γὰρ οὔ τι καλὸν οὐδ' ἐπίμερον
πρόσεστιν οὐδὲ τερπνὸν οὐδ' ἐράσμιον.
εὐνῆς δ' ἀδηνής ἐστιν ἀφροδισίης,
τὸν δ' ἄνδρα τὸν †παρόντα ναυσίηι διδοῖ.

---

7 31 κάλλιον M   32 οὔτ' ἐν Schneidewin   37 ἀτρέμας Valcke-
naer   42 δ' ὡς πόντος Grotius : δὲ πάντοτ' Bergk   43 τε
τεφρῆς Meineke (τεφρῆς τε Brunck)   45 ἔρερξεν M : ἔερξεν S
45 καὶ πον- codd. : corr. Ahrens   46 τόφρα difficile : num ex τεφρασ
ad v. 43 adscripto?   49 fort. ἑταίρων   ὀντινοῦν codd. :
corr. Bergk   51 οὔτε S a.c.   53 ἀδηνής Winterton (-ῆς
Turnebus) : ἀληνῆς codd. (ἀληνὸσ S)   54 παρεόντα Renner : πει-
ρῶντα Schneidewin : fort. πείροντα vel περῶντα   διδεῖ S, δίδει
MA : corr. Trinc.

55 κλέπτουσα δ' ἔρδει πολλὰ γείτονας κακά,
ἄθυστα δ' ἱρὰ πολλάκις κατεσθίει.

τὴν δ' ἵππος ἁβρὴ χαιτέεσσ' ἐγείνατο,
ἣ δούλι' ἔργα καὶ δύην περιτρέπει,
κοὔτ' ἂν μύλης ψαύσειεν, οὔτε κόσκινον
60 ἄρειεν, οὔτε κόπρον ἐξ οἴκου βάλοι,
οὔτε πρὸς ἱπνὸν ἀσβόλην ἀλεομένη
ἵζοιτ'. ἀνάγκηι δ' ἄνδρα ποιεῖται φίλον·
λοῦται δὲ πάσης ἡμέρης ἄπο ῥύπον
δίς, ἄλλοτε τρίς, καὶ μύροις ἀλείφεται,
65 αἰεὶ δὲ χαίτην ἐκτενισμένην φορεῖ
βαθεῖαν, ἀνθέμοισιν ἐσκιασμένην.
κᾱλὸν μὲν ὦν θέημα τοιαύτη γυνὴ
ἄλλοισι, τῶι δ' ἔχοντι γίνεται κακόν,
ἢν μή τις ἢ τύραννος ἢ σκηπτοῦχος ἦι,
70 ὅστις τοιούτοις θυμὸν ἀγλαΐζεται.

τὴν δ' ἐκ πιθήκου· τοῦτο δὴ διακριδὸν
Ζεὺς ἀνδράσιν μέγιστον ὤπασεν κακόν.
αἴσχιστα μὲν πρόσωπα· τοιαύτη γυνὴ
εἶσιν δι' ἄστεος πᾶσιν ἀνθρώποις γέλως·
75 ἐπ' αὐχένα βραχεῖα· κινεῖται μόγις·
ἄπυγος, αὐτόκωλος. ἆ τάλας ἀνὴρ
ὅστις κακὸν τοιοῦτον ἀγκαλίζεται.
δήνεα δὲ πάντα καὶ τρόπους ἐπίσταται
ὥσπερ πίθηκος· οὐδέ οἱ γέλως μέλει·
80 οὐδ' ἄν τιν' εὖ ἔρξειεν, ἀλλὰ τοῦτ' ὁρᾶι
καὶ τοῦτο πᾶσαν ἡμέρην βουλεύεται,

56 Ath 179d   57-70 Ael. *H.A.* 16.24

7 56 ἱερὰ Stob.^A, Ath. epit.   57 χαιτάεσσ' Ael., χαιτείησ S, χαι-
τήεις ΜΑ : corr. Meineke   58 δύην : ἄτην Ael.   παρατρέπει
Koeler : alii alia   61 ἱπνον ΜΑ, ἱππον S   65 ἀεὶ libri : corr.
Hertel   67 οὖν libri : corr. Brunck   75 ἀπ' αὐχένος Diels
76 αὐόκωλος Haupt

SEMONIDES

ὅκως τι κὼς μέγιστον ἔρξειεν κακόν.
τὴν δ᾽ ἐκ μελίσσης· τήν τις εὐτυχεῖ λαβών·
κείνηι γὰρ οἴηι μῶμος οὐ προσιζάνει,
85 θάλλει δ᾽ ὑπ᾽ αὐτῆς κἀπαέξεται βίος,
φίλη δὲ σὺν φιλέοντι γηράσκει πόσει
τεκοῦσα καλὸν κὠνομάκλυτον γένος.
κἀριπρεπὴς μὲν ἐν γυναιξὶ γίνεται
πάσηισι, θείη δ᾽ ἀμφιδέδρομεν χάρις.
90 οὐδ᾽ ἐν γυναιξὶν ἥδεται καθημένη
ὅκου λέγουσιν ἀφροδισίους λόγους.
τοίας γυναῖκας ἀνδράσιν χαρίζεται
Ζεὺς τὰς ἀρίστας καὶ πολυφραδεστάτας·
τὰ δ᾽ ἄλλα φῦλα ταῦτα μηχανῆι Διὸς
95 ἔστιν τε πάντα καὶ παρ᾽ ἀνδράσιν μενεῖ.
Ζεὺς γὰρ μέγιστον τοῦτ᾽ ἐποίησεν κακόν,
γυναῖκας· ἤν τι καὶ δοκέωσιν ὠφελεῖν
ἔχοντι, τῶι μάλιστα γίνεται κακόν·
οὐ γάρ κοτ᾽ εὔφρων ἡμέρην διέρχεται
100 ἅπασαν, ὅστις σὺν γυναικὶ †πέλεται,
οὐδ᾽ αἶψα Λιμὸν οἰκίης ἀπώσεται,
ἐχθρὸν συνοικητῆρα, δυσμενέα θεῶν.
ἀνὴρ δ᾽ ὅταν μάλιστα θυμηδεῖν δοκῆι
κατ᾽ οἶκον, ἢ θεοῦ μοῖραν ἢ ἀνθρώπου χάριν,
105 εὑροῦσα μῶμον ἐς μάχην κορύσσεται.
ὅκου γυνὴ γάρ ἐστιν οὐδ᾽ ἐς οἰκίην
ξεῖνον μολόντα προφρόνως δεκοίατο.

7 82 ὅπως M, ὄππως A   τί χ᾽ ὦσ fere codd. (τι κὼς ego): τιν᾽ ὡς
Meineke   86 πόσι Fick   87 κοὐν- codd.: corr. Smyth   94 ταῦτα:
πάντα Ribbeck (et 95 πῆμα, ut Heyne)   μηχανῆ Hoffmann   95 μενεῖ
Bergk : μένει codd.   98 ἔχοντί τοι Koeler   γίνονται?   100 ναιεται
Wilhelm : γίγνεται Bergk   102 θεόν Grotius   104 'malim
ἀνθρώπων' Bergk   106 possis πάρεστιν   107 μολῶντα codd. :
corr. Trinc. (μολόντ᾽ ἂν Meineke)   δεκ- Schneidewin : δεχ- codd.

ἥτις δέ τοι μάλιστα σωφρονεῖν δοκεῖ,
αὕτη μέγιστα τυγχάνει λωβωμένη·

110 κεχηνότος γὰρ ἀνδρός, οἱ δὲ γείτονες
χαίρουσ' ὁρῶντες καὶ τόν, ὡς ἁμαρτάνει.
τὴν ἣν δ' ἕκαστος αἰνέσει μεμνημένος
γυναῖκα, τὴν δὲ τουτέρου μωμήσεται·
ἴσην δ' ἔχοντες μοῖραν οὐ γινώσκομεν.

115 Ζεὺς γὰρ μέγιστον τοῦτ' ἐποίησεν κακόν,
καὶ δεσμὸν ἀμφέθηκεν ἄρρηκτον πέδην,
ἐξ οὗ τε τοὺς μὲν Ἀΐδης ἐδέξατο
γυναικὸς εἵνεκ' ἀμφιδηριωμένους

. . . .

8 Ath. 299c

ὥσπερ ἔγχελυς κατὰ γλοιοῦ.

9 Ib.

ἐρωιδιὸς γὰρ ἔγχελυν Μαιανδρίην
τρίορχον εὑρὼν ἐσθίοντ' ἀφείλετο.

10 Schol. Eur. *Phoen*. 207

τί ταῦτα †διὰ μακρῶν λόγων† ἀνέδραμον;
ἀντὶ τοῦ ἀναδραμεῖν μέλλω.

10a Erenius Philo 103 (Nickau, *Ammonius* p. 73) Σιμωνίδης
ἐν πρώτῳ ἰάμβῳ (-ων Nickau)·

---

7 108 τῳ Hermann   116(κάρρηκτον) πέδην Crusius : πέδη(ι)
codd. : πέδης Koeler (+ἀρρήκτου Meineke)   119 ⟨Τροίης παλαιὸν
ἄστυ⟩ vel sim., deinde fort. τοὺς δ' ἐν οἰκίῃ | δαμέντας
 9 2 ἀπείλετο Fick
 10 μακρῶν διὰ Nauck

καὶ μήτ᾽ ἄλουτος γαυρία σύ, μήτ᾽ ὕδωρ
θαύμαζε, μηδὲ [κο]υρία γενειάδα,
μηδὲ ῥύπωι χιτῶνος ἔντυε χρόα.

11 Ath. (epit.) 57d Σιμωνίδης ἐν δευτέρῳ ἰάμβων·
οἷόν τε χηνὸς ὤεον Μαιανδρίου.

12 Choerob. *can.* i. 267 Hilgard
σπλάγχν᾽ ἀμπέχοντες αὐτίκ᾽ ἰκτίνου δίκην.

13
τὸ δ᾽ ἥμιν ἑρπετὸν παρέπτατο
τὸ ζωΐων κάκιστον ἔκτηται βίον.
Et. Gen./Magn. et Zonaras s.v. ζώιον· . . . "τὸ δ᾽ ἡμῖν ἑρπε-
τὸν παρέπτατο ζώιον κάκιστον". Schol. Hom. *Il.* 18. 407
"τὸ ζώϊον κάκιστον κέκτηται βίον", περὶ τοῦ κανθάρου.

14 Galenus in Hp. *epid.* 6. 2. 1 (*CMG* v. 10. 2(2) p. 60); id.
in Hp. π. ἄρθρων, xviii (1). 411 Kühn
οὐκ ἄν τις οὕτω δασκίοις ἐν οὔρεσιν
ἀνὴρ λέοντ᾽ ἔδεισεν οὐδὲ πάρδαλιν
μοῦνος στενυγρῆι συμπεσὼν ἐν ἀτραπῶι.

15 Ath. 106d
θύννοισι τευθίς, κωβιοῖσι κωρίδες.

10a καὶ μήτ᾽ ἀλλ᾽ οὕτως γὰρ ἂν εὖ μεθ᾽ ὕδωρ θαύμαζε μὴ δὲ [. .]ύρη
γενειάδα· μηδὲ ῥυποχίτων ἔση ἔν τε χώρα cod. : correxi
12 ἀμφέποντες Bergk
13 1 τόδ᾽ Magn.   2 ζῶιον Etym., ζωον schol. Hom. : corr.
Bekker   κέκτηται schol. : corr. Bekker
14 1 οὔπω τις in π. ἄρθρων   3 στενυγρῷ ib.

SEMONIDES

16 Ath. 690c; Clem. *Paed.* 2. 8. 64. 4

κἀλειφόμην μύροισι καὶ θυώμασιν
καὶ βακκάρι· καὶ γάρ τις ἔμπορος παρῆν.

17 *Et. Gen./Magn.* s.v. ὀρσοθύρη... εἴρηται παρὰ τὸ ὀρούειν εἰς
αὐτήν· λέγει δὲ καὶ Σιμωνίδης κακοσχόλως·
καὶ τῆς ὄπισθεν †ὀρσοθύρης ἠλσάμην.

18 *Et. Gen./Magn.* et Zonaras s.v. διασαυλούμενος
καὶ σαῦλα βαίνων ἵππος ὡς †κορωνίτης.

19 Pollux 2. 65
ἢ τυφλὸς ἤ τις σκνιπὸς ἢ μόγις βλέπων.

20 Schol. Hom. *Od.* 14. 435, "τὴν μὲν ἴαν Νύμφῃσι" ὡς ποιμε-
νικοῖς προστάταις. καὶ Σιμωνίδης θύειν αὐτούς φησι Νύμφαις
καὶ
Μαιάδος τόκωι·
οὗτοι γὰρ ἀνδρῶν αἷμ' ἔχουσι ποιμένων.

21 (*a*) Strabo 13. 2. 6 p. 619
σὺν πορδακοῖσιν ἐκπεσόντες εἵμασιν.

---

16 1 κῆλ- Ath.A, ἠλ- epit.   θυμιάμασιν cod. Clem.   2 βακ-
κάρι Ath. epit. : βακκάρει A : βάκκαριν cod. Clem.
17 κὰτ Hemsterhuys (κατὰ Sylburg)   ὀρσοθυρίδος Sylburg   possis
ἠλσάμην διὲκ θύρης
18 ὡς : καὶ Zon.   κορωνίης W. Dindorf : -ιῶν Rossignol : possis
et -ιᾶς, -ιᾷ, etc.
19 ἢ μέγα hyparchetypus II, ὁ μέγα MA : correxi : ἢ μέλαν Fick
20 θύουσι Νύμφαις τῷ τε Barnes : Νύμφῃσι θύειν Wilamowitz
21 incertum utrum unum fr. an duo; σ. π. ἐκπ. εἵ. | σεσαγμένοι
Welcker

154

SEMONIDES

(b) Schol. Ar. *Pac.* 1148

σὺν παρδακοῖσιν εἵμασιν σεσαγμένοις.

22 Ath. 658b (τυρὸς Τρομιλικὸς) οὗ καὶ Σιμωνίδης μνημονεύει
ἐν ἰάμβῳ οὗ ἡ ἀρχὴ
⊗   ⟨ἦ⟩ πολλὰ μὲν δὴ προυκπονέαι Τηλέμβροτε,
γράφων

23   ἐνταῦθα μέν τοι τυρὸς ἐξ Ἀχαίης
          Τρομίλιος θαυμαστός, ὃν κατήγαγον

24 Ath. 659e καὶ παρὰ Σιμωνίδῃ δέ φησιν ἕτερος (μάγειρος)·
          κὼς ⟨ὗν⟩ ἀπεῦσα κὼς ἐμίστυλα κρέα
          ἱρωστί· καὶ γὰρ οὐ κακῶς ἐπίσταμαι

25 Ath. 424c
          ἔδωκεν οὐδεὶς οὐδ' ἀρυστῆρα τρυγός.

26 Ath. 460b
          ἀπὸ τράπεζαν εἷλε †νιν ποτήρια.

---

21 σὺν πορδακοῖσιν Strabo : συμπαρδακῆσιν cod. schol. (V). uterque
scripturam praecedentibus congruentem praebet; παρδ- praetulerim
cl. πάρδαλιν 14. 2 et Hom.   ἱμάσιν libri utrimque : corr. Toup
ἐμπεσόντες Blaydes   σεσαγμένοις V : -οι Welcker
      22 ἦ add. Bergk   προεκπονῇ cod.
      23 1 ἐνθαῦτα? Schneidewin   μέν τοι divisim dedi   2 στρομίλιος
cod. (στρομ- E alibi): Τρομιλικὸς Meineke
      24 χως ἄφευσα χως cod. : κὼς Schneidewin, ἄπευσα Fick (dubi-
tans), ὗν add. Bergk (ὗν ὡς vel χὼς ὗν); an σῦν? possis et κάλ', al.
2 ἱρωστί Hecker, cf. Hesych. ἱρωστί· θεοπρεπῶς : εἰδώς· τί cod.
      26 καὶ Meineke

155

27 Ath. 480cd; Schol. Hom. *Il.* 2. 219

αὕτη δὲ φοξὴ χεῖλος Ἀργείη κύλιξ.

Eadem fere Apoll. Soph. p. 164. 19 Bekker, *Et. Gen.* B/ *Magn./ Gud.* et Zonaras s.v. φοξός.

28 Schol. Ar. Ach. 740 καὶ Σιμωνίδης ὁμοίως ἐπὶ χοίρου· ὁπλὰς ἐκίνει τῶν ὀπισθίων ποδῶν.

30 *Et. Gen./Magn.* s.v. δαύω; Epimer. in Hom., *An. Ox.* i. 106. 2 Cramer

δαύω· τὸ καίω, παρὰ Σιμωνίδη·

μηρίων δεδαυμένων.

31a *Et. Gen.* (*Magn.*) s.v. ἔπληντ' ἀλλήλησι

τὰ δ' ἄλλα πεπλέαται ξύλα.

36 Phot. s.v. κύβηβον· Κρατῖνος Θράτταις (fr. 82 Kock) τὸν θεοφόρητον. Ἴωνες δὲ τὸν μητραγύρτην καὶ γάλλον νῦν καλούμενον· οὕτως Σιμωνίδης.

41 Corp. proverb. in cod. Athen. 1083, ed. Kugéas, *Sitz-Ber. bay. Ak.* 1910(4) (= *Corp. Paroem. Suppl.*, 1961, V), p. 23 ὁ Λέσβιος Πρύλις· ταύτη καθ' ὁμοίωσιν Σιμωνίδης κέχρηται·

†ἐν εὐδετέω ὥσπερ† Λέσβιος Πρύλις.

Cf. Zenob. Ath. 3. 70, 'Plut.' *prov.* 1. 42.

---

27 αὐτὴ nonnulli   φοξὴ χεῖλος Vat. gr. 28 (schol. Hom.), Apoll. Soph. (χειρός), cf. Ath. : φοξίχειλος schol. Hom. primarii, *Et. Gen. Magn.*, codd. Ath. (+ Eust.) : φοξύχειλος *Et. Gud.* : φοξόχειλος Zon.

31a τὰ δανὰ conicio   πεπλήαται Etym. : corr. Renner

41 ⟨δοραῖς⟩ ἐνεύδετ(ε) Crusius   ὥστε Diehl; malim ὥστ' ὁ vel ὡς ὁ, cf.·lemma

*42 Stob. 2. 1 (περὶ τῶν τὰ θεῖα ἑρμηνευόντων). 10 Σιμωνίδου·
ῥεῖα θεοὶ κλέπτουσιν ἀνθρώπων νόον.

SIMONIDES

cita sis 'fr. eleg.'

Ceus
ca. 556-468

1 (+ 2 - 3?). ἡ ἐν Σαλαμῖνι ναυμαχία

Suda s.v. Σιμωνίδης Λεωπρεποῦς, iv. 361. 9 Adler γέγονε
δὲ ἐπὶ τῆς πεντηκοστῆς ἔκτης ὀλυμπιάδος, οἱ δὲ ξβʹ γεγρά-
φασι, καὶ παρέτεινε μέχρι τῆς οηʹ, βιοὺς ἔτη πθʹ, καὶ γέγρα-
πται αὐτῷ Δωρίδι διαλέκτῳ ἡ Καμβύσου καὶ Δαρείου βασιλεία
καὶ Ξέρξου ναυμαχία καὶ ἡ ἐπʹ Ἀρτεμισίῳ ναυμαχία διʹ ἐλε-
γείας, ἡ δʹ ἐν Σαλαμῖνι μελικῶς· θρῆνοι, ἐγκώμια, ἐπιγράμ-
ματα, παιᾶνες, καὶ τραγῳδίαι καὶ ἄλλα.

Talia fere in fonte stetisse suspicor : γέγραφε δὲ Δωρίδι
διαλέκτῳ, κατὰ τὴν Καμβύσου καὶ Δαρείου βασιλείαν, καὶ κατὰ
τὴν Ξέρξου τὰς ναυμαχίας τήν τε ἐπʹ Ἀρτεμισίῳ διʹ ἐλεγείας
τήν τʹ ἐν Σαλαμῖνι μελικῶς. Cf. Bergk, iii. 423. Cum vero
constet illud carmen melicum fuisse (*Melici* 533), iure
Bergk statuit hoc fuisse elegiacum.

Vita Pindari Ambros., i. 2 Dr. καὶ γὰρ Σιμωνίδης τὴν ἐν
Σαλαμῖνι ναυμαχίαν γέγραφε.

1 Plut. *Them.* 15. 4 οἱ δὲ ἄλλοι τοῖς βαρβάροις ἐξισούμενοι τὸ
πλῆθος ἐν στενῷ κατὰ μέρος προσφερομένους καὶ περιπίπτον-
τας ἀλλήλοις ἐτρέψαντο, μέχρι δείλης ἀντισχόντας, ὥσπερ
εἴρηκε Σιμωνίδης.

---

42 = *Melici* 525; nostro tribuit post Welckerum Wilamowitz, ille
quidem choriambo gavisus, sed ego flagitabo ῥέα ⟨μὲν⟩ θεοὶ vel ⟨ἡ⟩
ῥεῖα θεοὶ vel sim.

3 Schol. Hom. *Il.* 7. 76 in P. Oxy. 1087. 40

ξύλα καὶ λάους ἐπιβάλλων.

4 Ath. 447a τὸν κατὰ Σιμωνίδην οἶνον,

ἀμύντορα δυσφροσυνάων.

5 Ath. (epit.) 32b

οὐ γὰρ ἀπόβλητον Διονύσιον οὐδὲ γίγαρτον.

6 Ath. 125c Καλλίστρατος ἐν ζ' Συμμίκτων (348 F 3) φησὶν ὡς ἑστιώμενος παρά τισι Σιμωνίδης ὁ ποιητὴς κ ρ α τ α ι ο ῦ κ α ύ-μ α τ ο ς ὥρᾳ, καὶ τῶν οἰνοχόων τοῖς ἄλλοις μισγόντων εἰς τὸ ποτὸν χιόνος, αὐτῷ δὲ οὔ, ἀπεσχεδίασε τόδε τὸ ἐπίγραμμα·

⊗   τήν ῥά ποτ' Οὐλύμποιο περὶ πλευρὰς ἐκάλυψεν
        ὠκὺς ἀπὸ Θρήικης ὀρνύμενος Βορέης,
       ἀνδρῶν δ' ἀχλαίνων ἔδακεν φρένας, αὐτὰρ ἐκάμφθη
        ζωὴ Πιερίην γῆν ἐπιεσσαμένη,
5   ἔν τις ἐμοὶ καὶ τῆς χείτω μέρος· οὐ γὰρ ἔοικεν
        θερμὴν βαστάζειν ἀνδρὶ φίλωι πρόποσιν.   ⊗

7 Ath. 656c περὶ δὲ λαγῶν Χαμαιλέων φησὶν ἐν τῷ περὶ Σιμω-νίδου (fr. 33 Wehrli) ὡς δειπνῶν παρὰ τῷ Ἱέρωνι ὁ Σιμω-νίδης, οὐ παρατεθέντος αὐτῷ ἐπὶ τὴν τράπεζαν καθάπερ καὶ τοῖς ἄλλοις λαγωοῦ, ἀλλ' ὕστερον μεταδιδόντος τοῦ Ἱέρωνος, ἀπεσχεδίασεν·

οὐδὲ γὰρ ⟨οὐδ'⟩ εὐρύς περ ἐὼν ἐξίκετο δεῦρο.

Simonides 5 οὐ γὰρ vel οὐδὲν Schweighäuser : οὐδὲ γὰρ codd.
6 1 τῇ Casaubon   πλευραῖς Schweighäuser   4 γαῖαν ἐπεσ-σαμένη Wilamowitz   5 χέετω codd.
7 οὐδ' add. Eust. 1821.37 ex *Il.* 14. 33

8. DUBIUM

8 Stob. 4. 34. 28 Σιμωνίδου·

 ἐν δὲ τὸ κάλλιστον Χῖος ἔειπεν ἀνήρ·
 "οἵη περ φύλλων γενεή, τοίη δὲ καὶ ἀνδρῶν"·
 παῦροί μιν θνητῶν οὔασι δεξάμενοι
 στέρνοις ἐγκατέθεντο· πάρεστι γὰρ ἐλπὶς ἑκάστωι
5 ἀνδρῶν, ἥ τε νέων στήθεσιν ἐμφύεται.
 θνητῶν δ' ὄφρα τις ἄνθος ἔχηι πολυήρατον ἥβης,
 κοῦφον ἔχων θυμὸν πόλλ' ἀτέλεστα νοεῖ·
 οὔτε γὰρ ἐλπίδ' ἔχει γηρασέμεν οὔτε θανεῖσθαι,
 οὐδ', ὑγιὴς ὅταν ἦι, φροντίδ' ἔχει καμάτου.
10 νήπιοι, οἷς ταύτηι κεῖται νόος, οὐδὲ ἴσασιν
 ὡς χρόνος ἔσθ' ἥβης καὶ βιότου ὀλίγος
 θνητοῖς. ἀλλὰ σὺ ταῦτα μαθὼν βιότου ποτὶ τέρμα
 ψυχῆι τῶν ἀγαθῶν τλῆθι χαριζόμενος.

9-16. INCERTUM AN EX EPIGRAMMATIS

Vita Aeschyli 8 ἀπῆρε δὲ ὡς Ἱέρωνα, κατὰ τινὰς μὲν ὑπὸ
Ἀθηναίων κατασπουδασθεὶς καὶ ἡσσηθεὶς νέῳ ὄντι Σοφοκλεῖ,
κατὰ δὲ ἐνίους ἐν τῷ εἰς τοὺς ἐν Μαραθῶνι τεθνηκότας ἐλε-
γείῳ ἡσσηθεὶς Σιμωνίδῃ.

9 Schol. Ar. *Pac.* 736 sqq. παρὰ τὰ Σιμωνίδου ἐκ τῶν ἐλεγείων·

 εἰ δ' ἄρα τιμῆσαι θύγατερ Διός, ὅστις ἄριστος,

---

8 'nescio an potius sit Amorgini' Bergk; ego si non manum, at
aetatem Cei sentio cod. S, 6–13 etiam MA 1 potes ἐν τι
Hecker 2 *Il.* 6.146 τοιήδε S 3 μὴν Hermann 5 ante
ἀνδρῶν distingunt nonnulli 6 πολυηράτου Wilamowitz 10 νή-
πιοι οἷς Camerarius : νηπίοισι codd. 11 βιότοι' Camerarius :
βιοτῆς Hermann ὀλίγης S a.c. 12 fort. θανάτου
9 corruptum vel lacunosum u.v. 1 τιμῆσαι Radermacher

δῆμος 'Αθηναίων ἐξετέλεσ⟨σ⟩α μόνος.

10 Plut. *de Herod. malign.* 42 p. 872d ἀλλὰ Κορινθίους γε καὶ
τάξιν ἣν ἐμάχοντο τοῖς βαρβάροις καὶ τέλος ἡλίκον ὑπῆρξεν
αὐτοῖς ἀπὸ τοῦ Πλαταιᾶσιν ἀγῶνος ἔξεστι Σιμωνίδου πυθέ-
σθαι γράφοντος ἐν τούτοις·

> μέσσοις δ' οἵ τ' Ἐφύρην πολυπίδακα ναιετάοντες,
> παντοίης ἀρετῆς ἴδριες ἐν πολέμωι,
> οἵ τε πόλιν Γλαύκοιο Κορίνθιον ἄστυ νέμονται·

11 οἳ

> κάλλιστον μάρτυν ἔθεντο πόνων,
> χρύσου τιμήεντος ᾿ἐν αἰθέρι· καί σφιν ἀέξει
> αὐτῶν τ' εὐρεῖαν κληδόνα καὶ πατέρων.

ταῦτα γὰρ οὐ χορὸν ἐν Κορίνθῳ διδάσκων, οὐδ' ᾆσμα ποιῶν
εἰς τὴν πόλιν, ἄλλως δὲ τὰς πράξεις ἐκείνας ἐλεγεῖα γράφων
ἱστόρηκεν.

12 Apoll. Soph. p. 117. 25 Bekker; *Et. Gen./Gud./Magn.* et
Zonaras s.v. ξεινοδόκον

> ξεινοδόκων †δ' ἄριστος ὁ χρυσὸς ἐν αἰθέρι λάμπων,

ἀντὶ τοῦ μαρτύρων.

13 Stob. 1. 8. 22 Σιμωνίδου ἐπιγραμμάτων·

> ὅ τοι Χρόνος ὀξὺς ὀδόντας,

---

9 2 δήμῳ Dindorf
10 1 μέσσοισι codd. : μέσσοι Turnebus   γέφυραν codd. : corr.
Schneidewin
11 οἳ Plutarchi est excerpta consuentis
12 ὥριστος Brunck : γὰρ ἄριστος Bergk   ὁ om. Etym.   λαμπρὸς
Apoll.
13 codd. FP   1 οὗτοι P

καὶ πάντα ψήχει καὶ τὰ βιαιότατα.

14 Aristides *or.* 28. 59 sq., ii. 160 Keil

μνήμην δ' οὔτινά φημι Σιμωνίδηι ἰσοφαρίζειν
ὀγδωκονταέτει, παιδὶ Λεωπρέπεος.

15 Plut. *an seni gerenda resp.* 1 p. 784b

πόλις ἄνδρα διδάσκει.

16 *Anth. Pal.* 7. 511

σῆμα καταφθιμένοιο Μεγακλέος εὖτ' ἂν ἴδωμαι,
οἰκτίρω σε τάλαν Καλλία, οἷ' ἔπαθες.

17 *Anth. Pal.* 13. 30

⊗   Μοῦσά μοι Ἀλκμήνης καλλισφύρου υἱὸν ἄειδε·
υἱὸν Ἀλκμήνης ἄειδε Μοῦσά μοι καλλισφύρου.

SOLON

Atheniensis
s. vii/vi

Diogenes Laertius 1. 61 γέγραφε δὲ δῆλον μὲν ὅτι τοὺς νόμους,
καὶ δημηγορίας καὶ εἰς ἑαυτὸν ὑποθήκας, ἐλεγεῖα· καὶ τὰ περὶ
Σαλαμῖνος καὶ τῆς Ἀθηναίων πολιτείας, ἔπη πεντακισχίλια,
καὶ ἰάμβους καὶ ἐπῳδούς.

Suda s.v. Σόλων (iv. 397. 3 Adler) ἔγραψε νόμους Ἀθηναίοις
οἵτινες ἄξονες ὠνομάσθησαν διὰ τὸ γραφῆναι αὐτοὺς ἐν ξυλί-
νοις ἄξοσιν Ἀθήνησι· ποίημα δι' ἐλεγείων ὁ Σαλαμὶς ἐπιγρά-
φεται· ὑποθήκας δι' ἐλεγείας· καὶ ἄλλα.

---

13 2 πάντα καταψήχει Bergk (quidni κὰπ πάντα?)   ψύχει F,
ψύχη P : corr. Pierson   βεβαιότατα idem
14 1 μνήμην cod. Q : μνήμη cett.   2 = epigr. 28.6 Page
15 potest etiam e melicis esse
17 appono hoc παίγνιον (quocum cf. Timocr. fr. 10), quod Page
iure neque in *Melicis* neque in *Epigrammatis* recepit   1–2 καλλί-
σφυρον bis P

1-30a + 43. ELEGI

1-3. Σαλαμίς

1 Plut. *Sol.* 8. 1-3 ἐπεὶ δὲ μακρόν τινα καὶ δυσχερῆ πόλεμον
οἱ ἐν ἄστει περὶ τῆς Σαλαμινίων νήσου Μεγαρεῦσι πολεμοῦντες
ἐξέκαμον, καὶ νόμον ἔθεντο μήτε γράψαι τινὰ μήτ᾽ εἰπεῖν αὖθις
ὡς χρὴ τὴν πόλιν ἀντιποιεῖσθαι τῆς Σαλαμῖνος, ἢ θανάτῳ ζη-
μιοῦσθαι, βαρέως φέρων τὴν ἀδοξίαν ὁ Σόλων καὶ τῶν νέων
ὁρῶν πολλοὺς δεομένους ἀρχῆς ἐπὶ τὸν πόλεμον, αὐτοὺς δὲ μὴ
θαρροῦντας ἄρξασθαι διὰ τὸν νόμον, ἐσκήψατο μὲν ἔκστασιν
τῶν λογισμῶν, καὶ λόγος εἰς τὴν πόλιν ἐκ τῆς οἰκίας διεδόθη
παρακινητικῶς ἔχειν αὐτόν· ἐλεγεῖα δὲ κρύφα συνθεὶς καὶ μελε-
τήσας ὥστε λέγειν ἀπὸ στόματος, ἐξεπήδησεν εἰς τὴν ἀγορὰν
ἄφνω, πιλίδιον περιθέμενος, ὄχλου δὲ πολλοῦ συνδραμόντος
ἀναβὰς ἐπὶ τὸν τοῦ κήρυκος λίθον ἐν ᾠδῇ διεξῆλθε τὴν ἐλεγείαν,
ἧς ἐστιν ἀρχή·

⊗   αὐτὸς κήρυξ ἦλθον ἀφ᾽ ἱμερτῆς Σαλαμῖνος,
             κόσμον ἐπέων †ᾠδὴν ἀντ᾽ ἀγορῆς θέμενος.

τοῦτο τὸ ποίημα Σαλαμὶς ἐπιγέγραπται, καὶ στίχων ἑκατόν
ἐστι, χαριέντως πάνυ πεποιημένον.

Cf. Dem. 19. 252, Polyaen. 1. 20. 1. Fabulam respiciunt
Philodemus *de musica* p. 87 Kemke; Aristides *or.* 46, ii.
361 Dindorf; Diogenes Laertius 1. 46; Iustinus 2. 7. 6-12;
alii.

2 Diogenes Laertius 1. 47

             εἴην δὴ τότ᾽ ἐγὼ Φολεγάνδριος ἢ Σικινήτης
             ἀντί γ᾽ Ἀθηναίου πατρίδ᾽ ἀμειψάμενος·
             αἶψα γὰρ ἂν φάτις ἥδε μετ᾽ ἀνθρώποισι γένοιτο·

Solon 1 2 ᾠδήν τ᾽ Hartung, sed videtur glossema esse
2 1 Σικινήτης cod. unus Diogenis : -ίτης cett.

"'Αττικὸς οὗτος ἀνήρ, τῶν Σαλαμιναφετέων".

1 - 2 Plut. *praec. gerendae reip.* 17 p. 813f.

3 Diogenes ib. εἶτα·

> ἴομεν ἐς Σαλαμῖνα μαχησόμενοι περὶ νήσου
> ἱμερτῆς χαλεπόν τ' αἶσχος ἀπωσόμενοι.

Schol. Dem. p. 94 Sauppe.

4 Dem. 19. 254 sq.

> ἡμετέρη δὲ πόλις κατὰ μὲν Διὸς οὔποτ' ὀλεῖται
> αἶσαν καὶ μακάρων θεῶν φρένας ἀθανάτων·
> τοίη γὰρ μεγάθυμος ἐπίσκοπος ὀβριμοπάτρη
> Παλλὰς 'Αθηναίη χεῖρας ὕπερθεν ἔχει·
> 5   αὐτοὶ δὲ φθείρειν μεγάλην πόλιν ἀφραδίηισιν
> ἀστοὶ βούλονται χρήμασι πειθόμενοι,
> δήμου θ' ἡγεμόνων ἄδικος νόος, οἶσιν ἕτοιμον
> ὕβριος ἐκ μεγάλης ἄλγεα πολλὰ παθεῖν·
> οὐ γὰρ ἐπίστανται κατέχειν κόρον οὐδὲ παρούσας
> 10 εὐφροσύνας κοσμεῖν δαιτὸς ἐν ἡσυχίηι
>
> . . . .
>
> πλουτέουσιν δ' ἀδίκοις ἔργμασι πειθόμενοι
>
> . . . .
>
> οὔθ' ἱερῶν κτεάνων οὔτέ τι δημοσίων
> φειδόμενοι κλέπτουσιν ἀφαρπαγῆι ἄλλοθεν ἄλλος,
> οὐδὲ φυλάσσονται σεμνὰ Δίκης θέμεθλα,

---

2 4 σαλαμίναφετων B, σαλαμῖν' ἀφέντων F, P p.c. : Σαλαμιναφετῶν
Is. Vossius, -ετέων Renner

4 9 παρεούσας Renner   post 10 et 11 nullum lacunae indicium in
libris. desideratur alterutro loco 'ubi autem homines pravi . . .'; 17 est
apodosis   11 πλουτοῦσιν codd. : corr. Fick, nisi -έωσιν fuit   13 ἀφ-
αρπαγῇ FBQYP suspectum : ἐφ' ἁρπαγῇ O

15   ἢ σιγῶσα σύνοιδε τὰ γιγνόμενα πρό τ' ἐόντα,
      τῶι δὲ χρόνωι πάντως ἦλθ' ἀποτεισομένη,
      τοῦτ' ἤδη πάσηι πόλει ἔρχεται ἕλκος ἄφυκτον,
      ἐς δὲ κακὴν ταχέως ἤλυθε δουλοσύνην,
      ἢ στάσιν ἔμφυλον πόλεμόν θ' εὕδοντ' ἐπεγείρει,
20   ὃς πολλῶν ἐρατὴν ὤλεσεν ἡλικίην·
      ἐκ γὰρ δυσμενέων ταχέως πολυήρατον ἄστυ
      τρύχεται ἐν συνόδοις τοῖς ἀδικέουσι φίλους.

      ταῦτα μὲν ἐν δήμωι στρέφεται κακά· τῶν δὲ πενιχρῶν
      ἱκνέονται πολλοὶ γαῖαν ἐς ἀλλοδαπὴν
25   πραθέντες δεσμοῖσί τ' ἀεικελίοισι δεθέντες

      οὕτω δημόσιον κακὸν ἔρχεται οἴκαδ' ἑκάστωι,
      αὔλειοι δ' ἔτ' ἔχειν οὐκ ἐθέλουσι θύραι,
      ὑψηλὸν δ' ὑπὲρ ἕρκος ὑπέρθορεν, εὗρε δὲ πάντως,
      εἰ καί τις φεύγων ἐν μυχῶι ἦι θαλάμου.
30   ταῦτα διδάξαι θυμὸς Ἀθηναίους με κελεύει,
 •   ὡς κακὰ πλεῖστα πόλει Δυσνομίη παρέχει·
      Εὐνομίη δ' εὔκοσμα καὶ ἄρτια πάντ' ἀποφαίνει,
      καὶ θαμὰ τοῖς ἀδίκοις ἀμφιτίθησι πέδας·
      τραχέα λειαίνει, παύει κόρον, ὕβριν ἀμαυροῖ,
35   αὐαίνει δ' ἄτης ἄνθεα φυόμενα,
      εὐθύνει δὲ δίκας σκολιάς, ὑπερήφανά τ' ἔργα
      πραΰνει· παύει δ' ἔργα διχοστασίης,
      παύει δ' ἀργαλέης ἔριδος χόλον, ἔστι δ' ὑπ' αὐτῆς
      πάντα κατ' ἀνθρώπους ἄρτια καὶ πινυτά.

---

4 15 ante σύνοιδε intrusit in codd. aliquot λέληθε (vel δ' ἔλη-
θε), cf. 13. 27   16 ἀποτισομένη B p.c. : -αμένη cett.   18 ἤγα-
γε Butcher   19 ἢ edd. vett.   ἐπεγείρειν BQ, ἐπαγείρειν FY :
ἐπέγειρεν Schneidewin   21 δυσνομίης Hecker   22 ἀδι-
κοῦσι codd.   φίλοις QY : φίλαις Bergk   23 possis τρέφεται
25 fort. δεσμοῖσιν sine τ'   δοθέντες FY   27 ὅτ' QYP   28 ηὖρε
Fick   πάντων vel πάντας plerique : corr. recc.   29 καί anon. : γὲ
codd.   ἦ θαλάμω codd. : corr. Schneidewin   34 δ' ἰαίνει fere QP

4a Arist. *Ath. Pol.* 5 εἵλοντο κοινῇ διαλλακτὴν καὶ ἄρχοντα Σόλωνα, καὶ τὴν πολιτείαν ἐπέτρεψαν αὐτῷ, ποιήσαντι τὴν ἐλεγείαν ἧς ἐστιν ἀρχή·

⊗   γινώσκω, καί μοι φρενὸς ἔνδοθεν ἄλγεα κεῖται,
       πρεσβυτάτην ἐσορῶν γαῖαν ['Ι]αονίης
     κλινομένην,

ἐν ᾗ πρὸς ἑκατέρους ὑπὲρ ἑκατέρων μάχεται καὶ διαμφισβητεῖ, καὶ μετὰ ταῦτα κοινῇ παραινεῖ καταπαύειν τὴν ἐνεστῶσαν φιλονικίαν.

4b Ib. καὶ ὅλως αἰεὶ τὴν αἰτίαν τῆς στάσεως ἀνάπτει τοῖς πλουσίοις· διὸ καὶ ἐν ἀρχῇ τῆς ἐλεγείας (sc. in qua fr. 4c stetit) δεδοικέναι φησὶ τήν τε φ[..]..[..]..τιαν τήν τε ὑπερηφαν[ί]αν, ὡς διὰ ταῦτα τῆς ἔχθρας ἐνεστώσης.
Plut. *Sol.* 14. 1 ἀλλ' αὐτός φησιν ὁ Σόλων ὀκνῶν τὸ πρῶτον ἅψασθαι τῆς πολιτείας καὶ δεδοικὼς τῶν μὲν τὴν φιλοχρηματίαν, τῶν δὲ τὴν ὑπερηφανίαν.

4c Arist. ib.
     ὑμεῖς δ' ἡσυχάσαντες ἐνὶ φρεσὶ καρτερὸν ἦτορ,
       οἳ πολλῶν ἀγαθῶν ἐς κόρον [ἠ]λάσατε,
     ἐν μετρίοισι τίθεσθε μέγαν νόον· οὔτε γὰρ ἡμεῖς
       πεισόμεθ', οὔθ' ὑμῖν ἄρτια τα[ῦ]τ' ἔσεται.

4a 3 κλινομενην scriptum videtur : καιν- alii viderunt
4b (Arist.) φιλοχρηματίαν (ut Plut.) veri sim. : pentametrum τήν τε φιλαργυρίαν τήν θ' ὑπερηφανίαν finxerunt Jackson et Mayor, vereor ut recte. Solon potuit scribere e.g. ἢ γὰρ ἔγωγε δέδοικ'... ἐσορῶν (cf. Thgn. 780) χρήματα τιμῶντας πάντη θ' ὑπερηφανέοντας
4c 2 [ἠ]λάσατε Postgate   3 μέτριοισι Kaibel–Wil.   4 ἄρκια Κondos · πά[ν]τ' ci. Kaibel — Wil.

SOLON

5 Arist. *Ath. Pol.* 12. 1; Plut. *Sol.* 18. 5

> δήμωι μὲν γὰρ ἔδωκα τόσον γέρας ὅσσον ἐπαρκεῖν,
> τιμῆς οὔτ' ἀφελὼν οὔτ' ἐπορεξάμενος·
> οἳ δ' εἶχον δύναμιν καὶ χρήμασιν ἦσαν ἀγητοί,
> καὶ τοῖς ἐφρασάμην μηδὲν ἀεικὲς ἔχειν·
> 5 ἔστην δ' ἀμφιβαλὼν κρατερὸν σάκος ἀμφοτέροισι,
> νικᾶν δ' οὐκ εἴασ' οὐδετέρους ἀδίκως.

6 Arist. ib.

> δῆμος δ' ὧδ' ἂν ἄριστα σὺν ἡγεμόνεσσιν ἕποιτο,
> μήτε λίην ἀνεθεὶς μήτε βιαζόμενος·
> τίκτει γὰρ κόρος ὕβριν, ὅταν πολὺς ὄλβος ἕπηται
> ἀνθρώποις ὁπόσοις μὴ νόος ἄρτιος ἦι.

1-2 Plut. *Publ.* 25. 6 (*comp. Sol. et Publ.* 2. 6); 3-4 Theogn. 153-4; 3 Clem. *Strom.* 6. 8. 7; cf. Arist. fr. 57, etc.

7 Plut. *Sol.* 25. 6

> ἔργμασιν ἐν μεγάλοις πᾶσιν ἀδεῖν χαλεπόν.

9 Excerpta e Diodoro (9. 20. 2; *Excerpta Hist. iussu Const. Porphyrogeniti confecta*, ed. Boissevain etc., iv. 286)

> ἐκ νεφέλης πέλεται χιόνος μένος ἠδὲ χαλάζης,
> βροντὴ δ' ἐκ λαμπρῆς γίγνεται ἀστεροπῆς·
> ἀνδρῶν δ' ἐκ μεγάλων πόλις ὄλλυται, ἐς δὲ μονάρχου
> δῆμος ἀϊδρίηι δουλοσύνην ἔπεσεν.

---

5 1 κράτος Plut.   ἐπαρκεῖν Brunck : -εῖ Plut. : απαρκει Arist. : -εῖν Ziegler   2 απορεξαμενος Arist. pap.   3 οσοιδ pap.
6 2 πιεζόμενος Plut.   3 τοι pro γὰρ Thgn., deinde κακῷ pro πολὺς   4 ανθρωποισοποσοισ pap. Arist. : ἀνθρώπῳ καὶ ὅτῳ Thgn.
9 1 φέρεται Diog.   fort. ἠὲ   2 τ' Diog.   3 δ' om. Diod.   19 τυράννου Diod. 19

5   λίην δ' ἐξάραντ' ⟨οὐ⟩ ῥάιδιόν ἐστι κατασχεῖν
     ὕστερον, ἀλλ' ἤδη χρὴ ⟨καλὰ⟩ πάντα νοεῖν.

1-4 Diog. Laert. 1. 50; 1-2 Plut. Sol. 3. 6; 3-4 Diod. 19. 1. 4.

10 Diogenes Laertius 1. 49 ἄξας γὰρ εἰς τὴν ἐκκλησίαν μετὰ
δόρατος καὶ ἀσπίδος προεῖπεν αὐτοῖς τινα ἐπίθεσιν τοῦ Πεισι-
στράτου... καὶ ἡ βουλὴ Πεισιστρατίδαι ὄντες μαίνεσθαι ἔλε-
γον αὐτόν· ὅθεν εἶπε ταυτί·
        δείξει δὴ μανίην μὲν ἐμὴν βαιὸς χρόνος ἀστοῖς,
        δείξει ἀληθείης ἐς μέσον ἐρχομένης.

11 Excerptum Diodori (v. ad fr. 9); Diogenes Laertius 1. 51
        εἰ δὲ πεπόνθατε λυγρὰ δι' ὑμετέρην κακότητα,
        μὴ θεοῖσιν τούτων μοῖραν ἐπαμφέρετε·
        αὐτοὶ γὰρ τούτους ηὐξήσατε ῥύματα δόντες,
        καὶ διὰ ταῦτα κακὴν ἔσχετε δουλοσύνην.
5   ὑμέων δ' εἷς μὲν ἕκαστος ἀλώπεκος ἴχνεσι βαίνει,
        σύμπασιν δ' ὑμῖν χαῦνος ἔνεστι νόος·
        ἐς γὰρ γλῶσσαν ὁρᾶτε καὶ εἰς ἔπη αἱμύλου ἀνδρός,
        εἰς ἔργον δ' οὐδὲν γιγνόμενον βλέπετε.

1-4 Plut. Sol. 30. 8; 7 + 5 - 6 Plut. ib. 30. 3.

12 Plut. Sol. 3. 6
        ἐξ ἀνέμων δὲ θάλασσα ταράσσεται· ἢν δέ τις αὐτὴν
        μὴ κινῆι, πάντων ἐστὶ δικαιοτάτη.

13 Stob. 3. 9. 23
     ⊗ Μνημοσύνης καὶ Ζηνὸς Ὀλυμπίου ἀγλαὰ τέκνα,
        Μοῦσαι Πιερίδες, κλῦτέ μοι εὐχομένωι·

---

9 5 λείης δ' ἐξέραντα V : corr. Schneidewin   οὐ add. L. Dindorf
6 καλὰ supplevi : περὶ Dindorf : τινα Sintenis : τάδε Passow
11 1 δεινὰ Diog.   2 τι θεοῖς Diog., v.l. in Plut.   ταύτην
cod. excerpti (V)   μῆνιν Plut.   3 ῥύσια Diog.   4 τοῦτο V
6 χαῦνος Plut. : κοῦφος V Diog.   7 ἔπος αἰόλον V Diog.
13 cod. S (7-13 etiam MA)

SOLON

ὄλβόν μοι πρὸς θεῶν μακάρων δότε, καὶ πρὸς ἁπάντων
ἀνθρώπων αἰεὶ δόξαν ἔχειν ἀγαθήν·
5   εἶναι δὲ γλυκὺν ὧδε φίλοις, ἐχθροῖσι δὲ πικρόν,
τοῖσι μὲν αἰδοῖον, τοῖσι δὲ δεινὸν ἰδεῖν.
χρήματα δ' ἱμείρω μὲν ἔχειν, ἀδίκως δὲ πεπᾶσθαι
οὐκ ἐθέλω· πάντως ὕστερον ἦλθε δίκη.
πλοῦτον δ' ὃν μὲν δῶσι θεοί, παραγίγνεται ἀνδρὶ
10   ἔμπεδος ἐκ νεάτου πυθμένος ἐς κορυφήν·
ὃν δ' ἄνδρες τιμῶσιν ὑφ' ὕβριος, οὐ κατὰ κόσμον
ἔρχεται, ἀλλ' ἀδίκοις ἔργμασι πειθόμενος
οὐκ ἐθέλων ἔπεται, ταχέως δ' ἀναμίσγεται ἄτηι·
ἀρχῆς δ' ἐξ ὀλίγης γίγνεται ὥστε πυρός,
15   φλαύρη μὲν τὸ πρῶτον, ἀνιηρὴ δὲ τελευτᾶι·
οὐ γὰρ δὴ⟨ν⟩ θνητοῖς ὕβριος ἔργα πέλει,
ἀλλὰ Ζεὺς πάντων ἐφορᾶι τέλος, ἐξαπίνης δὲ
ὥστ' ἄνεμος νεφέλας αἶψα διεσκέδασεν
ἠρινός, ὃς πόντου πολυκύμονος ἀτρυγέτοιο
20   πυθμένα κινήσας, γῆν κάτα πυροφόρον
δηιώσας καλὰ ἔργα θεῶν ἕδος αἰπὺν ἱκάνει
οὐρανόν, αἰθρίην δ' αὖτις ἔθηκεν ἰδεῖν,
λάμπει δ' ἠελίοιο μένος κατὰ πίονα γαῖαν
καλόν, ἀτὰρ νεφέων οὐδ' ἓν ἔτ' ἐστὶν ἰδεῖν.
25   τοιαύτη Ζηνὸς πέλεται τίσις· οὐδ' ἐφ' ἑκάστωι
ὥσπερ θνητὸς ἀνὴρ γίγνεται ὀξύχολος,
αἰεὶ δ' οὔ ἑ λέληθε διαμπερές, ὅστις ἀλιτρὸν
θυμὸν ἔχει, πάντως δ' ἐς τέλος ἐξεφάνη·
ἀλλ' ὁ μὲν αὐτίκ' ἔτεισεν, ὁ δ' ὕστερον· οἱ δὲ φύγωσιν
30   αὐτοί, μηδὲ θεῶν μοῖρ' ἐπιοῦσα κίχηι,

---

13 8 fort. πάντως δ'   9 πλοῦτος M²   11 τιμῶσιν codd. :
μετίωσιν Ahrens : τέτμωσιν Sitzler   13 ἄτη malunt quidam
14 ἀρχῆς δ' ἐξ ὀλίγης scripsi : ἀρχὴ δ' ἐξ ὀλίγου S : ἀρχὴν δ' ἐξ ὀλίγου
W.G. Arnott : ἄτη δ' Schenkl   16 δὴ S : corr. Gesner et Par. 1985
27 οὔτε S : corr. Hermann

ἤλυθε πάντως αὖτις· ἀναίτιοι ἔργα τίνουσιν
ἢ παῖδες τούτων ἢ γένος ἐξοπίσω.

θνητοὶ δ' ὧδε νοέομεν ὁμῶς ἀγαθός τε κακός τε,
εὖ ῥεῖν ἣν αὐτὸς δόξαν ἕκαστος ἔχει,
35 πρίν τι παθεῖν· τότε δ' αὖτις ὀδύρεται· ἄχρι δὲ τούτου
χάσκοντες κούφαις ἐλπίσι τερπόμεθα.
χὤστις μὲν νούσοισιν ὑπ' ἀργαλέηισι πιεσθῆι,
ὡς ὑγιὴς ἔσται, τοῦτο κατεφράσατο·
ἄλλος δειλὸς ἐὼν ἀγαθὸς δοκεῖ ἔμμεναι ἀνήρ,
40 καὶ καλὸς μορφὴν οὐ χαρίεσσαν ἔχων·
εἰ δέ τις ἀχρήμων, πενίης δέ μιν ἔργα βιᾶται,
κτήσασθαι πάντως χρήματα πολλὰ δοκεῖ.
σπεύδει δ' ἄλλοθεν ἄλλος· ὁ μὲν κατὰ πόντον ἀλᾶται
ἐν νηυσὶν χρήιζων οἴκαδε κέρδος ἄγειν
45 ἰχθυόεντ' ἀνέμοισι φορεόμενος ἀργαλέοισιν,
φειδωλὴν ψυχῆς οὐδεμίαν θέμενος·
ἄλλος γῆν τέμνων πολυδένδρεον εἰς ἐνιαυτὸν
λατρεύει, τοῖσιν καμπύλ' ἄροτρα μέλει·
ἄλλος Ἀθηναίης τε καὶ Ἡφαίστου πολυτέχνεω
50 ἔργα δαεὶς χειροῖν ξυλλέγεται βίοτον,
ἄλλος Ὀλυμπιάδων Μουσέων πάρα δῶρα διδαχθείς,
ἱμερτῆς σοφίης μέτρον ἐπιστάμενος·
ἄλλον μάντιν ἔθηκεν ἄναξ ἑκάεργος Ἀπόλλων,
ἔγνω δ' ἀνδρὶ κακὸν τηλόθεν ἐρχόμενον,
55 ὧι συνομαρτήσωσι θεοί· τὰ δὲ μόρσιμα πάντως
οὔτέ τις οἰωνὸς ῥύσεται οὔθ' ἱερά·

---

13 31 αὐτίκ' S : corr. Brunck   ἀναίτιοι nescioquis : ἀναίτια S,
cui τ' add. Camerarius, δ' Sylburg   32 ἡγεμόνων ὀπίσω S : corr.
Par. 1985 m² et Pierson   34 εὖ ῥεῖν ἣν Büchner, Theiler (εὖ ῥεῖν iam
Schneidewin) : ἐνδηνην S (ἣ et ἤ m. rec.) : εὐθηνεῖν Ahrens   36 τρε-
φόμεθα S a.c., unde βοσκόμεθα van Leeuwen   42 κτήσεσθαι
Sylburg   πάντων S : corr. Gesner   48 μένει S : corr. Gesner
50 ἔργαλα εἰσ S : corr. Par. 1985 m²   53-6 post 62 transp.
Edmonds   56 maluissem οἰωνοῖς ... ἱεροῖς

ἄλλοι Παιῶνος πολυφαρμάκου ἔργον ἔχοντες
ἰητροί· καὶ τοῖς οὐδὲν ἔπεστι τέλος·
πολλάκι δ' ἐξ ὀλίγης ὀδύνης μέγα γίγνεται ἄλγος,
60   κοὐκ ἄν τις λύσαιτ' ἤπια φάρμακα δούς·
τὸν δὲ κακαῖς νούσοισι κυκώμενον ἀργαλέαις τε
ἁψάμενος χειροῖν αἶψα τίθησ' ὑγιῆ.
Μοῖρα δέ τοι θνητοῖσι κακὸν φέρει ἠδὲ καὶ ἐσθλόν;
δῶρα δ' ἄφυκτα θεῶν γίγνεται ἀθανάτων.
65   πᾶσι δέ τοι κίνδυνος ἐπ' ἔργμασιν, οὐδέ τις οἶδεν
πῆι μέλλει σχήσειν χρήματος ἀρχομένου·
ἀλλ' ὁ μὲν εὖ ἔρδειν πειρώμενος οὐ προνοήσας
ἐς μεγάλην ἄτην καὶ χαλεπὴν ἔπεσεν,
τῶι δὲ κακῶς ἔρδοντι θεὸς περὶ πάντα δίδωσιν
70   συντυχίην ἀγαθήν, ἔκλυσιν ἀφροσύνης.
πλούτου δ' οὐδὲν τέρμα πεφασμένον ἀνδράσι κεῖται·
οἳ γὰρ νῦν ἡμέων πλεῖστον ἔχουσι βίον,
διπλάσιον σπεύδουσι· τίς ἂν κορέσειεν ἅπαντας;
κέρδεά τοι θνητοῖς ὤπασαν ἀθάνατοι,
75   ἄτη δ' ἐξ αὐτῶν ἀναφαίνεται, ἣν ὁπότε Ζεὺς
πέμψηι τεισομένην, ἄλλοτε ἄλλος ἔχει.   ⊗

1-2=Crates fr. 1. 1-2   1 Clem. *Strom.* 6. 11. 1   5-7 resp.
Crates fr. 1. 5-6   7-8 Plut. *Sol.* 2. 4, *Publ.* 24. 7 (*comp.*
Sol. et Publ. 1. 7)   65-70 Theogn. 585-90   71-6 Theogn.
227-32   71 Arist. *Pol. A* 8 p 1256ᵇ31; Plut. *de cupid. div.*
4 p. 524e; Basil. *ad adulescentes* 9. 103 p. 58 Boulenger.

13 60 δούς recc. : τούσ S   61 κακῶς ... ἀργαλέησιν Wila-
mowitz   κυκώμενον Gesner : κακώμενον (sic) S   65 πᾶσίν τοι
Thgn.   66 πῇ Thgn.ᴬ: ποῖ ο Stob. : ῇ S   σχήσειν μέλλει πρήγμα-
τος Thgn.   ἀρχόμενος Gomperz   67 εὐδοκιμεῖν Thgn.   69 λ su-
pra κακῶς scr. S m. rec. : καλῶς ποιεῦντι Thgn. (καλὸν ποιοῦντι Stob.)
καλὰ πάντα Stob. in Thgn.   70 ἀγαθῶν idem   71 ἀνδράσι κεῖται
S Arist. Basil. : ἀνθρώποισι Thgn. Plut.   73 διπλασίως S   74 χρή-
ματά τοι θνητοῖς γίνεται ἀφροσύνη Thgn.   75 αὐτῆς Thgn.
ὁπόταν S   76 τισομένην S : τειρομένοις Thgn.   ἄλλοτέ τ' S Thgn.ᴬᴼ

ELEGI

14 Stob. 4. 34. 23

οὐδὲ μάκαρ οὐδεὶς πέλεται βροτός, ἀλλὰ πονηροὶ
πάντες ὅσους θνητοὺς ἠέλιος καθορᾶι.

15 Plut. *Sol.* 3. 2; Theogn. 315 - 18

πολλοὶ γὰρ πλουτέουσι κακοί, ἀγαθοὶ δὲ πένονται·
ἀλλ' ἡμεῖς τούτοις οὐ διαμειψόμεθα
τῆς ἀρετῆς τὸν πλοῦτον, ἐπεὶ τὸ μὲν ἔμπεδον αἰεί,
χρήματα δ' ἀνθρώπων ἄλλοτε ἄλλος ἔχει.

2-4 Plut. *de prof. virt.* 6 p. 78c, *de tranqu. animi* 13 p.
472d; Basil. *ad adulescentes* 5. 45 p. 48 Boulenger; 2-3
(—πλοῦτον) Plut. *de inim. util.* 11 p. 92e.

16 Clem. *Strom.* 5. 81. 1

γνωμοσύνης δ' ἀφανὲς χαλεπώτατόν ἐστι νοῆσαι
μέτρον, ὃ δὴ πάντων πείρατα μοῦνον ἔχει.

17 Clem. *Strom.* 5. 129. 5

πάντηι δ' ἀθανάτων ἀφανὴς νόος ἀνθρώποισιν.

18 Ps.- Plato, *Amat.* 133c; Plut. *Sol.* 2. 2, 31. 6; etc.

γηράσκω δ' αἰεὶ πολλὰ διδασκόμενος.

19 Herodotus 5. 113. 2 καὶ ὁ Σολίων βασιλεὺς Ἀριστόκυπρος
ὁ Φιλοκύπρου, Φιλοκύπρου δὲ τούτου τὸν Σόλων ὁ Ἀθηναῖος
ἀπικόμενος ἐς Κύπρον ἐν ἔπεσιν αἴνεσε τυράννων μάλιστα.

Plut. *Sol.* 26. 2-4 ἔπειτα πλεύσας εἰς Κύπρον ἠγαπήθη δια-

---

15 1 τοι Thgn.   2 τούτοις Thgn. : αὐτοῖς Plut. quater (γ' αὐ-
τοῖς 78c v.l.), Basil.   3 αἰεὶ Thgn. Basil. et Plut. *Sol.* cod. C:
ἔστιν Plut. alias   ἄλλοτέ τ' v.l. in Plut. *Sol.*, Thgn.A
17 πάντη cod. Clem. : πάμπαν Euseb. *praep. ev.* 13. 13. 57

φερόντως ὑπὸ Φιλοκύπρου τινὸς τῶν ἐκεῖ βασιλέων, ὃς εἶχεν
οὐ μεγάλην πόλιν … ἔπεισεν οὖν αὐτὸν ὁ Σόλων, ὑποκειμένου
καλοῦ πεδίου, μεταθέντα τὴν πόλιν ἡδίονα καὶ μείζονα κατα-
σκευάσαι, καὶ παρὼν ἐπεμελήθη τοῦ συνοικισμοῦ … καὶ αὐτὸς
δὲ μέμνηται τοῦ συνοικισμοῦ· προσαγορεύσας γὰρ ἐν ταῖς ἐλε-
γείαις τὸν Φιλόκυπρον

νῦν δὲ (φησὶ) σὺ μὲν Σολίοισι πολὺν χρόνον ἐνθάδ' ἀνάσσων
τήνδε πόλιν ναίοις καὶ γένος ὑμέτερον·
αὐτὰρ ἐμὲ ξὺν νηΐ θοῆι κλεινῆς ἀπὸ νήσου
ἀσκηθῆ πέμποι Κύπρις ἰοστέφανος·
5   οἰκισμῶι δ' ἐπὶ τῶιδε χάριν καὶ κῦδος ὀπάζοι
ἐσθλὸν καὶ νόστον πατρίδ' ἐς ἡμετέρην.

1-4 Vita Arati p. 77. 8 Maass.

20 Diogenes Laertius 1. 60, v. ad Mimn. fr. 6

0   ⟨"ἑξηκονταέτη μοῖρα κίχοι θανάτου."⟩
1   ἀλλ' εἴ μοι καὶ νῦν ἔτι πείσεαι, ἔξελε τοῦτο —
μηδὲ μέγαιρ', ὅτι σέο λώιον ἐπεφρασάμην —
καὶ μεταποίησον Λιγυαστάδη, ὧδε δ' ἄειδε·
"ὀγδωκονταέτη μοῖρα κίχοι θανάτου".

21 Plut. Publ. 24. 5 (comp. Sol. et Publ. 1. 5) πρὸς Μίμνερμον
ἀνειπὼν περὶ χρόνου ζωῆς ἐπιπεφώνηκε,

μηδέ μοι ἄκλαυτος θάνατος μόλοι, ἀλλὰ φίλοισι
καλλείποιμι θανὼν ἄλγεα καὶ στοναχάς.

---

19 2 δύοις cod. vit. Arat.   5-6 spurios censuit Sykutris
20 0(= Mimn. 6. 2) supplevi   1 κἂν νῦν codd. : corr. Thiersch
τοῦτο B, F a.c.: τοῦτον F p.c., P   2 λῶον Christianus : τοῖον
codd.   3 (ν)α(ι)γιαστάδη (-δὶ) codd. : Λιγυαστάδη Bergk, Λι-
γυαστάδη Diels, cf. Sudam Μίμνερμος Λιγυρτυάδου… ἐκαλεῖτο δὲ καὶ
Λιγειαστάδης διὰ τὸ ἐμμελὲς καὶ λιγύ, ubi Λιγυαστάδης Demetr. Chal-
condylas
21 1 vel μηδ' ἐμοὶ   ἄκλαυτος van Herwerden : ἄκλαυστος
libri   2 καλλείποιμι Stob., linquamus Cic. : ποιήσαιμι Plut.

Stob. 4. 54. 3. Latine reddit Cic. *Tusc.* I. 117.

22 Plato, *Tim.* 20e (Critias loquitur) ἦν μὲν οὖν (Solon)
οἰκεῖος ἡμῖν καὶ σφόδρα φίλος Δρωπίδου τοῦ προπάππου,
καθάπερ λέγει πολλαχοῦ καὶ αὐτὸς ἐν τῇ ποιήσει.
Id. *Charm.* 157e ἥ τε γὰρ πατρῴα ὑμῖν οἰκία, ἡ Κριτίου τοῦ
Δρωπίδου, καὶ ὑπὸ Ἀνακρέοντος (fr. 180 Gentili, *Melici*
495) καὶ ὑπὸ Σόλωνος καὶ ὑπ' ἄλλων πολλῶν ποιητῶν ἐγκε-
κωμιασμένη παραδέδοται ἡμῖν, ὡς διαφέρουσα κάλλει τε καὶ
ἀρετῇ καὶ τῇ ἄλλῃ λεγομένῃ εὐδαιμονίᾳ.

22a Procl. in *Tim.* l.c., i. 81 D. (schol. p. 280 Greene) Ἐξηκεστί-
δου παῖδες ἐγένοντο Σόλων καὶ Δρωπίδης, καὶ Δρωπίδου μὲν
Κριτίας, οὗ μνημονεύει καὶ Σόλων ἐν τῇ ποιήσει, λέγων·

> εἰπεῖν μοι Κριτίηι ξανθότριχι πατρὸς ἀκούειν·
> οὐ γὰρ ἁμαρτινόωι πείσεται ἡγεμόνι.

1 Arist. *Rhet.* A 15 p. 1375ᵇ 34.

23 Plato, *Lys.* 212e; Hermias in Pl. *Phaedr.* p. 38. 14 Cou-
vreur; Theogn. 1253-4

> ὄλβιος, ὧι παῖδές τε φίλοι καὶ μώνυχες ἵπποι
> καὶ κύνες ἀγρευταὶ καὶ ξένος ἀλλοδαπός.

1 Ps.-Luc. *amores* 48.

24 Theogn. 719 - 28, unde Stob. 4. 33. 7

> ἴσόν τοι πλουτέουσιν, ὅτωι πολὺς ἄργυρός ἐστι

22a εἰπεῖν μοι Arist. : εἰπέμεναι Procl. sch. Pl.   Κριτίᾳ πυρρότριχι
Arist.
23 1 ὄλβιοι Herm. v.l.   φίλοι Pl. disertim, Herm. Thgn. :
νέοι ps.- Luc.   2 θηρευταί τε κύνες καὶ ξένοι ἀλλοδαποὶ Thgn.
24 1 ὅσοις Stob.

καὶ χρυσὸς καὶ γῆς πυροφόρου πεδία
ἵπποί θ᾽ ἡμίονοί τε, καὶ ὧι μόνα ταῦτα πάρεστι,
γαστρί τε καὶ πλευραῖς καὶ ποσὶν ἁβρὰ παθεῖν,
5   παιδός τ᾽ ἠδὲ γυναικός, ἐπὴν καὶ ταῦτ᾽ ἀφίκηται,
ὤρη, σὺν δ᾽ ἥβῃ γίνεται ἁρμοδίη.
ταῦτ᾽ ἄφενος θνητοῖσι· τὰ γὰρ περιώσια πάντα
χρήματ᾽ ἔχων οὐδεὶς ἔρχεται εἰς Ἀίδεω,
οὐδ᾽ ἂν ἄποινα διδοὺς θάνατον φύγοι, οὐδὲ βαρείας
10   νούσους, οὐδὲ κακὸν γῆρας ἐπερχόμενον.

1-6 Plut. Sol. 2. 3.

25 Plut. amat. 5 p. 751b

ἔσθ᾽ ἥβης ἐρατοῖσιν ἐπ᾽ ἄνθεσι παιδοφιλήσηι,
μηρῶν ἱμείρων καὶ γλυκεροῦ στόματος.

2 Apul. apol. 9; Ath. 602e.

26 Anon. in P. Hercul. 1384 fr. 1 (Hercul. Vol. coll. alt. xi.
52; Gomperz, Wien. St. 2, 1880, 7 sq.); Plut. amat. 5 p.
751e ὅθεν οἶμαι καὶ Σόλων ἐκεῖνα μὲν (fr. 25) ἔγραψε νέος
ὢν ἔτι ... ταυτὶ δὲ πρεσβύτης γενόμενος·

ἔργα] δὲ Κυπρογενοῦς νῦν] μοι φίλα καὶ [Διονύσου]
καὶ Μουσέων, [ἃ τίθησ᾽] ἀνδράσιν εὐ[φροσύνας.

Id. Sol. 31. 7, sept. sap. conv. 13 p. 155e; Hermias in Pl.
Phaedr. p. 38. 17 Couvreur.

---

24 3 μόνα ταῦτα Plut.: τὰ δέοντα Thgn.: τάδε πάντα Stob.
4 πλευρῇ Plut., -ῆς Bergk   5 ἐπὴν καὶ ταῦτ᾽ Plut.: ὅταν δέ κε
τῶν(δ᾽) Thgn. (Stob.)   6 ἥβῃ, σὺν δ᾽ ὤρη(ι) Plut. ἁρμοδίη
Schneidewin, -δία Thgn.A Stob.SM: -διος Thgn.O: -νία Stob.A Plut.
(sed ν in ras. Plut.S)   8 ἀίδην p Stob.

27 Philo, *de opif. mundi* 104 (i. 36. 8 C.-W.); Clem. *Strom.*
6. 144. 3; Anatolius π. δεκάδος p. 37 Heiberg

> παῖς μὲν ἄνηβος ἐὼν ἔτι νήπιος ἕρκος ὀδόντων
> φύσας ἐκβάλλει πρῶτον ἐν ἕπτ' ἔτεσιν.
> τοὺς δ' ἑτέρους ὅτε δὴ τελέσηι θεὸς ἕπτ' ἐνιαυτούς,
> ἥβης †δὲ φάνει† σήματα γεινομένης.
> 5 τῆι τριτάτηι δὲ γένειον ἀεξομένων ἔτι γυίων
> λαχνοῦται, χροιῆς ἄνθος ἀμειβομένης.
> τῆι δὲ τετάρτηι πᾶς τις ἐν ἑβδομάδι μέγ' ἄριστος
> ἰσχύν, ἧι τ' ἄνδρες πείρατ' ἔχουσ' ἀρετῆς.
> πέμπτηι δ' ὥριον ἄνδρα γάμου μεμνημένον εἶναι
> 10 καὶ παίδων ζητεῖν εἰσοπίσω γενεήν.
> τῆι δ' ἕκτηι περὶ πάντα καταρτύεται νόος ἀνδρός,
> οὐδ' ἔρδειν ἔθ' ὁμῶς ἔργ' ἀπάλαμνα θέλει.
> ἑπτὰ δὲ νοῦν καὶ γλῶσσαν ἐν ἑβδομάσιν μέγ' ἄριστος
> ὀκτώ τ'· ἀμφοτέρων τέσσαρα καὶ δέκ' ἔτη.
> 15 τῆι δ' ἐνάτηι ἔτι μὲν δύναται, μαλακώτερα δ' αὐτοῦ
> πρὸς μεγάλην ἀρετὴν γλῶσσά τε καὶ σοφίη.
> τὴν δεκάτην δ' εἴ τις τελέσας κατὰ μέτρον ἵκοιτο,
> οὐκ ἂν ἄωρος ἐὼν μοῖραν ἔχοι θανάτου.

---

27 codd. Philonis M AB FG H et Par. 1843; Clementis unicus L;
Anatolii MH   4 δ' ἐφάνει Anat.H, δ' ἐφάνη Anat.M : δὲ φανείσης
Clem.L: δὲ φαίνει Ph.Par, δὴ φαίνει Ph.M, ἐκφαίνει cett.   σπέρματα
Clem.l   γιν- Ph.AB Clem.l Anat.MH: γιγν- Ph.M   5 ἔτι Bergk :
ἐπὶ testes   6 χνοιεῖσ Anat.H   7 ἐβδομάδι μέγ' Clem. L: ἑβδο-
μά(δεσ)σιν codd. Ph., ἑβδομάδεσιν Anat.MH   8 ἦν τ' Clem.L : ἦν τ'
Sylburg πείρατ' Stadtmüller : σήματ' Clem.l Ph. plerique : μνήματ'
Ph.M: ἥμετ- Anat.H, μετ- Anat.M   9 ὡρίου Bergk : ὥρη Ph.AB
10 ἐξοπίσω Ph. Anat.   12 ἐσιδεῖν et ἔργα μάταια Clem.L   14 δ'
testes : corr. Mangey   15 μαλακώτερα Ph. Anat., *languidiora*
Cens., *mollior* Ambr. : μετριώτερα Clem.l   16 an ἀγορὴν? σῶμά
τε καὶ δύναμις Clem.l contra Ph. Anat. Cens. Ambr.   17 τὴν
δεκάτην Ph.M : τῇ δεκάτῃ cett. : τῆς δεκάτης Hartung   εἴ τις (...
ἵκοιτο) Ph. : ὅστις (...ἵκοιτο) Anat. : ὅτε δὴ τελέση θεὸς ἕπτ' ἐνιαυτοὺς
(ex 3) Clem.l   18 ἔοι... ἔχων Anat.

Latine reddiderunt Cens. *de die nat.* 14. 7, Ambros. *epist.* 31 (44). 13 (*Corp. Script. Eccl. Lat.* lxxxii. 222 sq.); cf. Macr. in *Somn. Scip.* 1. 6. 70-6.

28 Plut. *Sol.* 26. 1 πρῶτον μὲν οὖν εἰς Αἴγυπτον ἀφίκετο, καὶ διέτριψεν ὡς καὶ †πρότερον αὐτός φησι

Νείλου ἐπὶ προχοῆισι, Κανωβίδος ἐγγύθεν ἀκτῆς.

29 Ps-Plato, π. δικαίου 374a cum schol.; Arist. *Metaph.* A 2 p. 983ᵃ3; etc.

πολλὰ ψεύδονται ἀοιδοί.

30 Diogen. 2. 99 "ἀρχῶν ἄκουε καὶ δικαίως κἀδίκως"· ἐκ τῶν Σόλωνος ἐλεγείων, παραινετική. = Apostol. 4. 3. Cf. *Append. Prov.* 1. 100 "δοῦλε δεσποτῶν ἄκουε καὶ δίκαια κἄδικα". ἐπὶ τῶν ἀπειθῶν δούλων. οἱ δὲ οὕτως αὐτὴν λέγουσιν· (2. 1) "κρεισσόνων γὰρ καὶ δίκαια κἄδικ' ἔστ' ἀκούειν"; Macar. 3. 36 = schol. Aesch. *Cho.* 78; Trag. adesp. 436 N.²

30a Io. Diac. Logoth. in Hermog. (Rabe, *Rh. Mus.* 63, 1908, 150) ἄμφω δὲ (comoedia, tragoedia) παρ' Ἀθηναίοις ἐφεύρηνται, καθάπερ Ἀριστοτέλης φησίν (cf. *Poet.* 3 p. 1448ᵃ30). ἐν ταύτῃ γὰρ ἄνθρωποι πρῶτοι γεγόνασι, διὸ καὶ ταύτῃ τῇ πόλει μαρτυρητέον τὰ κάλλιστα τῶν μαθημάτων καὶ σπουδαιότατα. τῆς δὲ τραγῳδίας πρῶτον δρᾶμα Ἀρίων ὁ Μηθυμναῖος εἰσήγαγεν, ὥσπερ Σόλων ἐν ταῖς ἐπιγραφομέναις Ἐλεγείαις ἐδίδαξε. Δράκων (Στράτων Patzer) δὲ ὁ Λαμψακηνὸς δρᾶμά φησι πρῶτον Ἀθήνησι διδαχθῆναι ποιήσαντος Θέσπιδος.

---

30 Solon fort. similem sententiam in elegis expressit (Diog.) v.l. κἂν δίκη κἂν μὴ δίκη (δοκῇ bis Nauck)

30a Solonis mentio fort. ad ἐν ταύτῃ—γεγόνασι referenda; vel cf. fabulam de Solone et Thespide, Plut. *Sol.* 29. 6-7, Diog. Laert. 1.59

31. HEXAMETRI

31 Plut. *Sol*. 3. 5 ἔνιοι δέ φασιν ὅτι καὶ τοὺς νόμους ἐπεχείρησεν
ἐντείνας εἰς ἔπος ἐξενεγκεῖν, καὶ διαμνημονεύουσι τὴν ἀρχὴν
οὕτως ἔχουσαν·

⊗   πρῶτα μὲν εὐχώμεσθα Διὶ Κρονίδηι βασιλῆϊ
      θεσμοῖς τοῖσδε τύχην ἀγαθὴν καὶ κῦδος ὀπάσσαι.

32-4. TETRAMETRI

32 Plut. *Sol*. 14. 8 τούτων οὐδὲν ἐξέκρουσε τὸν Σόλωνα τῆς αὐτοῦ
προαιρέσεως, ἀλλὰ πρὸς μὲν τοὺς φίλους εἶπεν ὡς λέγεται
καλὸν μὲν εἶναι τὴν τυραννίδα χωρίον, οὐκ ἔχειν δ' ἀπόβασιν,
πρὸς δὲ Φῶκον ἐν τοῖς ποιήμασι γράφων

εἰ δὲ γῆς (φησιν) ἐφεισάμην
πατρίδος, τυραννίδος δὲ καὶ βίης ἀμειλίχου
οὐ καθηψάμην μιάνας καὶ καταισχύνας κλέος,
οὐδὲν αἰδέομαι· πλέον γὰρ ὧδε νικήσειν δοκέω
5   πάντας ἀνθρώπους.

33 Pergit Plut. (14. 9-15. 1) ἃ δὲ φυγόντος αὐτοῦ τὴν τυραννί-
δα πολλοὶ καταγελῶντες ἔλεγον, γέγραφεν οὕτως·
      "οὐκ ἔφυ Σόλων βαθύφρων οὐδὲ βουλήεις ἀνήρ·
      ἐσθλὰ γὰρ θεοῦ διδόντος αὐτὸς οὐκ ἐδέξατο·
      περιβαλὼν δ' ἄγρην ἀγασθεὶς οὐκ ἐπέσπασεν μέγα
      δίκτυον, θυμοῦ θ' ἁμαρτῆι καὶ φρενῶν ἀποσφαλείς·
5   ἤθελον γάρ κεν κρατήσας, πλοῦτον ἄφθονον λαβὼν
      καὶ τυραννεύσας Ἀθηνέων μοῦνον ἡμέρην μίαν,
      ἀσκὸς ὕστερον δεδάρθαι κἀπιτετρίφθαι γένος."
ταῦτα τοὺς πολλοὺς καὶ φαύλους περὶ αὐτοῦ πεποίηκε λέγοντας.

---

31 fr. dubiae fidei
33 codd. SΥ   1 ἔφυ〚s〛 S   3 ἀασθείς Lobeck   4 δ' Υ,
sscr. S   5 ἤθελε(ν) codd. : corr. Xylander   7 αὐτὸς Υ,
S marg.

33a Pergit Plut. οὐ μὴν ἀπωσάμενός γε τὴν τυραννίδα τὸν πρᾱό-
τατον ἐχρήσατο τρόπον τοῖς πράγμασιν, οὐδὲ μαλακῶς οὐδ᾽
ὑπείκων τοῖς δυναμένοις οὐδὲ πρὸς ἡδονὴν τῶν ἑλομένων ἔθετο
τοὺς νόμους, ἀλλ᾽ ᾗ μὲν ἀρεστὸν ἦν, οὐκ ἐπήγαγεν ἰατρείαν
οὐδὲ καινοτομίαν, φοβηθεὶς μὴ συγχέας παντάπασιν καὶ ταρά-
ξας τὴν πόλιν ἀσθενέστερος γένηται τοῦ καταστῆσαι πάλιν
καὶ διαρμόσασθαι πρὸς τὸ ἄριστον.

34 Arist. *Ath. Pol.* 12. 3

οἱ δ᾽ ἐφ᾽ ἁρπαγῆισιν ἦλθον· ἐλπίδ᾽ εἶχον ἀφνεήν,
κἀδόκ[ε]ον ἕκαστος αὐτῶν ὄλβον εὑρήσειν πολύν,
καί με κωτίλλοντα λείως τραχὺν ἐκφανεῖν νόον.
χαῦνα μὲν τότ᾽ ἐφράσαντο, νῦν δέ μοι χολούμενοι
5 λοξὸν ὀφθαλμοῖς ὁρῶσι πάντες ὥστε δήϊον.
οὐ χρεών· ἃ μὲν γὰρ εἶπα, σὺν θεοῖσιν ἤνυσα,
ἄ⌊λλ⌋α δ᾽ οὐ μάτην ἔερδον, οὐδέ μοι τυραννίδος
ἁνδάνει βίηι τι[..].ε[ι]ν, οὐδὲ πιεί[ρ]ης χθονὸς
πατρίδος κακοῖσιν ἐσθλοὺς ἰσομοιρίην ἔχειν.

4-5 Plut. *Sol.* 16. 3   6-7 Aristides *or.* 28. 137, ii.
184. 29 Keil ὁ δὲ δὴ Σόλων καὶ βιβλίον ἐξεπίτηδες πεποίηκεν,
ὥσπερ ἡμεῖς εἰς τὴν Ἀθηνᾶν, οὕτως ἐκεῖνος εἰς αὑτὸν καὶ τὴν
ἑαυτοῦ πολιτείαν, ἐν ᾧ ἄλλα τε δὴ λέγει καὶ ταῦτα· "ἃ μὲν —
ἔρδον".

33a versus subesse videntur (Bekker); e.g. φοβεόμενος | μή ποτ᾽,
εἰ συνέχεα πάντῃ κατάραξα τὴν πόλιν, | ἀσθενέστερος γενοίμην τοῦ κατα-
στῆσαι πάλιν
34 1 οἱ δ᾽... ἦλθον, edd.   αρπαγαισιν pap. : ἁρπαγῇ συνῆλθον
Richards   συνῆλθον κάλπιδ᾽ et 3 νόον, Ziegler   3 κἀμὲ Kaibel-
Wil.   6 ειπα pap. Arist. : ἄελπτα codd. Aristid.   7 ἅμα δ᾽
οὐ μάτην ἔρδον codd. Aristid.   vix μὰ τὴν vel Γῆν   8 ἥνδανεν
Richards   ]. : hasta proclinata, potes ζ inter alia : [ῥέζ]ειν
Kenyon : [κιν]εῖν Bury

36 - 40. TRIMETRI

36 Arist. *Ath. Pol.* 12. 4

ἐγὼ δὲ τῶν μὲν οὕνεκα ξυνήγαγον
δῆμον, τί τούτων πρὶν τυχεῖν ἐπαυσάμην;
συμμαρτυροίη ταῦτ' ἂν ἐν δίκηι Χρόνου
μήτηρ μεγίστη δαιμόνων Ὀλυμπίων
5   ἄριστα, Γῆ μέλαινα, τῆς ἐγώ ποτε
ὅρους ἀνεῖλον πολλαχῆι πεπηγότας,
πρόσθεν δὲ δουλεύουσα, νῦν ἐλευθέρη.
πολλοὺς δ' Ἀθήνας πατρίδ' ἐς θεόκτιτον
ἀνήγαγον πραθέντας, ἄλλον ἐκδίκως,
10   ἄλλον δικαίως, τοὺς δ' ἀναγκαίης ὑπὸ
χρειοῦς φυγόντας, γλῶσσαν οὐκέτ' Ἀττικὴν
ἱέντας, ὡς δὴ πολλαχῆι πλανωμένους·
τοὺς δ' ἐνθάδ' αὐτοῦ δουλίην ἀεικέα
ἔχοντας, ἤθη δεσποτέων τρομεομένους,
15   ἐλευθέρους ἔθηκα. ταῦτα μὲν κράτει
ὁμοῦ βίην τε καὶ δίκην ξυναρμόσας
ἔρεξα, καὶ διῆλθον ὡς ὑπεσχόμην·
θεσμοὺς δ' ὁμοίως τῶι κακῶι τε κἀγαθῶι
εὐθεῖαν εἰς ἕκαστον ἁρμόσας δίκην
20   ἔγραψα. κέντρον δ' ἄλλος ὡς ἐγὼ λαβών,
κακοφραδής τε καὶ φιλοκτήμων ἀνήρ,
οὐκ ἂν κατέσχε δῆμον· εἰ γὰρ ἤθελον
ἃ τοῖς ἐναντίοισιν ἥνδανεν τότε,

---

36 (Arist.) P. Londiniensi (L) hic accedit P. Berol. (B)   5 fort.
τότε   6 πολλαχοῦ Plut. v.l.   7 γε et νῦν δ' Stadtmüller
9 ἀπήγαγον Plut. codd. : deest L   11 χρειους L : χρεων B : χρη-
σμὸν (λέγοντασ) Aristid. : χρεοῦς Wilamowitz   12 δὴ scripsi :
ἂν LB Plut. Aristid.   13 δουλείης Aristid.   14 ἤδη codd.
Aristid.   15 κρατη B, Aristid. v.l. : κρατεειν L (κράτει νόμου
voluit)   16 δ[ε B   ξυν- Aristid. v.l. : συν- cett.   18 θε[σ]μον
B?   δ' B?, Aristid.: τε sscr. ·θ· L   ὁμοίους Aristid. v.l.   καλῶ B
23 αυτοισ L

αὖτις δ' ἃ τοῖσιν οὕτεροι φρασαίατο,
25   πολλῶν ἂν ἀνδρῶν ἥδ' ἐχηρώθη πόλις.
τῶν οὕνεκ' ἀλκὴν πάντοθεν ποιεόμενος
ὡς ἐν κυσὶν πολλῇσιν ἐστράφην λύκος.

3-27 Aristides *or.* 28. 138-40   5-15 Plut. *Sol.* 15.5-6
16 ib. 15. 1.

37 Pergit Aristoteles

δήμωι μὲν εἰ χρὴ διαφάδην ὀνειδίσαι,
ἃ νῦν ἔχουσιν οὔποτ' ὀφθαλμοῖσιν ἂν
εὕδοντες εἶδον...
ὅσοι δὲ μείζους καὶ βίην ἀμείνονες,
5   αἰνοῖεν ἄν με καὶ φίλον ποιοίατο.
εἰ γάρ τις ἄλλος, φησί, ταύτης τῆς τιμῆς ἔτυχεν,
οὐκ ἂν κατέσχε δῆμον, οὐδ' ἐπαύσατο
πρὶν ἀνταράξας πῖαρ ἐξεῖλεν γάλα·
ἐγὼ δὲ τούτων ὥσπερ ἐν μεταιχμίωι
10   ὅρος κατέστην.

6-8 Plut. *Sol.* 16. 4.

38 Ath. 645f

πίνουσι· καὶ τρώγουσιν οἱ μὲν ἴτρια
οἱ δ' ἄρτον αὐτῶν, οἱ δὲ συμμεμιγμένους
γούρους φακοῖσι· κεῖθι δ' οὔτε πεμμάτων
ἄπεστιν οὐδ' ἕν, ἄσσ' ἐν ἀνθρώποισι γῆ
5   φέρει μέλαινα, πάντα δ' ἀφθόνως πάρα.

---

36 24 ουτεροι φρασαιατο L : deest B : ἀτέροισ δρᾶσαι διὰ fere
Aristid.   25 ἐχειιρώθη B Aristid.   26–7 deest B   26 αλκην...
ποιουμενοσ L : ἀρχὴν... κυκεύμενος Aristid. (κυκλεύμενος Lobeck)
27 ετραφην L
37 pap. L sola adest   1 διαφραδην L : corr. Kondos   5 fort.
σαίνοιεν   6–7 cf. 36. 20–2   7 οὔτ'... οὔτ' Plut.   8 αντα-
ραξασ L : ἢ ταράξας Kaibel–Wil.   πυαρ L   ἐξέλῃ Plut.   10 δορὸς
Jaeger
38 3 γουρους Ath. disertim : fort. πυροὺς   possis οὐδὲ

TRIMETRI

39 Pollux 10. 103

σπεύδουσι δ' οἱ μὲν ἴγδιν, οἱ δὲ σίλφιον,
οἱ δ' ὄξος.

40 Phryn. *Ecl.* 375 Fischer

†κόκκωνας δὲ† ἄλλος, †ἕτερος δὲ σήσαμα.

43 Choric. *or.* 2. 5, p. 29. 10 Foerster-Richtsteig γῆ ... ὑπτία
τε πᾶσα καθειμένη καὶ τὸ τοῦ Σόλωνος
λιπαρὴ κουροτρόφος.

SOPHOCLES (I)

cita sis 'fr. eleg.'

Atheniensis
ca. 497-406

1 Hephaest. *Ench.* 1. 5, de correptione interna ἐν δὲ τοῖς
ἔπεσι σπανιώτερον, οὕτως ὥστε τὸ τοῦ Ἀρχελάου ὄνομα Σο-
φοκλῆς ἐν ταῖς ἐλεγείαις οὐκ ᾤετο ἐγχωρεῖν οὔτε εἰς ἔπος οὔτε
εἰς ἐλεγεῖον. φησὶ γοῦν·

Ἀρχέλεως· ἦν γὰρ σύμμετρον ὧδε λέγειν.

2 Harpocr. p. 60. 16 Dindorf "ἀρχὴ ἄνδρα δείκνυσι"· Δημο-
σθένης προοιμίοις δημηγορικοῖς (48. 2). Σοφοκλῆς μὲν οὖν
ἐν ταῖς ἐλεγείαις Σόλωνός φησιν αὐτὸ εἶναι ἀπόφθεγμα, Θεό-
φραστος δὲ ἐν τῷ περὶ παροιμιῶν (deest ap. Wimmer) καὶ
Ἀριστοτέλης (*Eth. Nic.* 5. 3 p. 1130ᵃ1) Βίαντος. Cf. Paroem.
Gr. i. 212. 7 cum adn., ii. 101. 2 cum adn., 310. 8.

---

39 1 σπεύδουσι Casaubon : codd. σπεῦ, σπευσίδα, πευσῖ, πευσιδ',
λιτὶ(λιτε)βον.
40 κόκκωνας ἄλλος vel κόκκωνα δ' ἄλλος Lobeck   οὔτερος δὲ
Kalinka (ἄτερος Lobeck) : ἔτερος αὖτε Hiller
Sophocles 2 Σοφοκλῆς ⟨'Αντιγόνη...⟩ Leutsch ut sit alius elegia-
cus; cf. Soph. *Ant.* 175 sqq., ubi scholiasta hoc proverbium invenit

181

SOPHOCLES (I)

4 Ath. 604d-f Ἱερώνυμος δὲ ὁ Ῥόδιος ἐν τοῖς ἱστορικοῖς ὑπομνήμασίν (fr. 35 Wehrli) φησιν ὅτι Σοφοκλῆς εὐπρεπῆ παῖδα ἔξω τείχους ἀπήγαγε χρησόμενος αὐτῷ. ὁ μὲν οὖν παῖς τὸ ἴδιον ἱμάτιον ἐπὶ τῇ πόᾳ ὑπέστρωσεν, τὴν δὲ τοῦ Σοφοκλέους χλανίδα περιεβάλοντο. μετ᾽ οὖν τὴν ὁμιλίαν ὁ παῖς .ἁρπάσας τὸ τοῦ Σοφοκλέους χλανίδιον ᾤχετο, καταλιπὼν τῷ Σοφοκλεῖ τὸ παιδικὸν ἱμάτιον. οἷα δὲ εἰκὸς διαλαληθέντος τοῦ συμβεβηκότος, Εὐριπίδης πυθόμενος καὶ ἐπιτωθάζων τὸ γεγονὸς καὶ αὐτός ποτε ἔφη τούτῳ κεχρῆσθαι τῷ παιδί, ἀλλὰ μηδὲν προεθῆναι (προσθεῖναι A : correxi), τὸν δὲ Σοφοκλέα διὰ τὴν ἀκολασίαν καταφρονηθῆναι. καὶ ὁ Σοφοκλῆς ἀκούσας ἐποίησεν εἰς αὐτὸν τὸ τοιοῦτον ἐπίγραμμα, χρησάμενος τῷ περὶ τοῦ ἡλίου καὶ Βορέου λόγῳ (Aesop. fab. 46 Perry) καί τι πρὸς μοιχείαν αὐτοῦ παραινιττόμενος·

⊗   ἥλιος ἦν, οὐ παῖς, Εὐριπίδη, ὅς με χλιαίνων
      γυμνὸν ἐποίησεν· σοὶ δὲ φιλοῦντι †ἑταίραν
      Βορρᾶς ὡμίλησε. σὺ δ᾽ οὐ σοφός, ὃς τὸν Ἔρωτα,
      ἀλλοτρίαν σπείρων, λωποδύτην ἀπάγεις.   ⊗

5 Plut. *an seni gerenda resp.* 3 p. 785b τουτὶ δὲ ὁμολογουμένως Σοφοκλέους ἐστὶ τὸ ἐπιγραμμάτιον·

      ᾠδὴν Ἡροδότωι τεῦξεν Σοφοκλῆς ἐτέων ὢν
      πέντ᾽ ἐπὶ πεντήκοντα.

SOPHOCLES (II)

Atheniensis
s. v/iv

Suda iv. 402. 7 Adler Σοφοκλῆς Ἀρίστωνος, υἱωνὸς δὲ τοῦ

---

4 2 fort. τάλαν
5 possunt esse hexametri   'exemplum non aptum, cum homo
55 annorum senex non sit' Hubert

προτέρου Σοφοκλέους {πρεσβυτέρου}, Ἀθηναῖος, τραγικός.
ἐδίδαξε δὲ δράματα μ΄, οἱ δέ φασιν ια΄, νίκας δὲ εἷλεν ζ΄. ἔγραψεν
καὶ ἐλεγείας.

SUSARION

Megarensis
s. vi vel v

⊗   ἀκούετε λεώι· Σουσαρίων λέγει τάδε
      υἱὸς Φιλίνου Μεγαρόθεν Τριποδίσκιος.
      κακὸν γυναῖκες· ἀλλ᾽ ὅμως ὦ δημόται
      οὐκ ἔστιν οἰκεῖν οἰκίαν ἄνευ κακοῦ.
5   καὶ γὰρ τὸ γῆμαι καὶ τὸ μὴ γῆμαι κακόν.

1+3-4 Stob. 4. 22. 68; 1-4 Io. Diac. Logoth. in Hermog.
(Rabe, Rh. Mus. 63, 1908, 149) τὴν κωμῳδίαν ἐφεῦρον·
ἧς λόγος πρῶτον κατάρξαι τὸν Σουσαρίωνα ἔμμετρον αὐτὴν
συστησάμενον. ἐνστῆναι μὲν γὰρ κατὰ τὸ σύνηθες τὰ Διονύ-
σια, ἐν τούτῳ δὲ τῷ καιρῷ τὴν γυναῖκα τούτου μεταλλάξαι
τὸν βίον· καὶ τοὺς μὲν θεατὰς ἐπιζητεῖν αὐτὸν ὡς πρὸς τὰς
τοιαύτας ἐπιδείξεις εὐφυᾶ, τὸν δὲ παρελθόντα λέγειν τὴν αἰτίαν
καὶ ἀπολογούμενον εἰπεῖν ταῦτα· "ἀκούετε—Τριποδίσκιος".
(ἔστι δὲ ἡ Τριποδίσκη πόλις τῆς Μεγαρίδος.) "κακὸν—κακοῦ."
καὶ εἰπόντος τάδε εὐδοκιμῆσαι παρὰ τοῖς ἀκούουσι. Schol.
Dion. Thr. p. 19. 4 Hilgard; Tzetz. π. κωμῳδίας, An. Par.
i. 3. 22 Cramer; id. prol. in Ar. (Kaibel, CGF p. 27. 93);
id. schol. π. ποιητῶν, An. Ox. iii. 336. 28 Cramer; Dio-
medes, Gramm. Lat. i. 488. 23; 3-4 Schol. Ar. Lys. 1039.

Susarion 1 λεώς Stob., Io. Diac., schol. Dion. cum Tz. π. κωμ.
tauta legi Diom.   2 om. Stob. Diom.   Φιλίννου Tz. prol. in
Ar.   4 εὑρεῖν Io. Diac., Tz. prol. in Ar. et schol. π. ποιητῶν,
Diom.   5 habet Stob. solus : separavit Hense ut eclogam diver-
sam

THEOGNIDEA

Theognis Megarensis s. vii-v
et alii

Codices exstant fere quinquaginta, inter quos primarii sex:

A = Par. suppl. gr. 388 (ff. 46^r-75^v), s. x in. Primus usurpavit Bekker. A^1, A^2 = A a prima/altera manu correctus. A^f = A inter annos 1856 et 1869 a falsario tractatus.

O   = Vat. gr. 915 (ff. 25^v-34^r), ante ann. 1311.

X   = Lond. Add. 16409 (ff. 76^v-85^r), ca. ann. 1300-5

D   = Par. gr. 2739 (ff. 208^r-227^r), s. xv med.

Ur = Vat. Urb. gr. 95 (ff. 81^r-83^r), ca. ann. 1430 (vv. 1-276).

I   = Marc. gr. 774 (olim 520) (ff. 210^v-234^v), s. xv med.

Stemma :

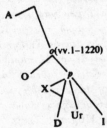

o =   apographum deperditum non multo ante O*p* confectum; discrepantiae a cod. A paucissimis locis emendationi debentur. Scriba codicis O nihil emendavit.

p =   apographum deperditum a Maximo Planude anno 1299 vel paullo ante exaratum in libro qui nunc est Marcianus 481, illis foliis excisis. Multa emendavit.

184

THEOGNIDEA

Accedunt papyrus una, ostraca duo :

Π = P. Oxy. 2380, s. 11 - 111 (vv. 254-78).

Ostraca inter citationes recensebuntur, quippe a libris integris neque abscissa nec descripta. Sunt autem haec :

P. Berol. 12310, s. 111 a. C. (vv. 434-8); ed. Viereck, *Raccolta G. Lumbroso*, 1924, 254.

P. Berol. 12319, s. 111 a. C. (vv. 25-6); ed. Wilamowitz, *Sitz.-Ber. preuss. Ak.* 1918, 742.

Haec sylloge, e florilegiis antiquioribus hausta, quomodo post alios exposui in libro meo *Studies in Greek Elegy and Iambus* (1974), excerpta continet ex elegiis Theognidis Tyrtaei Mimnermi Solonis aliorum. Theognidis nomen cum eis adscripsi in quibus Cyrnus appellatur, tum eis quae scriptores quarto a. C. saeculo tamquam illius laudant; aliorum nomina testimoniis fisus. Cetera, mero paragrapho notata, pro adespotis habebitis prudentes.

In AO omnia quasi uno continuo carmine traduntur; in libris Planudeis distinguntur, sed non itidem in omnibus. Distinctio est igitur penes editorem. Siglum $\times$ apposui ubi a me dissentire aequum esse iudico.

Siglum $\otimes$ apposui sicubi initium seu finem elegiae priscae confidentius statuo.

Disticha iterata numerantur in dextro margine; '=949' indicat parem textus formam vv. 949 sq. inveniri, '>949' peiorem, '<949' meliorem.

$\otimes$ ὦ ἄνα Λητοῦς υἱέ, Διὸς τέκος, οὔποτε σεῖο
  λήσομαι ἀρχόμενος οὐδ' ἀποπαυόμενος,
ἀλλ' αἰεὶ πρῶτόν τε καὶ ὕστατον ἔν τε μέσοισιν
  ἀείσω· σὺ δέ μοι κλῦθι καὶ ἐσθλὰ δίδου.

---

titulus θεόγνιδος ελεγειων α´ A : ἀρχὴ σὺν θεῷ τῆς θεόγνιδος ποιήσεως ἀρχὴ σὺν θεῷ τοῦ θεόγνιδος ὃς διὰ στίχων ἡρωελεγείων O : θεόγνιδος γνῶμαι DX : γνῶμαι καὶ ἀποφθέγματα τοῦ σοφωτάτου θεόγνιδος Ur : θεόγνιδος γνῶμαι ἡρωελεγείοι οἱ στίχοι I

5 Φοῖβε ἄναξ, ὅτε μέν σε θεὰ τέκε πότνια Λητώ,
   φοίνικος ῥαδινῇς χερσὶν ἐφαψαμένη,
   ἀθανάτων κάλλιστον, ἐπὶ τροχοειδέι λίμνηι,
   πᾶσα μὲν ἐπλήσθη Δῆλος ἀπειρεσίη
   ὀδμῆς ἀμβροσίης, ἐγέλασσε δὲ γαῖα πελώρη,
10 γήθησεν δὲ βαθὺς πόντος ἁλὸς πολιῆς.

(Theognidis)

⊗ Ἄρτεμι θηροφόνη, θύγατερ Διός, ἣν Ἀγαμέμνων
   εἴσαθ᾽, ὅτ᾽ ἐς Τροίην ἔπλεε νηυσὶ θοῇς,
   εὐχομένωι μοι κλῦθι, κακὰς δ᾽ ἀπὸ κῆρας ἄλαλκε·
   σοὶ μὲν τοῦτο θεὰ σμικρόν, ἐμοὶ δὲ μέγα.

15 ⊗ Μοῦσαι καὶ Χάριτες, κοῦραι Διός, αἵ ποτε Κάδμου
   ἐς γάμον ἐλθοῦσαι καλὸν ἀείσατ᾽ ἔπος,
   "ὅττι καλὸν φίλον ἐστί, τὸ δ᾽ οὐ καλὸν οὐ φίλον ἐστί"·
   τοῦτ᾽ ἔπος ἀθανάτων ἦλθε διὰ στομάτων.

(Theognidis)

⊗ Κύρνε, σοφιζομένωι μὲν ἐμοὶ σφρηγὶς ἐπικείσθω
20 τοῖσδ᾽ ἔπεσιν—λήσει δ᾽ οὔποτε κλεπτόμενα,
   οὐδέ τις ἀλλάξει κάκιον τοὐσθλοῦ παρεόντος,
   ὧδε δὲ πᾶς τις ἐρεῖ· "Θεύγνιδός ἐστιν ἔπη
   τοῦ Μεγαρέως"· πάντας δὲ κατ᾽ ἀνθρώπους ὀνομαστός·
   ἀστοῖσιν δ᾽ οὔπω πᾶσιν ἁδεῖν δύναμαι.
25 οὐδὲν θαυμαστὸν Πολυπαΐδη· οὐδὲ γὰρ οὖν Ζεὺς
   οὔθ᾽ ὕων πάντεσσ᾽ ἀνδάνει οὔτ᾽ ἀνέχων.   ╳

14 Arist. *Eth. Eud.* H 10 p. 1243ᵃ18   22 (Θεόγνιδος-)
-23 (-Μεγαρέως) Xen. π. Θεόγνιδος ap. Stob. 4. 29. 53
25 (οὐδὲ-)-26 P. Berol. 12319 (ostr.)

6 ῥαδινῇς codd. plerique   12 θοῇς A p.c. : θοαῖς A a.c. (u.v.), o
14 θεᾶ ||| μικρὸν A, θεὸς μικρὸν codd. Arist.   25 ου᾽ν᾽ ostr. : ὁ codd.

σοὶ δ' ἐγὼ εὖ φρονέων ὑποθήσομαι, οἷάπερ αὐτὸς
  Κύρν' ἀπὸ τῶν ἀγαθῶν παῖς ἔτ' ἐὼν ἔμαθον.
  πέπνυσο, μηδ' αἰσχροῖσιν ἐπ' ἔργμασι μηδ' ἀδίκοισιν
30   τιμὰς μηδ' ἀρετὰς ἕλκεο μηδ' ἄφενος.

(Theognidis)

ταῦτα μὲν οὕτως ἴσθι· κακοῖσι δὲ μὴ προσομίλει
  ἀνδράσιν, ἀλλ' αἰεὶ τῶν ἀγαθῶν ἔχεο·
καὶ μετὰ τοῖσιν πῖνε καὶ ἔσθιε, καὶ μετὰ τοῖσιν
  ἷζε, καὶ ἄνδανε τοῖς, ὧν μεγάλη δύναμις.
35   ἐσθλῶν μὲν γὰρ ἄπ' ἐσθλὰ μαθήσεαι· ἢν δὲ κακοῖσι
  συμμίσγῃς, ἀπολεῖς καὶ τὸν ἐόντα νόον.
ταῦτα μαθὼν ἀγαθοῖσιν ὁμίλει, καί ποτε φήσεις
  εὖ συμβουλεύειν τοῖσι φίλοισιν ἐμέ.   ⊗

(Theognidis)

⊗   Κύρνε, κύει πόλις ἥδε, δέδοικα δὲ μὴ τέκῃ ἄνδρα > 1081
40   εὐθυντῆρα κακῆς ὕβριος ἡμετέρης.   1082
  ἀστοὶ μὲν γὰρ ἔθ' οἵδε σαόφρονες, ἡγεμόνες δὲ   1082a
  τετράφαται πολλὴν εἰς κακότητα πεσεῖν.   ✕   b
  οὐδεμίαν πω Κύρν' ἀγαθοὶ πόλιν ὤλεσαν ἄνδρες·
  ἀλλ' ὅταν ὑβρίζειν τοῖσι κακοῖσιν ἅδῃ,

33 - 6 Plato *Men.* 95d; Muson. (p. 62 Hense) ap. Stob.
4. 15. 18; 33 - 5 confuse sine nom. Nicostr. π. γάμου ap.
Stob. 4. 23. 64; 35 - 6 Xen. *conv.* 2. 4; id. *mem.* 1. 2. 20
(sine nom.; + Stob. 3. 29. 95; Clem. *Strom.* 5. 52. 4; Ni-
col. *Progymn.* p. 27. 2 Felten; schol. Arist. *Eth. Nic.* 9.
9. 7 (*An. Par.* i. 229.4 Cramer); resp. Arist. l.c., p. 1170ᵃ11;
35 (-ἐσθλά) Arist. *Eth. Nic.* 9. 12. 3 p. 1172ᵃ13 (sine nom.)

---

29 πέπνυο Bergk   30 ἕλπεο Hermann   33-4 alienos esse
duxit Jacoby   33 μετὰ τῶν σύ γε Muson. Nicostr. : παρὰ τοῖσιν
Plato   35 διδάξεαι Plato Xen. Nicol.   36 συμμίσγῃς A (-ῃις),
Plat. cod. F (ἐμμ- a.c.), Xen. *mem.* cod. A : συμμιγῆς O, testes ceteri
praeter Nicol. (συμμίξῃς vel -εις) : συμμιχθῆς p : συμμιγέῃς Sylburg
40 ὑμετέρης o; cf. 1104

45   δῆμόν τε φθείρωσι δίκας τ' ἀδίκοισι διδῶσιν
        οἰκείων κερδέων εἴνεκα καὶ κράτεος,
      ἔλπεο μὴ δηρὸν κείνην πόλιν ἀτρεμίεσθαι,
        μηδ' εἰ νῦν κεῖται πολλῆι ἐν ἡσυχίηι,
      εὖτ' ἂν τοῖσι κακοῖσι φίλ' ἀνδράσι ταῦτα γένηται,
50   κέρδεα δημοσίωι σὺν κακῶι ἐρχόμενα.
      ἐκ τῶν γὰρ στάσιές τε καὶ ἔμφυλοι φόνοι ἀνδρῶν
        μούναρχοί τε· πόλει μήποτε τῆιδε ἅδοι.   ⊗

(Theognidis)

      ⊗ Κύρνε, πόλις μὲν ἔθ' ἥδε πόλις, λαοὶ δὲ δὴ ἄλλοι,
          οἳ πρόσθ' οὔτε δίκας ἥιδεσαν οὔτε νόμους,
55   ἀλλ' ἀμφὶ πλευραῖσι δορὰς αἰγῶν κατέτριβον,
          ἔξω δ' ὥστ' ἔλαφοι τῆσδ' ἐνέμοντο πόλεος.
        καὶ νῦν εἰσ' ἀγαθοὶ Πολυπαΐδη· οἱ δὲ πρὶν ἐσθλοὶ > 1109
          νῦν δειλοί. τίς κεν ταῦτ' ἀνέχοιτ' ἐσορῶν;...   1110
        ἀλλήλους δ' ἀπατῶσιν ἐπ' ἀλλήλοισι γελῶντες,   1113
60   οὔτε κακῶν γνώμας εἰδότες οὔτ' ἀγαθῶν.   × 1114
        μηδένα τῶνδε φίλον ποιεῦ Πολυπαΐδη ἀστῶν
          ἐκ θυμοῦ χρείης οὕνεκα μηδεμιῆς·
        ἀλλὰ δόκει μὲν πᾶσιν ἀπὸ γλώσσης φίλος εἶναι,
          χρῆμα δὲ συμμείξηις μηδενὶ μηδ' ὁτιοῦν
65   σπουδαῖον· γνώσηι γὰρ ὀιζυρῶν φρένας ἀνδρῶν,
          ὥς σφιν ἐπ' ἔργοισιν πίστις ἔπ' οὐδεμία,
        ἀλλὰ δόλους ἀπάτας τε πολυπλοκίας τ' ἐφίλησαν
          οὕτως ὡς ἄνδρες μηκέτι σωιζόμενοι.

(Theognidis)

        μήποτε Κύρνε κακῶι πίσυνος βούλευε σὺν ἀνδρί,

---

45 φθείρουσι (υ i.r.) et διδοῦσι A   47 ἀτρεμέεσθαι codd. (sine
acc. A) : corr. Wackernagel (-ιεῖσθαι Bergk)   51 στάσις ἐστὶ o   52 τε
Leutsch (sed fort. praestat θ'· ἁ Ahrens) : δὲ codd.   56 τήνδ'
ἐνέμοντο πόλιν o   57 τοὶ νῦν Passow   post 58 versus duo
(= 1111–12) excerptorem praeteriisse statuit H. Schneidewin
62 εἴνεκα o   66 πίστις ἔτ' Aleander

70   εὖτ' ἂν σπουδαῖον πρῆγμ' ἐθέλῃς τελέσαι,
    ἀλλὰ μετ' ἐσθλὸν ἰὼν βούλευ καὶ πολλὰ μογῆσαι
    καὶ μακρὴν ποσσὶν Κύρν' ὁδὸν ἐκτελέσαι.

    πρῆξιν μηδὲ φίλοισιν ὅλως ἀνακοινέο πᾶσιν·
    παῦροί τοι πολλῶν πιστὸν ἔχουσι νόον.

(Theognidis)
75   παύροισιν πίσυνος μεγάλ' ἀνδράσιν ἔργ' ἐπιχείρει,
    μή ποτ' ἀνήκεστον Κύρνε λάβῃς ἀνίην.

(Theognidis)
    πιστὸς ἀνὴρ χρυσοῦ τε καὶ ἀργύρου ἀντερύσασθαι
    ἄξιος ἐν χαλεπῆι Κύρνε διχοστασίηι.

(Theognidis)
    παύρους εὑρήσεις Πολυπαΐδη ἄνδρας ἑταίρους
80   πιστοὺς ἐν χαλεποῖς πρήγμασι γινομένους,
    οἵτινες ἂν τολμῶιεν ὁμόφρονα θυμὸν ἔχοντες
    ἶσον τῶν ἀγαθῶν τῶν τε κακῶν μετέχειν.

    τούτους οὐχ εὕροις διζήμενος οὐδ' ἐπὶ πάντας
    ἀνθρώπους, οὓς ναῦς μὴ μία πάντας ἄγοι,
85   οἷσιν ἐπὶ γλώσσηι τε καὶ ὀφθαλμοῖσιν ἔπεστιν
    αἰδώς, οὐδ' αἰσχρὸν χρῆμ' ἔπι κέρδος ἄγει.

    μή μ' ἔπεσιν μὲν στέργε, νόον δ' ἔχε καὶ φρένας ἄλληι,
                            > 1082c
    εἴ με φιλεῖς καί σοι πιστὸς ἔνεστι νόος.   d
    ἤ με φίλει καθαρὸν θέμενος νόον, ἤ μ' ἀποειπὼν   e
90   ἔχθαιρ' ἀμφαδίην νεῖκος ἀειράμενος.   f

77-8 Plato *Leg.* 630a   79-80 Themist. *or.* 22. 265a

---

71 βούλευ καὶ A : βούλευε O: βουλεύεο p   μογήσας et 72 ἐκτε-
λέσας A²p   73 ὁμῶς Brunck   82 possis τῶν τ'   83 οὔ
χ' van der Mey   εὑρήσεις o (ex 79)

(Theognidis)

    ὃς δὲ μιῆι γλώσσηι δίχ' ἔχει νόον, οὗτος ἑταῖρος
    δειλὸς Κύρν'· ἐχθρὸς βέλτερος ἢ φίλος ὤν.

    ἄν τις ἐπαινήσηι σε τόσον χρόνον ὅσσον ὁρώιης,
    νοσφισθεὶς δ' ἄλληι γλῶσσαν ἵηισι κακήν,

        .   .   .   .   .   .

95   τοιοῦτός τοι ἑταῖρος ἀνὴρ φίλος οὔ τι μάλ' ἐσθλός,
    ὃς κ' εἴπηι γλώσσηι λεῖα, φρονῆι δ' ἕτερα.

    ἀλλ' εἴη τοιοῦτος ἐμοὶ φίλος, ὃς τὸν ἑταῖρον   = 1164a
    γινώσκων ὀργὴν καὶ βαρὺν ὄντα φέρει   b
    ἀντὶ κασιγνήτου. σὺ δέ μοι φίλε ταῦτ' ἐνὶ θυμῶι   c
100   φράζεο, καί ποτέ μου μνήσεαι ἐξοπίσω.   ⊗   d

(Theognidis)

    μηδείς σ' ἀνθρώπων πείσηι κακὸν ἄνδρα φιλῆσαι
    Κύρνε· τί δ' ἔστ' ὄφελος δειλὸς ἀνὴρ φίλος ὤν;
    οὔτ' ἄν σ' ἐκ χαλεποῖο πόνου ῥύσαιτο καὶ ἄτης,
    οὔτέ κεν ἐσθλὸν ἔχων τοῦ μεταδοῦν ἐθέλοι.   ×
105   δειλοὺς δ' εὖ ἔρδοντι ματαιοτάτη χάρις ἐστίν·
    ἶσον καὶ σπείρειν πόντον ἁλὸς πολιῆς·
    οὔτε γὰρ ἂν πόντον σπείρων βαθὺ λήιον ἀμῶις,
    οὔτε κακοὺς εὖ δρῶν εὖ πάλιν ἀντιλάβοις.   ×

109 (-νόον) Teles (p. 42. 7 Hense) ap. Stob. 4. 33. 31 (sine
nom.)

---

    92 δειλὸς noluit Brunck: δεινὸς codd.   94 ἄλλη p : ἄλλην AO
lacunam statui duce Bergk   96 λεῖα Richards : λώια AO: λῶστα p
98 'fort. φέροι' Bergk   101 σ' om. o   πείσαι Edmonds
104 μεταδούναι θέλοι A[1] (τ ex γ factum) : μεγάλου δοῦναι θέλει
O : μέγα δοῦν' ἐθέλει p : corr. Buttmann, nisi μεταδοῦν' mavis
105 δ' om. A   108 ἄν τι λάβοις Schaefer

ἄπληστον γὰρ ἔχουσι κακοὶ νόον· ἦν δ' ἐν ἁμάρτῃς,
110   τῶν πρόσθεν πάντων ἐκκέχυται φιλότης·
οἱ δ' ἀγαθοὶ τὸ μέγιστον ἐπαυρίσκουσι παθόντες,
μνῆμα δ' ἔχουσ' ἀγαθῶν καὶ χάριν ἐξοπίσω.

μήποτε τὸν κακὸν ἄνδρα φίλον ποιεῖσθαι ἑταῖρον,
ἀλλ' αἰεὶ φεύγειν ὥστε κακὸν λιμένα.

115   πολλοί τοι πόσιος καὶ βρώσιός εἰσιν ἑταῖροι,   < 643
ἐν δὲ σπουδαίωι πρήγματι παυρότεροι.   × 644

(Theognidis)
κιβδήλου δ' ἀνδρὸς γνῶναι χαλεπώτερον οὐδὲν
Κύρν', οὐδ' εὐλαβίης ἐστὶ περὶ πλέονος.

(Theognidis)

⊗   χρυσοῦ κιβδήλοιο καὶ ἀργύρου ἀνσχετὸς ἄτη
120   Κύρνε, καὶ ἐξευρεῖν ῥάιδιον ἀνδρὶ σοφῶι·
εἰ δὲ φίλου νόος ἀνδρὸς ἐνὶ στήθεσσι λελήθηι
ψυδρὸς ἐών, δόλιον δ' ἐν φρεσὶν ἦτορ ἔχηι,
τοῦτο θεὸς κιβδηλότατον ποίησε βροτοῖσιν,
καὶ γνῶναι πάντων τοῦτ' ἀνιηρότατον.
125   οὐδὲ γὰρ εἰδείης ἀνδρὸς νόον οὔτε γυναικός,
πρὶν πειρηθείης ὥσπερ ὑποζυγίου,
οὐδέ κεν εἰκάσσαις †ὥσπερ ποτ' ἐς ὥριον ἐλθών·†
πολλάκι γὰρ γνώμην ἐξαπατῶσ' ἰδέαι.

119-24 Clem. *Strom.* 6. 18. 6   125-6 Arist. *Eth. Eud.* H 2
p. 1237ᵇ15

---

111 ἀμαυρίσκουσι Ahrens   118 ἐστὶν ὅπερ Peppmüller : ἐσθ'
ἕτερον Stadtmüller   119 ἄσχετος codd., cod. Clem. (L) : expl.
Camerarius   121 λελήθη A : λελήθει O : λέληθε pL   122 ψυ-
δρὸς A : ψυχρὸς L : ψυδνὸς p : ψευδὸ ||| σ O   ἔχηι A : ἔχει pL :
evanuit O   125 οὐ γὰρ ἂν p Arist.   οὐδὲ γυναικὸς Arist.
127 ποτ' ἐσώριον O¹p : ποτε σώριον O a.c.   ὤνιον Camerarius,
quo recepto malim ὥστ' ἔμπορος

(Theognidis)

⊗   μήτ' ἀρετὴν εὔχου Πολυπαΐδη ἔξοχος εἶναι
130   μήτ' ἄφενος· μοῦνον δ' ἀνδρὶ γένοιτο τύχη.

(Theognidis)

οὐδὲν ἐν ἀνθρώποισι πατρὸς καὶ μητρὸς ἄμεινον
ἔπλεθ', ὅσοις ὁσίη Κύρνε μέμηλε δίκη.

(Theognidis)

οὐδεὶς Κύρν' ἄτης καὶ κέρδεος αἴτιος αὐτός,
ἀλλὰ θεοὶ τούτων δώτορες ἀμφοτέρων·
135   οὐδέ τις ἀνθρώπων ἐργάζεται ἐν φρεσὶν εἰδὼς
ἐς τέλος εἴτ' ἀγαθὸν γίνεται εἴτε κακόν.
πολλάκι γὰρ δοκέων θήσειν κακὸν ἐσθλὸν ἔθηκεν,
καί τε δοκῶν θήσειν ἐσθλὸν ἔθηκε κακόν.
οὐδέ τωι ἀνθρώπων παραγίνεται ὅσσ' ἐθέλησιν·
140   ἴσχει γὰρ χαλεπῆς πείρατ' ἀμηχανίης.
ἄνθρωποι δὲ μάταια νομίζομεν, εἰδότες οὐδέν·
θεοὶ δὲ κατὰ σφέτερον πάντα τελοῦσι νόον.

(Theognidis)

οὐδείς πω ξεῖνον Πολυπαΐδη ἐξαπατήσας
οὐδ' ἱκέτην θνητῶν ἀθανάτους ἔλαθεν.   ✕

(Theognidis)

145   βούλεο δ' εὐσεβέων ὀλίγοις σὺν χρήμασιν οἰκεῖν
ἢ πλουτεῖν ἀδίκως χρήματα πασάμενος.   ✕
ἐν δὲ δικαιοσύνηι συλλήβδην πᾶσ' ἀρετή 'στιν,

131-2 Stob. 4. 25. 1   141-2 Orion anth. 5. 12   145-7
Anon. in Arist. Eth. Nic. 5. 1. 15 (Comm. in Arist. Graeca
xx. 210. 11)   147 Arist. l. c., p. 1129ᵇ29; Theophr.
π. ἠθῶν et ἠθικά (Φωκυλίδου: fr. 17) ap. anon. l. c. (si-
milia de Theophr. refert Michael, Comm. xxii (3). 8. 10)

131 ἀνοῖς Stob.ˢ   132 ὅσοις Stob. : οἷς codd.   ὁσίης... δίκης
Stob.   139 ἐθέλησιν p : θέλησιν AO   144 θνητῶν : ἀλι-
τῶν van Herwerden   147 ἀρετὴ ἔνι Arist.

πᾶς δέ τ' ἀνὴρ ἀγαθὸς Κύρνε δίκαιος ἐών.

(Theognidis)

χρήματα μὲν δαίμων καὶ παγκάκωι ἀνδρὶ δίδωσιν
150   Κύρν᾽· ἀρετῆς δ᾽ ὀλίγοις ἀνδράσι μοῖρ᾽ ἕπεται.

(Theognidis)

ὕβριν Κύρνε θεὸς πρῶτον κακῶι ὤπασεν ἀνδρί,
οὗ μέλλει χώρην μηδεμίαν θέμεναι.

(Solonis, fr. 6. 3-4)

τίκτει τοι κόρος ὕβριν, ὅταν κακῶι ὄλβος ἕπηται
ἀνθρώπωι καὶ ὅτωι μὴ νόος ἄρτιος ἦι.

155   μήποτέ μοι πενίην θυμοφθόρον ἀνδρὶ χαλεφθεὶς
μηδ᾽ ἀχρημοσύνην οὐλομένην πρόφερε·
Ζεὺς γάρ τοι τὸ τάλαντον ἐπιρρέπει ἄλλοτε ἄλλως,
ἄλλοτε μὲν πλουτεῖν, ἄλλοτε μηδὲν ἔχειν.

(Theognidis)

μήποτε Κύρν᾽ ἀγορᾶσθαι ἔπος μέγα· οἶδε γὰρ οὐδεὶς
160   ἀνθρώπων ὅτι νὺξ χἠμέρη ἀνδρὶ τελεῖ.

πολλοί τοι χρῶνται δειλαῖς φρεσί, δαίμονι δ᾽ ἐσθλῶι,
οἷς τὸ κακὸν δοκέον γίνεται εἰς ἀγαθόν·

153 Clem. *Strom.* 6. 8. 8; schol. Pind. *Ol.* 13. 12e ("Ομη-
ρος); Paroem. Gr. i. 308. 4, ii. 218. 3   155-8+179-80 Stob.
4. 32. 36   157-8 Basil. *ad adulescentes* 5 p. 48 Boulenger

---

150 ἡ δ᾽ ἀρετὴ ὀλίγοις ἀνδράσι κύρν᾽ ἕπεται ο   151 κακὸν ο
152 θέμενον codd. (ω pro ον sscr. A²) : corr. J. Lascaris (?) (Mut.
a U9. 11 m²)   153 γὰρ Sol.   κακῷ : πολὺς Sol.   154 ἀνθρώ-
πῳ p : -ων AO : -οις ὁπόσοις Sol.   155 μοι Stob. : τοι codd.
χαλεφθεὶς Stob. : χολωθεὶς codd.   156 χρημ- Camerarius : αὖ χρημ-
Festa   οὐλομένην codd. : Κύρνε κακὴν Stob.   157 ἄλλως Stob.
Basil. : ἄλλῳ codd.   158 δ᾽ οὐδὲν ο

εἰσὶν δ' οἳ βουλῆι τ' ἀγαθῆι καὶ δαίμονι δειλῶι
μοχθίζουσι, τέλος δ' ἔργμασιν οὐχ ἕπεται.   ✕

165   οὐδεὶς ἀνθρώπων οὔτ' ὄλβιος οὔτε πενιχρὸς
οὔτε κακὸς νόσφιν δαίμονος οὔτ' ἀγαθός.

ἀλλ' ἄλλωι κακόν ἐστι, τὸ δ' ἀτρεκὲς ὄλβιος οὐδεὶς
ἀνθρώπων ὁπόσους ἠέλιος καθορᾶι.

ὃν δὲ θεοὶ τιμῶσιν, ὁ καὶ μωμεύμενος αἰνεῖ·
170   ἀνδρὸς δὲ σπουδὴ γίνεται οὐδεμία.

θεοῖς εὔχου †θεοῖσιν ἔπι κράτος· οὗτοι ἄτερ θεῶν
γίνεται ἀνθρώποις οὔτ' ἀγάθ' οὔτε κακά.

(Theognidis)

ἄνδρ' ἀγαθὸν πενίη πάντων δάμνησι μάλιστα,
καὶ γήρως πολιοῦ Κύρνε καὶ ἠπιάλου·
175   ἣν δὴ χρὴ φεύγοντα καὶ ἐς μεγακήτεα πόντον
ῥιπτεῖν καὶ πετρέων Κύρνε κατ' ἠλιβάτων.

175-6 Chrysipp. (*Stoic. fr.* iii. 39. 23, 29) ap. Plut. *Sto.
repugn.* 14 p. 1039f, *de comm. not.* 22 p. 1069d; Porph.
in Hor. *epist.* 1. 1. 45; Clem. *Strom.* 4. 23. 3; Hermog.
Progymn. 4 p. 8. 21 Rabe; Apthon. *Progymn.* 4 p. 8. 12
Rabe; Stob. 4. 32. 38; schol. Thuc. 2. 43. 5; Elias *proleg.
philos.* 6 (*Comm. in Arist. Graeca* xviii (1). 15. 16)

163 δειλῶι A : κακῶ O : φαύλω ρ   169 μὴ μώμενος αἱρεῖ Platt
170 οὐτιδανῆ van Herwerden   171 θεοῖσιν ἔπι A : οἷς ἐστὶ ο (μέγα
κράτος ρ ex coni.) : θεοῖσιν γὰρ ἔπι Bekker : θεοῖς vel τοῖς ἐστιν
ἔπι Bergk : θεοῖς οἷσιν ἔπι M. Schmidt   οὔτι ο   175 ἣν δὴ χρὴ
codd. : χρὴ πενίην (-αν) testes omnes   μεγακήτεα ο Plut. 1069d
Hermog. Apthon. Stob.ˢᴹ sch. Thuc. Elias : βαθυκήτεα A Plut.
1039f Luc. (ter) Porph. Clem. Stob.ᴬ   176 καθήλιβάτων A

καὶ γὰρ ἀνὴρ πενίηι δεδμημένος οὔτέ τι εἰπεῖν
οὔτ' ἔρξαι δύναται, γλῶσσα δέ οἱ δέδεται.

(Theognidis)

  χρὴ γὰρ ὁμῶς ἐπὶ γῆν τε καὶ εὐρέα νῶτα θαλάσσης
180 δίζησθαι χαλεπῆς Κύρνε λύσιν πενίης.

(Theognidis)

  τεθνάμεναι φίλε Κύρνε πενιχρῶι βέλτερον ἀνδρὶ
  ἢ ζώειν χαλεπῆι τειρόμενον πενίηι.

(Theognidis)

⊗ κριοὺς μὲν καὶ ὄνους διζήμεθα Κύρνε καὶ ἵππους
  εὐγενέας, καί τις βούλεται ἐξ ἀγαθῶν
185 βήσεσθαι· γῆμαι δὲ κακὴν κακοῦ οὐ μελεδαίνει
  ἐσθλὸς ἀνήρ, ἤν οἱ χρήματα πολλὰ διδῶι,
  οὐδὲ γυνὴ κακοῦ ἀνδρὸς ἀναίνεται εἶναι ἄκοιτις
  πλουσίου, ἀλλ' ἀφνεὸν βούλεται ἀντ' ἀγαθοῦ...
  χρήματα μὲν τιμῶσι· καὶ ἐκ κακοῦ ἐσθλὸς ἔγημε
190 καὶ κακὸς ἐξ ἀγαθοῦ· πλοῦτος ἔμειξε γένος.
  οὕτω μὴ θαύμαζε γένος Πολυπαΐδη ἀστῶν
  μαυροῦσθαι· σὺν γὰρ μίσγεται ἐσθλὰ κακοῖς. ⊗

177-8 Plut. *quomodo aud. poet.* 4 p. 22a; Artem. 1. 32;
Stob. 4. 32. 34; 177 (-δεδμημένος) Arist. *Eth. Eud.* Γ 1 p.
1230ᵃ12; Luc. *de merc. cond.* 5; 177 (οὔτε-)-8 (-δύναται)
Corp. Herm. 10. 24   179-80 Stob., v. ad 155-8
183-90 Xen. π. Θεόγνιδος ap. Stob. 4. 29. 53 (respicit et
191-2); Stob. 4. 30. 11a; 183-6 id. 4. 22. 99

177 πᾶς γὰρ testes πεπεδημένος Artem. v.l. 179 χρὴ δ' αἰεὶ
κατὰ Stob. 180 δίζεσθαι o Stob. 181 τεθνάμεναι A : evanuit
O : τεθνᾶναι p 184 ἀγαθοῦ Stob. 29 et 30 185 κτήσεσθαι Stob.
30, -ασθαι 29 186 ἤν τις Stob. 29, ἄν τις 30 φέρῃ Stob. 22
187 γυνὴ A: μίη OI, μία XDUr   post 188 intercidisse videntur
aliqua, sed iam ante Xenophontem 189 γὰρ Stob. bis
190 πλούτου o

[αὐτός τοι ταύτην] εἰδὼς κακόπατριν ἐοῦσαν
   εἰς οἴκους ἄγεται χρήμασι πειθόμενος,
195 εὔδοξος κακόδοξον, ἐπεὶ κρατερή μιν ἀνάγκη
   ἐντύει, ἥ τ' ἀνδρὸς τλήμονα θῆκε νόον.

χρῆμα δ' ὃ μὲν Διόθεν καὶ σὺν δίκηι ἀνδρὶ γένηται
   καὶ καθαρῶς, αἰεὶ παρμόνιμον τελέθει·
εἰ δ' ἀδίκως παρὰ καιρὸν ἀνὴρ φιλοκερδέι θυμῶι
200 κτήσεται, εἴθ' ὅρκωι πὰρ τὸ δίκαιον ἑλών,
αὐτίκα μέν τι φέρειν κέρδος δοκεῖ, ἐς δὲ τελευτὴν
   αὖθις ἔγεντο κακόν, θεῶν δ' ὑπερέσχε νόος.   ✕
ἀλλὰ τάδ' ἀνθρώπων ἀπατᾶι νόον· οὐ γὰρ ἐπ' αὐτοῦ
   τίνονται μάκαρες πρήγματος ἀμπλακίας,
205 ἀλλ' ὁ μὲν αὐτὸς ἔτεισε κακὸν χρέος, οὐδὲ φίλοισιν
   ἄτην ἐξοπίσω παισὶν ἐπεκρέμασεν·
ἄλλον δ' οὐ κατέμαρψε δίκη· θάνατος γὰρ ἀναιδὴς
   πρόσθεν ἐπὶ βλεφάροις ἕζετο κῆρα φέρων.

οὐδείς τοι φεύγοντι φίλος καὶ πιστὸς ἑταῖρος·   < 332a
210 τῆς δὲ φυγῆς ἐστιν τοῦτ' ἀνιηρότερον.   b

οἶνόν τοι πίνειν πουλὺν κακόν· ἢν δέ τις αὐτὸν   < 509
   πίνηι ἐπισταμένως, οὐ κακὸς ἀλλ' ἀγαθός.   510

(Theognidis?)
   θυμέ, φίλους κατὰ πάντας ἐπίστρεφε ποικίλον ἦθος,
                         > 1071

---

193 οὗτος Geel   τοιαύτην O excerptoris supplementum
195 ἔνδοξος o   196 ἐντύνει codd. : corr. Brunck   197 χρήμαθ'
ὦ διόθεν O : χρήματα δ' ὦ διόθεν p   203 ἐπ' Vat. Urb. gr. 160, αὐτοῦ
Jacobs : ἐπ' αὐτοὺς Ao : ἑκάστου Geel   204 ἀμπλακίης o   205 αὐ-
τὸς ἔτισε A : αὐτοὺς τίσε o   ὃς δὲ p   207 αὐτὸν Camerarius
(post 205 ὃς)   213 κύρνε o ut 1071

ὀργὴν συμμίσγων ἥντιν' ἕκαστος ἔχει.   ✕ 1072

215   πουλύπου ὀργὴν ἴσχε πολυπλόκου, ὃς ποτὶ πέτρηι,
          τῆι προσομιλήσηι, τοῖος ἰδεῖν ἐφάνη.
       νῦν μὲν τῆιδ' ἐφέπου, τοτὲ δ' ἀλλοῖος χρόα γίνου. > 1073
       κρέσσων τοι σοφίη γίνεται ἀτροπίης.   1074

(Theognidis)

       μηδὲν ἄγαν ἄσχαλλε ταρασσομένων πολιητέων
220   Κύρνε, μέσην δ' ἔρχευ τὴν ὁδὸν ὥσπερ ἐγώ.

       ὅστίς τοι δοκέει τὸν πλησίον ἴδμεναι οὐδέν,
          ἀλλ' αὐτὸς μοῦνος ποικίλα δήνε' ἔχειν,
       κεῖνός γ' ἄφρων ἐστί, νόου βεβλαμμένος ἐσθλοῦ·
          ἴσως γὰρ πάντες ποικίλ' ἐπιστάμεθα·
225   ἀλλ' ὁ μὲν οὐκ ἐθέλει κακοκερδείηισιν ἕπεσθαι,
          τῶι δὲ δολοπλοκίαι μᾶλλον ἄπιστοι ἅδον.

(Solonis, fr. 13. 71-6)

       πλούτου δ' οὐδὲν τέρμα πεφασμένον ἀνθρώποισιν·
          οἳ γὰρ νῦν ἡμῶν πλεῖστον ἔχουσι βίον,
       διπλάσιον σπεύδουσι. τίς ἂν κορέσειεν ἅπαντας;
230   χρήματά τοι θνητοῖς γίνεται ἀφροσύνη,

215-16 Plut. de amic. multit. 9 p. 96f; id. aet. phys.
19 p. 916c; id. sollert. anim. 27 p. 978e; Ath. 317a;
cf. 513d; Paroem. Gr. i. 184. 16, ii. 274. 29; resp. Iulia-
nus Misop. 20 p. 349d   221-6 Stob. 3. 4. 26

215 πο(υ)λύποδος νόον ἴσχε πολυχρόου Plut. ter et similiter Paroem.
216 τῆιπερ ὁμ- Plut. 96 v.l., 978   218 κραιπνόν ο : κρεῖσσόν
Wopkens   221 ἔμμεναι Stob.   223 βεβλαμμένου ο   226 μᾶλ-
λον ἔτ' εἰσὶ φίλαι Stob.   227 ἀνθρώποισι codd., Plut. in Solone :
ἀνδράσι κεῖται Arist. Basil. Stob. (cod. S)   229 διπλασίως S
230 κέρδεά τοι θνητοῖς ὤπασαν ἀθάνατοι S   possis εὐφροσύνη

ἄτη δ' ἐξ αὐτῆς ἀναφαίνεται, ἥν ὁπότε Ζεὺς
πέμψηι τειρομένοις, ἄλλοτε ἄλλος ἔχει.　　　⊗

(Theognidis)
　　ἀκρόπολις καὶ πύργος ἐὼν κενεόφρονι δήμωι
　　Κύρν' ὀλίγης τιμῆς ἔμμορεν ἐσθλὸς ἀνήρ.

(Theognidis)
235　οὐδὲν ἔτι πρέπει ἥμιν ἅτ' ἀνδράσι σωιζομένοισιν,
　　ἀλλ' ὡς πάγχυ πόλει Κύρνε ἁλωσομένηι.

(Theognidis)
　　σοὶ μὲν ἐγὼ πτέρ' ἔδωκα, σὺν οἷς ἐπ' ἀπείρονα πόντον
　　πωτήσηι καὶ γῆν πᾶσαν ἀειρόμενος
　　ῥηϊδίως· θοίνηις δὲ καὶ εἰλαπίνηισι παρέσσηι
240　ἐν πάσαις, πολλῶν κείμενος ἐν στόμασιν,
　　καί σε σὺν αὐλίσκοισι λιγυφθόγγοις νέοι ἄνδρες
　　εὐκόσμως ἐρατοὶ καλά τε καὶ λιγέα
　　ᾄσονται. καὶ ὅταν δνοφερῆς ὑπὸ κεύθεσι γαίης
　　βῆις πολυκωκύτους εἰς Ἀΐδαο δόμους,
245　οὐδέποτ' οὐδὲ θανὼν ἀπολεῖς κλέος, ἀλλὰ μελήσεις
　　ἄφθιτον ἀνθρώποις αἰὲν ἔχων ὄνομα
　　Κύρνε, καθ' Ἑλλάδα γῆν στρωφώμενος ἠδ' ἀνὰ νήσους
　　ἰχθυόεντα περῶν πόντον ἐπ' ἀτρύγετον,
　　οὐχ ἵππων νώτοισιν ἐφήμενος, ἀλλά σε πέμψει
250　ἀγλαὰ Μουσάων δῶρα ἰοστεφάνων·
　　πᾶσι δ' ὅσοισι μέμηλε καὶ ἐσσομένοισιν ἀοιδὴ

245-6 cf. *Denkschr. d. Wien. Ak.* 45, 1897, 50　(inscr.
Oenoandae, ca. 230 p. C.)

231 αὐτῶν S　　ὁπόταν S　　232 τισομένην S　　ἀλλοτέ τ' AOS
235 οὐδὲν ἔτι πρέπει Ahrens : οὐδὲν ἐπιτρέπει A : οὐδέ τι πρέπει o
236 ita A: ἀλύειν κύρν' ὡς πόλε' ἁλωσομένη o　　238 καὶ Bergk: κατὰ
codd.　　243 κευθμῶσι O : κεύθμασι p　　245 οὐδὲ τότ' Bergk
ἀλλὰ μέγ' οἴσεις inscr. : οὐδέ γε λήσεις o (an τε O?)　　251 πᾶσι
διὸσ οἶσι A : πᾶσιν οἶσι O : πᾶσι γὰρ οἶσι p : corr. Lachmann

ἔσσηι ὁμῶς, ὄφρ' ἂν γῆ τε καὶ ἠέλιος·
αὐτὰρ ἐγὼν ὀλίγης παρὰ σεῦ οὐ τυγχάνω αἰδοῦς,
ἀλλ' ὥσπερ μικρὸν παῖδα λόγοις μ'⌋ ἀπατᾶι⌊ς.

(Epigramma Deliacum)

255 ⊗ κάλλιστον τὸ δικαιότατον· λῶ⌋ιστον ⌊δ' ὑγιαίνειν·
πρᾶγμα δὲ τερπνότατο⌋ν, τοῦ τις ἐ⌊ρᾶι, τὸ τυχεῖν.

___

⊗ ἵππος ἐγὼ καλὴ καὶ ἀεθλίη, ἀλλὰ κάκι⌋σ⌊το⌋ν
ἄνδρα φέρω, καί μοι τ⌋οῦτ' ἀνιηρότατον.
πολλάκι δὴ 'μέλλησα δ⌋ιαρρήξασα χαλ⌊ινὸν
260 φεύγειν ὠσαμένη τὸν κακ⌋ὸν ἡνίοχ⌊ον.   ⊗

___

⊗ οὔ μοι πίνεται οἶνος, ἐπεὶ παρ⌋ὰ παιδὶ τειρείνηι
ἄλλος ἀνὴρ κάλ' ἔχει πολλὸν⌋ ἐμοῦ κ⌊ακίων.

___

⊗ ψυχρόν που παρὰ τῆιδε φίλοι π⌋ί⌊ν⌋ουσι τ⌊οκῆες,
ὡς θαμά θ' ὑδρεύει καί με γοῶσ⌋α φέρει,
265 ἔνθα μέσην περὶ παῖδα λαβὼν⌋ ἀγκῶν' ἐφί⌊λησα
δειρήν, ἡ δὲ τέρεν φθέγγετ' ἀ⌋πὸ στόμ⌊α⌋τ⌊ος.   ⊗

___

γνωτή τοι Πενίη γε καὶ ἀλλοτρίη πε⌋ρ ἐο⌊ῦσα·

255-6 Arist. *Eth. Nic.* 1. 8. 14 p. 1099^a27 (τὸ Δηλιακὸν ἐπί-
γραμμα); id. *Eth. Eud.* Α 1 p. 1214^a5 (ἐπὶ τὸ προπύλαιον τοῦ
Λητῴου); Stob. 4. 39. 8

___

253 ἐγὼ οὐδ' ὀλίγης παρὰ σεῦ νῦν Cobet   255 ῥᾶστον δ' ἐσθ'
Stob. :].στον το[Π   256 οὔ ο,]ν ου τις ε[Π : ἥδιστον δ' εὐτυχεῖν
ὧν τις ἕκαστος ἐρᾷ Stob. (δὲ τυχεῖν Trincavelli) : ἥδιστον δὲ πέφυχ'
οὗ τις ἐρᾷ τὸ τυχεῖν Arist. *Nic.* : πάντων δ' ἥδιστον οὗ κτλ. Arist. *Eud.*
259 δὴ 'μ- X p.c., D : δ' ἠμ- AOUrI   260 ὠσαμένη ρ : ἀπωσα-
μένη ΑΟ (φεύγεν Bergk)   262 κάλ' ἔχει scripsi : κατέχει codd.
263 που scripsi : μοι codd.   264 ὦσθ' ἄμα θ' malunt multi   fort.
praestat κἀμὲ ἀφορᾷ Ahrens   265 περὶ Α : παρὰ ο   βαλὼν
Hermann   267 γε Friedemann : τε Α : om. ο

199

οὔτε γὰρ εἰς ἀγορὴν ἔρχεται οὔτε δίκας ⌋
πάντηι γὰρ τοὔλασσον ἔχει, πάντηι δ᾽ ἐ⌋πίμυ⌊κτος,
270   πάντηι δ᾽ ἐχθρὴ ὁμῶς γίνεται, ἔ⌋νθ⌊ά⌋ περ ⌊ῆι.

ἴσως τοι τὰ μὲν ἄλλα θε⌋οὶ θν⌊η⌋τοῖς ⌊ἀνθρώποις
γῆράς τ᾽ οὐλόμενον κ⌋αὶ νεό⌊τ⌋ητ᾽ ἔ⌊δοσαν,
τῶν πάντων δὲ κάκισ⌋τον ἐ⌊ν⌋ ἀνθρώ⌊ποις θανάτου τε
καὶ πασέων νούσων ἐσ⌋τὶ π⌊ο⌋νηρότ⌊ατον·
275   παῖδας ἐπεὶ θρέψαιο καὶ⌋ ἄρμενα π⌊άντα παράσχοις,
χρήματα δ᾽ ἐγκαταθῆις π⌋όλλ᾽ ἀ⌊ν⌋ιηρὰ ⌊παθών,
τὸν πατέρ᾽ ἐχθαίρουσι, κ⌋αταρ⌊ῶ⌋νται δ᾽ ἀπ⌊ολέσθαι,
καὶ στυγέουσ᾽ ὥσπερ πτωχ⌋ὸν ⌊ἐ⌋σερ⌊χόμενον.

εἰκὸς τὸν κακὸν ἄνδρα κακῶς τὰ δίκαια νομίζειν,
280   μηδεμίαν κατόπισθ᾽ ἁζόμενον νέμεσιν·
δειλῶι γάρ τ᾽ ἀπάλαμνα βροτῶι πάρα πόλλ᾽ ἀνελέσθαι
πὰρ ποδός, ἡγεῖσθαί θ᾽ ὡς καλὰ πάντα τιθεῖ.

ἀστῶν μηδενὶ πιστὸς ἐὼν πόδα τῶνδε πρόβαινε,
μήθ᾽ ὅρκωι πίσυνος μήτε φιλημοσύνηι,
285   μηδ᾽ εἰ Ζῆν᾽ ἐθέληι παρέχειν βασιλῆα μέγιστον
ἔγγυον ἀθανάτων [πιστὰ τιθεῖν ἐθέλων.]

ἐν γάρ τοι πόλει ὧδε κακοψόγωι ἁνδάνει οὐδέν·
†ωσδετοσωσαιεὶ† πολλοὶ ἀνολβότεροι.   ×

---

269 ἐπίμυκτος A : ἐπίμικτος ο (-ον O), Π (⌋πιμι⌊)   270 ε⌋νθ[α]
παρ[ηι Π   273–4 θανάτου—πονηρότατον pro parenthesi accipiunt
multi πονηρότερον Hartung   275 επιθρεψαιο A   276 δὴν καταθείς
van Herwerden (ἄδην Blaydes)   hic deficit Ur   278 ἐ⌋περιχ- οΠ
280 κατόπιν ο   283 τῶνδε Hermann : τόνδε codd.   285 ἐ-
θέλει ο   286 excerptoris supplementum video   287–92
praecessit sententia qualis est 367–8   287 φιλοψόγῳ Bergk
288 ita A : ὡσ δὲ τὸ σῶσαι οἱ ο : οὐδ᾽ ἔτός, ὡς αἰεὶ Ahrens : δὶς δὲ τόσως
αἰεὶ Bergk

νῦν δὲ τὰ τῶν ἀγαθῶν κακὰ γίνεται ἐσθλὰ κακοῖσιν
290   ἀνδρῶν· γαίονται δ' ἐκτραπέλοισι νόμοις·
αἰδὼς μὲν γὰρ ὄλωλεν, ἀναιδείη δὲ καὶ ὕβρις
νικήσασα δίκην γῆν κατὰ πᾶσαν ἔχει.

———

οὐδὲ λέων αἰεὶ κρέα δαίνυται, ἀλλά μιν ἔμπης
καὶ κρατερόν περ ἐόνθ' αἱρεῖ ἀμηχανίη.

———

295   κωτίλωι ἀνθρώπωι σιγᾶν χαλεπώτατον ἄχθος,
φθεγγόμενος δ' ἀδὴς οἷσι παρῆι πέλεται,
ἐχθαίρουσι δὲ πάντες· ἀναγκαίη δ' ἐπίμειξις
ἀνδρὸς τοιούτου συμποσίωι τελέθει.

(Theognidis)

οὐδεὶς λῆι φίλος εἶναι ἐπὴν κακὸν ἀνδρὶ γένηται,
300   οὐδ' ὧι κ' ἐκ γαστρὸς Κύρνε μιᾶς γεγόνηι.

———

πικρὸς καὶ γλυκὺς ἴσθι καὶ ἁρπαλέος καὶ ἀπηνὴς
λάτρισι καὶ δμωσὶν γείτοσί τ' ἀγχιθύροις.

———

οὐ χρὴ κιγκλίζειν ἀγαθὸν βίον, ἀλλ' ἀτρεμίζειν,
τὸν δὲ κακὸν κινεῖν ἔστ' ἂν ἐς ὀρθὰ βάληις.

305   οἱ κακοὶ οὐ πάντως κακοὶ ἐκ γαστρὸς γεγόνασιν,
ἀλλ' ἄνδρεσσι κακοῖς συνθέμενοι φιλίην
ἔργά τε δείλ' ἔμαθον καὶ ἔπη δύσφημα καὶ ὕβριν,
ἐλπόμενοι κείνους πάντα λέγειν ἔτυμα.

290 ἀνδρῶν· γαίονται scripsi : ανδρωηγεονται A : ἀνδρῶν γίνονται o :
ἀνδρῶν· ἡγέονται Bekker   νόμος o   296 ἀδαὴς codd. : corr. Ahrens
(ἀᾱδὴς iam Blackwall)   μέλεται codd. (sine acc. A) : corr. Came-
rarius   299 οὐδεις δη A : οὐδὲ θέλει O, οὐδ' ἐθέλει p : corr.
Sauppe   300 ωκ' A, expl. Bekker : ἣν o   301 ἀργαλέος o
304 λάβῃς codd. : corr. Stephanus   305 τοι A   πάντεσ A

ἐν μὲν συσσίτοισιν ἀνὴρ πεπνυμένος εἶναι,
310   πάντα δέ μιν λήθειν ὡς ἀπεόντα δοκοῖ,
εἰς δὲ φέροι τὰ γελοῖα· θύρηφι δὲ καρτερὸς εἴη,
γινώσκων ὀργὴν ἥντιν' ἕκαστος ἔχει.

ἐν μὲν μαινομένοις μάλα μαίνομαι, ἐν δὲ δικαίοις
πάντων ἀνθρώπων εἰμὶ δικαιότατος.

(Solonis, fr. 15)

315   πολλοί τοι πλουτοῦσι κακοί, ἀγαθοὶ δὲ πένονται·
ἀλλ' ἡμεῖς τούτοις οὐ διαμειψόμεθα
τῆς ἀρετῆς τὸν πλοῦτον, ἐπεὶ τὸ μὲν ἔμπεδον αἰεί,
χρήματα δ' ἀνθρώπων ἄλλοτε ἄλλος ἔχει.

(Theognidis)

Κύρν', ἀγαθὸς μὲν ἀνὴρ γνώμην ἔχει ἔμπεδον αἰεί,
320   τολμᾶι δ' ἔν τε κακοῖς κείμενος ἔν τ' ἀγαθοῖς·
εἰ δὲ θεὸς κακῶι ἀνδρὶ βίον καὶ πλοῦτον ὀπάσσηι,
ἀφραίνων κακίην οὐ δύναται κατέχειν.

(Theognidis)

μήποτ' ἐπὶ σμικρᾶι προφάσει φίλον ἄνδρ' ἀπολέσσαι
πειθόμενος χαλεπῆι Κύρνε διαβολίηι.
325   εἴ τις ἁμαρτωλῆισι φίλων ἐπὶ παντὶ χολοῖτο,
οὔποτ' ἂν ἀλλήλοις ἄρθμιοι οὐδὲ φίλοι

315-18 Stob. 3. 1. 8 (Θεόγνιδος); gnomol. cod. Par. 1168
319-22 Stob. 3. 37. 3

---

309 εἶναι A : ἴσθι o : εἴη Hermann   310 δοκει A, δόκεῖ O, δόκει
p : corr. Geel   311 εὖ Kayser   315 τοι om. Stob. : γὰρ Sol.
316 αὐτοῖς Plut. in Solone   317 αἰεί (cf. 319) : ἐστιν v.l. in
Solone   318 ἄλλοτέ τ' A   320 θ' Stob.ᔆ   ἔν τ' ἀγαθοῖς...
ἔν τε κακοῖς p Stob.   322 βίοτον Stob.   323 ἀπολέσσης o :
ἀποειπεῖν Hecker   324 διαβολίη Bergk   325 ἁμαρτωλοῖσι o
χολοῖτο Kalinka : χολῷτο codd.

εἶεν· ἁμαρτωλαὶ γὰρ ἐν ἀνθρώποισιν ἕπονται
θνητοῖς Κύρνε· θεοὶ δ' οὐκ ἐθέλουσι φέρειν.

(Theognidis)

    καὶ βραδὺς εὔβουλος εἷλεν ταχὺν ἄνδρα διώκων
330   Κύρνε, σὺν εὐθείηι θεῶν δίκηι ἀθανάτων·

(Theognidis)

    ἥσυχος ὥσπερ ἐγὼ μέσσην ὁδὸν ἔρχεο ποσσίν,
μηδετέροισι διδοὺς Κύρνε τὰ τῶν ἑτέρων.

_____

332a οὐκ ἔστιν φεύγοντι φίλος καὶ πιστὸς ἑταῖρος· > 209
  b   τῆς δὲ φυγῆς ἐστιν τοῦτ' ἀνιηρότατον.   210

(Theognidis)

    μήποτε φεύγοντ' ἄνδρα ἐπ' ἐλπίδι Κύρνε φιλήσηις·
οὐδὲ γὰρ οἴκαδε βὰς γίνεται αὐτὸς ἔτι.

_____

335 μηδὲν ἄγαν σπεύδειν· πάντων μέσ' ἄριστα· καὶ οὕτως
    Κύρν' ἕξεις ἀρετήν, ἥν τε λαβεῖν χαλεπόν.

(Theognidis)

    Ζεύς μοι τῶν τε φίλων δοίη τίσιν, οἵ με φιλεῦσιν,
τῶν τ' ἐχθρῶν μεῖζον Κύρνε †δυνησόμενον.
χοὔτως ἂν δοκέοιμι μετ' ἀνθρώπων θεὸς εἶναι,
340 εἴ μ' ἀποτεισάμενον μοῖρα κίχηι θανάτου.

_____

    ἀλλὰ Ζεῦ τέλεσόν μοι 'Ολύμπιε καίριον εὐχήν·
δὸς δέ μοι ἀντὶ κακῶν καί τι παθεῖν ἀγαθόν·
τεθναίην δ', εἰ μή τι κακῶν ἄμπαυμα μεριμνέων

331-2 Stob. 3. 15. 6   332a Clem. *Strom.* 6. 8. 1

_____

327-8 fines, malim φέρονται et ἐφέπειν   332 δίδου Stob.
332ab om. *o*   334 αὐτὸς dubitans Bergk   339 ἀνθρώποις
Brunck   340 εἴ μ' A : εἰ μὴ O : ἢν *p*   κίχοι Camerarius

εὑροίμην. δοίην δ' ἀντ' ἀνιῶν ἀνίας·

345 αἶσα γὰρ οὕτως ἐστί, τίσις δ' οὐ φαίνεται ἡμῖν
ἀνδρῶν οἳ τἀμὰ χρήματ' ἔχουσι βίηι
συλήσαντες· ἐγὼ δὲ κύων ἐπέρησα χαράδρην
χειμάρρωι ποταμῶι, πάντ' ἀποσεισάμενος.
τῶν εἴη μέλαν αἷμα πιεῖν· ἐπί τ' ἐσθλὸς ὄροιτο

350 δαίμων ὃς κατ' ἐμὸν νοῦν τελέσειε τάδε.

_____

ἆ δειλὴ Πενίη, τί μένεις προλιποῦσα παρ' ἄλλον
ἄνδρ' ἰέναι; μὴ δή μ' οὐκ ἐθέλοντα φίλει,
ἀλλ' ἴθι καὶ δόμον ἄλλον ἐποίχεο, μηδὲ μεθ' ἡμέων
αἰεὶ δυστήνου τοῦδε βίου μέτεχε.

(Theognidis)

355 τόλμα Κύρνε κακοῖσιν, ἐπεὶ κἀσθλοῖσιν ἔχαιρες,
εὖτέ σε καὶ τούτων μοῖρ' ἐπέβαλλεν ἔχειν·
ὡς δέ περ ἐξ ἀγαθῶν ἔλαβες κακόν, ὧς δὲ καὶ αὖθις
ἐκδῦναι πειρῶ θεοῖσιν ἐπευχόμενος.   ✕
μηδὲ λίην ἐπίφαινε· κακὸν δέ τε Κύρν' ἐπιφαίνειν·

360 παύρους κηδεμόνας σῆς κακότητος ἔχεις.

(Theognidis)

ἀνδρός τοι κραδίη μινύθει μέγα πῆμα παθόντος
Κύρν'· ἀποτεινυμένου δ' αὔξεται ἐξοπίσω.

_____

εὖ κώτιλλε τὸν ἐχθρόν· ὅταν δ' ὑποχείριος ἔλθηι,
τεῖσαί μιν πρόφασιν μηδεμίαν θέμενος.

_____

365 ἴσχε νόωι, γλώσσηι δὲ τὸ μείλιχον αἰὲν ἐπέστω·

_____

344 τ' ο   348 χειμάρρου ποταμοῦ Heimsoeth   349 ἄρoιτo o
352 μὴ δή μ' Bekker : μ' ἦν δὴν A : τί δή μ' O : τί δὲ δή μ' ρ   φιλει
A : φιλεῖς o   359 μηδ' ἀνίην Geel : μηδὲ δύην Nauck   δέ sscr. τι
O : δ' ἔτι ρ   ἐπιφαίνων Wopkens   360 possis ἔχοις   364 μιν
Sylburg : νιν codd.   365 νόον o   γλώσσησ A   ἐπέσθω o

δειλῶν τοι τελέθει καρδίη ὀξυτέρη.

(Theognidis)

οὐ δύναμαι γνῶναι νόον ἀστῶν ὅντιν' ἔχουσιν·   < 1184a
οὔτε γὰρ εὖ ἔρδων ἀνδάνω οὔτε κακῶς·   b
μωμεῦνται δέ με πολλοί, ὁμῶς κακοὶ ἠδὲ καὶ ἐσθλοί·
370   μιμεῖσθαι δ' οὐδεὶς τῶν ἀσόφων δύναται.

(Theognidis)

μή μ' ἀέκοντα βίηι κεντῶν ὑπ' ἄμαξαν ἔλαυνε
εἰς φιλότητα λίην Κύρνε προσελκόμενος.

⊗   Ζεῦ φίλε, θαυμάζω σε· σὺ γὰρ πάντεσσιν ἀνάσσεις
τιμὴν αὐτὸς ἔχων καὶ μεγάλην δύναμιν,
375   ἀνθρώπων δ' εὖ οἶσθα νόον καὶ θυμὸν ἑκάστου,
σὸν δὲ κράτος πάντων ἔσθ' ὕπατον βασιλεῦ·
πῶς δή σευ Κρονίδη τολμᾶι νόος ἄνδρας ἀλιτροὺς
ἐν ταὐτῆι μοίρηι τόν τε δίκαιον ἔχειν,
ἤν τ' ἐπὶ σωφροσύνην τρεφθῆι νόος ἤν τε πρὸς ὕβριν
380   ἀνθρώπων, ἀδίκοις ἔργμασι πειθομένων;
οὐδέ τι κεκριμένον πρὸς δαίμονός ἐστι βροτοῖσιν,
οὐδ' ὁδὸς ἤντιν' ἰὼν ἀθανάτοισιν ἅδοι;
. . . .
ἔμπης δ' ὄλβον ἔχουσιν ἀπήμονα· τοὶ δ' ἀπὸ δειλῶν
ἔργων ἴσχοντες θυμὸν ὅμως πενίην
385   μητέρ' ἀμηχανίης ἔλαβον τὰ δίκαια φιλεῦντες,
ἤ τ' ἀνδρῶν παράγει θυμὸν ἐς ἀμπλακίην
βλάπτους' ἐν στήθεσσι φρένας, κρατερῆς ὑπ' ἀνάγκης·
τολμᾶι δ' οὐκ ἐθέλων αἴσχεα πολλὰ φέρειν
χρημοσύνηι εἴκων, ἡ δὴ κακὰ πολλὰ διδάσκει,

---

366 καρδίη recc., κραδίη Ao : ὀξυτέρη κραδίη Brunck   379 τερφθῆ
codd. : corr. Camerarius   382 ὁδὸν AD   ἤν τις Laur. 31. 20
lacunam susp. Hudson-Williams; desideratur οἱ μὲν γὰρ (nequitiae
dediti sunt)   384 ἴσχονται ο   πενίην A : evanuit O : πενίης p
386 προάγει ο

390 ψευδεά τ' ἐξαπάτας τ' οὐλομένας τ' ἔριδας,
  ἄνδρα καὶ οὐκ ἐθέλοντα, κακὸν δέ οἱ οὐδὲν ἔοικεν·
  ἡ γὰρ καὶ χαλεπὴν τίκτει ἀμηχανίην.
  ἐν πενίηι δ' ὅ τε δειλὸς ἀνὴρ ὅ τε πολλὸν ἀμείνων
  φαίνεται, εὖτ' ἂν δὴ χρημοσύνη κατέχηι·
395 τοῦ μὲν γὰρ τὰ δίκαια φρονεῖ νόος, οὗ τέ περ αἰεὶ
  ἰθεῖα γνώμη στήθεσιν ἐμπεφύηι·
  τοῦ δ' αὖτ' οὔτε κακοῖς ἕπεται νόος οὔτ' ἀγαθοῖσιν.
  τὸν δ' ἀγαθὸν τολμᾶν χρὴ τά τε καὶ τὰ φέρειν,
  αἰδεῖσθαι δὲ φίλους φεύγειν τ' ὀλεσήνορας ὅρκους
  . . . .
400 ἐντράπελ', ἀθανάτων μῆνιν ἀλευάμενον.   ⊗
  _____

  μηδὲν ἄγαν σπεύδειν· καιρὸς δ' ἐπὶ πᾶσιν ἄριστος
  ἔργμασιν ἀνθρώπων. πολλάκι δ' εἰς ἀρετὴν
  σπεύδει ἀνὴρ κέρδος διζήμενος, ὅντινα δαίμων
  πρόφρων εἰς μεγάλην ἀμπλακίην παράγει,
405 καί οἱ ἔθηκε δοκεῖν, ἃ μὲν ἦι κακά, ταῦτ' ἀγάθ' εἶναι,
  εὐμαρέως, ἃ δ' ἂν ἦι χρήσιμα, ταῦτα κακά.
  _____

  φίλτατος ὢν ἥμαρτες· ἐγὼ δέ τοι αἴτιος οὐδέν,
  ἀλλ' αὐτὸς γνώμης οὐκ ἀγαθῆς ἔτυχες.

(Theognidis)

  οὐδένα θησαυρὸν παισὶν καταθήσηι ἀμείνω > 1161
410 αἰδοῦς, ἥ τ' ἀγαθοῖς ἀνδράσι Κύρν' ἔπεται. 1162
(Theognidis)

  οὐδενὸς ἀνθρώπων κακίων δοκεῖ εἶναι ἑταῖρος
  409-10 v. ad 1161-2

  _____

395 τάδικα φρονέει o 397 τῷ δ' Bergk αὖ o fort. ἔχεται
399 fort. τε lacunam susp. Bergk 400 ἐντράπελ' A : ἔντρεπε δ' o :
εὐτράπελ' Bekker ἀλευάμενον A : -άμενος o (-όμενος I) 402 ἀάτην
Ahrens 407 φίλταθ', ὅσων Bergk σοι A 411 οὐδενὸσ
et δοκει A : μηδενὸσ et δόκει o : possis μηδενὸς . . . δοκοῖ

ὧι γνώμη θ' ἔπεται Κύρνε καὶ ὧι δύναμις.

πίνων δ' οὐχ οὕτως θωρήξομαι, οὐδέ με οἶνος
ἐξάγει, ὥστ' εἰπεῖν δεινὸν ἔπος περὶ σοῦ.

415 οὐδέν' ὁμοῖον ἐμοὶ δύναμαι διζήμενος εὑρεῖν   > 1164e
     πιστὸν ἑταῖρον, ὅτωι μή τις ἔνεστι δόλος·   ×   f
     ἐς βάσανον δ' ἐλθὼν παρατρίβομαι ὥστε μολύβδωι   g
     χρυσός, ὑπερτερίης δ' ἄμμιν ἔνεστι λόγος.   h

     πολλά με καὶ συνιέντα παρέρχεται· ἀλλ' ὑπ' ἀνάγκης
420 σιγῶ, γινώσκων ἡμετέρην δύναμιν.

     πολλοῖς ἀνθρώπων γλώσσηι θύραι οὐκ ἐπίκεινται
     ἁρμόδιαι, καί σφιν πόλλ' ἀμέλητα πέλει·
     πολλάκι γὰρ τὸ κακὸν κατακείμενον ἔνδον ἄμεινον,
     ἐσθλὸν δ' ἐξελθὸν λώιον ἢ τὸ κακόν.

425 πάντων μὲν μὴ φῦναι ἐπιχθονίοισιν ἄριστον,

421-4 Stob. 3. 36. 1   425-8 Sext. Emp. *Pyrrh. hypot.*
3. 231; Stob. 4. 52. 30; 425-7 Clem. *Strom.* 3. 15. 1; *Suda* i.
374. 27 Adler; Paroem. Gr. ii. 148. 4; 425+427 Alcid.
Mus. (Stob. 4. 52. 22, P. Lit. Lond. 191; inde *Cert. Hom.
et Hes.* 7 v. 78); Paroem. Gr. i. 214. 12; partim Epicur.
ep. 3 ap. Diog. Laert. 10. 126 (sine nom.); 425 schol. Soph.
Oed. Col. 1224

413 μέ γ' O : μετ' A : με ρ   414 ἐξαρεῖ Ahrens   δειλὸν Bergk
418 νόος o   420 ὑμετέρην Hermann   421-2 θύρα οὐκ ἐπί-
κειται ἁρμοδίη Stob.   422 ἀλάλητα Stob. (λαλητὰ Bücheler)
πέλει Stob. : μέλει codd.   423 ἔνδοθεν ἦλθεν Stob.   424 ἐξελ-
θὼν AO : -εῖν Stob.   finis fort. ab excerptore expletus (Hudson-
Williams)   425 ἀρχὴν μὲν testes praeter Clem.

μηδ' ἐσιδεῖν αὐγὰς ὀξέος ἠελίου,
φύντα δ' ὅπως ὤκιστα πύλας 'Αΐδαο περῆσαι
καὶ κεῖσθαι πολλὴν γῆν ἐπαμησάμενον.

(Theognidis)

      φῦσαι καὶ θρέψαι ῥᾶιον βροτὸν ἢ φρένας ἐσθλὰς
430   ἐνθέμεν· οὐδείς πω τοῦτό γ' ἐπεφράσατο,
      ὧι τις σώφρον' ἔθηκε τὸν ἄφρονα κἀκ κακοῦ ἐσθλόν.
      εἰ δ' 'Ασκληπιάδαις τοῦτό γ' ἔδωκε θεός,
      ἰᾶσθαι κακότητα καὶ ἀτηρὰς φρένας ἀνδρῶν,
      πολλοὺς ἂν μισθοὺς καὶ μεγάλους ἔφερον.
435   εἰ δ' ἦν ποιητόν τε καὶ ἔνθετον ἀνδρὶ νόημα,
      οὔποτ' ἂν ἐξ ἀγαθοῦ πατρὸς ἔγεντο κακός,
      πειθόμενος μύθοισι σαόφροσιν· ἀλλὰ διδάσκων
      οὔποτε ποιήσει τὸν κακὸν ἄνδρ' ἀγαθόν.

      νήπιος, ὃς τὸν ἐμὸν μὲν ἔχει νόον ἐν φυλακῆισιν,
440   τῶν δ' αὐτοῦ †κίδιον οὐδὲν ἐπιστρέφεται.

      οὐδεὶς γὰρ πάντ' ἐστὶ πανόλβιος· ἀλλ' ὁ μὲν ἐσθλὸς>1162a
      τολμᾶι ἔχων τὸ κακὸν κοὐκ ἐπίδηλος ὅμως,   b
      δειλὸς δ' οὔτ' ἀγαθοῖσιν ἐπίσταται οὔτε κακοῖσιν c
      θυμὸν ἔχων μίμνειν. ἀθανάτων δὲ δόσεις   d
445   παντοῖαι θνητοῖσιν ἐπέρχοντ'· ἀλλ' ἐπιτολμᾶν e

432-3 (—κακ.) Anon. P. Oxy. ined.; 432 Dio Chrys. 1. 8;
Plut. *quaest. Plat.* 3 p. 1000c   434-8 confuse Plato *Men.*
95e; P. Berol. 12310 (ostr.)

426 ἰδέειν Sext. : ἐπιδεῖν Paroem.: ἐσορᾶν Clem.   427 ὅμως
Cert. Paroem. i. 214   428 γῆν ἀπαμησάμενον Stob. : γαῖαν ἐφεσ-
σάμενον Sext.   431 ᾧ τις Bergk : ὅτισ A : ὅστις ο   432 οὐδ' Ο
testes   438 ποιήσεις ο Plato, -ης ostr.   440 τὸν ο   κίδιον Α,
κίδιον Ο : ἴδιον ρ : κηδέων Bergk : κλήδων Orelli   441 γὰρ Α : om.
Ο : τοι ρ   442 ἔχειν ο   ὁμῶσ Α   443 οὔτε κακοῖσιν ...
οὔτ' ἀγαθοῖσιν ο   444 δὲ Ο : τε Αρ

χρὴ δῶρ' ἀθανάτων οἷα διδοῦσιν ἔχειν.   f

εἴ μ' ἐθέλεις πλύνειν, κεφαλῆς ἀμίαντον ἀπ' ἄκρης
αἰεὶ λευκὸν ὕδωρ ῥεύσεται ἡμετέρης,
εὑρήσεις δέ με πᾶσιν ἐπ' ἔργμασιν ὥσπερ ἄπεφθον
450   χρυσόν, ἐρυθρὸν ἰδεῖν τριβόμενον βασάνωι,
τοῦ χροιῆς καθύπερθε μέλας οὐχ ἅπτεται ἰὸς
οὐδ' εὐρώς, αἰεὶ δ' ἄνθος ἔχει καθαρόν.

⊗   ὤνθρωπ', εἰ γνώμης ἔλαχες μέρος ὥσπερ ἀνοίης
καὶ σώφρων οὕτως ὥσπερ ἄφρων ἐγένου,
455   πολλοῖς ἂν ζηλωτὸς ἐφαίνεο τῶνδε πολιτῶν
οὕτως ὥσπερ νῦν οὐδενὸς ἄξιος εἶ.   ⊗

οὔτοι σύμφορόν ἐστι γυνὴ νέα ἀνδρὶ γέροντι·
οὐ γὰρ πηδαλίωι πείθεται ὡς ἄκατος,
οὐδ' ἄγκυραι ἔχουσιν· ἀπορρήξασα δὲ δεσμὰ
460   πολλάκις ἐκ νυκτῶν ἄλλον ἔχει λιμένα.

μήποτ' ἐπ' ἀπρήκτοισι νόον ἔχε μηδὲ μενοίνα
χρήμασι· τῶν ἄνυσις γίνεται οὐδεμία.

εὐμαρέως τοι χρῆμα θεοὶ δόσαν οὔτέ τι δειλὸν
οὔτ' ἀγαθόν· χαλεπῶι δ' ἔργματι κῦδος ἔπι.

465   ἀμφ' ἀρετῆι τρίβου, καί τοι τὰ δίκαια φίλ' ἔστω,

457-60 Ath. 560a; Stob. 4. 22. 110; imit. Theophilus
fr. 6 Kock   457-8 Clem. Strom. 6. 14. 5

457 σύμφρον ἔνεστι fere codd. : χρήσιμόν ἐστι Clem. : recte Ath.
Stob.   νέα γυνὴ Clem.   459 ἄγκυραν Ath.   πεῖσμα Festa
464 ἔπι A p.c., ἔπει a.c. : ἔχει ο   465 σοι ο

μηδέ σε νικάτω κέρδος ὅ τ' αἰσχρὸν ἔηι.

(Eueni? fr. 8a)

⊗   μηδένα τῶνδ' ἀέκοντα μένειν κατέρυκε παρ' ἡμῖν,
μηδὲ θύραζε κέλευ' οὐκ ἐθέλοντ' ἰέναι·
μηδ' εὕδοντ' ἐπέγειρε Σιμωνίδη, ὅντιν' ἂν. ἡμῶν
470   θωρηχθέντ' οἴνωι μαλθακὸς ὕπνος ἕληι,
μηδὲ τὸν ἀγρυπνέοντα κέλευ' ἀέκοντα καθεύδειν·
πᾶν γὰρ ἀναγκαῖον χρῆμ' ἀνιηρὸν ἔφυ.
τῶι πίνειν δ' ἐθέλοντι παρασταδὸν οἰνοχοείτω·
οὐ πάσας νύκτας γίνεται ἀβρὰ παθεῖν.
475   αὐτὰρ ἐγώ, μέτρον γὰρ ἔχω μελιηδέος οἴνου,
ὕπνου λυσικάκου μνήσομαι οἴκαδ' ἰών.
ἥκω δ' ὡς οἶνος χαριέστατος ἀνδρὶ πεπόσθαι·
οὔτέ τι γὰρ νήφων οὔτε λίην μεθύων·
ὃς δ' ἂν ὑπερβάλληι πόσιος μέτρον, οὐκέτι κεῖνος
480   τῆς αὐτοῦ γλώσσης καρτερὸς οὐδὲ νόου,
μυθεῖται δ' ἀπάλαμνα, τὰ νήφοσι γίνεται αἰσχρά,
αἰδεῖται δ' ἔρδων οὐδὲν ὅταν μεθύηι,
τὸ πρὶν ἐὼν σώφρων, τότε νήπιος. ἀλλὰ σὺ ταῦτα
γινώσκων μὴ πῖν' οἶνον ὑπερβολάδην,
485   ἀλλ' ἢ πρὶν μεθύειν ὑπανίστασο—μή σε βιάσθω
γαστὴρ ὥστε κακὸν λάτριν ἐφημέριον—

467 + 469 (—Σιμωνίδη) Pherecr. fr. 153. 8-9 Kock (sine
nom.) (ἐλεγεῖα)   477-86 Ath. 428c   479-86 Stob.
3. 18. 13

466 ἔθει O : ἔοι p   467 μηδένα μήτ' Pherecr.   469 μήθ' Pherecr.
472 cf. Eueni fr. 8, quo fretus Camerarius totum locum Eueno ascripsit
476 λησικάκου I p.c.   477 ἥκω Ath. : ἥξω codd.   478 οὔτ'
ἔτι Ahrens   γὰρ νήφω... λίην μεθύω codd. : νήφων εἴμ'... λίαν
μεθύων Ath. : ut supra Friedemann (γρ. Stephanus)   479 ἐκεῖνος
Ath. Stob.   480 γνώμης Ath.ᴬᶜ   481 νήφουσι o   483 possis
ὁ πρὶν   ὅτε νήπιος o : τε καὶ ἥπιος Ath.   485 πρὶν μεθύειν
ἄρξῃ δ' ἀπανίστασο Ath.   μεθύων Stob.   μὴ δὲ Stob. (tum γαστήρ
σ' Hermann)

ἢ παρεὼν μὴ πῖνε. σὺ δ' "ἔγχεε"· τοῦτο μάταιον
κωτίλλεις αἰεί· τούνεκά τοι μεθύεις·
ἡ μὲν γὰρ φέρεται φιλοτήσιος, ἡ δὲ πρόκειται,
490 τὴν δὲ θεοῖς σπένδεις, τὴν δ' ἐπὶ χειρὸς ἔχεις,
ἀρνεῖσθαι δ' οὐκ οἶδας. ἀνίκητος δέ τοι οὗτος,
ὃς πολλὰς πίνων μή τι μάταιον ἐρεῖ.
ὑμεῖς δ' εὖ μυθεῖσθε παρὰ κρητῆρι μένοντες,
ἀλλήλων ἔριδας δὴν ἀπερυκόμενοι,
495 εἰς τὸ μέσον φωνεῦντες, ὁμῶς ἑνὶ καὶ συνάπασιν·
χοὔτως συμπόσιον γίνεται οὐκ ἄχαρι. ⊗

 ἄφρονος ἀνδρὸς ὁμῶς καὶ σώφρονος οἶνος ὅταν δὴ
 πίνηι ὑπὲρ μέτρον κοῦφον ἔθηκε νόον.

 ἐν πυρὶ μὲν χρυσόν τε καὶ ἄργυρον ἴδριες ἄνδρες
500 γινώσκουσ', ἀνδρὸς δ' οἶνος ἔδειξε νόον,
καὶ μάλα περ πινυτοῦ, τὸν ὑπὲρ μέτρον ἤρατο πίνων,
ὥστε καταισχῦναι καὶ πρὶν ἐόντα σοφόν.

⊗ οἰνοβαρέω κεφαλὴν 'Ονομάκριτε, καί με βιᾶται
οἶνος, ἀτὰρ γνώμης οὐκέτ' ἐγὼ ταμίης
505 ἡμετέρης, τὸ δὲ δῶμα περιτρέχει. ἀλλ' ἄγ' ἀναστὰς
πειρηθῶ μή πως καὶ πόδας οἶνος ἔχει
καὶ νόον ἐν στήθεσσι· δέδοικα δὲ μή τι μάταιον
ἔρξω θωρηχθεὶς καὶ μέγ' ὄνειδος ἔχω.

497-508 Stob. 3. 18. 14-16 500 (ἀνδρὸς—) Ath. (epit.) 37e

---

487 ἔχε ο malim μάταια 491 αἰνεῖσθαι A fort.
ἀνιηρὸς 492 πολλὸν A 493 εὐθυμεῖσθε Hecker 494 εριδοσ A
496 οὕτως Hecker 497 ὁμῶς codd. : ἄγαν Stob. 498 πίνῃ
Stob. : πίνητ' A, πίνηθ' Ο, πίνεθ' p 501-2 κακότητα δὲ πᾶσαν
ἐλέγχει, ὥστε καταισχύνειν καὶ τὸν ἐόντα σοφὸν Stob. 504 γλώσσης
Bergk 506 πειρήσω Stob. ἔχῃ p Stob.SA 507 ὡς νόον Schaefer

510   οἶνος πινόμενος πουλὺς κακόν· ἦν δέ τις αὐτὸν > 211
       πίνηι ἐπισταμένως, οὐ κακὸν ἀλλ' ἀγαθόν.   212

⊗   ἦλθες δὴ Κλεάριστε βαθὺν διὰ πόντον ἀνύσσας
512   ἐνθάδ' ἐπ' οὐδὲν ἔχοντ' ὦ τάλαν οὐδὲν ἔχων·
515   τῶν δ' ὄντων τἄριστα παρέξομεν· ἦν δέ τις ἔλθηι
       σεῦ φίλος ὤν, κατάκεισ' ὡς φιλότητος ἔχεις.
       οὔτέ τι τῶν ὄντων ἀποθήσομαι, οὔτέ τι μείζω
       σῆς ἕνεκα ξενίης ἄλλοθεν οἰσόμεθα.
513   νηός τοι πλευρῆισιν ὑπὸ ζυγὰ θήσομεν ἡμεῖς
514   Κλεάρισθ' οἷ' ἔχομεν χοῖα διδοῦσι θεοί.
       ἦν δέ τις εἰρωτᾶι τὸν ἐμὸν βίον, ὧδέ οἱ εἰπεῖν·
520   "ὡς εὖ μὲν χαλεπῶς, ὡς χαλεπῶς δὲ μάλ' εὖ,
       ὥσθ' ἕνα μὲν ξεῖνον πατρώιον οὐκ ἀπολείπειν,
       ξείνια δὲ πλεόνεσσ' οὐ δυνατὸς παρέχειν."   ⊗

⊗   οὐ σὲ μάτην ὦ Πλοῦτε βροτοὶ τιμῶσι μάλιστα·
       ἦ γὰρ ῥηϊδίως τὴν κακότητα φέρεις.
525   καὶ γάρ τοι πλοῦτον μὲν ἔχειν ἀγαθοῖσιν ἔοικεν,
       ἡ πενίη δὲ κακῶι σύμφορος ἀνδρὶ φέρειν.

509-10 [Arist.] *Probl.* * 1. 17 Bussemaker; Galenus π. ψυχῆς
ἠθῶν, iv. 778 Kühn (*Scripta minora* ii. 40. 20 Müller);
Artem. 1. 66; Clem. *Strom.* 6. 11. 5; Stob. 3. 18. 11
523-4 Stob. 4. 31. 1; gnomol. cod. Par. 1168   525 - 6 Stob.
4. 31. 3a

509 κακός Artem. Clem. Stob.   εἰ et mox πίνει Gal. (teste Müller)
αὐτῷ | χρῆται Clem.   510 κακὸς ἀλλ' ἀγαθὸς Artem. Stob.
517 possis ἀποθήσομεν vel -σόμεθ'   μείζων ο   513–14 transposui
519 possis εἴρηται   521 ἀποειπεῖν Epkema   522 πλεόνεσσ'
"γρ. ἐνιαχῆ" Camerarius : πλέον' ἔστ' Ao   523 θεοὶ Stob. (θεῶν
Trincavelli)   525 ἔδωκεν Stob.   526 σοφῷ σύμφορον Stob.

⊗ ὤ μοι ἐγὼν ἥβης καὶ γήραος οὐλομένοιο,
τοῦ μὲν ἐπερχομένου, τῆς δ' ἀπονισομένης.

οὐδέ τινα προύδωκα φίλον καὶ πιστὸν ἑταῖρον,
530   οὐδ' ἐν ἐμῆι ψυχῆι δούλιον οὐδὲν ἔνι.

αἰεί μοι φίλον ἦτορ ἰαίνεται, ὁππότ' ἀκούσω
αὐλῶν φθεγγομένων ἱμερόεσσαν ὄπα·
χαίρω δ' εὖ πίνων καὶ ὑπ' αὐλητῆρος ἀείδων,
χαίρω δ' εὔφθογγον χερσὶ λύρην ὀχέων.

535   οὔποτε δουλείη κεφαλὴ ἰθεῖα πέφυκεν,
ἀλλ' αἰεὶ σκολιή, καὐχένα λοξὸν ἔχει.
οὔτε γὰρ ἐκ σκίλλης ῥόδα φύεται οὐδ' ὑάκινθος,
οὔτέ ποτ' ἐκ δούλης τέκνον ἐλευθέριον.

(Theognidis)

οὗτος ἀνὴρ φίλε Κύρνε πέδας χαλκεύεται αὑτῶι,
540   εἰ μὴ ἐμὴν γνώμην ἐξαπατῶσι θεοί.

(Theognidis)

δειμαίνω μὴ τήνδε πόλιν Πολυπαΐδη ὕβρις
ἤ περ Κενταύρους ὠμοφάγους ὀλέσηι.

527-8 Stob. 4. 50. 44; *Anth. Pal.* 9. 118 (Βησαντίνου)
535-6 Philo *omnis probus liber* 155 (vi. 43. 11 C.—W.) (sine
nom.); Stob. 4. 19. 36

---

528 ἀπονισ(σ)αμένης Stob.A, *Anth* cod. : ἀπανισταμένης p, ἀπαγ[O
529 οὐδένα A : οὔτέ τινα et 530 οὔτ' p   531 ἀκούω Epkema
533 ἀκούων codd. ex 531 : corr. Pierson   535 εὐθεῖα o testes
537-8 οὐδ'... οὔτε Bekker (οὐδ... οὐδὲ Camerarius) : οὔθ'... οὐδὲ
codd.   539 οὗτος A : οὗτις o   'deest protasis ὅστις..., si
οὗτος recte est traditum' Bergk; v. post 1102   542 potes ἢ
ὀλέσῃ p : ὄλεσε(ν) AO

(Theognidis)

χρή με παρὰ στάθμην καὶ γνώμονα τήνδε δικάσσαι
    Κύρνε δίκην, ἴσόν τ' ἀμφοτέροισι δόμεν,
545   μάντεσί τ' οἰωνοῖς τε καὶ αἰθομένοις ἱεροῖσιν,
    ὄφρα μὴ ἀμπλακίης αἰσχρὸν ὄνειδος ἔχω.

———————

μηδένα πω κακότητι βιάζεο, τῶι δὲ δικαίωι·
    τῆς εὐεργεσίης οὐδὲν ἀρειότερον.

(Theognidis)

⊗ ἄγγελος ἄφθογγος πόλεμον πολύδακρυν ἐγείρει
550   Κύρν', ἀπὸ τηλαυγέος φαινόμενος σκοπιῆς.
ἀλλ' ἵπποις ἔμβαλλε ταχυπτέρνοισι χαλινούς·
    δηίων γάρ σφ' ἀνδρῶν ἀντιάσειν δοκέω —
οὐ πολλὸν τὸ μεσηγύ — διαπρήσσουσι κέλευθον
    [εἰ μὴ ἐμὴν γνώμην ἐξαπατῶσι θεοί.]

———————

555   χρὴ τολμᾶν χαλεποῖσιν ἐν ἄλγεσι κείμενον ἄνδρα,
                          > 1178a
    πρός τε θεῶν αἰτεῖν ἔκλυσιν ἀθανάτων.   × b
φράζεο δ'· ὁ κλῆρός τοι ἐπὶ ξυροῦ ἵσταται ἀκμῆς·
    ἄλλοτε πόλλ' ἕξεις, ἄλλοτε παυρότερα,
ὥστέ σε μήτε λίην ἀφνεὸν κτεάτεσσι γενέσθαι,
560   μήτέ σέ γ' ἐς πολλὴν χρημοσύνην ἐλάσαι.

———————

εἴη μοι τὰ μὲν αὐτὸν ἔχειν, τὰ δὲ πόλλ' ἐπιδοῦναι
    χρήματα τῶν ἐχθρῶν τοῖσι φίλοισιν ἔχειν.

———————

543 γνώμην o   post 544 lacunam notavit Bergk   545 μάν-
τεσιν (om. τ') o   547 πω : παῖ Bergk : fort. μοι   βιάζεο· τῷ δὲ
δικαίῳ τῆς κτλ. editores   551 ἵππουσ A   553 διαπρήσσουσι
Par. 2883 : διαπρήξουσι Ao participium video   554 (= 540) excer-
ptoris supplementum agnovit Hudson-Williams   557 κλῆρός
scripsi : κίνδυνός codd. (δ' ὁ om. o)

κεκλῆσθαι δ' ἐς δαῖτα, παρέζεσθαι δὲ παρ' ἐσθλὸν
ἄνδρα χρεὼν σοφίην πᾶσαν ἐπιστάμενον.
565   τοῦ συνιεῖν, ὁπόταν τι λέγηι σοφόν, ὄφρα διδαχθῆις,
καὶ τοῦτ' εἰς οἶκον κέρδος ἔχων ἀπίηις.

ἥβηι τερπόμενος παίζω· δηρὸν γὰρ ἔνερθεν
γῆς ὀλέσας ψυχὴν κείσομαι ὥστε λίθος
ἄφθογγος, λείψω δ' ἐρατὸν φάος ἠελίοιο·
570   ἔμπης δ' ἐσθλὸς ἐὼν ὄψομαι οὐδὲν ἔτι.

δόξα μὲν ἀνθρώποισι κακὸν μέγα, πεῖρα δ' ἄριστον·
                               = 1104a
πολλοὶ ἀπείρητοι δόξαν ἔχουσ' ἀγαθῶν.   b

εὖ ἔρδων εὖ πάσχε· τί κ' ἄγγελον ἄλλον ἰάλλοις;
τῆς εὐεργεσίης ῥηιδίη ἀγγελίη.

575   οἵ με φίλοι προδιδοῦσιν, ἐπεὶ τόν γ' ἐχθρὸν ἀλεῦμαι
ὥστε κυβερνήτης χοιράδας εἰναλίας.

"ῥήιον ἐξ ἀγαθοῦ θεῖναι κακὸν ἢκ κακοῦ ἐσθλόν."
—μή με δίδασκ'· οὔτοι τηλίκος εἰμὶ μαθεῖν.

ἐχθαίρω κακὸν ἄνδρα, καλυψαμένη δὲ πάρειμι,
580   σμικρῆς ὄρνιθος κοῦφον ἔχοντα νόον·
ἐχθαίρω δὲ γυναῖκα περίδρομον, ἄνδρά τε μάργον,
ὃς τὴν ἀλλοτρίην βούλετ' ἄρουραν ἀροῦν.

ἀλλὰ τὰ μὲν προβέβηκεν, ἀμήχανόν ἐστι γενέσθαι

---

565 διδαχθῆι A   567 παίζων ο   572 ἀπείρητον ο   573 πράττε ο
573 πασχ'έτι A   ἰάλλεις ο   577 ῥήιον Otto Schneider : ῥηίδιον A,
ῥήδιον ο   580 μικρῆς ο   ἔχοντα scripsi : ἔχουσα codd.

ἀργά· τὰ δ' ἐξοπίσω, τῶν φυλακὴ μελέτω.

(Solonis, fr. 13. 65 - 70)

585 πᾶσίν τοι κίνδυνος ἐπ' ἔργμασιν, οὐδέ τις οἶδεν
     πῆι σχήσειν μέλλει πρήγματος ἀρχομένου·
     ἀλλ' ὁ μὲν εὐδοκιμεῖν πειρώμενος οὐ προνοήσας
     εἰς μεγάλην ἄτην καὶ χαλεπὴν ἔπεσεν·
     τῶι δὲ κακῶς ποιεῦντι θεὸς περὶ πάντα τίθησιν
590 συντυχίην ἀγαθήν, ἔκλυσιν ἀφροσύνης.

     τολμᾶν χρὴ τὰ διδοῦσι θεοὶ θνητοῖσι βροτοῖσιν,
     ῥηϊδίως δὲ φέρειν ἀμφοτέρων τὸ λάχος,
     μήτε κακοῖσιν ἀσῶντα λίην φρένα, μήτ' ἀγαθοῖσιν
     τερφθῆις ἐξαπίνης πρὶν τέλος ἄκρον ἰδεῖν.

595 ἄνθρωπ', ἀλλήλοισιν ἀπόπροθεν ὦμεν ἑταῖροι·
     πλὴν πλούτου παντὸς χρήματός ἐστι κόρος.   ✕
     δὴν δὴ καὶ φίλοι ὦμεν· ἀτάρ τ' ἄλλοισιν ὁμίλει
     ἀνδράσιν, οἳ τὸν σὸν μᾶλλον ἴσασι νόον.

     οὔ μ' ἔλαθες φοιτῶν κατ' ἀμαξιτόν, ἦν ἄρα καὶ πρὶν
600 ἠλάστρεις, κλέπτων ἡμετέρην φιλίην.   ✕
     ἔρρε θεοῖσίν ⟨τ'⟩ ἐχθρὲ καὶ ἀνθρώποισιν ἄπιστε,
     ψυχρὸν ὃς ἐν κόλπωι ποικίλον εἶχες ὄφιν.

585 - 90 Stob. 4. 47. 16

584 ἀργὰ Eldick : ἔργα codd.   των A : τῇ ο   585 πᾶσι δέ τοι
Sol.   586 πῆι A : ποῖ ο Stob. : ᾗ μέλλει σχήσειν χρήματος Sol.
cod.   587 εὖ ἔρδειν Sol.   589 καλῶς ποιεῦντι codd. : καλὸν
ποιοῦντι Stob. : κακῶς ἔρδοντι Sol. cod. (λ sscr. m. rec.)   καλὰ
πάντα Stob.   δίδωσιν Sol.   590 ἀγαθῶν Stob.   ἔκδυσιν δ' Stob.SA
593 κακοῖσι νοσοῦντα λυποῦ φρένα ο (νοσῶν p)   fuerat μήτε λίην χα-
λεποῖσιν ἀσῶ φρένα vel sim. (Bergk, cf. 657); praecedentibus iunxit
excerptor   594 τερφθῆσδ' A : τερφθέντ' Bekker   595 fort.
ἄνθρωπ', cf. 453   597 cf. 1243   ὁμιλεῖν ο   601 τ' add. p
602 ὅν... εἶχον Sintenis (σ' pro ὃς Bergk)

τοιάδε καὶ Μάγνητας ἀπώλεσεν ἔργα καὶ ὕβρις,
οἷα τὰ νῦν ἱερὴν τήνδε πόλιν κατέχει.

605 πολλῶι τοι πλέονας λιμοῦ κόρος ὤλεσεν ἤδη
ἄνδρας, ὅσοι μοίρης πλείον' ἔχειν ἔθελον.

ἀρχῆι ἔπι ψεύδους μικρὰ χάρις· εἰς δὲ τελευτὴν
αἰσχρὸν δὴ κέρδος καὶ κακόν, ἀμφότερον,
γίνεται, οὐδέ τι καλόν, ὅτωι ψεῦδος προσομαρτῆι
610 ἀνδρὶ καὶ ἐξέλθηι πρῶτον ἀπὸ στόματος.

οὐ χαλεπὸν ψέξαι τὸν πλησίον, οὐδὲ μὲν αὐτὸν
αἰνῆσαι· δειλοῖς ἀνδράσι ταῦτα μέλει.   ✕
σιγᾶν δ' οὐκ ἐθέλουσι κακοὶ κακὰ λεσχάζοντες,
οἱ δ' ἀγαθοὶ πάντων μέτρον ἴσασιν ἔχειν.

615 οὐδένα παμπήδην ἀγαθὸν καὶ μέτριον ἄνδρα
τῶν νῦν ἀνθρώπων ἠέλιος καθορᾶι.

οὔ τι μάλ' ἀνθρώποις καταθύμια πάντα τελεῖται·
πολλὸν γὰρ θνητῶν κρέσσονες ἀθάνατοι.

πόλλ' ἐν ἀμηχανίηισι κυλίνδομαι ἀχνύμενος κῆρ· > 1114a

605 - 6 Stob. 3. 18. 9; 605 Teles (p. 45 Hense) ap. Stob.
4. 32. 21   607 - 10 Stob. 3. 12. 16 (SMA)   617 -
18 Stob. 4. 34. 55   619 - 22 Stob. 4. 33. 15

605 πλείους Teles   606 πλεῖον o, πλεον A, πλεῦν' ἐθέλουσιν
                                        τ
ἔχειν Stob.   608 ἀμφό Stob.ˢ, -τεραMA   609 προσομαρτεῖ o
Stob.MA, -ῆ ˢ : προσαμαρτῆι A   611 αὐτὸν D   612 fort.
δειλοῖς δ'   618 πολλῶν O Stob., πολλῷ Gesnerus

620   ἄκρην γὰρ πενίης οὐχ ὑπερεδράμομεν.   × b
       πᾶς τις πλούσιον ἄνδρα τίει, ἀτίει δὲ πενιχρόν·
       πᾶσιν δ' ἀνθρώποις αὐτὸς ἔνεστι νόος.

_____

       παντοῖαι κακότητες ἐν ἀνθρώποισιν ἔασιν,
       παντοῖαι δ' ἀρεταὶ καὶ βιότου παλάμαι.

_____

625   ἀργαλέον φρονέοντα παρ' ἄφροσι πόλλ' ἀγορεύειν
       καὶ σιγᾶν αἰεί· [τοῦτο γὰρ οὐ δυνατόν].

_____

       αἰσχρόν τοι μεθύοντα παρ' ἀνδράσι νήφοσιν εἶναι,
       αἰσχρὸν δ' εἰ νήφων πὰρ μεθύουσι μένει.

_____

       ἥβη καὶ νεότης ἐπικουφίζει νόον ἀνδρός,
630   πολλῶν δ' ἐξαίρει θυμὸν ἐς ἀμπλακίην.

(Theognidis)

       ὧιτινι μὴ θυμοῦ κρέσσων νόος, αἰὲν ἐν ἄταις
       Κύρνε καὶ ἐν μεγάλαις κεῖται ἀμηχανίαις.

_____

       βουλεύου δὶς καὶ τρίς, ὅ τοί κ' ἐπὶ τὸν νόον ἔλθηι·
       ἀτηρὸς γάρ τοι λάβρος ἀνὴρ τελέθει.

_____

621 'Ael. Dionys.' (Herodianus) π. ἀκλίτων ὀνομάτων
(*Thesaurus Cornucopiae et Horti Adonidis*, Ven. 1496, f. 2ʳ);
Et. Magn. p. 758.41   625-6 Stob. 3. 34. 13; 625
Paroem. Gr. i. 211. 11, etc.   627-8 Stob. 3. 18. 10
629-30 Stob. 4. 11. 12

_____

620 πενίης Bergk cl. 1114b : πενίην codd., Stob.   622 αὐτὸς
codd. : corr. Blaydes (ωὐτὸς Sylburg) : an οὗτος?   626 excer-
ptoris supplementum agnovit Hudson-Williams   627 ἐχθρὸν Stob.
(item 628)   νήφοσι μεῖναι Leutsch   631 ὥπερ ο   632 καὶ
μεγάλαις κεῖται ἐν ἀμπλακίαις codd. (hoc ex 630) : corr. Bergk cl. 646

635 ἀνδράσι τοῖς ἀγαθοῖς ἕπεται γνώμη τε καὶ αἰδώς·
  οἳ νῦν ἐν πολλοῖς ἀτρεκέως ὀλίγοι.

———

 ἐλπὶς καὶ κίνδυνος ἐν ἀνθρώποισιν ὁμοῖοι·
  οὗτοι γὰρ χαλεποὶ δαίμονες ἀμφότεροι.

———

 πολλάκι πὰρ δόξαν τε καὶ ἐλπίδα γίνεται εὖ ῥεῖν
640 ἔργ' ἀνδρῶν, βουλαῖς δ' οὐκ ἐπέγεντο τέλος.

———

 οὔτοί κ' εἰδείης οὔτ' εὔνουν οὔτε τὸν ἐχθρόν,
  εἰ μὴ σπουδαίου πρήγματος ἀντιτύχοις.   ×
 πολλοὶ πὰρ κρητῆρι φίλοι γίνονται ἑταῖροι, > 115
  ἐν δὲ σπουδαίωι πρήγματι παυρότεροι. 116

———

645 παύρους κηδεμόνας πιστοὺς εὕροις κεν ἑταίρους
  κείμενος ἐν μεγάληι θυμὸν ἀμηχανίηι.

———

 ἦ δὴ νῦν αἰδὼς μὲν ἐν ἀνθρώποισιν ὄλωλεν,
  αὐτὰρ ἀναιδείη γαῖαν ἐπιστρέφεται.

———

 ἆ δειλὴ Πενίη, τί ἐμοῖς ἐπικειμένη ὤμοις
650 σῶμα καταισχύνεις καὶ νόον ἡμέτερον;

635 - 6 Stob. 3. 37. 16 637 - 8 Stob. 4. 46. 11 639 -
40 Stob. 4. 47. 15 647 - 8 Stob. 3. 32. 8 649—52
(+177 - 8) Stob. 4. 32. 34

———

636 οὐ νῦν μὲν πολλοῖς ἀτρεκέως δ' ὀλίγοις ο (ου etiam A a.c.), unde
οὔνομα μὲν κτλ. Bergk olim 637 ὁμοῖα Stob. 638 fort. ἤτοι
639 an γὰρ? 640 ἔπεσεν τὸ Stob. 641 κήσει ὁ εἰς O,
κήδει ὁ εἰς ρ : 'germana opinor scriptura fuit οὔ τοί κ' εἰδήσεις' Bergk,
et possis κ' εἰδήσαις 647 ἦ δὴ Bergk : ἤδη codd. (sine acc. A)
648 ἐπέρχεθ' ὁμῶς v.l. in Stob. 649 τί δ' Hartel ἐμοῖσι καθη-
μένη ο

αἰσχρὰ δέ μ' οὐκ ἐθέλοντα βίηι καὶ πολλὰ διδάσκεις
ἐσθλὰ μετ' ἀνθρώπων καὶ κάλ' ἐπιστάμενον.

(Theognidis)

εὐδαίμων εἴην καὶ θεοῖς φίλος ἀθανάτοισιν
Κύρν'· ἀρετῆς δ' ἄλλης οὐδεμιῆς ἔραμαι.

(Theognidis)

655   σύν τοι Κύρνε παθόντι κακῶς ἀνιώμεθα πάντες·
ἀλλά τοι ἀλλότριον κῆδος ἐφημέριον.

μηδὲν ἄγαν χαλεποῖσιν ἀσῶ φρένα μηδ' ἀγαθοῖσιν
χαῖρ', ἐπεὶ ἔστ' ἀνδρὸς πάντα φέρειν ἀγαθοῦ.   ×
οὐδ' ὀμόσαι χρὴ τοῦθ', ὅτι "μήποτε πρῆγμα τόδ' ἔσται"·
660   θεοὶ γάρ τοι νεμεσῶσ', οἷσιν ἔπεστι τέλος.

κἄπρηξαν μέντοί τι· καὶ ἐκ κακοῦ ἐσθλὸν ἔγεντο
καὶ κακὸν ἐξ ἀγαθοῦ· καί τε πενιχρὸς ἀνὴρ
αἶψα μάλ' ἐπλούτησε, καὶ ὃς μάλα πολλὰ πέπαται
ἐξαπίνης †ἀπὸ πάντ' οὖν† ὤλεσε νυκτὶ μιῆι·
665   καὶ σώφρων ἥμαρτε, καὶ ἄφρονι πολλάκι δόξα
ἕσπετο, καὶ τιμῆς καὶ κακὸς ὢν ἔλαχεν.

(Eueni? fr. 8b)

⊗   εἰ μὲν χρήματ' ἔχοιμι Σιμωνίδη, οἷά περ ἤδη,

653 - 4 Stob. 4. 39. 12   665 - 6 Stob. 4. 42. 5

---

651 καὶ codd. : κακὰ Stob.   652 παρ' ο   653 κε A   655 σοὶ
ο : τῳ Fränkel   656 τό γ' Brunck   659 τοῦτο τί codd. (τί
om. O) : expl. Camerarius : τοῦτ'· οὐ Ahrens   660 γάρ τοι "γρά-
φεται ἐν ἐνίοις" Camerarius : γάρ τε AO : καὶ γὰρ ρ   possis ἔνεστι
661 κἄπρηξαν scripsi : καὶ πρῆξαι codd.   663 δὲ pro καὶ A
πέπασται codd. : corr. Brunck   664 αποτοῦν A : πάντ' οὖν ρ,
πάντα O : in archetypo videtur stetisse ἀποτ'οὖν sscr. παν et in
exemplari vetustiore id quod supra posui : ἀπὸ πάντ' Bergk   666 τι-
μή. (sic) O, τιμὴν ρ   667–82 cf. ad 472

οὐκ ἂν ἀνιώιμην τοῖς ἀγαθοῖσι συνών.
νῦν δέ με γινώσκοντα παρέρχεται, εἰμὶ δ' ἄφωνος

670 χρημοσύνηι, πολλῶν γνοὺς ἂν ἄμεινον ἔτι,
οὕνεκα νῦν φερόμεσθα καθ' ἱστία λευκὰ βαλόντες
Μηλίου ἐκ πόντου νύκτα διὰ δνοφερήν,
ἀντλεῖν δ' οὐκ ἐθέλουσιν, ὑπερβάλλει δὲ θάλασσα
ἀμφοτέρων τοίχων· ἦ μάλα τις χαλεπῶς

675 σώιζεται, οἳ' ἔρδουσι· κυβερνήτην μὲν ἔπαυσαν
ἐσθλόν, ὅτις φυλακὴν εἶχεν ἐπισταμένως·
χρήματα δ' ἁρπάζουσι βίηι, κόσμος δ' ἀπόλωλεν,
δασμὸς δ' οὐκέτ' ἴσος γίνεται ἐς τὸ μέσον·
φορτηγοὶ δ' ἄρχουσι, κακοὶ δ' ἀγαθῶν καθύπερθεν.

680 δειμαίνω, μή πως ναῦν κατὰ κῦμα πίηι.
ταῦτά μοι ἠινίχθω κεκρυμμένα τοῖς ἀγαθοῖσι·
γινώσκοι δ' ἄν τις καὶ κακός, ἂν σοφὸς ἦι.   ⊗

_____

πολλοὶ πλοῦτον ἔχουσιν ἀίδριες· οἱ δὲ τὰ καλὰ
ζητοῦσιν χαλεπῆι τειρόμενοι πενίηι.

685 ἔρδειν δ' ἀμφοτέροισιν ἀμηχανίη παράκειται·
εἴργει γὰρ τοὺς μὲν χρήματα, τοὺς δὲ νόος.

_____

οὐκ ἔστι θνητοῖσι πρὸς ἀθανάτους μαχέσασθαι,
οὐδὲ δίκην εἰπεῖν· οὐδενὶ τοῦτο θέμις.

_____

οὐ χρὴ πημαίνειν, ὅτε μὴ πημαντέον εἴη,

690 οὐδ' ἔρδειν ὅτι μὴ λώιον ἦι τελέσαι.

_____

683 - 6 Stob. 4. 31. 44

_____

668 ἀνοίμην A : vix ἄνεω ἤμην   675 οἱ δ' codd. (εὔδουσί p) :
corr. Bekker   676 οτια A : δ' δσ O, γ' ὃς p   682 κακόν codd. :
corr. Brunck   ἦν Schneidewin   684 χαλεποὶ B   685 περί-
κειται Bergk   686 εἴργει τοὺς μὲν δὴ Stob.   689 ὅτι ed. Aldina
689 εἴη Otto Schneider   690 ὅτε ο

Χαίρων, εὖ τελέσειας ὁδὸν μεγάλου διὰ πόντου,
καί σε Ποσειδάων χάρμα φίλοις ἀγάγοι.

πολλούς τοι κόρος ἄνδρας ἀπώλεσεν ἀφραίνοντας·
γνῶναι γὰρ χαλεπὸν μέτρον, ὅτ᾽ ἐσθλὰ παρῆι.

---

695   οὐ δύναμαί σοι θυμὲ παρασχεῖν ἄρμενα πάντα·
τέτλαθι· τῶν δὲ καλῶν οὔ τι σὺ μοῦνος ἐρᾶις.

εὖ μὲν ἔχοντος ἐμοῦ πολλοὶ φίλοι· ἢν δέ τι δειλὸν
συγκύρσηι, παῦροι πιστὸν ἔχουσι νόον.   ✕
πλήθει δ᾽ ἀνθρώπων ἀρετὴ μία γίνεται ἥδε,
700   πλουτεῖν· τῶν δ᾽ ἄλλων οὐδὲν ἄρ᾽ ἦν ὄφελος,
οὐδ᾽ εἰ σωφροσύνην μὲν ἔχοις Ῥαδαμάνθυος αὐτοῦ,
πλείονα δ᾽ εἰδείης Σισύφου Αἰολίδεω,
ὅς τε καὶ ἐξ Ἀίδεω πολυιδρίησιν ἀνῆλθεν
πείσας Περσεφόνην αἱμυλίοισι λόγοις,
705   ἥ τε βροτοῖς παρέχει λήθην βλάπτουσα νόοιο —
ἄλλος δ᾽ οὔ πώ τις τοῦτό γ᾽ ἐπεφράσατο,
ὅντινα δὴ θανάτοιο μέλαν νέφος ἀμφικαλύψηι,
ἔλθηι δ᾽ ἐς σκιερὸν χῶρον ἀποφθιμένων,
κυανέας τε πύλας παραμείψεται, αἵ τε θανόντων
710   ψυχὰς εἴργουσιν καίπερ ἀναινομένας·

693 - 4 Stob. 3. 4. 43   695 - 6 Stob. 3. 19. 11;
695 gnomol. cod. Par. 1168   699 - 702 Stob. 4. 31. 3
(SMA)

---

691 nomen proprium agnovit Sitzler   692 ἀνάγοι Hecker   692 πολ-
λός Stob.   694 μέτρον codd. : παῦρον Stob.   696 οὐχὶ Stob.
697 οὐ A   δειλὸν Bergk : δεινὸν codd.   698 ἐγκύρση ο
699 πᾶσιν δ᾽ ἀνθρώποις Stob.   701 ἔχοι Stob. ᴹᴬ p.c.   702 εἰδείη
Stob.   708 δὲ pro δ᾽ ἐς Bergk   ἀποφθιμένος A

ἀλλ' ἄρα κἀκεῖθεν πάλιν ἤλυθε Σίσυφος ἥρως
ἐς φάος ἠελίου σφῇσι πολυφροσύναις —
οὐδ' εἰ ψεύδεα μὲν ποιοῖς ἐτύμοισιν ὁμοῖα,
γλῶσσαν ἔχων ἀγαθὴν Νέστορος ἀντιθέου,
715 ὠκύτερος δ' εἴησθα πόδας ταχεῶν Ἁρπυιῶν
καὶ παίδων Βορέω, τῶν ἄφαρ εἰσὶ πόδες.
ἀλλὰ χρὴ πάντας γνώμην ταύτην καταθέσθαι,
ὡς πλοῦτος πλείστην πᾶσιν ἔχει δύναμιν.

(Solonis, fr. 24)

ἶσόν τοι πλουτοῦσιν, ὅτωι πολὺς ἄργυρός ἐστιν
720 καὶ χρυσὸς καὶ γῆς πυροφόρου πεδία
ἵπποί θ' ἡμίονοί τε, καὶ ὧι τὰ δέοντα πάρεστι
γαστρί τε καὶ πλευραῖς καὶ ποσὶν ἁβρὰ παθεῖν,
παιδός τ' ἠδὲ γυναικός, ὅταν καὶ τῶν ἀφίκηται,
ὥρη, σὺν δ' ἥβη γίνεται ἁρμοδία.
725 ταῦτ' ἄφενος θνητοῖσι· τὰ γὰρ περιώσια πάντα
χρήματ' ἔχων οὐδεὶς ἔρχεται εἰς Ἀίδεω,
οὐδ' ἂν ἄποινα διδοὺς θάνατον φύγοι οὐδὲ βαρείας
νούσους οὐδὲ κακὸν γῆρας ἐπερχόμενον.

φροντίδες ἀνθρώπων ἔλαχον, πτερὰ ποικίλ' ἔχουσαι,
730 μυρόμεναι ψυχῆς εἵνεκα καὶ βιότου.

717-18 Stob. 4. 31. 8   719-28 Stob. 4. 33. 7

---

711 καὶ κεῖθεν Bekker   πάλιν ἦλθε σισύφορος γ' ἥρως Ο : σίσυφος
πάλιν ἤλυθεν ἥρως p   713 ψευδέα A   ποιεῖς ο   715 Ἀρπυιῶν Bergk
716 βορέου ο   ἄφαρ εἰσὶ mirum   717 ταύτην γνώμην πάντας
Stob. (-ως A)   ταύτῃ Bergk   719 ὅσοις Stob.   721 τάδε
πάντα Stob. : μόνα ταῦτα Plut. in Sol.   722 πλευρῇ Plut.
723 ὅταν δέ κε τῶν codd. : ὅταν δέ κε τῶνδ' Stob. (δὲ καὶ 8A) : ἐπὴν:
καὶ ταῦτ' Plut.   724 ἤβῃ, σὺν δ' ὥρῃ(ι) Plut.   ἁρμόδιος ο
ἁρμονία Stob.A Plut.   726 ἀίδην p Stob.   729 ἔλαθον Heim-
soeth   730 μυρομένων Kukula

223

Ζεῦ πάτερ, εἴθε γένοιτο θεοῖς φίλα τοῖς μὲν ἀλιτροῖς
ὕβριν ἀδεῖν, καί σφιν τοῦτο γένοιτο φίλον
θυμῶι, σχέτλια ἔργα· μετὰ φρεσὶ δ' ὅστις †ἀθήνης
ἐργάζοιτο, θεῶν μηδὲν ὀπιζόμενος,

735 αὐτὸν ἔπειτα πάλιν τεῖσαι κακά, μηδ' ἔτ' ὀπίσσω
πατρὸς ἀτασθαλίαι παισὶ γένοιντο κακόν·
παῖδας δ' οἵ τ' ἀδίκου πατρὸς τὰ δίκαια νοεῦντες
ποιῶσιν Κρονίδη, σὸν χόλον ἁζόμενοι,
ἐξ ἀρχῆς τὰ δίκαια μετ' ἀστοῖσιν φιλέοντες,

740 μήτιν' ὑπερβασίην ἀντιτίνειν πατέρων.
ταῦτ' εἴη μακάρεσσι θεοῖς φίλα· νῦν δ' ὁ μὲν ἔρδων
ἐκφεύγει, τὸ κακὸν δ' ἄλλος ἔπειτα φέρει.
καὶ τοῦτ' ἀθανάτων βασιλεῦ, πῶς ἐστι δίκαιον,
ἔργων ὅστις ἀνὴρ ἐκτὸς ἐὼν ἀδίκων,

745 μήτιν' ὑπερβασίην κατέχων μήθ' ὅρκον ἀλιτρόν,
ἀλλὰ δίκαιος ἐών, μὴ τὰ δίκαια πάθηι;
τίς δή κεν βροτὸς ἄλλος ὁρῶν πρὸς τοῦτον ἔπειτα
ἅζοιτ' ἀθανάτους, καὶ τίνα θυμὸν ἔχων,
ὁππότ' ἀνὴρ ἄδικος καὶ ἀτάσθαλος, οὔτέ τευ ἀνδρὸς

750 οὔτέ τευ ἀθανάτων μῆνιν ἀλευόμενος,
ὑβρίζηι πλούτωι κεκορημένος, οἱ δὲ δίκαιοι
τρύχονται χαλεπῆι τειρόμενοι πενίηι;

ταῦτα μαθὼν φίλ' ἑταῖρε δικαίως χρήματα ποιοῦ,
σώφρονα θυμὸν ἔχων ἐκτὸς ἀτασθαλίης,

755 αἰεὶ τῶνδ' ἐπέων μεμνημένος· εἰς δὲ τελευτὴν
αἰνήσεις μύθωι σώφρονι πειθόμενος. ⊗

733 μετὰ ο : δι' ατά A   θ' Ο   ἀθειρὴς Bergk : ἀπηνὴς Came-
rarius   734 μηδέν' Hermann   736 ἀτασθαλίᾳ Ο, -ίη ρ
γένοιτο ο   737 παῖδας Laur. 31. 20 : -ες Αο   δ' ρ : τ' Α,
θ' Ο   738 παιῶσιν Α : ποιοῦσι ο : corr. Bekker   745 παρέ-
χων Edmonds   ἀλιτρός? Diehl   746 παθεῖν Turnebus   747 καὶ ο
749 ἀνδρῶν Brunck   750 τι ο   751 ὑβρίζει ο   752 τρύ-
χωνται Bekker

(s. VI/V)

Ζεὺς μὲν τῆσδε πόληος ὑπειρέχοι αἰθέρι ναίων
αἰεὶ δεξιτερὴν χεῖρ' ἐπ' ἀπημοσύνηι
ἄλλοί τ' ἀθάνατοι μάκαρες θεοί· αὐτὰρ Ἀπόλλων
760   ὀρθώσαι γλῶσσαν καὶ νόον ἡμέτερον·
φόρμιγξ δ' αὖ φθέγγοιθ' ἱερὸν μέλος ἠδὲ καὶ αὐλός·
ἡμεῖς δὲ σπονδὰς θεοῖσιν ἀρεσσάμενοι
πίνωμεν χαρίεντα μετ' ἀλλήλοισι λέγοντες,
μηδὲν τὸν Μήδων δειδιότες πόλεμον.   ⊗

765   ὧδ' εἶναι καὶ ἄμεινον, εὔφρονα θυμὸν ἔχοντας
νόσφι μεριμνάων εὐφροσύνως διάγειν
τερπομένους· τηλοῦ δὲ κακὰς ἀπὸ κῆρας ἀμῦναι
γήράς τ' οὐλόμενον καὶ θανάτοιο τέλος.   ⊗

χρὴ Μουσῶν θεράποντα καὶ ἄγγελον, εἴ τι περισσὸν
770   εἰδείη, σοφίης μὴ φθονερὸν τελέθειν,
ἀλλὰ τὰ μὲν μῶσθαι, τὰ δὲ δεικνύναι, ἄλλα δὲ ποιεῖν·
τί σφιν χρήσηται μοῦνος ἐπιστάμενος;

(Poetae Megarensis : quidni Philiadae?)   (anno 480)
  ⊗ Φοῖβε ἄναξ, αὐτὸς μὲν ἐπύργωσας πόλιν ἄκρην,
Ἀλκαθόωι Πέλοπος παιδὶ χαριζόμενος·
775   αὐτὸς δὲ στρατὸν ὑβριστὴν Μήδων ἀπέρυκε
τῆσδε πόλευς, ἵνα σοι λαοὶ ἐν εὐφροσύνηι
ἦρος ἐπερχομένου κλειτὰς πέμπωσ' ἑκατόμβας
τερπόμενοι κιθάρηι καὶ ἐρατῆι θαλίηι

---

760 ἀρθρῶσαι O, -ώσαι XD   761 φορμιγγ' δ' A : φόρμιγγ' ο :
corr. Brunck   φθέγγοισθ' Ap   αὐλῶ ο   762 ἀρεσσόμενοι A p.c.,
O : ἀρυσσάμενοι Emperius : σπονδαῖς θεοῖσιν ἀρησάμενοι Ahrens, θεοὺς
ἀπαρεσσάμενοι Bergk   764 των et πολεμων A   765 ειν A : εἴη
κεν Ahrens   771 δεικνύειν AO : δεικνύεν M. Schmidt   fort.
ποιῶν mutata interpunctione   772 τίς A   χρήσεται Hermann
778 κἂν Ahrens : τ' ἠδ' Hermann : καὶ θαλίης ἐρατῆς Brunck

παιάνων τε χοροῖς ἰαχῇσί τε σὸν περὶ βωμόν.
780 ἦ γὰρ ἔγωγε δέδοικ' ἀφραδίην ἐσορῶν
καὶ στάσιν Ἑλλήνων λαοφθόρον· ἀλλὰ σὺ Φοῖβε
ἵλαος ἡμετέρην τήνδε φύλασσε πόλιν.   ✕
ἦλθον μὲν γὰρ ἔγωγε καὶ εἰς Σικελήν ποτε γαῖαν,
ἦλθον δ' Εὐβοίης ἀμπελόεν πεδίον,
785 Σπάρτην τ' Εὐρώτα δονακοτρόφου ἀγλαὸν ἄστυ,
καί μ' ἐφίλευν προφρόνως πάντες ἐπερχόμενον·
ἀλλ' οὔτίς μοι τέρψις ἐπὶ φρένας ἦλθεν ἐκείνων·
οὕτως οὐδὲν ἄρ' ἦν φίλτερον ἄλλο πάτρης.

_____

μήποτέ μοι μελέδημα νεώτερον ἄλλο φανείη
790 ἀντ' ἀρετῆς σοφίης τ', ἀλλὰ τόδ' αἰὲν ἔχων
τερποίμην φόρμιγγι καὶ ὀρχηθμῶι καὶ ἀοιδῆι,
καὶ μετὰ τῶν ἀγαθῶν ἐσθλὸν ἔχοιμι νόον,
μήτέ τινα ξείνων δηλεύμενος ἔργμασι λυγροῖς
μήτέ τιν' ἐνδήμων, ἀλλὰ δίκαιος ἐών.

(Mimnermi, fr. 7)
795 τὴν σαυτοῦ φρένα τέρπε· δυσηλεγέων δὲ πολιτῶν
ἄλλός τοί σε κακῶς, ἄλλος ἄμεινον ἐρεῖ.

_____

τοὺς ἀγαθοὺς ἄλλος μάλα μέμφεται, ἄλλος ἐπαινεῖ,
τῶν δὲ κακῶν μνήμη γίνεται οὐδεμία.

_____

ἀνθρώπων δ' ἄψεκτος ἐπὶ χθονὶ γίνεται οὐδείς·
800 ἀλλ' ὣς λώιον, εἰ μὴ πλεόνεσσι μέλοι.

783 Harpocr. p. 150. 18 Dindorf

_____

779 τ' ἰαχῇσι χοροῖσί τε Hecker   ἰαχῇσί Bekker : -αῖσί ο : -οισί Α
785 δ' ΑΟ : an ἦλθον δ' ?   ἱερόν sscr. ἀγλαὸν Ο   790 τ' om. ο
793 ξεῖνον ο   794 ἀλλὰ δίκαιος ἐών fort. ab excerptore ex 746
depromptum   796 τοισε Α : τοῖσδε ο : τίς σε Anth. Pal. cod. in Mimn.
800 (ἄλλως) λώιον εἰ Hermann : λώϊον δ ο (οδ ΧD, οὐ I) : ειλώϊον Α

226

οὐδεὶς ἀνθρώπων οὔτ' ἔσσεται οὔτε πέφυκεν
ὅστις πᾶσιν ἁδὼν δύσεται εἰς Ἀΐδεω·
οὐδὲ γὰρ ὃς θνητοῖσι καὶ ἀθανάτοισιν ἀνάσσει,
Ζεὺς Κρονίδης, θνητοῖς πᾶσιν ἁδεῖν δύναται.

(Theognidis)

805 ⊗ τόρνου καὶ στάθμης καὶ γνώμονος ἄνδρα θεωρὸν
εὐθύτερον χρὴ ⟨ἔ⟩μεν Κύρνε φυλασσόμενον,
ᾧτινί κεν Πυθῶνι θεοῦ χρήσασ' ἱέρεια
ὀμφὴν σημήνηι πίονος ἐξ ἀδύτου·
οὔτέ τι γὰρ προσθεὶς οὐδέν κ' ἔτι φάρμακον εὕροις,
810 οὐδ' ἀφελὼν πρὸς θεῶν ἀμπλακίην προφύγοις.

(Theognidis)

⊗ χρῆμ' ἔπαθον θανάτου μὲν ἀεικέος οὔτι κάκιον,
τῶν δ' ἄλλων πάντων Κύρν' ἀνιηρότατον·
οἵ με φίλοι προύδωκαν· ἐγὼ δ' ἐχθροῖσι πελασθεὶς
εἰδήσω καὶ τῶν ὄντιν' ἔχουσι νόον.   ✕

(Theognidis)

815 βοῦς μοι ἐπὶ γλώσσηι κρατερῶι ποδὶ λὰξ ἐπιβαίνων
ἴσχει κωτίλλειν καίπερ ἐπιστάμενον   ✕
Κύρν'· ἔμπης δ' ὅτι μοῖρα παθεῖν οὐκ ἔσθ' ὑπαλύξαι.
[ὅττι δὲ μοῖρα παθεῖν, οὔτι δέδοικα παθεῖν].

(Theognidis)

ἐς πολυάρητον κακὸν ἥκομεν, ἔνθα μάλιστα

---

805 θεωρῶν codd. : corr. Vinetus   806 χρὴ μὲν codd. (sine
accentibus A) : corr. Ahrens   807 θεοῦ χρήσασ ἱερεῖα A : θεὸς
χρήσας ἱερεῖα o : corr. Brunck iam ante A inventum   809 οὐδέν :
malim οὖλόν 'salvum'   810 οὔτ' p   811 μενοεικέοσ A
814 τὸν AO, 'unde τοὺς possis coniicere' Bergk   815 γλώσσης o
818 excerptoris Stoicissantis supplementum puto   819 πολὺ
ἄρρητον o

820   *Κύρνε συναμφοτέρους μοῖρα λάβοι θανάτου.*

(Theognidis)

    οἵ κ' ἀπογηράσκοντας ἀτιμάζωσι τοκῆας,
    τούτων τοι χώρη Κύρν' ὀλίγη τελέθει.

    μήτέ τιν' αὖξε τύραννον ἐπ' ἐλπίδι, κέρδεσιν εἴκων,
    μήτε κτεῖνε θεῶν ὅρκια συνθέμενος.

825   πῶς ὑμῖν τέτληκεν ὑπ' αὐλητῆρος ἀείδειν
       θυμός; γῆς δ' οὖρος φαίνεται ἐξ ἀγορῆς,
    ἥ τε τρέφει καρποῖσιν †ἐν εἰλαπίναις φορέοντας
       ξανθῆισίν τε κόμαις πορφυρέους στεφάνους. †
    ἀλλ' ἄγε δὴ Σκύθα κεῖρε κόμην, ἀπόπαυε δὲ κῶμον,
830   πένθει δ' εὐώδη χῶρον ἀπολλύμενον.   ⊗

    πίστει χρήματ' ὄλεσσα, ἀπιστίηι δ' ἐσάωσα·
    γνώμη δ' ἀργαλέη γίνεται ἀμφοτέρων.

(Theognidis)

    πάντα τάδ' ἐν κοράκεσσι καὶ ἐν φθόρωι· οὐδέ τις ἥμιν
       αἴτιος ἀθανάτων Κύρνε θεῶν μακάρων,
835   ἀλλ' ἀνδρῶν τε βίη καὶ κέρδεα δειλὰ καὶ ὕβρις
       πολλῶν ἐξ ἀγαθῶν ἐς κακότητ' ἔβαλεν.

    δισσαί τοι πόσιος κῆρες δειλοῖσι βροτοῖσιν,
       δίψά τε λυσιμελὴς καὶ μέθυσις χαλεπή·
    τούτων δ' ἂν τὸ μέσον στρωφήσομαι, οὐδέ με πείσεις
840   οὔτέ τι μὴ πίνειν οὔτε λίην μεθύειν.

---

820 λάβη *p* : evanuit O   821 κ' A : evanuit O : δ' *p*   ἀτιμά-
ζουσι codd. : corr. Bergk   823 ἐλπίδι Bekker : ἐλπίσι codd.
823 κέρδευς εἶναι O, κέρδεος εἶναι *p*   825 ἡμῖν *o*   827 ante
ἐν lacunam statuit Bergk   828 ξανθαῖς ἀμφὶ Schneidewin
833 φθορᾶ *o*   835 δειλὰ A : πολλὰ *o*   836 ἔβαλον Par. 2866

οἶνος ἐμοὶ τὰ μὲν ἄλλα χαρίζεται, ἐν δ' ἀχάριστος,
εὖτ' ἂν θωρήξας μ' ἄνδρα πρὸς ἐχθρὸν ἄγηι.

ἀλλ' ὁπόταν καθύπερθεν ἐὼν ὑπένερθε γένηται,
τουτάκις οἴκαδ' ἴμεν παυσάμενοι πόσιος.

845   εὖ μὲν κείμενον ἄνδρα κακῶς θέμεν εὐμαρές ἐστιν,
εὖ δὲ θέμεν τὸ κακῶς κείμενον ἀργαλέον.

λὰξ ἐπίβα δήμωι κενεόφρονι, τύπτε δὲ κέντρωι
ὀξέι καὶ ζεύγλην δύσλοφον ἀμφιτίθει·
οὐ γὰρ ἔθ' εὑρήσεις δῆμον φιλοδέσποτον ὧδε
850   ἀνθρώπων ὁπόσους ἠέλιος καθορᾶι.

Ζεὺς ἄνδρ' ἐξολέσειεν 'Ολύμπιος, ὃς τὸν ἑταῖρον
μαλθακὰ κωτίλλων ἐξαπατᾶν ἐθέλει.

ἤιδεα μὲν καὶ πρόσθεν, ἀτὰρ πολὺ λώιον ἤδη,   = 1038a
οὕνεκα τοῖς δειλοῖς οὐδεμί' ἐστὶ χάρις.   b

855   πολλάκις ἡ πόλις ἥδε δι' ἡγεμόνων κακότητα
ὥσπερ κεκλιμένη ναῦς παρὰ γῆν ἔδραμεν.

τῶν δὲ φίλων εἰ μέν τις ὁρᾶι μέ τι δειλὸν ἔχοντα,
αὐχέν' ἀποστρέψας οὐδ' ἐσορᾶν ἐθέλει·
ἢν δέ τί μοί ποθεν ἐσθλόν, ἃ παυράκι γίνεται ἀνδρί,
860   πολλοὺς ἀσπασμοὺς καὶ φιλότητας ἔχω.

---

841 ἀχάριστον A   843 ἐὸν Epkema   844 παυσάμενος Ca-
merarius   845 ἀνδρὶ Hermann   καλῶσ A   852 ἐθέλη Bergk
853 λώιον ἤδη 1038a : λώϊα δὴ νῦν A : λώϊα ἢ νῦν O : λώονα ἢ νῦν XD,
λῶον^α ἢ νῦν I   854 τούνεκα Ap   855 πολλάκι δὴ Otto
Schneider   857 δεινὸν o   859 πολλάκι o

⊗ οἵ με φίλοι προδιδοῦσι καὶ οὐκ ἐθέλουσί τι δοῦναι
   ἀνδρῶν φαινομένων· ἀλλ' ἐγὼ αὐτομάτη
   ἑσπερίη τ' ἔξειμι καὶ ὀρθρίη αὖτις ἔσειμι,
   ἦμος ἀλεκτρυόνων φθόγγος ἐγειρομένων.   ⊗

865 πολλοῖς ἀχρήστοισι θεὸς διδοῖ ἀνδράσιν ὄλβον
   ἐσθλόν, ὃς οὔτ' αὐτῶι βέλτερος οὐδὲν ἐών
   οὔτε φίλοις· ἀρετῆς δὲ μέγα κλέος οὔποτ' ὀλεῖται·
   αἰχμητὴς γὰρ ἀνὴρ γῆν τε καὶ ἄστυ σαοῖ.

   ἔν μοι ἔπειτα πέσοι μέγας οὐρανὸς εὐρὺς ὕπερθεν
870 χάλκεος, ἀνθρώπων δεῖμα παλαιγενέων,
   εἰ μὴ ἐγὼ τοῖσιν μὲν ἐπαρκέσω οἵ με φιλεῦσιν,
   τοῖς δ' ἐχθροῖς ἀνίη καὶ μέγα πῆμ' ἔσομαι.

⊗ οἶνε, τὰ μέν σ' αἰνῶ, τὰ δὲ μέμφομαι· οὐδέ σε πάμπαν
   οὔτέ ποτ' ἐχθαίρειν οὔτε φιλεῖν δύναμαι.
875 ἐσθλὸν καὶ κακόν ἐσσι. τίς ἂν σέ γε μωμήσαιτο,
   τίς δ' ἂν ἐπαινήσαι μέτρον ἔχων σοφίης;

⊗ ἥβα μοι φίλε θυμέ· τάχ' αὖ τινες ἄλλοι ἔσονται > 1070a
   ἄνδρες, ἐγὼ δὲ θανὼν γαῖα μέλαιν' ἔσομαι.   b

   πῖν' οἶνον, τὸν ἐμοὶ κορυφῆις ὕπο Τηϋγέτοιο
880 ἄμπελοι ἤνεγκαν τὰς ἐφύτευσ' ὁ γέρων
   οὔρεος ἐν βήσσηισι θεοῖσι φίλος Θεότιμος,

865 - 8 Stob. 4. 42. 6

864 φέγγος O   866 possis οὐ μενέων   867 οὐδὲ Stob.
870 χαμαιγενέων A   875 γε p : τε AO   876 ἐπαινήσῃ Ap.
-σει O : corr. Brunck   877 ηβανοι A : ἡβάοι O : ἡβάοις p : corr.
Ahrens   ἂν o   879 initium ab excerptore decurtatum videtur
879 κορυφῆς ἀπὸ codd. : corr. Sylburg

230

ἐκ Πλατανιστοῦντος ψυχρὸν ὕδωρ ἐπάγων.
τοῦ πίνων ἀπὸ μὲν χαλεπὰς σκεδάσεις μελεδώνας,
θωρηχθεὶς δ' ἔσεαι πολλὸν ἐλαφρότερος.

885   εἰρήνη καὶ πλοῦτος ἔχοι πόλιν, ὄφρα μετ' ἄλλων
        κωμάζοιμι· κακοῦ δ' οὐκ ἔραμαι πολέμου.

μηδὲ λίην κήρυκος ἀν' οὖς ἔχε μακρὰ βοῶντος·
οὐ γὰρ πατρώιας γῆς πέρι μαρνάμεθα.

        ἀλλ' αἰσχρὸν παρεόντα καὶ ὠκυπόδων ἐπιβάντα
890   ἵππων μὴ πόλεμον δακρυόεντ' ἐσιδεῖν.

⊗   ὤ μοι ἀναλκίης· ἀπὸ μὲν Κήρινθος ὄλωλεν,
Ληλάντου δ' ἀγαθὸν κείρεται οἰνόπεδον·
οἱ δ' ἀγαθοὶ φεύγουσι, πόλιν δὲ κακοὶ διέπουσιν.
ὡς δὴ Κυψελιδῶν Ζεὺς ὀλέσειε γένος.

(Theognidis)
895   γνώμης δ' οὐδὲν ἄμεινον ἀνὴρ ἔχει αὐτὸς ἐν αὐτῶι,
οὐδ' ἀγνωμοσύνης Κύρν' ὀδυνηρότερον.

(Theognidis)
⊗   Κύρν', εἰ πάντ' ἄνδρεσσι καταθνητοῖς χαλέπαινεν
γινώσκων θεὸς νοῦν οἷον ἕκαστος ἔχει
αὐτὸς ἐνὶ στήθεσσι καὶ ἔργματα, τῶι δὲ δικαίωι

---

884 ἔσσεαι ΑΙ   885 αὐλῶν Ahrens   887 ανιοῦσιν Α   891 ὤ
μοι nescioquis : οἴμοι codd.   κήρυνθος ο   894 Κυψελιδῶν Her-
mann : κυψελίζων Α, κυψελλίζον (om. δὴ) ο : Κύψελε σὸν Ellis
895 ἔχει ἔν γε ἑαυτῶ ο   896 ἀνιηρότερον ο   897 κύρν' εἰ
Α : κύρνε μὴ ο : Ζεὺς εἰ Bergk   (θεὸς θνητοῖς) χαλέπαινεν Her-
mann : χαλεπαίνειν codd.   898 γινώσκων ο : γινώσκειν Α   θεὸς
(ΘϹ) scripsi : ὡς codd. : καὶ Hartung : Ζεὺς Bergk olim : (-ειν) ἦν
van Groningen   899 τε recc.   τῶν τε δικαίων τῶν τ' ἀδίκων
Hermann

900   τῶι τ' ἀδίκωι μέγα κεν πῆμα βροτοῖσιν ἐπῆν.

ἔστιν ὁ μὲν χείρων, ὁ δ' ἀμείνων· ἔργον ἑκάστου·
οὐδεὶς δ' ἀνθρώπων αὐτὸς ἄπαντα σοφός.

(s. V)

ὅστις ἀνάλωσιν τηρεῖ κατὰ χρήματα †θηρῶν,
κυδίστην ἀρετὴν τοῖς συνιεῖσιν ἔχει.

905   εἰ μὲν γὰρ κατιδεῖν βιότου τέλος ἦν, ὁπόσον τι
ἤμελλ' ἐκτελέσας εἰς 'Αΐδαο περᾶν,
εἰκὸς ἂν ἦν, ὃς μὲν πλείω χρόνον αἶσαν ἔμιμνεν,
φείδεσθαι μᾶλλον τοῦτον, ἵν' εἶχε βίον·
νῦν δ' οὐκ ἔστιν, ὃ δὴ καὶ ἐμοὶ μέγα πένθος ὄρωρεν
910   καὶ δάκνομαι ψυχήν, καὶ δίχα θυμὸν ἔχω.
ἐν τριόδωι δ' ἕστηκα· δύ' εἰσὶ τὸ πρόσθεν ὁδοί μοι·
φροντίζω τούτων ἥντιν' ἴω προτέρην·
ἢ μηδὲν δαπανῶν τρύχω βίον ἐν κακότητι,
ἢ ζώω τερπνῶς ἔργα τελῶν ὀλίγα.

915   εἶδον μὲν γὰρ ἔγωγ' ὃς ἐφείδετο, κοὔποτε γαστρὶ
σῖτον ἐλευθέριον πλούσιος ὢν ἐδίδου·
ἀλλὰ πρὶν ἐκτελέσαι κατέβη δόμον "Αϊδος εἴσω,
χρήματα δ' ἀνθρώπων οὑπιτυχὼν ἔλαβεν·
ὥστ' ἐς ἄκαιρα πονεῖν καὶ μὴ δόμεν ὧι κ' ἐθέληι τις.
920   εἶδον δ' ἄλλον ὃς ἧι γαστρὶ χαριζόμενος
χρήματα μὲν διέτριψεν, ἔφη δ' "ὑπάγω φρένα τέρψας"·
πτωχεύει δὲ φίλους πάντας, ὅπου τιν' ἴδηι.
οὕτω Δημόκλεις κατὰ χρήματ' ἄριστον ἁπάντων
τὴν δαπάνην θέσθαι καὶ μελέτην ἐχέμεν·

---

901 χεῖρον ὁ δ' ἄμεινόν γ' ο   902 αἰστὸσ A, unde ἔσθ' ὃς
Meineke, ἔστ' ἐς F. W. Schmidt   903 θήσων Cataudella : ἀθειρέως
van Herwerden (ἀθηρῶς Sauppe) : possis etiam θαρσῶν, θνητῶν
905 ὁπόσος τίς Ο, ὁπόσον τις p (ο sicut Ο, credo, errore facile e
compendiis orto ; ὁπόσον rursus Planudes ex coni.)   907 χρόνου
Bergk   908 ὃν ο   910 τυχην A   911 δύω τὸ Wernicke
τὸ om. ο   914 τερπνῶν A   919 ᾧ : ὥς ο   920 ἦν ο

925   οὔτε γὰρ ἂν προκαμὼν ἄλλωι καμάτου μεταδοίης,
          οὔτ' ἂν πτωχεύων δουλοσύνην τελέοις.
          οὐδ' εἰ γῆρας ἵκοιο τὰ χρήματα πάντ' ἀποδραίη·
          ἐν δὲ τοιῶιδε γένει χρήματ' ἄριστον ἔχειν.
          ἦν μὲν γὰρ πλουτῆις, πολλοὶ φίλοι, ἦν δὲ πένηαι,
930   παῦροι, κοὐκέθ' ὁμῶς αὐτὸς ἀνὴρ ἀγαθός.

          φείδεσθαι μὲν ἄμεινον, ἐπεὶ οὐδὲ θανόντ' ἀποκλαίει
          οὐδείς, ἢν μὴ ὁρᾶι χρήματα λειπόμενα.

          παύροις ἀνθρώπων ἀρετὴ καὶ κάλλος ὀπηδεῖ·
          ὄλβιος, ὃς τούτων ἀμφοτέρων ἔλαχεν.
935   πάντές μιν τιμῶσιν· ὁμῶς νέοι οἵ τε κατ' αὐτὸν
          χώρης εἴκουσιν τοί τε παλαιότεροι.
          γηράσκων ⟨δ'⟩ ἀστοῖσι μεταπρέπει, οὐδέ τις αὐτὸν
          βλάπτειν οὔτ' αἰδοῦς οὔτε δίκης ἐθέλει.

⊗   οὐ δύναμαι φωνῆι λίγ' ἀειδέμεν ὥσπερ ἀηδών·
940   καὶ γὰρ τὴν προτέρην νύκτ' ἐπὶ κῶμον ἔβην.
          οὐδὲ τὸν αὐλητὴν προφασίζομαι· ἀλλά μ' ἑταῖρος
          ἐκλείπει σοφίης οὐκ ἐπιδευόμενος.

          ἐγγύθεν αὐλητῆρος ἀείσομαι ὧδε καταστὰς
          δεξιός, ἀθανάτοις θεοῖσιν ἐπευχόμενος.

933 - 4 floril. Monac. 118

925 καμάτου Marc. 317 : κάματον Ao : possis -ων   929 εἰ μὲν γὰρ
πλουτεῖς o   935–8 memoriter e Tyrt. 12. 37–42 sumpti   935 νέοι
A Tyrt. : ἴσοι o   936 εἴκουσ' ἐκ χώρης Tyrt.   οἵ o   937 δ'
add. Camerarius ex Tyrt. (v.l.)   939 ἀειδέμεν Schneidewin :
ἀδέμεν codd. (λιγύρ' o : λιγέ' 'possis' Young)   941–2 με γῆρυς...
-όμενον Emperius

945   εἶμι παρὰ στάθμην ὀρθὴν ὁδόν, οὐδετέρωσε
      κλινόμενος· χρὴ γάρ μ' ἄρτια πάντα νοεῖν.   ×

————

      πατρίδα κοσμήσω, λιπαρὴν πόλιν, οὔτ' ἐπὶ δήμωι
      τρέψας οὔτ' ἀδίκοις ἀνδράσι πειθόμενος.

————

      νεβρὸν ὑπὲξ ἐλάφοιο λέων ὣς ἀλκὶ πεποιθὼς = 1278c
950   ποσσὶ καταμάρψας αἵματος οὐκ ἔπιον·   d
      τειχέων δ' ὑψηλῶν ἐπιβὰς πόλιν οὐκ ἀλάπαξα·
      ζευξάμενος δ' ἵππους ἅρματος οὐκ ἐπέβην·
      πρήξας δ' οὐκ ἔπρηξα, καὶ οὐκ ἐτέλεσσα τελέσσας,
      δρήσας δ' οὐκ ἔδρησ', ἤνυσα δ' οὐκ ἀνύσας.

————

955   δειλοὺς εὖ ἔρδοντι δύω κακά· τῶν τε γὰρ αὐτοῦ
      χηρώσει πολλῶν, καὶ χάρις οὐδεμία.

————

      εἴ τι παθὼν ἀπ' ἐμεῦ ἀγαθὸν μέγα μὴ χάριν οἶδας,
      χρήιζων ἡμετέρους αὖθις ἵκοιο δόμους.

————

     ⊗ ἔστε μὲν αὐτὸς ἔπινον ἀπὸ κρήνης μελανύδρου,
960   ἡδύ τί μοι ἐδόκει καὶ καλὸν ἦμεν ὕδωρ·
      νῦν δ' ἤδη τεθόλωται, ὕδωρ δ' ἀναμίσγεται ὕδει·
      ἄλλης δὴ κρήνης πίομαι ἢ ποταμοῦ.   ⊗

————

      μήποτ' ἐπαινήσῃς, πρὶν ἂν εἰδῇς ἄνδρα σαφηνέως,

947 - 8 Stob. 3. 39. 15   955 - 6 Stob. 2. 46. 12
963 - 8 Stob. 3. 1. 65 (MA); 963 floril. Monac. 107 = Orion
anth. 8. 11a

————

945–8 coniungunt multi post Planudem; Soloni trib. Bergk
949–54 Soloni trib. Hecker   950 καταμαρψασ etiam A, sed
punctum adscriptum (Aꞓ?) speciem reddit formae καταιμάρψας
956 χήρωσις κτεάνων Stob.   957 ὑπ' van Herwerden   958 μη-
κέτ' ἐμοὺς Heimsoeth   fort. μὴ αὖθις   959 potes εὖτε   960 ημεν
A : εἶμεν ο : ἔμμεν Hermann   961 ὕδει : ἰλυῖ vel ὕλῃ Ahrens

ὀργὴν καὶ ῥυθμὸν καὶ τρόπον ὅστις ἂν ἦι.
965   πολλοί τοι κίβδηλον ἐπίκλοπον ἦθος ἔχοντες
κρύπτουσ', ἐνθέμενοι θυμὸν ἐφημέριον·
τούτων δ' ἐκφαίνει πάντως χρόνος ἦθος ἑκάστου.
καὶ γὰρ ἐγὼν γνώμης πολλὸν ἄρ' ἐκτὸς ἔβην·
ἔφθην αἰνήσας πρὶν σοῦ κατὰ πάντα δαῆναι
970   ἤθεα· νῦν δ' ἤδη νηῦς ἅθ' ἑκὰς διέχω.

τίς δ' ἀρετὴ πίνοντ' ἐπιοίνιον ἆθλον ἑλέσθαι;
πολλάκι τοι νικᾶι καὶ κακὸς ἄνδρ' ἀγαθόν.

οὐδεὶς ἀνθρώπων, ὃν πρῶτ' ἐπὶ γαῖα καλύψηι
εἴς τ' ἔρεβος καταβῆι, δώματα Περσεφόνης,
975   τέρπεται οὔτε λύρης οὔτ' αὐλητῆρος ἀκούων
οὔτε Διωνύσου δῶρ' ἐπαειρόμενος.
ταῦτ' ἐσορῶν κραδίηι εὖ πείσομαι, ὄφρά τ' ἐλαφρὰ
γούνατα, καὶ κεφαλὴν ἀτρεμέως προφέρω.   ⊗

---

980   μή μοι ἀνὴρ εἴη γλώσσηι φίλος, ἀλλὰ καὶ ἔργωι·
χερσίν τε σπεύδοι χρήμασί τ', ἀμφότερα·
μηδὲ παρὰ κρητῆρι λόγοισιν ἐμὴν φρένα θέλγοι,
ἀλλ' ἔρδων φαίνοιτ' εἴ τι δύναιτ' ἀγαθόν.   ✕

979 floril. Monac. 147

---

964 ῥυσμὸν Hecker : θυμὸν Stob.   ὄντιν' ἔχει Stob.   965
κίβδηλοι Epkema   967 πάντως Vat. gr. 63 : πάντων Ao
968 ἐγὼ AXD   969 ‖‖‖‖ φθην (duo litt. er.) A : ἔφθην δ' ο : ἔφθην
σ' Bergk   976 ἐπ- Diehl : ἐσ- codd.   -όμενος D¹ : -άμενος Ao
977 κραδίη : -ην A   ὄφρ' ἔτ' Schneidewin   978 ἀτρεμέως
Bergk   979 interpunctio post ἔργῳ fort. tollenda   980 σπεύδοι
XD : -ει OI : -ου A   ῥήμασί Matthiae   981 κρητῆρι I : κλητῆρι
A : κρατῆρσι O, κρητῆρσι XD   θέλγοις A : τέρποι ο : corr. Bekker

ἡμεῖς δ' ἐν θαλίῃσι φίλον καταθώμεθα θυμόν,
ὄφρ' ἔτι τερπωλῆς ἔργ' ἐρατεινὰ φέρῃ.

985 αἶψα γὰρ ὥστε νόημα παρέρχεται ἀγλαὸς ἥβη·
οὐδ' ἵππων ὁρμὴ γίνεται ὠκυτέρη,
αἵ τε ἄνακτα φέρουσι δορυσσόον ἐς πόνον ἀνδρῶν
λάβρως, πυροφόρωι τερπόμεναι πεδίωι.

πῖν' ὁπόταν πίνωσιν· ὅταν δέ τι θυμὸν ἀσηθῇς,
990 μηδεὶς ἀνθρώπων γνῶι σε βαρυνόμενον.

ἄλλοτέ τοι πάσχων ἀνιήσεαι, ἄλλοτε δ' ἔρδων
χαιρήσει· δύναται δ' ἄλλοτε ἄλλος ἀνήρ.

⊗ εἰ θείης 'Ακάδημε ἐφίμερον ὕμνον ἀείδειν,
ἆθλον δ' ἐν μέσσωι παῖς καλὸν ἄνθος ἔχων
995 σοί τ' εἴη καὶ ἐμοὶ σοφίης πέρι δηρισάντοιν,
γνοίης χ' ὅσσον ὄνων κρέσσονες ἡμίονοι.
τῆμος δ' ἠέλιος μὲν ἐν αἰθέρι μώνυχας ἵππους
ἄρτι πάραντ' ἐλάοι μέσσατον ἦμαρ ἔχων,
δείπνου δὲ λήγοιμεν, ὅπου τινὰ θυμὸς ἀνώγοι,
1000 παντοίων ἀγαθῶν γαστρὶ χαριζόμενοι,
χέρνιβα δ' αἶψα θύραζε φέροι, στεφανώματα δ' εἴσω,
εὐειδὴς ῥαδιναῖς χερσὶ Λάκαινα κόρη.

993 - 6 et 997 - 1002 Ath. 310ab

984 παρῇ Lavagnini : πέλῃ Blass   985-6 om. A   987 τ' ἀνα
ο : τέ περ ἄνδρα p   989 δ' ἔτι A : τοι ο   991 θ' ο, τ' p
992 χαιρήσῃ noluit Bergk, -ει scripsi : -ῆισι A: -ήσειν ο : -ήσεις Epkema
992 δύνααι (sic) ἄλλοτέ τ' ο : δυναται· ἄλλοτε δ' A : corr. Bergk
993 εἶτ' εἴησακαλὴν μὲν Ath.   ἐφήμερον A, -ριον O   994 καλὸς
Ath.   995 δηρη- ο -σάντων AO : δηριῶσαι Ath.   996 τ' A, θ' O
998 παραγγέλ(λ)οι codd., Ath. : correxi (ἐλάοι iam Harrison)
999 δὴ Ath.   ὅσου Ath.   1002 ῥαδινῆς Ath.

(Tyrtaei, fr. 12. 13 - 16)

    ἠδ' ἀρετή, τόδ' ἄεθλον ἐν ἀνθρώποισιν ἄριστον
    κάλλιστόν τε φέρειν γίνεται ἀνδρὶ σοφῶι,
1005 ξυνὸν δ' ἐσθλὸν τοῦτο πόληί τε παντί τε δήμωι,
    ὅστις ἀνὴρ διαβὰς ἐν προμάχοισι μένηι.

    ξυνὸν δ' ἀνθρώποις ὑποθήσομαι, ὄφρα τις ἥβης
    ἀγλαὸν ἄνθος ἔχων καὶ φρεσὶν ἐσθλὰ νοῆι,
    τῶν αὐτοῦ κτεάνων εὖ πασχέμεν· οὐ γὰρ ἀνηβᾶν
1010 δὶς πέλεται πρὸς θεῶν, οὐδὲ λύσις θανάτου
    θνητοῖς ἀνθρώποισι, κακὸν δ' ἐπὶ γῆρας ἐλέγχει
    οὐλόμενον, κεφαλῆς δ' ἅπτεται ἀκροτάτης.

    ἆ μάκαρ εὐδαίμων τε καὶ ὄλβιος, ὅστις ἄπειρος
    ἄθλων εἰς Ἀίδου δῶμα μέλαν κατέβη,
1015 πρίν τ' ἐχθροὺς πτῆξαι καὶ ὑπερβῆναί περ ἀνάγκηι
    ἐξετάσαι τε φίλους ὄντιν' ἔχουσι νόον.

(Mimnermi, fr. 5. 1 - 6)

    αὐτίκα μοι κατὰ μὲν χροιὴν ῥέει ἄσπετος ἱδρώς,
    πτοιῶμαι δ' ἐσορῶν ἄνθος ὁμηλικίης
    τερπνὸν ὁμῶς καὶ καλόν· ἐπὶ πλέον ὤφελεν εἶναι·
1020 ἀλλ' ὀλιγοχρόνιον γίνεται ὥσπερ ὄναρ
    ἥβη τιμήεσσα· τὸ δ' οὐλόμενον καὶ ἄμορφον
    αὐτίχ' ὑπὲρ κεφαλῆς γῆρας ὑπερκρέμαται.

    οὔποτε τοῖς ἐχθροῖσιν ὑπὸ ζυγὸν αὐχένα θήσω
    δύσλοφον, οὐδ' εἴ μοι Τμῶλος ἔπεστι κάρηι.

1004 ἀνδρὶ νέῳ Tyrt.   1006 μένη Stob. in Tyrt. : μένει A : -ν ἔνι ο
1007 ἥβᾳ Bergk   1008 ἔχῃ Marc. 317 in ras.   1013 a A : ὡς ο
1014 καταβῇ O   1015 γ' Bekker   1016 δε A   1017 χροιῆς
Spitzner   1018 πτοιοῦμαι ο   fort. τ'   1019 ἐπὶ ed. Aldina :
ἐπεὶ Αο   1020 ὀλιγοχρόνιοσ O   1021 οὐλόμενον codd. : ἀργαλέον
Mimn.   1022 γῆρας... αὐτίχ' Mimn.   ἐπικρέμαται Hecker

1025 δειλοί τοι κακότητι ματαιότεροι νόον εἰσίν,
      τῶν δ' ἀγαθῶν αἰεὶ πρήξιες ἰθύτεραι.

(Theognidis)
      ῥηϊδίη τοι πρῆξις ἐν ἀνθρώποις κακότητος,
      τοῦ δ' ἀγαθοῦ χαλεπὴ Κύρνε πέλει παλάμη.

      τόλμα θυμὲ κακοῖσιν ὅμως ἄτλητα πεπονθώς·
1030 δειλῶν τοι κραδίη γίνεται ὀξυτέρη.
      μηδὲ σύ γ' ἀπρήκτοισιν ἐπ' ἔργμασιν ἄλγος ἀέξων
      αὔχει μηδ' αἴσχεα· μηδὲ φίλους ἀνία,
      μηδ' ἐχθροὺς εὔφραινε. θεῶν δ' εἱμαρμένα δῶρα
      οὐκ ἂν ῥηϊδίως θνητὸς ἀνὴρ προφύγοι,
1035 οὔτ' ἂν πορφυρέης καταδὺς ἐς πυθμένα λίμνης,
      οὔθ' ὅταν αὐτὸν ἔχηι Τάρταρος ἠερόεις.

(Theognidis?)
      ἄνδρα τοί ἐστ' ἀγαθὸν χαλεπώτατον ἐξαπατῆσαι,
      ὡς ἐν ἐμοὶ γνώμη Κύρνε πάλαι κέκριται.

1038a ἤιδεα μὲν καὶ πρόσθεν, ἀτὰρ πολὺ λώιον ἤδη,   =853
   b   οὕνεκα τοῖς δειλοῖς οὐδεμί' ἐστὶ χάρις.   854

      ἄφρονες ἄνθρωποι καὶ νήπιοι, οἵτινες οἶνον
1040 μὴ πίνουσ' ἄστρου καὶ κυνὸς ἀρχομένου.

      δεῦρο σὺν αὐλητῆρι· παρὰ κλαίοντι γελῶντες

1029 - 34 Stob. 4. 56. 9

1025 δειλοῖς et νόοι o   1031 γ' p Stob. : τ' AO   αὔχει Stob. :
ἔχθει codd. : ὄχθει Emperius : ἄγχεο vel ἄχθεο Hermann (ἄχθου
iam Geel) αἴσχεα Stob. : ἄχθει o (-ον p) : εχθει A   1037 ἀγαθὸν
fort. excerptor pro ἐχθρόν, cf. 1219   1038 ἐμῆ o   versus ab
excerptore suppositus?   1040 πίνωσ' Par. 2833   ἐρχομένου O

πίνωμεν, κείνου κήδεσι τερπόμενοι.

εὔδωμεν· φυλακὴ δὲ πόλευς φυλάκεσσι μελήσει
ἀστυφέλης ἐρατῆς πατρίδος ἡμετέρης.

1045 ναὶ μὰ Δί', εἴ τις τῶνδε καὶ ἐγκεκαλυμμένος εὔδει,
ἡμέτερον κῶμον δέξεται ἁρπαλέως.

νῦν μὲν πίνοντες τερπώμεθα, καλὰ λέγοντες·
ἄσσα δ' ἔπειτ' ἔσται, ταῦτα θεοῖσι μέλει.

σοὶ δ' ἐγὼ οἷά τε παιδὶ πατὴρ ὑποθήσομαι αὐτὸς
1050 ἐσθλά· σὺ δ' ἐν θυμῶι καὶ φρεσὶ ταῦτα βάλευ.
μήποτ' ἐπειγόμενος πράξηις κακόν, ἀλλὰ βαθείηι
σῆι φρενὶ βούλευσαι σῶι ἀγαθῶι τε νόωι.
τῶν γὰρ μαινομένων πέτεται θυμός τε νόος τε,
βουλὴ δ' εἰς ἀγαθὸν καὶ νόον ἐσθλὸν ἄγει.   ✕

1055 ἀλλὰ λόγον μὲν τοῦτον ἐάσομεν, αὐτὰρ ἐμοὶ σὺ
αὔλει, καὶ Μουσῶν μνησόμεθ' ἀμφότεροι·
αὐταὶ γὰρ τάδ' ἔδωκαν ἔχειν κεχαρισμένα δῶρα
σοὶ καὶ ἐμοί, ⟨μέλο⟩μεν δ' ἀμφιπερικτίοσιν.

⊗   Τιμαγόρα, πολλῶν ὀργὴν ἀπάτερθεν ὁρῶντι
1060 γινώσκειν χαλεπόν, καίπερ ἐόντι σοφῶι.
οἱ μὲν γὰρ κακότητα κατακρύψαντες ἔχουσιν

1061 - 2 Stob. 4.33. 9

1043 πόλεωσ A   1044 Ἀστυπάλης Sitzler   versus excerptoris?
1045 τόνδε AO   1048 μέλοι Nauck   1049 δετω A : δὲ ο : corr.
Bergk   1050 βάλε ο   1051 χρέος Bergk   1052 fort. βου-
λεύσας vel -αις   σωτ' A   1053 μαρναμένων μάχεται ο   1054 νόος
ἐσθλὸς Hartung   1055 ἐάσομαι ο   1057 αὗται codd.   1058 μενδ'
A : μὲν ο (νῦν O, μὴν D, μην I) : suppl. Hiller   1059 τιμᾶ γὰρ
ἀπόλλων fere codd. : corr. Camerarius

πλούτωι, τοὶ δ' ἀρετὴν οὐλομένηι πενίηι.

_____

ἐν δ' ἥβηι πάρα μὲν ξὺν ὁμήλικι πάννυχον εὕδειν,
ἱμερτῶν ἔργων ἐξ ἔρον ἱέμενον·
1065 ἔστι δὲ κωμάζοντα μετ' αὐλητῆρος ἀείδειν·
τούτων οὐδὲν †τι ἀλλ' ἐπιτερπνότερον
ἀνδράσιν ἠδὲ γυναιξί. τί μοι πλοῦτός τε καὶ αἰδώς;
τερπωλὴ νικᾶι πάντα σὺν εὐφροσύνηι.   ✕

_____

ἄφρονες ἄνθρωποι καὶ νήπιοι, οἵ τε θανόντας
1070 κλαίουσ', οὐδ' ἥβης ἄνθος ἀπολλύμενον.

1070a ⊗ τέρπεό μοι φίλε θυμέ· τάχ' αὖ τινες ἄλλοι ἔσονται
                                        <877
   b   ἄνδρες, ἐγὼ δὲ θανὼν γαῖα μέλαιν' ἔσομαι.   878

(Theognidis?)

1071   Κύρνε, φίλους πρὸς πάντας ἐπίστρεφε ποικίλον ἦθος,
                                        <213
       συμμίσγων ὀργὴν οἷος ἕκαστος ἔφυ.   214

_____

       νῦν μὲν τῶιδ' ἐφέπου, τοτὲ δ' ἀλλοῖος πέλευ ὀργήν.
                                        <217
       κρεῖσσόν τοι σοφίη καὶ μεγάλης ἀρετῆς.   218

1075   πρήγματος ἀπρήκτου χαλεπώτατόν ἐστι τελευτὴν
       γνῶναι, ὅπως μέλλει τοῦτο θεὸς τελέσαι·
       ὄρφνη γὰρ τέταται· πρὸ δὲ τοῦ μέλλοντος ἔσεσθαι
       οὐ ξυνετὰ θνητοῖς πείρατ' ἀμηχανίης.

_____

1063 πάννυχον A : κάλλιστον O, κάλλιον p   1066 τι O : τοι p :
om. A : ἄρ' ἦν Bergk : ἔγεντ' Maas : alii alia   ἀλλ' ἔπι Vinetus,
ἔτι Otto Schneider, ἔνι Gomperz   1069–70 Mimnermo trib. Blass,
v. ad Mimn. fr. 6   1070a ἄν o   1074 κρείσσων O

οὐδένα τῶν ἐχθρῶν μωμήσομαι ἐσθλὸν ἐόντα,
1080   οὐδὲ μὲν αἰνήσω δειλὸν ἐόντα φίλον.
(Theognidis)

⊗   Κύρνε, κύει πόλις ἥδε, δέδοικα δὲ μὴ τέκηι ἄνδρα <39
     ὑβριστήν, χαλεπῆς ἡγεμόνα στάσιος·   40
1082a ἀστοὶ μὲν γὰρ ἔθ' οἵδε σαόφρονες, ἡγεμόνες δὲ 41
  b   τετράφαται πολλὴν εἰς κακότητα πεσεῖν.   42

  c μή μ' ἔπεσιν μὲν στέργε, νόον δ' ἔχε καὶ φρένας ἄλλας,
                                      <87
  d εἴ με φιλεῖς καί σοι πιστὸς ἔνεστι νόος,   88
  e ἀλλὰ φίλει καθαρὸν θέμενος νόον, ἤ μ' ἀποειπὼν 89
  f ἔχθαιρ' ἐμφανέως νεῖκος ἀειράμενος.   90
    οὕτω χρὴ τόν γ' ἐσθλὸν ἐπιστρέψαντα νόημα
    ἔμπεδον αἰὲν ἔχειν ἐς τέλος ἀνδρὶ φίλωι.

1085 ⊗ Δημῶναξ, σὺ δὲ πολλὰ φέρειν βαρύς· οὐ γὰρ ἐπίστηι
     τοῦτ' ἔρδειν ὅτι σοι μὴ καταθύμιον ἦι.

  ⊗ Κάστορ καὶ Πολύδευκες, οἳ ἐν Λακεδαίμονι δίηι
     ναίετ' ἐπ' Εὐρώται καλλιρόωι ποταμῶι,
    εἴ ποτε βουλεύσαιμι φίλωι κακόν, αὐτὸς ἔχοιμι·
1090   εἰ δέ τι κεῖνος ἐμοί, δὶς τόσον αὐτὸς ἔχοι.

    ἀργαλέως μοι θυμὸς ἔχει περὶ σῆς φιλότητος·
    οὔτε γὰρ ἐχθαίρειν οὔτε φιλεῖν δύναμαι,
    γινώσκων χαλεπὸν μὲν ὅταν φίλος ἀνδρὶ γένηται
    ἐχθαίρειν, χαλεπὸν δ' οὐκ ἐθέλοντα φιλεῖν.

1081 τέκοι Ao : η sscr. I   1082a ἔθ' οιδε A : ἔασι o   1082c
ἄλλη o (ut 87)   1082e ἤ με φίλει o (ut 89)   1082f ἀμφαδίην
o (ut 90)   1085 Δημῶναξ σὺ δὲ Bergk : δημωναξιοιδε A : δῆμον
δ' ἀξιοῖ o   βαρυ A : βαρέ Emperius   1092 ἐχθαίρειν σ' Bergk
1093 γινωσκω· A

1095   σκέπτεο δὴ νῦν ἄλλον· ἐμοί γε μὲν οὔ τις ἀνάγκη
                                            < 1160a
        τοῦτ᾽ ἔρδειν· τῶν μοι πρόσθε χάριν τίθεσο.   × b

        ἤδη καὶ πτερύγεσσιν ἐπαίρομαι ὥστε πετεινὸν
        ἐκ λίμνης μεγάλης, ἄνδρα κακὸν προφυγών,
        βρόχον ἀπορρήξας· σὺ δ᾽ ἐμῆς φιλότητος ἁμαρτὼν
1100   ὕστερον ἡμετέρην γνώσηι ἐπιφροσύνην.
(Theognidis)
        ὅστίς σοι βούλευσεν ἐμεῦ πέρι, καί σ᾽ ἐκέλευσεν
                                            = 1278a
        οἴχεσθαι προλιπόνθ᾽ ἡμετέρην φιλίην,   b
1102a   ⟨οὗτος ἀνὴρ φίλε Κύρνε πέδας χαλκεύεται αὑτῶι,
                                            = 539
b   εἰ μὴ ἐμὴν γνώμην ἐξαπατῶσι θεοί.⟩   540
(Theognidis)
        ὕβρις καὶ Μάγνητας ἀπώλεσε καὶ Κολοφῶνα
        καὶ Σμύρνην· πάντως Κύρνε καὶ ὔμμ᾽ ἀπολεῖ.

1104a   δόξα μὲν ἀνθρώποισι κακὸν μέγα, πεῖρα δ᾽ ἄριστον·
                                            = 571
b   πολλοὶ ἀπείρητοι δόξαν ἔχουσ᾽ ἀγαθῶν.   572

1105   εἰς βάσανον δ᾽ ἐλθὼν παρατριβόμενός τε μολύβδωι
        χρυσὸς ἄπεφθος ἐὼν καλὸς ἅπασιν ἔσηι.

        ὤ μοι ἐγὼ δειλός· καὶ δὴ κατάχαρμα μὲν ἐχθροῖς,
                                            = 1318a
        τοῖς δὲ φίλοισι πόνος δειλὰ παθὼν γενόμην.   b

1098 λόχμης Hermann : λινέης νεφέλης Graefe   προφυγόν ο   1099
βρόχον codd.   1102ab : 539-40 hic iteravi (cf. ad 539; 541 sq.
ad 1103 sq. rettulit Peppmüller)   1104 ὔμμας ὀλεῖ ο   ἄμμ᾽
Welcker   1104b ἀγαθοὶ A   1106 καλὸς : δῆλος Ahrens
1107 οἴμοι A   1108 φίλοισ ὁ πόνοσ A

242

(Theognidis)

Κύρν', οἱ πρόσθ' ἀγαθοὶ νῦν αὖ κακοί, οἱ δὲ κακοὶ πρὶν

1110   νῦν ἀγαθοί. τίς κεν ταῦτ' ἀνέχοιτ' ἐσορῶν,   <57
58
τοὺς ἀγαθοὺς μὲν ἀτιμοτέρους, κακίους δὲ λαχόντας
τιμῆς ; μνηστεύει δ' ἐκ κακοῦ ἐσθλὸς ἀνήρ·
ἀλλήλους δ' ἀπατῶντες ἐπ' ἀλλήλοισι γελῶσιν, <59
οὔτ' ἀγαθῶν· μνήμην εἰδότες οὔτε κακῶν.   60

1114a   πολλὰ δ' ἀμηχανίηισι κυλίνδομαι ἀχνύμενος κῆρ· <619
b   ἀρχὴν γὰρ πενίης οὐχ ὑπερεδράμομεν.   620

1115 ⊗ χρήματ' ἔχων πενίην μ' ὠνείδισας· ἀλλὰ τὰ μέν μοι
ἔστι, τὰ δ' ἐργάσομαι θεοῖσιν ἐπευξάμενος.

⊗ Πλοῦτε, θεῶν κάλλιστε καὶ ἱμεροέστατε πάντων,
σὺν σοὶ καὶ κακὸς ὢν γίνεται ἐσθλὸς ἀνήρ.

ἥβης μέτρον ἔχοιμι, φιλοῖ δέ με Φοῖβος Ἀπόλλων
1120   Λητοίδης καὶ Ζεὺς ἀθανάτων βασιλεύς,
ὄφρα δίκηι ζώοιμι κακῶν ἔκτοσθεν ἁπάντων,
ἥβηι καὶ πλούτωι θυμὸν ἰαινόμενος.

⊗ μή με κακῶν μίμνησκε· πέπονθά τοι οἷά τ' Ὀδυσσεύς,
ὅς τ' Ἀίδεω μέγα δῶμ' ἤλυθεν ἐξαναδύς.

1125   ὃς δὴ καὶ μνηστῆρας ἀνείλετο νηλέι θυμῶι
Πηνελόπης εὔφρων κουριδίης ἀλόχου,
ἥ μιν δήθ' ὑπέμεινε φίλωι παρὰ παιδὶ μένουσα,
ὄφρά τε γῆς ἐπέβη †δειμαλέους τε μυχούς†.

1114 γνώμην Hecker   1115 μοι ὀνείδισας Emperius   τὰ μέν
μοι p : τὰ μέντοι O : τεμεμοι A   1121 δικηι A : βίον o
1123 μέμνησθε o   1124 μετὰ δῶμ' Sitzler : μεγάρων Ra-
dermacher   1125 χαλκῶ o   1126 ἔμφρων o   1127 ἤ μὲν o
πρὸς o   1128 δειλαλεουστε A : δειμαλέους γε o : δείν' ἀλίους τε
Sitzler : finem deesse ci. Hudson-Williams

⊗ ἐμπίομαι· πενίης θυμοφθόρου οὐ μελεδαίνω,
1130   οὐδ' ἀνδρῶν ἐχθρῶν οἵ με λέγουσι κακῶς.
        ἀλλ' ἥβην ἐρατὴν ὀλοφύρομαι, ἥ μ' ἐπιλείπει,
        κλαίω δ' ἀργαλέον γῆρας ἐπερχόμενον.

(Theognidis)
        Κύρνε, παροῦσι φίλοισι κακοῦ καταπαύσομεν ἀρχήν,
        ζητῶμεν δ' ἕλκει φάρμακα φυομένωι.

1135 ⊗ Ἐλπὶς ἐν ἀνθρώποισι μόνη θεὸς ἐσθλὴ ἔνεστιν,
        ἄλλοι δ' Οὔλυμπόν⟨δ'⟩ ἐκπρολιπόντες ἔβαν.
        ὤιχετο μὲν Πίστις, μεγάλη θεός, ὤιχετο δ' ἀνδρῶν
        Σωφροσύνη, Χάριτές τ' ὦ φίλε γῆν ἔλιπον·
        ὅρκοι δ' οὐκέτι πιστοὶ ἐν ἀνθρώποισι δίκαιοι,
1140   οὐδὲ θεοὺς οὐδεὶς ἅζεται ἀθανάτους,
        εὐσεβέων δ' ἀνδρῶν γένος ἔφθιτο, οὐδὲ θέμιστας
        οὐκέτι γινώσκουσ' οὐδὲ μὲν εὐσεβίας.
        ἀλλ' ὄφρά τις ζώει καὶ ὁρᾶι φάος ἠελίοιο
        εὐσεβέων περὶ θεούς, ἐλπίδα προσμενέτω·
1145   εὐχέσθω δὲ θεοῖσι, καὶ ἀγλαὰ μηρία καίων
        Ἐλπίδι τε πρώτηι καὶ πυμάτηι θυέτω.
        φραζέσθω δ' ἀδίκων ἀνδρῶν σκολιὸν λόγον αἰεί,
        οἳ θεῶν ἀθανάτων οὐδὲν ὀπιζόμενοι
        αἰὲν ἐπ' ἀλλοτρίοις κτεάνοις ἐπέχουσι νόημα,
1150   αἰσχρὰ κακοῖς ἔργοις σύμβολα θηκάμενοι.

1129-32 Stob. 4. 50. 43   1135 Stob. 4. 46. 12

1129 ἐλπίομαι O: εἰ πίομαι p : οὔτε γε μὴν Stob. (om. οὐ)   μελεδαί-
νων A   1135 ἀνθρώποις μούνη Stob. (sed μόνη A)   1136 δ' add.
Camerarius : γῆν προλιπόντες Leutsch   1139 ἀνδράσιν οὐδὲ δίκαιοι
Peppmüller   1141 ἔφθιται Schaefer   1142 εὐνομίας van
Herwerden : possis οὐδὲ δίκας   1143 ζώοι OI : ζώη D   1145 εὐχό-
μενος Brunck   κατ' Schaefer   1148 μηδὲν o : οὐδέν' Hermann

μήποτε τὸν παρεόντα μεθεὶς φίλον ἄλλον ἐρεύνα

δειλῶν ἀνθρώπων ῥήμασι πειθόμενος.   = 1238a
                                       b

εἴη μοι πλουτεῦντι κακῶν ἀπάτερθε μεριμνέων
ζώειν ἀβλαβέως μηδὲν ἔχοντι κακόν.

1155   οὐκ ἔραμαι πλουτεῖν οὐδ' εὔχομαι, ἀλλά μοι εἴη
       ζῆν ἀπὸ τῶν ὀλίγων μηδὲν ἔχοντι κακόν.

       ⟨πλοῦτος καὶ σοφίη θνητοῖς ἀμαχώτατοι αἰεί·
         οὔτε γὰρ ἂν πλούτου θυμὸν ὑπερκορέσαις·⟩
       ὣς δ' αὔτως σοφίην ὁ σοφώτατος οὐκ ἀποφεύγει,
1160   ἀλλ' ἔραται, θυμὸν δ' οὐ δύναται τελέσαι.

1160a   ὠνέο σοι νῦν ἄλλον· ἐμοί γε μὲν οὔ τις ἀνάγκη >1095
   b   ταῦτ' ἔρδειν· τῶν μοι πρόσθε χάριν τίθεσο.   1096
(Theognidis)
1161   οὐδένα θησαυρὸν παισὶν καταθήσει ἀμείνω   <409

1151-2 Anth. Pal. 10. 40   1153-6 Stob. 4. 39. 14
1155-6 Anth. Pal. 10. 113; Basil. ad adulescentes 9 p. 58
Boulenger; gnomol. Georgidis, Anecd. Gr. i. 67 Boissonade;
imit. Orac. Sib. 2. 109-10; (—ὀλίγων) confuse schol. Luc.
apol. 12 p. 238. 9 Rabe   1157-60 Stob. 4. 31. 26
1161-2 Stob. 3. 31. 16

1151 παρεὶς Anth. Pal.   1155 οὐκ ἐθέλω Anth., cf. Orac. Sib.
οὐδ' codd., sch. Luc., cf. Georg., Orac. : οὔτ' Basil. : οὐκ Anth.
1156 ἐκ Anth. (ἀπὸ etiam Orac.)   ἔχοντα Anth. cod. P (-ι Planu-
des)   1157-8 desunt in codd., inseruit Vinetus ex Stob.
1157 πενίη Stob. A   ἀμαχώτατοι scripsi pro -τατον   1160 κορέ-
σαι Stob. (ex 1158)   1160a ὦ νέοι οἱ νῦν ἄνδρες codd. :
correxi ex 1095   1161 παισὶν καταθήσειν A : καταθήσειν παισὶν
ο : καταθήσεαι ἔνδον Stob.   deinde ἄμεινον· αἰτοῦσιν δ' ἀγαθοῖς
ἀνδράσι Κύρνε δίδου codd. : Stobaeum sequor, ne hexameter sensu
careat. potes et ἦν ... δίδου

αἰδοῦς, ἣν ἀγαθοῖς ἀνδράσι Κύρνε διδῶις.   410

1162a   οὐδεὶς γὰρ πάντ' ἐστὶ πανόλβιος· ἀλλ' ὁ μὲν ἐσθλὸς < 441
    b   τολμᾶι ἔχων τὸ κακὸν κοὐκ ἐπίδηλον ὅμως,   442
    c   δειλὸς δ' οὔτ' ἀγαθοῖσιν ἐπίσταται οὔτε κακοῖσιν   443
    d   θυμὸν ὁμῶς μίσγειν. ἀθανάτων τε δόσεις   444
    e   παντοῖαι θνητοῖσιν ἐπέρχοντ'· ἀλλ' ἐπιτολμᾶν   445
    f   χρὴ δῶρ' ἀθανάτων οἷα διδοῦσιν ἔχειν.   446

1163   ὀφθαλμοὶ καὶ γλῶσσα καὶ οὔατα καὶ νόος ἀνδρῶν
        ἐν μέσσωι στηθέων ἐν συνετοῖς φύεται.

1164a   τοιοῦτός τοι ἀνὴρ ἔστω φίλος, ὃς τὸν ἑταῖρον   = 97
    b   γινώσκων ὀργὴν καὶ βαρὺν ὄντα φέρει   98
    c   ἀντὶ κασιγνήτου. σὺ δέ μοι φίλε ταῦτ' ἐνὶ θυμῶι   99
    d   φράζεο, καί ποτέ μου μνήσεαι ἐξοπίσω.   ⊗ 100

    e   οὔτιν' ὅμοιον ἐμοὶ δύναμαι διζήμενος εὑρεῖν   < 415
    f   πιστὸν ἑταῖρον, ὅτωι μή τις ἔνεστι δόλος·   × 416
    g   ἐς βάσανόν τ' ἐλθὼν παρατριβόμενός τε μολύβδωι   417
    h   χρυσός, ὑπερτερίης ἄμμιν ἔνεστι λόγος.   418

1165   τοῖς ἀγαθοῖς σύμμισγε, κακοῖσι δὲ μήποθ' ὁμάρτει
        ἔστ' ἂν ὁδοῦ τελέηις τέρματ' ἀπ' ἐμπορίης.

        τῶν ἀγαθῶν ἐσθλὴ μὲν ἀπόκρισις, ἐσθλὰ δὲ ἔργα·

1163-4 Stob. 3. 3. 19

1163 ἀνδρὸς Stob.   1164 εὐξύνετος Stob. : εὐσυνέτοις Geel
1164e-h om. *p*   1164g δ' O   1164h λόγοσ A : νόος O;
eadem v.l. 418   1166 ἔστ' scripsi : εὖτ' codd.   τελέης *p*, -οις O :
στελεηῖ A : στέλλη Bergk   τέρματ' ἀπ' scripsi : τέρματά τ' o : τέρ-
ματ' επ (et εμπορίην) A   1167 ὑπόκρισις van Herwerden

τῶν δὲ κακῶν ἄνεμοι δειλὰ φέρουσιν ἔπη.

ἐκ καχεταιρίης κακὰ γίνεται· εὖ δὲ καὶ αὐτὸς
1170   γνώσηι, ἐπεὶ μεγάλους ἤλιτες ἀθανάτους.

(Theognidis)
γνώμην Κύρνε θεοὶ θνητοῖσι διδοῦσιν ἀρίστην
ἀνθρώποις· γνώμη πείρατα παντὸς ἔχει.
ἆ μάκαρ, ὅστις δή μιν ἔχει φρεσίν· ἦ πολὺ κρείσσων
ὕβριος οὐλομένης λευγαλέου τε κόρου
1175   [ἐστί· κακὸν δὲ βροτοῖσι κόρος, τῶν οὔ τι κάκιον·]
πᾶσα γὰρ ἐκ τούτων Κύρνε πέλει κακότης.

(Theognidis)
εἴ κ' εἴης ἔργων αἰσχρῶν ἀπαθὴς καὶ ἀεργὸς
Κύρνε, μεγίστην κεν πεῖραν ἔχοις ἀρετῆς.

1178a τολμᾶν χρὴ χαλεποῖσιν ἐπ' ἄλγεσιν ἦτορ ἔχοντα, <555
    b   πρὸς δὲ θεῶν αἰτεῖν ἔκλυσιν ἀθανάτων.   556

(Theognidis)
Κύρνε, θεοὺς αἰδοῦ καὶ δείδιθι· τοῦτο γὰρ ἄνδρα
1180   εἴργει μήτ' ἔρδειν μήτε λέγειν ἀσεβῆ.   ✕

δημοφάγον δὲ τύραννον ὅπως ἐθέλεις κατακλῖναι·
οὐ νέμεσις πρὸς θεῶν γίνεται οὐδεμία.

1179-80 Orion anth. 3.5

1168 δειλά : καλά, λεῖα?   1170 μεγάλως Camerarius ; cf. [Hes.]
Sc. 79   1171 διδοῦσι θεοὶ θνητοῖσιν Nauck   1172 ἀνθρώποις·
Bergk : ἄνθρωπος AO : ἀνθρώπου p   1173 ἆ Naeke : ὦ
codd. (ὦ O)   ἦ A : ἐπεὶ o   1175 versus ab excerptore consutus
ut 1176 adnecteret   1176 τούτου Camerarius   1177 possis
εἴκ   εἴης Schneidewin   1178 μεγίστης et πείρατ' Geel : μοῖραν
Peppmüller   1178a ἐν A   ἦπαρ O   1180 μήτε παθεῖν Orion
1181 ἐθέλῃς O, sscr. I   vix κατάκαινε (-ειν van Herwerden)

247

(Theognidis)

οὐδένα Κύρν' αὐγαὶ φαεσιμβρότου ἠελίοιο
ἄνδρ' ἐφορῶσ' ὧι μὴ μῶμος ἐπικρέμαται·   ╳
1184a   ἀστῶν δ' οὐ δύναμαι γνῶναι νόον ὄντιν' ἔχουσιν· >367
b   οὔτε γὰρ εὖ ἔρδων ἀνδάνω οὔτε κακῶς.   368

1185   νοῦς ἀγαθόν, καὶ γλῶσσα· τὰ δ' ἐν παύροισι πέφυκεν
ἀνδράσιν οἳ τούτων ἀμφοτέρων ταμίαι.

οὔτις ἄποινα διδοὺς θάνατον φύγοι οὐδὲ βαρεῖαν
δυστυχίην, εἰ μὴ μοῖρ' ἐπὶ τέρμα βάλοι,
οὐδ' ἂν δυσφροσύνας, ὅτε δὴ θεὸς ἄλγεα πέμπηι,
1190   θνητὸς ἀνὴρ δώροις βουλόμενος προφυγεῖν.

οὐκ ἔραμαι κλισμῶι βασιληΐωι ἐγκατακεῖσθαι
τεθνεώς, ἀλλά τί μοι ζῶντι γένοιτ' ἀγαθόν.
ἀσπάλαθοι δὲ τάπησιν ὁμοῖον στρῶμα θανόντι·
τῶι ξυνόν, σκληρὸν γίνεται ἢ μαλακόν.

1195   μή τι θεοὺς ἐπίορκον ἐπόμνυθι· οὐ γὰρ ἀνεκτὸν
ἀθανάτους κρύψαι χρεῖος ὀφειλόμενον.

(Theognidis)

⊗ ὄρνιθος φωνὴν Πολυπαΐδη ὀξὺ βοώσης
ἤκουσ', ἥ τε βροτοῖς ἄγγελος ἦλθ' ἀρότου
ὡραίου· καί μοι κραδίην ἐπάταξε μέλαιναν,
1200   ὅττί μοι εὐανθεῖς ἄλλοι ἔχουσιν ἀγρούς,
οὐδέ μοι ἡμίονοι κυφὸν ἕλκουσιν ἄροτρον

1183-4 om. XD, 1184ab om. p   1185 ἀγαθὸς o   δ' Stepha-
nus : τ' codd.   1189 πέμπει o : -οι Bergk   1190 προ-
φύγηι A : -οι Camerarius   versus fort. ab excerptore expletus
1194 τῷ ξυνόν scripsi (ξυνόν γ' εἰ Lachelier) : τὸ ξύλον ἢ codd.
(τοξύλον·ἢ A)   1195 μήτε o   επιορκοσ A   ἀνυστὸν Emperius
1196 possis ἀθανάτοις   1198 ἀρότρου o   1201 ἡνίοχοι A

†τῆς ἄλλης μνηστῆς† εἵνεκα ναυτιλίης.

οὐκ εἶμ', οὐδ' ὑπ' ἐμοῦ κεκλήσεται. οὐδ' ἐπὶ τύμβωι
οἰμωχθεὶς ὑπὸ γῆν εἶσι τύραννος ἀνήρ,
1205 οὐδ' ἂν ἐκεῖνος ἐμοῦ τεθνηότος οὔτ' ἀνιῶιτο
οὔτε κατὰ βλεφάρων θερμὰ βάλοι δάκρυα.

οὔτέ σε κωμάζειν ἀπερύκομεν οὔτε καλοῦμεν·
ἁρπαλέος παρεών, καὶ φίλος εὖτ' ἂν ἀπῆις.

Αἴθων μὲν γένος εἰμί, πόλιν δ' εὐτείχεα Θήβην
1210 οἰκῶ, πατρώιας γῆς ἀπερυκόμενος.   ✕

μή μ' ἀφελῶς παίζουσα φίλους δένναζε τοκῆας
'Αργυρί· σοὶ μὲν γὰρ δούλιον ἦμαρ ἔπι,
ἡμῖν δ' ἄλλα μέν ἐστι γύναι κακὰ πόλλ', ἐπεὶ ἐκ γῆς
φεύγομεν, ἀργαλέη δ' οὐκ ἔπι δουλοσύνη,
1215 οὔθ' ἡμᾶς περνᾶσι· πόλις γε μέν ἐστι καὶ ἡμῖν
καλή, Ληθαίωι κεκλιμένη πεδίωι.

(Theognidis)

[μήποτε] πὰρ κλαίοντα καθεζόμενοι γελάσωμεν
τοῖς αὐτῶν ἀγαθοῖς Κύρν' ἐπιτερπόμενοι.

(Theognidis)

ἐχθρὸν μὲν χαλεπὸν καὶ δυσμενῆ ἐξαπατῆσαι
1220 Κύρνε· φίλον δὲ φίλωι ῥάιδιον ἐξαπατᾶν.

1202 e.g. τῆς Σαμίης νήστεις (νήστεις Young), id est festinantes
opus (cf. Od. 18. 370) quod sero a navigatione lucrosa redierim
1204 ἐπὶ o   1207 ἀπερύκομαι οὔτε καλοῦμαι o   1208 ἁρπαλέος
Bergk, παρεὼν Camerarius : ἀργαλέος γὰρ ἐὼν codd.   1209 Αἴθων
non expeditum   1212 σὺ AO   1215 οὐδ' Bekker   δέ
μεν o   1216 λιθαίω A²OI   ποταμῷ Brunck   1217 μή-
ποτε ab excerptore illatum videtur, cf. 1041–2   κλαίοντι O,
κλαίουσι p   1219 δυσμενεῖ Bergk   1220 hic finem fecit o

(Theognidis) Stob. 3. 8. 9 (π. δειλίας)

> πολλὰ φέρειν εἴωθε λόγος θνητοῖσι βροτοῖσιν
> πταίσματα τῆς γνώμης Κύρνε ταρασσομένης.

(Theognidis) Stob. 3. 20. 1

> οὐδὲν Κύρν' ὀργῆς ἀδικώτερον, ἢ τὸν ἔχοντα
> πημαίνει θυμῶι δειλὰ χαριζομένη.

(Theognidis) Stob. 4. 22. 5 (SMA)

1225   οὐδὲν Κύρν' ἀγαθῆς γλυκερώτερόν ἐστι γυναικός·
> μάρτυς ἐγώ, σὺ δ' ἐμοὶ γίνου ἀληθοσύνης.

———— Ath. 457a, de griphis τοιοῦτόν ἐστι καὶ τὸ Θεόγνι-
δος τοῦ ποιητοῦ·

1229   ἤδη γάρ με κέκληκε θαλάσσιος οἴκαδε νεκρός,
1230   τεθνηκὼς ζωῶι φθεγγόμενος στόματι.

σημαίνει γὰρ κόχλον.

> σχέτλι' Ἔρως, Μανίαι σ' ἐτιθηνήσαντο λαβοῦσαι·
> ἐκ σέθεν ὤλετο μὲν Ἰλίου ἀκρόπολις,
> ὤλετο δ' Αἰγείδης Θησεὺς μέγας, ὤλετο δ' Αἴας
> ἐσθλὸς Ὀιλιάδης ἧισιν ἀτασθαλίαις.

1235   ὦ παῖ, ἄκουσον ἐμεῦ δαμάσας φρένας· οὔτοι ἀπειθῆ
> μῦθον ἐρῶ τῆι σῆι καρδίηι οὐδ' ἄχαριν.
> ἀλλὰ τλῆθι νόωι συνιεῖν ἔπος· οὔτοι ἀνάγκη
> τοῦτ' ἔρδειν ὅτι σοι μὴ καταθύμιον ἦι.

1221–30 nullo codice traditos hic addiderunt Vinetus (1221–6),
Camerarius (1229–30), ante A inventum   1221–2 quaeritur
quid hic Stobaeus περὶ δειλίας viderit dictum   1226 δέ μου S
1227–8 hic imprimebatur Mimn. fr. 8   1231–1389 praebet A
(post 1220) cum titulo + ‖‖ ἐλεγείων β : ÷ ÷   1234 ἧισιν scripsi
(σφῆσιν Bergk) : σηῖσιν A   1235 ἀπεχθῆ vel ἀπευθῆ Meineke
1237 συνιεῖν Lachmann : συνιδειν A : possis συνιεὶς

1238a μήποτε τὸν παρεόντα μεθεὶς φίλον ἄλλον ἐρεύνα= 1151
   b   δειλῶν ἀνθρώπων ῥήμασι πειθόμενος.   × 1152

1240   πολλάκι τοι παρ' ἐμοὶ κατὰ σοῦ λέξουσι μάταια,
       καὶ παρὰ σοὶ κατ' ἐμοῦ· τῶν δὲ σὺ μὴ ξυνίει.

       χαιρήσεις τῆι πρόσθε παροιχομένηι φιλότητι,
       τῆς δὲ παρερχομένης οὐκέτ' ἔσηι ταμίης.

       δὴν δὴ καὶ φίλοι ὦμεν· †ἔπειτ' ἄλλοισιν ὁμίλει,
       ἦθος ἔχων δόλιον, πίστεος ἀντίτυπον.

1245   οὔποθ' ὕδωρ καὶ πῦρ συμμείξεται· οὐδέ ποθ' ἡμεῖς
       πιστοὶ ἐπ' ἀλλήλοις καὶ φίλοι ἐσσόμεθα.

       φρόντισον ἔχθος ἐμὸν καὶ ὑπέρβασιν, ἴσθι δὲ θυμῶι
       ὥς σ' ἐφ' ἁμαρτωλῆι τείσομαι ὡς δύναμαι.

       ⊗ παῖ, σὺ μὲν αὔτως ἵππος, ἐπεὶ κριθῶν ἐκορέσθης,
1250   αὖθις ἐπὶ σταθμοὺς ἤλυθες ἡμετέρους
       ἡνίοχόν τε ποθῶν ἀγαθὸν λειμῶνά τε καλὸν
       κρήνην τε ψυχρὴν ἄλσεά τε σκιερά.

(Solonis, fr. 23)

       ὄλβιος, ὧι παῖδές τε φίλοι καὶ μώνυχες ἵπποι
       θηρευταί τε κύνες καὶ ξένοι ἀλλοδαποί.

1255   ὅστις μὴ παῖδάς τε φιλεῖ καὶ μώνυχας ἵππους

1240 ξύνιε A : corr. Buttmann   1243 cf. 597, ubi ἀτάρ τ'
1246 ἔτ' Bekker : ἐν Bergk : fort. τ'   1247 εχθροσ A : corr.
Bekker   1249 ἵππῳ Bergk   post hunc versum lacunam sta-
tuit idem   1254 καὶ κύνες ἀγρευταὶ καὶ ξένος ἀλλοδαπὸς Plato
Lys. 212e sine poetae nomine, Hermias in Phaedr. 231e p. 38 C.
Soloni tribuens

251

καὶ κύνας, οὔποτέ οἱ θυμὸς ἐν εὐφροσύνηι.

ὦ παῖ, κινδύνοισι πολυπλάγκτοισιν ὁμοῖος
ὀργήν, ἄλλοτε τοῖς, ἄλλοτε τοῖσι φιλεῖν.

1260   ὦ παῖ, τὴν μορφὴν μὲν ἔφυς ˋκαλός, ἀλλ' ἐπίκειται
καρτερὸς ἀγνώμων σῆι κεφαλῆι στέφανος·
ἰκτίνου γὰρ ἔχεις ἀγχιστρόφου ἐν φρεσὶν ἦθος,
ἄλλων ἀνθρώπων ῥήμασι πειθόμενος.

⊗   ὦ παῖ, ὃς εὖ ἔρδοντι κακὴν ἀπέδωκας ἀμοιβήν,
οὐδέ τις ἀντ' ἀγαθῶν ἐστι χάρις παρὰ σοί·
1265   οὐδέν πώ μ' ὤνησας· ἐγὼ δέ σε πολλάκις ἤδη
εὖ ἔρδων αἰδοῦς οὐδεμιῆς ἔτυχον.

παῖς τε καὶ ἵππος ὁμοῖον ἔχει νόον· οὔτε γὰρ ἵππος
ἡνίοχον κλαίει κείμενον ἐν κονίηι,
ἀλλὰ τὸν ὕστερον ἄνδρα φέρει κριθαῖσι κορεσθείς·
1270   ὣς δ' αὔτως καὶ παῖς τὸν παρεόντα φιλεῖ.

ὦ παῖ, μαργοσύνηις ἀπό μευ νόον ὤλεσας ἐσθλόν,
αἰσχύνη δὲ φίλοις ἡμετέροις ἐγένου·
ἄμμε δ' ἀνέψυξας μικρὸν χρόνον· ἐκ δὲ θ(υ)ελλῶν
ἦκά γ' ἐνωρμίσθην νυκτὸς ἐπειγόμενος.

1275   ὡραῖος καὶ Ἔρως ἐπιτέλλεται, ἡνίκα περ γῆ
ἄνθεσιν εἰαρινοῖς θάλλει ἀεξομένη·
τῆμος Ἔρως προλιπὼν Κύπρον περικαλλέα νῆσον
εἶσιν ἐπ' ἀνθρώπους σπέρμα φέρων κατὰ γῆς.

1257 ἰκτίνοισι Welcker : κιλλούροισι van Herwerden ὁμοιοῖ Wila-
mowitz   1258 τοῖς φίλος εἰ Schneidewin, τοῖσι φίλος Hartung
1261 fort. ἀγχίστροφον   1262 δειλῶν Bekker   1271 μὲν Bekker
1274 ἐπειγομένης Passow

(Theognidis)

1278a   ὅστίς σοι βούλευσεν ἐμεῦ πέρι, καί σ' ἐκέλευσεν   = 1101
   b   οἴχεσθαι προλιπόνθ' ἡμετέρην φιλίην...   1102

---

   c   νεβρὸν ὑπὲξ ⟨ἐλ⟩άφοιο λέων ὣς ἀλκὶ πεποιθὼς   = 949
   d   ποσσὶ καταμάρψας αἵματος οὐκ ἔπιον.   950

1280   οὐκ ἐθέλω σε κακῶς ἔρδειν, οὐδ' εἴ μοι ἄμεινον
       πρὸς θεῶν ἀθανάτων ἔσσεται ὦ καλὲ παῖ.
       οὐ γὰρ ἁμαρτωλαῖσιν ἐπὶ σμικραῖσι κάθημαι·
       τῶν δὲ καλῶν παίδων †ουτοσετουτ'αδικων †.

       ὦ παῖ, μή μ' ἀδίκει· ἔτι σοι κα⟨τα⟩θύμιος εἶναι
       βούλομαι, εὐφροσύνηι τοῦτο συνεὶς ἀγαθῆι.
1285   οὐ γάρ τοί με δόλωι παρελεύσεαι οὐδ' ἀπατήσεις·
       νικήσας γὰρ ἔχεις τὸ πλέον ἐξοπίσω,
       ἀλλά σ' ἐγὼ τρώσω φεύγοντά με, ὥς ποτέ φασιν
       Ἰασίου κούρην | παρθένον Ἰασίην
       ὡραίην περ ἐοῦσαν ἀναινομένην γάμον ἀνδρῶν
1290   φεύγειν· ζωσαμένη δ' ἔργ' ἀτέλεστα τέλει
       πατρὸς νοσφισθεῖσα δόμων ξανθὴ Ἀταλάντη·
       ὤιχετο δ' ὑψηλὰς εἰς κορυφὰς ὀρέων
       φεύγουσ', ἱμερόεντα γάμον, χρυσῆς Ἀφροδίτης
       δῶρα· τέλος δ' ἔγνω καὶ μάλ' ἀναινομένη.

1295   ὦ παῖ, μή με κακοῖσιν ἐν ἄλγεσι θυμὸν ὀρίνηις,
       μηδέ με σῆ φιλότης δώματα Περσεφόνης
       οἴχηται προφέρουσα· θεῶν δ' ἐποπίζεο μῆνιν

1278d καταιμάρψας A¹   1282 ita A : fort. οὖτις ἔτεισ' ἀδικῶν
(vel ἀδίκων), vel οὐ τόσ' ἔλοιτ' ἀδικῶν   1285 οὐ γάρ τοί με δόλω
suppl. m² (saec. x)   1287 με : περ Bekker   1288 παρθένον—
1294 seclusi ut poetae alterius   1290 ζωσαμένη Bekker : -ην
A   ἐτέλει Blaydes   1291 δόμον Peppmüller   1295 ὀρίνηις
Bekker : ὀρίναισ A

βάξίν τ' ἀνθρώπων, ἤπια νωσάμενος.

ὦ παῖ, μέχρι τίνος με προφεύξεαι; ὥς σε διώκων
1300   δίζημ'· ἀλλά τί μοι τέρμα γένοιτο κιχεῖν
σῆς ὥρης· σὺ δὲ μάργον ἔχων καὶ ἀγήνορα θυμὸν
φεύγεις ἰκτίνοͷ σχέτλιον ἦθος ἔχων.
ἀλλ' ἐπίμεινον, ἐμοὶ δὲ δίδου χάριν· οὐκέτι δηρὸν
ἕξεις Κυπρογενοῦς δῶρον ἰοστεφάνου.

1305   θυμῶι γνοὺς ὅτι παιδείας πολυηράτου ἄνθος
ὠκύτερον σταδίου, τοῦτο συνεὶς χάλασον
δεσμοῦ, μή ποτε καὶ σὺ βιήσεαι ὄβριμε παίδων,
Κυπρογενοῦς δ' ἔργων ἀντιάσηις χαλεπῶν,
ὥσπερ ἐγὼ νῦν ὧδ' ἐπὶ σοί. σὺ δὲ ταῦτα φύλαξαι,
1310   μηδέ σε νικήσηι †παιδαϊδη κακότης.

οὔ μ' ἔλαθες κλέψας ὦ παῖ — καὶ γάρ σε διώκω —
τούτοις, οἷσπερ νῦν ἄρθμιος ἠδὲ φίλος
ἔπλευ, ἐμὴν δὲ μεθῆκας ἀτίμητον φιλότητα.
οὐ μὲν δὴ τούτοις γ' ἦσθα φίλος πρότερον,
1315   ἀλλ' ἐγὼ ἐκ πάντων σ' ἐδόκουν θήσεσθαι ἑταῖρον
πιστόν. καὶ δὴ νῦν ἄλλον ἔχοισθα φίλον·
ἀλλ' ὁ μὲν εὖ ἔρδων κεῖμαι· σὲ δὲ μή τις ἁπάντων
ἀνθρώπων ἐσορῶν παιδοφιλεῖν ἐθέλοι.

1299 ὅς σε Passow   1301 ὥρης scripsi : οιγη A   1302 φεύ-
γοισ A : corr. Bekker   1305 fort. πολυήρατον   1307 δεσμόν
Peek   1308 ἀντιάσηις Blaydes pro -σεις   1309 ὧδ' Bekker :
οἵδ' A : οἶδ' Bergk   1310 παῖδ' ἀδαῆ Bergk : an Παϊάδη = Πολυ-
παῖδη?   1311 οὔ μ' Edmonds : οὐκ A   διώκω Ahrens :
διωμαι A : διώμμαι Hermann   1312 φίλοισ A : corr. Bekker
1314 συ μεν δη τουτοισ τ' A : corr. Hermann   1315 σήσεσθαι A :
corr. Seidler   1316 καί : μὴ Ahrens : possis κᾶν   ἔχεισθα Bekker:
possis ἕλοισθα   1317 κεῖμαι Bekker : κειμι· A

1318a   ὤ μοι ἐγὼ δειλός· καὶ δὴ κατάχαρμα μὲν ἐχθροῖς,

              = 1107

b   τοῖσι φίλοις δὲ πόνος δειλὰ παθὼν γενόμην.   1108

1320   ὤ παῖ, ἐπεί τοι δῶκε θεὰ χάριν ἱμερόεσσαν
    Κύπρις, σὸν δ' εἶδος πᾶσι νέοισι μέλει,
    τῶνδ' ἐπάκουσον ἐπῶν καὶ ἐμὴν χάριν ἔνθεο θυμῶι,
    γνοὺς ἔρος ὡς χαλεπὸν γίνεται ἀνδρὶ φέρειν.

    Κυπρογένη, παῦσόν με πόνων, σκέδασον δὲ μερίμνας
    θυμοβόρους, στρέψον δ' αὖθις ἐς εὐφροσύνας·
1325   μερμήρας δ' ἀπόπαυε κακάς, δὸς δ' εὔφρονι θυμῶι
    μέτρ' ἥβης τελέσαντ' ἔργματα σωφροσύνης.

    ὤ παῖ, ἕως ἂν ἔχηις λείαν γένυν, οὔποτέ σ' αἰνῶν
    παύσομαι, οὐδ' εἴ μοι μόρσιμόν ἐστι θανεῖν.   ✕
    σοί τε διδόντ' ἔτι καλόν, ἐμοί τ' οὐκ αἰσχρὸν ἐρῶντι
1330   αἰτεῖν· ἀλλὰ γονέων λίσσομαι ἡμετέρων·
    αἰδεό μ' ὤ παῖ ⟨   ⟩ διδοὺς χάριν, εἴ ποτε καὶ σὺ
    ἕξεις Κυπρογενοῦς δῶρον ἰοστεφάνου
    χρηΐζων καὶ ἐπ' ἄλλον ἐλεύσεαι· ἀλλά σε δαίμων
    δοίη τῶν αὐτῶν ἀντιτυχεῖν ἐπέων.

1335   ὄλβιος, ὅστις ἐρῶν γυμνάζεται οἴκαδε ἐλθών,
    εὕδων σὺν καλῶι παιδὶ πανημέριος.

1318 παιδοφιλεῖν Bekker : παιδαφιλειν A   1318b δειλὰ 1108 : δεινὰ A
1320 παισινεοῖσι A : corr. Bekker   1322 ἔρον noluit van Her-
werden   χαλεπὸς Bergk   1323 Κυπρογενές Bekker   1324 τρέ-
ψον van der Mey   1325 ευφρόσυνθυμω A : corr. Bekker
1327 λιαν A : corr. Bekker   σ' αἰνῶν (vel σ' αἰτῶν) Orelli : σαίνων
A   1331 ⟨τήνδε⟩ van Herwerden : possis ἔρωτι   1332 ἕξεις
ut a 1304 illatum susp. Hartung : ἑξῆς Heimsoeth   1335 οἴκαδε
δ' Bekker, tum 1336 εὕδει ubi ευδειν A, εὕδων ego

οὐκέτ' ἐρῶ παιδός, χαλεπὰς δ' ἀπελάκτισ' ἀνίας,
μόχθους τ' ἀργαλέους ἄσμενος ἐξέφυγον,
ἐκλέλυμαι δὲ πόθου πρὸς ἐυστεφάνου Κυθερείης·
1340 σοὶ δ' ὦ παῖ χάρις ἔστ' οὐδεμία πρὸς ἐμοῦ.

(Eueni? fr. 8c)
αἰαῖ, παιδὸς ἐρῶ ἁπαλόχροος, ὅς με φίλοισιν
πᾶσι μάλ' ἐκφαίνει κοὐκ ἐθέλοντος ἐμοῦ.
τλήσομαι οὐ κρύψας· ἀεκούσι⟨α⟩ πολλὰ βίαια·
οὐ γὰρ ἐπ' αἰκελίωι παιδὶ δαμεὶς ἐφάνην.   ✕
1345 παιδοφιλεῖν δέ τι τερπνόν, ἐπεί ποτε καὶ Γανυμήδους
ἤρατο καὶ Κρονίδης ἀθανάτων βασιλεύς,
ἁρπάξας δ' ἐς Ὄλυμπον ἀνήγαγε καί μιν ἔθηκεν
δαίμονα, παιδείης ἄνθος ἔχοντ' ἐρατόν.
οὕτω μὴ θαύμαζε Σιμωνίδη, οὕνεκα κἀγὼ
1350 ἐξεφάνην καλοῦ παιδὸς ἔρωτι δαμείς.

ὦ παῖ, μὴ κώμαζε, γέροντι δὲ πείθεο ἀνδρί·
οὔτοι κωμάζειν σύμφορον ἀνδρὶ νέωι.

(Theognidis)
πικρὸς καὶ γλυκύς ἐστι καὶ ἁρπαλέος καὶ ἀπηνὴς
ὄφρα τέλειος ἔηι Κύρνε νέοισιν ἔρως.
1355 ἢν μὲν γὰρ τελέσηι, γλυκὺ γίνεται· ἢν δὲ διώκων
μὴ τελέσηι, πάντων τοῦτ' ἀνιηρότατον.

αἰεὶ παιδοφίλησιν ἐπὶ ζυγὸν αὐχένι κεῖται
δύσλοφον, ἀργαλέον μνῆμα φιλοξενίης.   ✕
χρὴ γάρ τοι περὶ παῖδα πονούμενον εἰς φιλότητα
1360 ὥσπερ κληματίνωι χεῖρα πυρὶ προσάγειν.

1339 ἰοστεφάνου habes 1304, 1332, 1383   1343 post κρύψας
distinxi, cf. 471–2 eiusdem poetae   αεκουσι A : suppl. Welcker
1344 ὑπ' Hartel   1345 δ' ετι A   1350 ἐξεφάνην Baiter :
εξεδάμην A   1358 δύσλοφον Ahrens : δυσμορον A

THEOGNIDEA

ναῦς πέτρηι προσέκυρσας ἐμῆς φιλότητος ἁμαρτών
ὦ παῖ, καὶ σαπροῦ πείσματος ἀντελάβου.

οὐδαμά σ' οὐδ' ἀπεὼν δηλήσομαι, οὐδέ με πείσει
οὐδεὶς ἀνθρώπων ὥστέ με μή σε φιλεῖν.

1365 ὦ παίδων κάλλιστε καὶ ἱμεροέστατε πάντων,
στῆθ' αὐτοῦ καί μου παῦρ' ἐπάκουσον ἔπη.

παιδός τοι χάρις ἐστί· γυναικὶ δὲ πιστὸς ἑταῖρος
οὐδείς, ἀλλ' αἰεὶ τὸν παρεόντα φιλεῖ.   ×

παιδὸς ἔρως καλὸς μὲν ἔχειν, καλὸς δ' ἀποθέσθαι·
1370 πολλὸν δ' εὑρέσθαι ῥηίτερον ἢ τελέσαι.
μυρία δ' ἐξ αὐτοῦ κρέμαται κακά, μυρία δ' ἐσθλά·
ἀλλ' ἔν τοι †ταύτηι καί τις ἔνεστι χάρις.

οὐδαμά πω κατέμεινας ἐμὴν χάριν, ἀλλ' ὑπὸ πᾶσαν
αἰεὶ σπουδαίην ἔρχεαι ἀγγελίην.   ×

1375 ὄλβιος, ὅστις παιδὸς ἐρῶν οὐκ οἶδε θάλασσαν,
οὐδέ οἱ ἐν πόντωι νὺξ ἐπιοῦσα μέλει.

καλὸς ἐὼν κακότητι φίλων δειλοῖσιν ὁμιλεῖς

1365 cf. CVA Athen. 1357 (Tanagra, ca. 500 a. C.) o
παιδον καλλιστε

1364 σε μὴ φιλέειν Blaydes   1369 'utroque loco χαλεπὸς scribendum esse suspicatus sum' Bergk : posteriore tantum Couat
1372 παύλη Orelli : γ' ἄτη Nauck : (τῇ) λύπη Ahrens   1374 σπουδαίως van Herwerden : καὶ μὴ σπουδαίην Heimsoeth   1377 φίλων Bekker : φιμον A : φρενῶν Haupt

257

ἀνδράσι, καὶ διὰ τοῦτ' αἰσχρὸν ὄνειδος ἔχεις   ✕
ὦ παῖ· ἐγὼ δ' ἀέκων τῆς σῆς φιλότητος ἁμαρτὼν
1380   ὠνήμην, ἔρδων οἷά τ' ἐλεύθερος ὤν.

ἄνθρωποί σ' ἐδόκουν χρυσῆς παρὰ δῶρον ἔχοντα
ἐλθεῖν Κυπρογενοῦς ⟨
          Κυπρογενοῦς⟩ δῶρον ἰοστεφάνου
γίνεται ἀνθρώποισιν ἔχειν χαλεπώτατον ἄχθος,
1385   ἂν μὴ Κυπρογενὴς δῶι λύσιν ἐκ χαλεπῶν.

Κυπρογενὲς Κυθέρεια δολοπλόκε, σοὶ τί περισσὸν
Ζεὺς τόδε τιμήσας δῶρον ἔδωκεν ἔχειν;
δαμνᾶις δ' ἀνθρώπων πυκινὰς φρένας, οὐδέ τίς ἐστιν
οὕτως ἴφθιμος καὶ σοφὸς ὥστε φυγεῖν.

Parodiae fragmentum (e comoedia vetere credo) servavit
Hesych. Πολυπαΐδης· παρῳδῆται ἐκ τῶν Θεόγνιδος·
          βολβὸν ἐπαινήσω ⟨Πολυπαΐδη⟩.

THEOGNIS (II)

Atheniensis

s. v ex.

Suda, ii. 629. 13 Adler, affirmat Theognidem Megarensem,
praeter sententias elegiacas versusque ad Cyrnum, scrip-
sisse ἐλεγείαν εἰς τοὺς σωθέντας τῶν Συρακουσίων ἐν τῇ

1382/3 lacunam stat. Bekker   1385 ἦν Schneidewin   1386 κύ-
θειρα A (accentum m²) : corr. Bekker   σοὶ τι A, σοὶ τί A² :
σοί τι edd. nonnulli   1388 δαμνασδ' A : δάμνασαι Bergk : δαμνᾶς
sine δ' Hartung   (parodia) βολβὸν M. Schmidt : βόμβων cod. :
βόμβον Geyso   possis ἐπαινῆσαι 'recusa'   Πολυπαΐδη add. Heinsius

πολιορκίᾳ; quae cum in finem saeculi quinti cadere videatur, scite Sitzler coniecit eam ab altero Theognide compositam esse quem *Suda* paullo post tractat, poetam tragicum dico (nr. 28 Snell) eundemque tyrannum inter triginta (Xen. *Hell.* 2. 3. 2, etc.).

TIMOCREON

Rhodius
s. v pars prior

7 Ar. *Plut.* 1002 cum schol.; Arist. fr. 557 Rose; Diod. 10. 25. 2; etc.

πάλαι ποτ' ἦσαν ἄλκιμοι Μιλήσιοι.

9 Hephaest. *Ench.* 1. 3 Τιμοκρέοντος ἐκ τῶν ἐπιγραμμάτων·
ὧι ξυμβουλεύειν χὲρς ἄπο, νοῦς δὲ πάρα.

10 *Anth. Pal.* 13. 31
Κηΐα με προσῆλθε φλυαρία οὐκ ἐθέλοντα·
οὐ θέλοντά με προσῆλθε Κηΐα φλυαρία.

TYRTAEUS

Spartanus
s. vii med.

Suda iv. 610. 5 Adler Τυρταῖος Ἀρχεμβρότου, Λάκων ἢ

Timocreon 7 Anacreonti (*Mel.* 426) trib. schol. et Zenob. 5.80 : Timocreonti (*Mel.* 733) vindicavit Wilamowitz cl. schol. Ar. *Vesp.* 1060 sq.   ἦσάν ποτ' ἦσαν orac. ap. schol. *Plut.*, Hesych. et Phot. s.v.

10 respondet ad Simon. fr. 17 supra   2 οὐκ ἐθέλοντα cod. : correxi

Μιλήσιος, ἐλεγειοποιὸς καὶ αὐλητής ... ἔγραψε πολιτείαν Λα-
κεδαιμονίοις καὶ ὑποθήκας δι᾽ ἐλεγείας καὶ μέλη πολεμιστήρια,
βιβλία ε΄.

1 - 4. Εὐνομία

1 Arist. *Pol.* E 7 p. 1306ᵇ36 ἔτι ὅταν οἱ μὲν ἀπορῶσι λίαν, οἱ
δὲ εὐπορῶσι (γίνονται αἱ στάσεις). καὶ μάλιστα ἐν τοῖς πολέμοις
τοῦτο γίνεται· συνέβη δὲ καὶ τοῦτο ἐν Λακεδαίμονι, ὑπὸ τὸν
Μεσσηνιακὸν πόλεμον· δῆλον δὲ {καὶ τοῦτο} ἐκ τῆς Τυρταίου
ποιήσεως τῆς καλουμένης Εὐνομίας· θλιβόμενοι γάρ τινες διὰ
τὸν πόλεμον ἠξίουν ἀνάδαστον ποιεῖν τὴν χώραν.

2 P. Oxy. 2824, ed. Turner

```
              ] . . . υι . . [
              ] . . ε θεοπρο[π
              ] . . φ . . ενακ[
              ] . μαντειασαν[
   5          ]τειδεταθή . [
              ]πάντ᾽ εἰδεν . [
              ἄ]νδρας ἀνιστ[αμεν
              ]ι[ . ]ηγαλα[
              ] . . [ . . . ]θεοῖσι φί[λ
  10          ]ω πειθώμεθα κ[
              ]αν ἐγγύτεροι γέν[εος·
     αὐτὸς γὰρ Κρονίων] καλλιστεφάνου ⌊πόσις ῞Ηρης
     Ζεὺς ῾Ηρακλείδαις⌋ ἄστυ δέδωκε τό⌊δε,
     οἷσιν ἅμα προλιπ⌋όντες ᾽Ερινεὸν ⌊ἠνεμόεντα
  15          εὐρεῖαν Πέλοπ⌋ο⌊ς⌋ νῆσον ἀφικόμ⌊εθα
              ]γλαυκώπ[ι]δος[
```

Tyrtaeus 2 fort. post fr. 4 stetit   4 vel μιν   7 ἀνιστ[α-
μένους Turner   8 λ, fort. δ   11 vel γεν[εῆς, -ῆ   13 τήνδε
δέδωκε πόλιν Str. (τηνδεδωκε palimps., δε supra lin. sec. Lasserre) :
possis ἄστυ ἔδωκε   14 pap. fort. τοισιν habuit

12 - 15 Strabo 8. 4. 10 p. 362 καὶ γὰρ εἶναί φησιν ἐκεῖθεν
(sc. ἐκ Λακεδαίμονος) ἐν τῇ ἐλεγείᾳ ἣν ἐπιγράφουσιν Εὐνομίαν·
"αὐτὸς — ἀφικόμεθα".

4   Φοίβου ἀκούσαντες Πυθωνόθεν οἴκαδ' ἔνεικαν
    μαντείας τε θεοῦ καὶ τελέεντ' ἔπεα·
   ἄρχειν μὲν βουλῆς θεοτιμήτους βασιλῆας,
    οἷσι μέλει Σπάρτης ἱμερόεσσα πόλις,
5   πρεσβυγενέας τε γέροντας· ἔπειτα δὲ δημότας ἄνδρας
    εὐθείαις ῥήτραις ἀνταπαμειβομένους
   μυθεῖσθαί τε τὰ καλὰ καὶ ἔρδειν πάντα δίκαια,
    μηδέ τι βουλεύειν τῇδε πόλει ⟨σκολιόν⟩·
   δήμου τε πλήθει νίκην καὶ κάρτος ἕπεσθαι.
10   Φοῖβος γὰρ περὶ τῶν ὧδ' ἀνέφηνε πόλει.

1 - 6 Plut. *Lyc.* 6 ἔπεισαν δὲ καὶ αὐτοὶ (Polydorus et Theo-
pompus) τὴν πόλιν ὡς τοῦ θεοῦ ταῦτα προστάσσοντος, ὥς που
Τυρταῖος ἐπιμέμνηται διὰ τούτων· "Φοίβου—ἀνταπαμειβομένους".

(1) - 10 Excerpta e Diodoro (7. 12. 6; *Excerpta Hist.*
iussu Const. Porphyrogeniti confecta, ed. Boissevain etc., iv.
273. 14) de oraculis Lycurgo datis
(ἡ Πυθία ἔχρησε τῷ Λυκούργῳ περὶ τῶν πολιτικῶν οὕτως marg.)
   ⟨ὧ⟩δε γὰρ ἀργυρότοξος ἄναξ ἑκάεργος Ἀπόλλων
    χρυσοκόμης ἔχρη πίονος ἐξ ἀδύτου·
   ἄρχειν μὲν κτλ. — πόλει.

---

4 1–2 aliter refinxit Diodori fons ne de regibus agatur 1 οἱ
τάδε νικᾶν codd. : corr. Amyot 3–9 oraculum hexametricum a
Tyrtaeo expletum (Bergk) 3 βουλη cod. excerpti (V) 5 πρε-
σβυγενεῖς δὲ V (-έας Bergk) : πρεσβύτας τε Plut. 6 εὐθείην ῥήτρασ V :
εὐθεῖαν ῥήτραις Hammond, alii alia 7 δὲ V : corr. L. Dindorf
8 μηδέ τι ἐπιβουλεύειν V : corr. Bach : μηθ' ἐπιβ. Dindorf σκολιόν
add. Bach 9 δὲ Krebs 10 γὰρ : malim μὲν
(Diod.) ὧδε Hermann : δὲ V

5

ἡμετέρωι βασιλῆϊ, θεοῖσι φίλωι Θεοπόμπωι,
ὃν διὰ Μεσσήνην εἴλομεν εὐρύχορον,
Μεσσήνην ἀγαθὸν μὲν ἀροῦν, ἀγαθὸν δὲ φυτεύειν·
ἀμφ' αὐτὴν δ' ἐμάχοντ' ἐννέα καὶ δέκ' ἔτη

5 νωλεμέως αἰεὶ ταλασίφρονα θυμὸν ἔχοντες
αἰχμηταὶ πατέρων ἡμετέρων πατέρες·
εἰκοστῶι δ' οἱ μὲν κατὰ πίονα ἔργα λιπόντες
φεῦγον Ἰθωμαίων ἐκ μεγάλων ὀρέων.

1 - 2 Paus. 4. 6. 5   3 Schol. Plat. *Leg.* 629a ἀφικόμενος
δὲ οὗτος (Τυρταῖος) εἰς Λακεδαίμονα καὶ ἐπίπνους γενόμενος
σ·νεβούλευσεν αὐτοῖς ἀνελέσθαι τὸν πρὸς Μεσσηνίους πόλεμον,
προτρέπων παντοίως· ἐν οἷς καὶ τὸ φερόμενον εἰπεῖν ἔπος,
"Μεσσήνην — φυτεύειν"; Olympiod. in *Alc. I* p. 103 Weste-
rink (schol. p. 100 Greene)   4 — 8 Strabo 6. 3. 3
p. 279; 4- 6 Paus. 4. 15. 2; 7 - 8 Paus. 4. 13. 6

6 Paus. 4. 14. 5 ⟨ἐς τὰς⟩ τιμωρίας δὲ ἃς ὕβριζον ἐς τοὺς Μεσση-
νίους Τυρταίῳ πεποιημένα ἐστίν·

ὥσπερ ὄνοι μεγάλοις ἄχθεσι τειρόμενοι,
δεσποσύνοισι φέροντες ἀναγκαίης ὑπο λυγρῆς
ἥμισυ πάνθ' ὅσσων καρπὸν ἄρουρα φέρει.

7 ὅτι δὲ καὶ συμπενθεῖν ἔκειτο αὐτοῖς ἀνάγκη δεδήλωκεν ἐν τῷδε·
δεσπότας οἰμώζοντες, ὁμῶς ἄλοχοί τε καὶ αὐτοί,
εὐτέ τιν' οὐλομένη μοῖρα κίχοι θανάτου.

8 Strabo 8. 4. 10 p. 362 πλεονάκις δὲ ἐπολέμησαν διὰ τὰς ἀπο-

---

5 1–2 cum 3 coniunxit Buttmann, 1–3 cum 4–8 Bergk   3 ἀγαθὴν
bis Buttmann   φυτεῦσαι Olympiod.   4 ἄμφω τῶδε Strabonis
codd. : ἀμφ' αὐτῇ Richards
6 3 fort. ἥμισα   πᾶν Kuhn   φέροι conieci

στάσεις τῶν Μεσσηνίων. τὴν μὲν οὖν πρώτην κατάκτησιν αὐτῶν
φησιν Τυρταῖος ἐν τοῖς ποιήμασι κατὰ τοὺς τῶν πατέρων πα-
τέρας γενέσθαι (fr. 5. 6)· τὴν δὲ δευτέραν, καθ᾽ ἣν ἑλόμενοι
συμμάχους Ἀργείους τε καὶ †Ἠλείους καὶ Πισάτας ἀπέστη-
σαν, Ἀρκάδων μὲν Ἀριστοκράτην τὸν Ὀρχομενίων βασιλέα
παρεχομένων στρατηγόν, Πισατῶν δὲ Πανταλέοντα τὸν Ὀμφα-
λίωνος, ἡνίκα φησὶν αὐτὸς στρατηγῆσαι τὸν πόλεμον τοῖς Λα-
κεδαιμονίοις.

9 Arist. *Eth. Nic.* 3. 8. 5 p. 1116ᵃ36 καὶ οἱ προτάττοντες, κἂν
ἀναχωρῶσι τύπτοντες, τὸ αὐτὸ δρῶσι· καὶ οἱ πρὸ τῶν τάφρων
καὶ τῶν τοιούτων παρατάττοντες. Eustrat. ad loc. (*Comm. in
Arist. Graeca* xx. 165. 1) τοῦτο περὶ Λακεδαιμονίων λέγοι
ἄν· τοιαύτην γάρ τινα μάχην ὅτε πρὸς Μεσσηνίους ἐπολέμουν
ἐμαχέσαντο, ἧς καὶ Τυρταῖος μνημονεύει.

10 Lycurg. *in Leocr.* 107

      τεθνάμεναι γὰρ καλὸν ἐνὶ προμάχοισι πεσόντα
       ἄνδρ᾽ ἀγαθὸν περὶ ἧι πατρίδι μαρνάμενον·
      τὴν δ᾽ αὐτοῦ προλιπόντα πόλιν καὶ πίονας ἀγροὺς
       πτωχεύειν πάντων ἔστ᾽ ἀνιηρότατον,
 5   πλαζόμενον σὺν μητρὶ φίληι καὶ πατρὶ γέροντι
       παισί τε σὺν μικροῖς κουριδίηι τ᾽ ἀλόχωι.
      ἐχθρὸς μὲν γὰρ τοῖσι μετέσσεται οὕς κεν ἵκηται,
       χρησμοσύνηι τ᾽ εἴκων καὶ στυγερῆι πενίηι,
      αἰσχύνει τε γένος, κατὰ δ᾽ ἀγλαὸν εἶδος ἐλέγχει,
10   πᾶσα δ᾽ ἀτιμίη καὶ κακότης ἔπεται.
      †εἰθ᾽ οὕτως ἀνδρός τοι ἀλωμένου οὐδεμί᾽ ὤρη

---

8 *Ἠλείους* : *Ἀρκάδας* Kramer
10 codd. primarii NA s. xiv   1 *ἐπὶ* codd. : corr. Francke
2 *ἦ* apogr. : *τῇ ἑαυτοῦ* NA   3 *ἦν* Francke   7 *μὲν* add. A p.c.,
om. N   8 *χρημοσύνη εἴκων* van Herwerden   9 *δὲ* Hartung
10 *παισὶ* Epkema   11 *εἰθ᾽ οὕτως·* Lycurgo tribuit Thiersch :
fort. *ἰσθ᾽* (*ἴστε*) vel *ἔσθ᾽* : *εἰ δ᾽* Francke

γίνεται οὔτ' αἰδὼς οὔτ' ὀπίσω γένεος.
θυμῶι γῆς πέρι τῆσδε μαχώμεθα καὶ περὶ παίδων
θνήσκωμεν ψυχέων μηκέτι φειδόμενοι.

15 ὦ νέοι, ἀλλὰ μάχεσθε παρ' ἀλλήλοισι μένοντες,
μηδὲ φυγῆς αἰσχρῆς ἄρχετε μηδὲ φόβου,
ἀλλὰ μέγαν ποιεῖσθε καὶ ἄλκιμον ἐν φρεσὶ θυμόν,
μηδὲ φιλοψυχεῖτ' ἀνδράσι μαρνάμενοι·
τοὺς δὲ παλαιοτέρους, ὧν οὐκέτι γούνατ' ἐλαφρά,
20 μὴ καταλείποντες φεύγετε, τοὺς γεραιούς.
αἰσχρὸν γὰρ δὴ τοῦτο, μετὰ προμάχοισι πεσόντα
κεῖσθαι πρόσθε νέων ἄνδρα παλαιότερον,
ἤδη λευκὸν ἔχοντα κάρη πολιόν τε γένειον,
θυμὸν ἀποπνείοντ' ἄλκιμον ἐν κονίηι,
25 αἱματόεντ' αἰδοῖα φίλαις ἐν χερσὶν ἔχοντα —
αἰσχρὰ τά γ' ὀφθαλμοῖς καὶ νεμεσητὸν ἰδεῖν,
καὶ χρόα γυμνωθέντα· νέοισι δὲ πάντ' ἐπέοικεν,
ὄφρ' ἐρατῆς ἥβης ἀγλαὸν ἄνθος ἔχηι,
ἀνδράσι μὲν θηητὸς ἰδεῖν, ἐρατὸς δὲ γυναιξὶ
30 ζωὸς ἐών, καλὸς δ' ἐν προμάχοισι πεσών.
ἀλλά τις εὖ διαβὰς μενέτω ποσὶν ἀμφοτέροισι
στηριχθεὶς ἐπὶ γῆς, χεῖλος ὀδοῦσι δακών.

11 Stob. 4. 9. 16

ἀλλ', Ἡρακλῆος γὰρ ἀνικήτου γένος ἐστέ,
θαρσεῖτ'· οὔπω Ζεὺς αὐχένα λοξὸν ἔχει·

---

10 12 οὐδ'... οὔτ' recc. : οὐδ'... οὐδ' Wilamowitz   γένεος Ahrens :
τέλος NA : οὔτ' ὄπις οὔτ' ἔλεος Bergk   post h. v. deesse aliquid
suspicor, nisi v. 13 novum excerptum incipit; 13–14 ante 1 transp.
Wassenbergh   15 elegiae initium stat. Heinrich   20 τοὺς
γεραιούς N, τοὺς γηραιοὺς A : ἀνηλεγέως Kayser, alii alia   21 γὰρ
δὴ N : μὲν γὰρ A   26 τ' Hermann   νεμεσητὰ noluit Francke
28 ἐρατῆς recc. : ἀρετῆς NA   29 θηητὸς Reiske : θνητοῖσιν codd.
31-2 = ·11.21-2

μηδ' ἀνδρῶν πληθὺν δειμαίνετε, μηδὲ φοβεῖσθε,
  ἰθὺς δ' ἐς προμάχους ἀσπίδ' ἀνὴρ ἐχέτω,
5 ἐχθρὴν μὲν ψυχὴν θέμενος, θανάτου δὲ μελαίνας
    κῆρας ⟨ὁμῶς⟩ αὐγαῖς ἠελίοιο φίλας.
  ἴστε γὰρ ὡς Ἄρεος πολυδακρύου ἔργ' ἀΐδηλα,
    εὖ δ' ὀργὴν ἐδάητ' ἀργαλέου πολέμου,
  καὶ μετὰ φευγόντων τε διωκόντων τ' ἐγέ⟨νε⟩σθε
10 ὦ νέοι, ἀμφοτέρων δ' ἐς κόρον ἠλάσατε.
  οἳ μὲν γὰρ τολμῶσι παρ' ἀλλήλοισι μένοντες
    ἔς τ' αὐτοσχεδίην καὶ προμάχους ἰέναι,
  παυρότεροι θνῄσκουσι, σαοῦσι δὲ λαὸν ὀπίσσω·
    τρεσσάντων δ' ἀνδρῶν πᾶσ' ἀπόλωλ' ἀρετή.
15 οὐδεὶς ἄν ποτε ταῦτα λέγων ἀνύσειεν ἕκαστα,
    ὅσσ', ἢν αἰσχρὰ μάθῃ, γίνεται ἀνδρὶ κακά·
  ἀργαλέον γὰρ ὄπισθε μετάφρενόν ἐστι δαΐζειν
    ἀνδρὸς φεύγοντος δηΐωι ἐν πολέμωι·
  αἰσχρὸς δ' ἐστὶ νέκυς κατακείμενος ἐν κονίῃσι
20 νῶτον ὄπισθ' αἰχμῆι δουρὸς ἐληλάμενος.
  ἀλλά τις εὖ διαβὰς μενέτω ποσὶν ἀμφοτέροισι
    στηριχθεὶς ἐπὶ γῆς, χεῖλος ὀδοῦσι δακών,
  μηρούς τε κνήμας τε κάτω καὶ στέρνα καὶ ὤμους
    ἀσπίδος εὐρείης γαστρὶ καλυψάμενος·
25 δεξιτερῆι δ' ἐν χειρὶ τινασσέτω ὄβριμον ἔγχος,
    κινείτω δὲ λόφον δεινὸν ὑπὲρ κεφαλῆς·
  ἔρδων δ' ὄβριμα ἔργα διδασκέσθω πολεμίζειν,
    μηδ' ἐκτὸς βελέων ἑστάτω ἀσπίδ' ἔχων,
  ἀλλά τις ἐγγὺς ἰὼν αὐτοσχεδὸν ἔγχεϊ μακρῶι
30 ἢ ξίφει οὐτάζων δήιον ἄνδρ' ἑλέτω,

11 6 ὁμῶς suppl. Grotius   7 οἴ' Ἄρεος Stadtmüller : Ἄρηος
Emperius   πολυδάκρυος idem tacite   ἀΐδηλα recc. : ἀρίδηλα SMA
9 ἐγεσθε vel ἐγευσθε S, ἔγεσθε M, ἄγεσθε A : corr. recc.   13 an
ὄπισθεν?   14 ἀπώλετ' S a.c., πώλετο (sscr. a) A   16 μάθη scripsi :
πάθη codd.   19 κακκείμενος A   21-2 = 10.31-2

καὶ πόδα πὰρ ποδὶ θεὶς καὶ ἐπ᾽ ἀσπίδος ἀσπίδ᾽ ἐρείσας,
ἐν δὲ λόφον τε λόφωι καὶ κυνέην κυνέηι
καὶ στέρνον στέρνωι πεπλημένος ἀνδρὶ μαχέσθω,
ἢ ξίφεος κώπην ἢ δόρυ μακρὸν ἔχων.

35   ὑμεῖς δ᾽, ὦ γυμνῆτες, ὑπ᾽ ἀσπίδος ἄλλοθεν ἄλλος
πτώσσοντες μεγάλοις βάλλετε χερμαδίοις
δούρασί τε ξεστοῖσιν ἀκοντίζοντες ἐς αὐτούς,
τοῖσι πανόπλοισιν πλησίον ἱστάμενοι.

12 Stob. 4. 10. 1 (1-14) + 6 (15 - 44)

οὔτ᾽ ἂν μνησαίμην οὔτ᾽ ἐν λόγωι ἄνδρα τιθείην
οὔτε ποδῶν ἀρετῆς οὔτε παλαιμοσύνης,
οὐδ᾽ εἰ Κυκλώπων μὲν ἔχοι μέγεθός τε βίην τε,
νικώιη δὲ θέων Θρηΐκιον Βορέην,

5   οὐδ᾽ εἰ Τιθωνοῖο φυὴν χαριέστερος εἴη,
πλουτοίη δὲ Μίδεω καὶ Κινύρεω μάλιον,
οὐδ᾽ εἰ Τανταλίδεω Πέλοπος βασιλεύτερος εἴη,
γλῶσσαν δ᾽ Ἀδρήστου μειλιχόγηρυν ἔχοι,
οὐδ᾽ εἰ πᾶσαν ἔχοι δόξαν πλὴν θούριδος ἀλκῆς·

10   οὐ γὰρ ἀνὴρ ἀγαθὸς γίνεται ἐν πολέμωι
εἰ μὴ τετλαίη μὲν ὁρῶν φόνον αἱματόεντα,
καὶ δηίων ὀρέγοιτ᾽ ἐγγύθεν ἱστάμενος.
ἥδ᾽ ἀρετή, τόδ᾽ ἄεθλον ἐν ἀνθρώποισιν ἄριστον
κάλλιστόν τε φέρειν γίνεται ἀνδρὶ νέωι.

15   ξυνὸν δ᾽ ἐσθλὸν τοῦτο πόληΐ τε παντί τε δήμωι,

1 - 20 cf. Plat. *Leg.* 629a - 630b; 1 - 12 cf. ib. 660e - 1a
13 - 16 Theogn. 1003 - 6

11 33 πεπαλημένος codd. : corr. Brunck   34 ἔχων scripsi :
ἑλὼν codd.   37 ξυστοῖσιν Bergk, -οῖσί τ᾽ Hartung   38 πα-
νοπλίοισι(ν) codd. : corr. W. Dindorf : πανοπλίταις recc.

12 fort. carmen integrum (Francke, alii)   Stobaei codd. SMA
1 ἐν M Plato bis: ἂν SA   τιθείμην Plato bis   6 κινυρέοιο μᾶλλον
codd. : corr. M. Schmidt   11 ὁρᾶν Pl. 629e   πόνον A
a.c.   14 σοφῷ Thgn.

ὅστις ἀνὴρ διαβὰς ἐν προμάχοισι μένηι
νωλεμέως, αἰσχρῆς δὲ φυγῆς ἐπὶ πάγχυ λάθηται,
ψυχὴν καὶ θυμὸν τλήμονα παρθέμενος,
θαρσύνηι δ' ἔπεσιν τὸν πλησίον ἄνδρα παρεστώς·
20   οὗτος ἀνὴρ ἀγαθὸς γίνεται ἐν πολέμωι.
αἶψα δὲ δυσμενέων ἀνδρῶν ἔτρεψε φάλαγγας
τρηχείας· σπουδῆι δ' ἔσχεθε κῦμα μάχης,
αὐτὸς δ' ἐν προμάχοισι πεσὼν φίλον ὤλεσε θυμόν,
ἄστύ τε καὶ λαοὺς καὶ πατέρ' εὐκλεΐσας,
25   πολλὰ διὰ στέρνοιο καὶ ἀσπίδος ὀμφαλοέσσης
καὶ διὰ θώρηκος πρόσθεν ἐληλάμενος.
τὸν δ' ὀλοφύρονται μὲν ὁμῶς νέοι ἠδὲ γέροντες,
ἀργαλέωι δὲ πόθωι πᾶσα κέκηδε πόλις,
καὶ τύμβος καὶ παῖδες ἐν ἀνθρώποις ἀρίσημοι
30   καὶ παίδων παῖδες καὶ γένος ἐξοπίσω·
οὐδέ ποτε κλέος ἐσθλὸν ἀπόλλυται οὐδ' ὄνομ' αὐτοῦ,
ἀλλ' ὑπὸ γῆς περ ἐὼν γίνεται ἀθάνατος,
ὅντιν' ἀριστεύοντα μένοντά τε μαρνάμενόν τε
γῆς πέρι καὶ παίδων θοῦρος Ἄρης ὀλέσηι.
35   εἰ δὲ φύγηι μὲν κῆρα τανηλεγέος θανάτοιο,
νικήσας δ' αἰχμῆς ἀγλαὸν εὖχος ἕληι,
πάντές μιν τιμῶσιν, ὁμῶς νέοι ἠδὲ παλαιοί,
πολλὰ δὲ τερπνὰ παθὼν ἔρχεται εἰς Ἀΐδην,
γηράσκων δ' ἀστοῖσι μεταπρέπει, οὐδέ τις αὐτὸν
40   βλάπτειν οὔτ' αἰδοῦς οὔτε δίκης ἐθέλει,
πάντες δ' ἐν θώκοισιν ὁμῶς νέοι οἵ τε κατ' αὐτὸν
εἴκουσ' ἐκ χώρης οἵ τε παλαιότεροι.
ταύτης νῦν τις ἀνὴρ ἀρετῆς εἰς ἄκρον ἱκέσθαι

37 - 42 imit. Theogn. 935 - 8

12 16 ἂν εὖ Upton   19 δὲ πεσεῖν SMA : corr. Par. 2092 (s. xvi)
(p.c., u.v.)   22 θ' S   37 νέοι : ἴσοι Thgn. v.l.   38 'Ἀΐδεω
Blaydes   39–40 post 42 transp. Thiersch; cf. Thgn.   39 δ' om
Stob.A Thgn.   42 χώρης (-οις) εἴκουσιν Thgn. (τοί τε A)

πειράσθω θυμῶι μὴ μεθιεὶς πολέμου.

13 Galenus de Hp. et Plat. plac. 3. 310 p. 275 Müller e Chry-
sippo (Stoic. fr. ii. 255. 22 von Arnim)

αἴθωνος δὲ λέοντος ἔχων ἐν στήθεσι θυμόν.

14 Plut. de Sto. repugn. 14 p. 1039e e Chrysippo (Stoic. fr.
iii. 39. 22 von Arnim)

πρὶν ἀρετῆς πελάσαι τέρμασιν ἢ θανάτου.

19 P. Berol. 11675 fr. A col. ii

      ].[.(.).οσ[
  βλητ]ῆράς τε λίθων κα[ὶ
  ]ν ἔθνεσιν εἰδομ[ένους
  βρ]οτολοιγὸς ʺΑρης ακ[
5]ιθείηι, τοὺς δ' ὑπερα[
  ].[.]ν ἐοικότες η[
 ......]αι κοίλῃς ἀσπίσι φραξάμ[ενοι,
χωρὶς Πάμφυλοί τε καὶ Ὑλλεῖς ἠδ[ὲ Δυμᾶνες,
ἀνδροφόνους μελίας χερσὶν ἀν[ασχόμενοι.
10 ....]δ' ἀθανάτοισι θεοῖς ἐπὶ πάντ[α τρέποντες
 ....]ατερμ..ιηι πεισόμεθ' ἡγεμ[ό
ἀλλ' εὐθὺς σύμπαντες ἀλοιησέο[μεν
ἀ]νδράσιν αἰχμηταῖς ἐγγύθεν ἱσ[τάμενοι.
δεινὸς δ' ἀμφοτέρων ἔσται κτύπος[

---

12 44 θυμὸν S, M a.c. πόλεμον codd. : corr. Camerarius
14 πρίν γ' Brunck
19 2 βλητ]ῆρας Snell fin. τοξότας ἄνδρας ego 3 σφηκῶ]ν Sitzler
4 ἀκ[όρητος ἀϋτῆς Wilamowitz 5 ἰθείῃ vel]ι θείῃ 7]αι
potius quam]ν e.g. ὀρσέοντ]αι 7–10 Wil. 10 οὗτω] Wil. :
ἡμεῖς] Diehl : οὗπω] ego 11.. : α, ε, ι, ο, tum ν vel χ ὄκνου]
ἄτερ μονίῃ... ἡγεμ[όνων Wil. vix μανίῃ ... ἡγεμ[όνι (-όνι Edmonds;
-όσιν J.U. Powell; -όνος Diehl) 12 fin. e.g. ἐκείνους 13 Wil.

15   ἀσπίδας εὐκύκλους ἀσπίσι τυπτ[
           ]ήσουσιν ἐπ' ἀλλήλοισι π[εσόντες·
     θώρηκε]ς δ' ἀνδρῶν στήθεσιν ἀμ[φι
     λοιγὸ]ν ἐρωήσουσιν ἐρεικόμενο[ι
     αἱ δ' ὑπὸ] χερμαδίων βαλλόμεναι μ[εγάλων
20   χάλκεια]ι κ[όρυ]θες καναχὴν ἔξου[σι

20 P. Berol. 11675 fr. B col. i

                    Διωνύσο]ιο τιθήνηι
                    -κό]μου Σεμέλης[]
                        ]ωεμψ.[...]σει
                                      ]
5   ].[
                                ]μενη[
     ].[.].[.(.)] εικελον[..]..[   ]
                    ]α φέρειν
                    ἀ]εθλοφ[ό]ροι περὶ νίκης
10   τέ]ρμ' ἐπιδερκόμενοι
                    καλ]λίτροχον ἅρμα φέροντες
                        ]όμενοι
                        ]εύοντας ὄπισθεν
                        ]χαίτας ὑπὲρ κεφαλῆς
15   ]συνοίσομεν ὀξὺν ἄρηα
                        ].θεσιν.[.].[
                        ο]ὐδὲ λογήσει
                        ]σέχων[

---

19 15 τυπτ[ομένων Wil. : -ας Gercke   16 e.g. ἔγχεα δ' αἰψ']
ἤσουσιν   fin. Lobel   17 Wil.   ἀμ[φὶ φίλοις Wil., ἀμ[φίβολοι
Gercke   18 ego   fin. περὶ δουρὶ Allen : βελέεσσιν Sitzler
19-20 Wil.   ἔξου[σι βαρεῖαν Sitzler

20 1 Wil.   ηι vel ην, ης, ut possis ἐυζώνο]ιο τιθήνης   2 καλλι-
(Wil.) vel ἠυ-   3. [: ε vel ι u.v.   fort. ἐμψε[λιώσ]ει   13 fort.
ν]εύοντας vel χ]εύοντας   16 fort. στήθεσιν   18 e.g. ἀλλά τις
ἔγχο]ς

269

23 P. Berol. 11675 fr. C col. ii

    ο . [. .]στευρ[
    ἐξείης πα[
      τεῖχος α . [.]ρστη[
    οισ . μπαλλομε[
5   κλῆρος καὶ ταφ[
    Μεσσηνίων[
      τεῖχος τερυ[
    οἱ μὲν γὰρ β[
      ἀντίοι ιστ[α
10   οἱ δ' ἐκτὸς [βελέων
      ἐν δὲ μέσοις ἡμεῖς ϲ . [
    πύργου δυ[
      λείψουσ' ιλη[δὸν
    οἱ δ' ὡς ἐκ πο[
15   κυ[.]αδ[
      τοῖς ἴκελοι μ[
      Ἥρης αἰδοίης[
      εὖτ' ἂν Τυνδαρί[δαι

23a P. Oxy. 3316

      (fragmenta versuum vii)

      ] . . . ιϲα . [. . .]φ`θ′ορα[
      ] . ὑπὲρ π[ο]λλὸν α[

---

23 1 ο . [vel ω[ ]ϲ vel]ο ο[vel δ[, ω[2 πά[ντες
vel sim. Wil.   3 . [: γ, ι]ο vel]ω ϲ vel ν ἀϊ[ϲτ]ώϲαϲ. [dubitans
conieci   4–5 οἱ ϲυμ- aut οἷς ἐμ- : e.g. οἷς ἐμπαλλόμε[νοι νῦν εἴαται,
αἴ κεν ἑκάστῳ] κλῆρος καὶ τάφ[ος ᾗ καὶ γένος ἐξοπίσω   7 υ[:
vel τ, χ, ψ   fort. τε ῥύ[σθαι   8 fort. β[ελέεσσι   9 ιστ[άμενοι
Gercke   10 ego   12 δ' ὑ[ψηλοῖο Diehl   13 ego   14 πο-
[λιῆς ἁλὸς Wil.   15 κῦ[μ]α possis, non κύ[μ]ατ[α (Wil.); an
κυ[φ]αλ[έοι?   17 e.g. [χωομένου πόσιος   18 Wil.
23a licentia Societatis Aegypto Explorandae receptum: suppl.
Haslam praeter v. 9   8 ἀγ[δρο]φθόρα?

10 ...[.].ενωρ[..].χει βέλε' ἄγρ[ια

γλαυκῶπις θυ[γ]άτηρ αἰγιόχ[οιο Διός.

πολλοὶ δὲ ξυστοῖσιν ἀκοντισσ[

α]ἰχμῆις ὀξείηις ἄνδρες ἐπισ[

γ]υμνομάχοι προθέ[ο]ντες ὑ.[

15 ..]καδες 'Αργείωνυγελ[...]χ[

...].ιμεν παρὰ τεῖχ[ος

....]θιηισιν· ὕδωρ ..[

...]παρ' 'Αθηναίης γ[λαυκώπιδος

...]ιψαντ.[.] τάφρο.[

20 πάντ]ας μὲν κτενέουσ[ι

Σπα]ρτιητέων ὁπόσου[ς

ἐξ]οπίσω φεύγοντας α[

DUBIUM

24 Peek, *Gr. Versinschr.* 749. 7 - 8 (Acarnaniae, s. iii - ii
a. C.) Τυρταίου δὲ Λάκαιναν ἐνὶ στέρνοισι φυλάσσων | ῥῆσιν,
τὰν ἀρετὰν εἴλετο πρόσθε βίου.

XENOPHANES (I)

Colophonius
ca. 565 - ca. 470

Diogenes Laertius 9. 18 γέγραφε δὲ ἐν ἔπεσι καὶ ἐλεγείας καὶ
ἰάμβους καθ' 'Ησιόδου καὶ 'Ομήρου, ἐπικόπτων αὐτῶν τὰ περὶ

---

10 fort. μαρν[α]μένων [δ' ἵ]σχει, quamquam recalcitrat μ utrum-
que   12 fort. ἀκοντίσσ[ουσι   13 ἐπισ[τάμενοι vel ἐπισ[τρο-
φάδην Haslam   15 'Αρ]κάδες (Haslam) veri. sim.   16 ἀλλ']
οἱ μὲν e.g. Haslam   17]θιηις a.c., dativus igitur?   19 - 22 cf.
fr. 9   21 e.g. ὁπόσου[ς κ' ἐκτὸς ἔλωσι μάχης   22 φευγοντες a.c.
24 cf. frr. 10-12, 14, sed fort. ad locum deperditum spectat

271

θεῶν εἰρημένα ... (20) ἐποίησε δὲ καὶ Κολοφῶνος κτίσιν καὶ
τὸν εἰς Ἐλέαν τῆς Ἰταλίας ἀποικισμόν, ἔπη δισχίλια.

ELEGI

B1 Ath. 462c

νῦν γὰρ δὴ ζάπεδον καθαρὸν καὶ χεῖρες ἁπάντων
  καὶ κύλικες· πλεκτοὺς δ᾽ ἀμφιτιθεῖ στεφάνους,
ἄλλος δ᾽ εὐῶδες μύρον ἐν φιάληι παρατείνει·
  κρητὴρ δ᾽ ἕστηκεν μεστὸς εὐφροσύνης·
5 ἄλλος δ᾽ οἶνος ἑτοῖμος, ὃς οὔποτέ φησι προδώσειν,
  μείλιχος ἐν κεράμοις, ἄνθεος ὀζόμενος·
ἐν δὲ μέσοις ἁγνὴν ὀδμὴν λιβανωτὸς ἵησιν,
  ψυχρὸν δ᾽ ἐστὶν ὕδωρ καὶ γλυκὺ καὶ καθαρόν·
παρκέαται δ᾽ ἄρτοι ξανθοὶ γεραρή τε τράπεζα
10 τυροῦ καὶ μέλιτος πίονος ἀχθομένη·
βωμὸς δ᾽ ἄνθεσιν ἂν τὸ μέσον πάντηι πεπύκασται,
  μολπὴ δ᾽ ἀμφὶς ἔχει δώματα καὶ θαλίη.
χρὴ δὲ πρῶτον μὲν θεὸν ὑμνεῖν εὔφρονας ἄνδρας
  εὐφήμοις μύθοις καὶ καθαροῖσι λόγοις,
15 σπείσαντάς τε καὶ εὐξαμένους τὰ δίκαια δύνασθαι
  πρήσσειν· ταῦτα γὰρ ὦν ἐστι προχειρότερον,
οὐχ ὕβρεις· πίνειν δ᾽ ὁπόσον κεν ἔχων ἀφίκοιο
  οἴκαδ᾽ ἄνευ προπόλου μὴ πάνυ γηραλέος.
ἀνδρῶν δ᾽ αἰνεῖν τοῦτον ὃς ἐσθλὰ πιὼν ἀναφαίνει,
20 ὡς ἧι μνημοσύνη καὶ τόνος ἀμφ᾽ ἀρετῆς,

Xenophanes 1 2 ἀμφιτιθεῖ Dindorf : -εῖς A   4 δ᾽ om. epit.,
Eust.   5 ἄλλος δ᾽ οἶνός ἐστιν codd., ἐστιν om. Eust. : οἶνος δ᾽
ἐστὶν Hermann   6 ὀσθ- codd., Eust. : corr. Hermann   7 ὀσμὴν
epit., Eust.   9 παρκέαται Wackernagel : πάρκεινται codd. : possis
et πάρκειται   13 δὴ Bergk   ὑμνὲν A : ὑμνεν epit. : corr. C
15 δὲ Bergk   17 ὕβρις Musurus   vix κ᾽ ἐνέχων   ἀφίκηαι Wila-
mowitz : fort. -ηται vel -οιτο   19 ἀναφαίνη Hermann   20 τόνος
Koraes : τὸν ὃς codd. : πόνος Schneidewin : νόος Hermann   fort.
ἀρετῇ (Wilamowitz) vel ἀρετήν

οὔ τι μάχας διέπειν Τιτήνων οὐδὲ Γιγάντων
οὐδὲ ⟨ ⟩ Κενταύρων, πλάσμα⟨τα⟩ τῶν προτέρων,
ἢ στάσιας σφεδανάς· τοῖς οὐδὲν χρηστὸν ἔνεστιν·
θεῶν ⟨δὲ⟩ προμηθείην αἰὲν ἔχειν ἀγαθήν.

4 - 22 habet epitome, unde 4 - 7 Eust. in Hom. p. 1633. 3.

2 Ath. 413f

    ἀλλ' εἰ μὲν ταχυτῆτι ποδῶν νίκην τις ἄροιτο
    ἢ πενταθλεύων, ἔνθα Διὸς τέμενος
    πὰρ Πίσαο ῥοῆις ἐν Ὀλυμπίηι, εἴτε παλαίων
    ἢ καὶ πυκτοσύνην ἀλγινόεσσαν ἔχων
5   εἴτε τὸ δεινὸν ἄεθλον ὃ παγκράτιον καλέουσιν,
    ἀστοῖσίν κ' εἴη κυδρότερος προσορᾶν,
    καί κε προεδρίην φανερὴν ἐν ἀγῶσιν ἄροιτο,
    καί κεν σῖτ' εἴη δημοσίων κτεάνων
    ἐκ πόλεως, καὶ δῶρον ὅ οἱ κειμήλιον εἴη —
10   εἴτε καὶ ἵπποισιν· ταῦτά κε πάντα λάχοι,
    οὐκ ἐὼν ἄξιος ὥσπερ ἐγώ· ῥώμης γὰρ ἀμείνων
    ἀνδρῶν ἠδ' ἵππων ἡμετέρη σοφίη.
    ἀλλ' εἰκῆι μάλα τοῦτο νομίζεται, οὐδὲ δίκαιον
    προκρίνειν ῥώμην τῆς ἀγαθῆς σοφίης·
15   οὔτε γὰρ εἰ πύκτης ἀγαθὸς λαοῖσι μετείη

---

1 21 οὐδὲ malim   διέπει epit.: -ων Fränkel   22 τι add.
Meineke, αὖ Bergk, τὰ Hermann, τε Casaubon πλασμάτων codd. : corr.
Schweighäuser   23 σφεδανὰς Osann : φενδόνας A : φλεδόνας
Scaliger   ταῖς Mullach (noluerat Schweighäuser) : τοῖς δ'
Ludwich   24 δὲ add. Casaubon   ἀγαθὸν Francke
2 3 ῥοὰς Schneidewin   5 εἴτε τὸ Wakefield : εἴτέτι cod.
6 προσεραν cod. : corr. Jacobs   8 σίτησιν Kaibel   9 (et 22)
πόλιος Schneidewin   10 κ' εἰπάντα cod. : corr. Schweighäuser
(χ' ἅπαντα Casaubon)   13 fort. ταῦτα   15 λαοῖσιν ἔτ' cod. :
corr. Stephanus

οὔτ' εἰ πενταθλεῖν οὔτε παλαισμοσύνην,
οὐδὲ μὲν εἰ ταχυτῆτι ποδῶν, τόπερ ἐστὶ πρότιμον,
ῥώμης ὅσσ' ἀνδρῶν ἔργ' ἐν ἀγῶνι πέλει,
τούνεκεν ἂν δὴ μᾶλλον ἐν εὐνομίῃι πόλις εἴη·

20   σμικρὸν δ' ἄν τι πόλει χάρμα γένοιτ' ἐπὶ τῶι,
εἴ τις ἀεθλεύων νικῶι Πίσαο παρ' ὄχθας·
οὐ γὰρ πιαίνει ταῦτα μυχοὺς πόλεως.

πολλὰ δὲ καὶ ἄλλα ὁ Ξενοφάνης κατὰ τὴν ἑαυτοῦ σοφίαν ἐπαγω-
νίζεται, διαβάλλων ὡς ἄχρηστον καὶ ἀλυσιτελὲς τὸ τῆς ἀθλή-
σεως εἶδος.

3 Ath. 526a Κολοφώνιοι δέ, ὥς φησι Φύλαρχος (81 F 66), τὴν
ἀρχὴν ὄντες σκληροὶ ἐν ταῖς ἀγωγαῖς, ἐπεὶ εἰς τρυφὴν ἐξώκει-
λαν πρὸς Λυδοὺς φιλίαν καὶ συμμαχίαν ποιησάμενοι, προῄεσαν
διησκημένοι τὰς κόμας χρυσῷ κόσμῳ, ὡς καὶ Ξενοφάνης φησίν·

ἁβροσύνας δὲ μαθόντες ἀνωφελέας παρὰ Λυδῶν,
ὄφρα τυραννίης ἦσαν ἄνευ στυγερῆς,
ἤιεσαν εἰς ἀγορὴν παναλουργέα φάρε' ἔχοντες,
οὐ μείους ὥσπερ χείλιοι ὡς ἐπίπαν,
5   αὐχαλέοι, χαίτῃσιν †ἀγαλλομεν εὐπρεπέεσσιν,
ἀσκητοῖς ὀδμὴν χρίμασι δευόμενοι.

4 Pollux 9. 83 τάχα δ' ἄν τις φιλότιμον εἶναι νομίζοι καὶ τὸν ἐπὶ
τῷ νομίσματι λόγον ἐπιζητεῖν, εἴτε Φείδων πρῶτος ὁ Ἀργεῖος
ἔκοψε νόμισμα ... εἴτε Λυδοί, καθά φησι Ξενοφάνης, εἴτε κτλ.

---

3 1 ἀφροσύνας cod. : corr. J. G. Schneider   2 ησσα | νευ cod. :
corr. Dindorf   3 ἤϊσαν Meineke   4 χείλιοι Hiller : χίλιοι
cod.   ὡς Schweighäuser : εἰς cod.   5 χαίτης ἐν ἀγάλμασιν Her-
mann, χαίτῃσιν ἀγάλμασί τ' Bergk, ἀγαλλόμενοι χρυσέῃσιν Meineke
6 χρήμασι cod. : corr. Musurus

5 Ath. (epit) 11. 18 p. 782a

 οὐδέ κεν ἐν κύλικι πρότερον κεράσειέ τις οἶνον
 ἐγχέας, ἀλλ' ὕδωρ καὶ καθύπερθε μέθυ.

6 Ath. 368e

 πέμψας γὰρ κωλῆν ἐρίφου σκέλος ἤραο πῖον
 ταύρου λαρινοῦ, τίμιον ἀνδρὶ λαχεῖν
 τοῦ κλέος Ἑλλάδα πᾶσαν ἀφίξεται, οὐδ' ἀπολήξει,
 ἔστ' ἂν ἀοιδάων ἦι γένος Ἑλλαδικόν.

7 Diogenes Laertius 8. 36 de Pythagora περὶ δὲ τοῦ ἄλλοτε
ἄλλον αὐτὸν γεγενῆσθαι Ξενοφάνης ἐν ἐλεγείᾳ προσμαρτυρεῖ
ἧς ἀρχή·

 ⊗ νῦν αὖτ' ἄλλον ἔπειμι λόγον, δείξω δὲ κέλευθον.

7a ὁ δὲ περὶ αὐτοῦ φησιν οὕτως ἔχει·

 καί ποτέ μιν στυφελιζομένου σκύλακος παριόντα
 φασὶν ἐποικτῖραι καὶ τόδε φάσθαι ἔπος·
 "παῦσαι, μηδὲ ῥάπιζ', ἐπεὶ ἦ φίλου ἀνέρος ἐστὶν
 ψυχή, τὴν ἔγνων φθεγξαμένης ἀΐων".

8 Diogenes Laertius 9. 19

 ἤδη δ' ἑπτά τ' ἔασι καὶ ἑξήκοντ' ἐνιαυτοὶ
 βληστρίζοντες ἐμὴν φροντίδ' ἀν' Ἑλλάδα γῆν·
 ἐκ γενετῆς δὲ τότ' ἦσαν ἐείκοσι πέντέ τε πρὸς τοῖς,
 εἴπερ ἐγὼ περὶ τῶνδ' οἶδα λέγειν ἐτύμως.

Hinc Arsenius sive Apostolius, Paroem. Gr. ii. 442. 15.

---

5 2 ἐγχέας Casaubon : ἐγχεύας codd. : χεύας Schweighäuser
6 3 ἐφίξεται Karsten 4 Ἑλλαδικῶν C p.c.
7 ξενοκράτης cod. unus νῦν οὖν τ' codd. : corr. Stephanus
7a 4 fort. τὴν δ'
8 4 τῶν Ars.

9 Herodian. π. παθῶν, ii. 266 Lentz Ξενοφ(άνης), οἷον·
ἀνδρὸς γηρέντος πολλὸν ἀφαυρότερος.
cf. excerpta eiusdem π. τῶν εἰς μι, ii. 829. 24 Lentz.

Haec ex elegis esse possunt :

19 Diogenes Laertius 1. 23 de Thalete δοκεῖ δὲ κατά τινας πρῶ-
τος ἀστρολογῆσαι, καὶ ἡλιακὰς ἐκλείψεις καὶ τροπὰς προειπεῖν,
ὥς φησιν Εὔδημος ἐν τῇ περὶ τῶν ἀστρολογουμένων ἱστορίᾳ
(fr. 144 Wehrli). ὅθεν αὐτὸν καὶ Ξενοφάνης καὶ Ἡρόδοτος
(1. 74. 2) θαυμάζει.

20 Diogenes Laertius 1. 111 de Epimenide καὶ ἐπανελθὼν ἐπ'
οἴκου μετ' οὐ πολὺ μετήλλαξεν, ὥς φησι Φλέγων ἐν τῷ περὶ
μακροβίων (257 F 38) βιοὺς ἔτη ἑπτὰ καὶ πεντήκοντα καὶ
ἑκατόν ... ὡς δὲ Ξενοφάνης ὁ Κολοφώνιος ἀκηκοέναι φησί,
τέτταρα πρὸς τοῖς πεντήκοντα καὶ ἑκατόν.

21 Schol. Ar. Pac. 697 ὁ Σιμωνίδης διεβέβλητο ἐπὶ φιλαργυρίᾳ
... ὅθεν Ξενοφάνης "κίμβικα" αὐτὸν προσαγορεύει.

IAMBI?

A 14 Arist. Rhet. A 15 p. 1377ᵃ19 καὶ τὸ τοῦ Ξενοφάνους ἁρμόττει,
ὅτι "οὐκ ἴση πρόκλησις αὕτη, ἀσεβεῖ πρὸς εὐσεβῆ".

B 14 Clem. Strom. 5. 109. 2
ἀλλ' οἱ βροτοὶ δοκέουσι γεννᾶσθαι θεούς,
τὴν σφετέρην δ' ἐσθῆτα ἔχειν φωνήν τε δέμας τε.

---

9 ξενοφῶν codd. (Et. Gen./Magn.) : corr. Sylburg
A 14 fort. apopthegma, at instar est tetrametri seu trimetrorum :
δυσσεβεῖ Richards v.l. πρόσκλησις
14 1 ἀλλὰ βροτοὶ δοκέουσι θεοὺς γεννᾶσθαι ⟨∪——⟩ nescioquis ut sit
hexameter : γεννᾶσθαι θεοὺς Clementis breviantis esse ci. Wachsmuth
δοκοῦσι libri   2 σφετέρην ἐσθῆτά τ' Karsten

45 Schol. Hp. *epid.* 1. 13 = Erotianus fr. 14 (p. 102 Nachmanson)

ἐγὼ δὲ ἐμαυτὸν πόλιν ἐκ πόλεως φέρων ἐβλήστριζον.

XENOPHANES (II)

Lesbius
aet. incert.

Diogenes Laertius 9. 20 γέγονε δὲ καὶ ἄλλος Ξενοφάνης, Λέσβιος, ποιητὴς ἰάμβων.

---

45 trimetri subesse videntur, vel trimeter cum hexametro. dialecto commodius esset ἐμεωυτόν (Schneidewin), et fort. πόλιος (Dübner)   ἐκ πόλιος πόλιν Diels (trim. + hex.)

COMPARATIO NUMERORUM

Poetas omitto quorum tam pauca sunt fragmenta ut loci facile reperiantur. Tabulas ita intellige : Adesp. eleg. 1 Diehl non recepi, 2 D. = 25 West, 5 Bergk = 8 West, etc.

ADESPOTA ELEGIACA *ADESPOTA IAMBICA*

	Bergk⁴	Diehl³ → WEST		Diehl³ choliamb.	Diehl³ → WEST
	—	—		Hipp. 68	Arch. 206
	25; 14	25		50	6
	—	—		52	—
	12	22		—	—
5	8	14	5	49	
	5	9		53	—
	19	—		—	—
	10; 24	12		—	5
	15	8		—	3
10	—	5	10		1
	3; 9	—	11–15		—
				Bergk⁴	
	26	—		5	—
	20	26		Arch. 206;—	—
	11	10		—	—
15	16	15		6	—
		3	20	2;—	—
		20		37	—
		11		36	2
		16		—	—
				—	—
			25	53	4
				50;4	36
				52	Arch: 308
				—	37
				—	—
			30–5		—

#	Bergk[4]	Diehl[3] → WEST
1	1	1
2	2	2
3	3	3
4	4[6-8]	6
5	46	4;46
6	5	5
7	6	13
8	14	16
9	13	14
10	12	9[10-11];11
11	8	12
12	9[10-11]	8
13	11	15
14	15	17
15	17	33[1]
16	16	325
17	325	326
18	326	21-2
19	33[1]	20
20	20	215
21	21-2	213
22	215	19
23	213	227
24	216	38
25	19	30-1
26	227	48[5-6]
27	26[5-6]	205
28	38	42
29	30-1	197
30	48[5-6]	26[5-6]
31	205	18
32	42	297
33	297	36
34	36	252
35	45	37
36	25[2]	49[7]
37	217	45
38	179	110
39	35	217
40	37	216
41	34	25[2]
42	67[3-4]	67[3-4]
43	212	212
44	218	211
45	211	210
46	49[7]	218
47	252	34
48	18	35
49	93b	41
50	109	330
51	116	93-8;192
52	102	109
53	91[14-15]	116
54	105	102
55	111	91[14-15]
56	130	105-6
57	117	111
58	114	130
59	101	117
60	88	114
61	107	101
62	110	88
63	133	107
64	134	133
65	126	134
66	128	126
67	129	128-9
68	125	131-2
69	115	125
70	131-2	115
71	118	118
72	119	119
73	127	127
74	122[1-9]	122[1-9]
75	108	108
76	121	121
77	120	120
78	124	124
79	168	Hi.115-16
80	171	Hi.117
81	170	185
82	169	186
83	194	187
84	193	298
85	196	182
86	174	184
87	176	200
88	177	172;223
89	185	174
90	186	179
91	187	329
92	200	176;181[11]
93	184	178
94	172	177;180
95	210	173
96	173	234
97	43	225
98	195	224
99	197	adesp.
100	188[1]	202

Bergk⁴	Diehl³ → WEST		Bergk⁴ → WEST		Bergk⁴ → WEST
189	226		⁓257		243
41	43	135	256		267
191	201		66		235
182	193		236	170	268
105 —	195		222		247
			44		269
224	253	140	40		241
225	168				258
adesp.	171		41	175	271
329	170		302		
110 178	169		223		272
			259		273
202	194	145	293		274
226	191				246
255	188¹		291	180	275
192	188²		286-8		
115 190	189		292		276
			295		249
188²	190	150	305		270
204	192				206-9
201	196		290	185	309
324	322		248		
120 322	324		303		229
			261		279
323		155	264		280
237					313
58¹²			263	190	304
39			262		
125 230			332		281
			126		214
180		160	245		282
47					250
231			265	195	283
228			239		
130 296			242		238
			32		284
234		165	240		285
233					312
232			266	200	—

	Bergk^4	Diehl^3 → WEST
	3;3a	1
	4;4a	2;2a;166
	2	42
	5	3;3a
5	6	4;4a
	7	5
	8	6
	9	7
	10	8
10	136	9
	95a	10
	15	19
	1	95a
	12	20-1;92
15	42	12
	32^{1-2}	13
	32^{3-4}	14
	32^{4-6}	—
	34	—
20	36	15
	35;23	16
	43-4	17
	24	22
	148a	32
25	173	34
	118a	—
	142	35
	64	23
	68	36
30	38	30
	25	44
	47	24;37

	Bergk^4	Diehl^3 → WEST
	19^2;146b	118a
	48	38^1
35	26	38^2
	26a	25
	104^{47-9}	47
	13	48
	14	26;26a
40	102^9	—
	104^{20-1}	72^{5-7}
	72^{5-7}	39;49
	39	27
	176	50
45	63	28
	27	51
	50	—
	84^{17}	52
	28	53
50	51	54
	79^{17-20}	73^8
	52	56
	53	57
	54	58
55	73^3;79^9	59
	56	40
	57	60
	58	61
	59	62
60	22	41
	adesp.	63
	73^{4-5}	64
	16	—

	Bergk[4]	Diehl[3] → WEST			Bergk[4]	Diehl[3] → WEST
	40	adesp.			125	—
65	41	65–6; 70^{7-8};			120–1	I = 75
		176			114a	II = 77
			85		128	III = 78
	61	67				
	62	30			129a	IV = 79
	2a;166	114b			129	V = 82
	103^{11}	—			158	VI = 84
70	144–5	120–1			177	VII = 102
			90		119	VIII = 103
	78a	73^{4-5}				
	182	122			180	IX = 104
	67	123			175	X-XII = 118
	30	124			—	
75	147	125			181	
			95		143	
	118^{3}	114a			152–3	
	114b	128–9			118^{12}	
	122	129a			130	
	123	119			131	
80	124	175	100		132	
	60	182			133	

	Bergk[4] → WEST	Bergk[4]	→ WEST		Bergk[4] → WEST	Bergk[4]	→ WEST
	134		146a;147		156		165
	165a	114	148		156a		165b
	137	114a	—		157		167
105	138	b	—		159	135(-c)	168
		c	—	125	17		
	105^{6}	115	149				
	139				160		169
	140				114c		170
	141		150		162		172
110	135/a/b		135c		163		171
			154			140	—
	135/a/b		155	130	95^{9}		
	146	120	127		164		ii.500: 151b

SEMONIDES

Diehl[3]	West (Bergk[4])	Diehl[3]	West (Bergk[4])
1–7	1–7	19	21
8	9	20	22–3
9	10		24
10	12		25
	13		26
	14		27
	15	25	28
	16		41
15	17		42
	18		11
	19	29	Sim. eleg. *8 (85)
	20		

SIMONIDES

	West	Bergk[4]	Diehl[3]	Page
eleg.	1	83	—	*Mel.* 536
		241	—	*Mel.* 625
		—	—	—
		86	73	—
	5	88[3]	72	—
		167	67	epigr. 88
		171	68	—
		85	Sem.29	—
		81	62	—
	10	84[1–3]	64[1–3]	—
		84[4–6]	64[4–6]	—
		84[7]	51	*Mel.* p. 310 n.
		176	75	epigr. 89
		146	78	—
	15	67	53	*Mel.* p. 310 n.
		113	84	epigr. 75
		170	162	—

SOLON

Bergkiani numeri idem sunt ac mei nisi infra notatur.

Bergk⁴	Diehl³ → West	Bergk⁴	Diehl³ → West
	13		16
	1—3		17
	4		22
	4a–c; 15		27
5	5—7	20	26
6^{1-2}	28		29
	19	22;22a	20—1;18
6^{3}	11		33;32;34
	10		36
10	9	25	37
	12		38—40
	25		30
	23	28	31
	24	34	34^{4-5}
15	14	35	34^{6-7}
		36	$36^{3-22};37^{6-8}$
		37	36^{22-7}

TYRTAEUS

Diehl³	West (Bergk⁴)	Diehl³	West (Bergk⁴)
	18–23		10^{15-32}
	2^{12-15}		11
	4		12
	5	10	13
5	6–7		14
	10^{1-14}		

INDICES

Rectis characteribus notantur ipsius Theognidis versus, obliquis adespoti.

I. Nomina divina, heroica, fabulosa

Ἀγαμέμνων Th. 11
Ἄδρηστος Ty. 12.8
Ἄδωνις (Ant. 102)
Ἀθήνη, Ἀθηναίη Ad. el. 61.9 Ar.
  85. 3?; 94. 1; 98. 7 Mi. 14. 5;
  (21) Sol. 4. 4; 13. 49; Ty. 2.
  16?; 23a. (11), 18. cf. Παλλάς
Αἶα Mi. 11. 2
Αἶας (Locrus) Th. 1233
Αἰγείδης Th. 1233
Αἴγλη (Her. 1)
Ἀΐδης, Ἄιδης Mi. 2. 14 Se. 1.
  14; 7. 117 Sol. 24. 8 Th.
  244, 427, 703, 802, 906, 917,
  1014, 1124 Ty. 12. 38
Αἰήτης Mi. 11a. 1
Αἰολίδης Th. 702
Ἀλκάθοος Th. 774
Ἀλκμήνη Ion 27. 5 Si. 17. 1, 2
Ἀμυθάων (Hi. 4a)
Ἀνδραίμων (Mi. 10)
Ἀπόλλων Anan. 1. 1 Ar. 26. 5
  Hi. 25; 63. 1 Ho. 1. 2 Sc. 1. 2
  Sol. 13. 53 Th. 759, 1119 Ty.
  4. [1]. cf. Λητοΐδης, Φοῖβος.
Ἀργώ (Ant. 58; 65)
Ἄρης Ar. 3. 2; 18; 110 Se. 1. 13
  Ty. 11. 7; 12. 34; 19. 4
Ἅρπυια Th. 715
Ἄρτεμις Hi. 25 Th. 11

Ἀσκληπιός (Her. 1); ϝάδαι Th.
  432
Ἀταλάντη Th. 1291
Ἀφροδίτη Anac. el. 2. 3 (Ant.
  102?) Ar. 112. 11; 113. 6?
  Cr. 6. 18 Mi. 1. 1; (22?) Th.
  1293. cf. Κύπρις, Κυθέρεια

Βάκχος Eue. 2. 1
Βάραγχος Hi. 105. 6
Βελλεροφόντης (Ant. 68)
Βενδῖς Hi. 127
Βρόμιος Dion. Ch. 3. 2

Γανυμήδης Th. 1345
Γίγαντες X. 1. 21
Γλαῦκος Sisyphi f. Si. 10. 3

Δαίτης (Mi. 18)
Δαναός (Ar. 305?)
Δηιάνειρα (Ar. 286–8)
Δημήτηρ Ar. 169; 322.1
Διομήδης (Mi. 22?)
Διόνυσος (Διώ-) Ar. 120. 1 Dion.
  Ch. 5. 1 Ion 26. 1, 13 Sol. 26. 1
  Th. 976 Ty. 20. 1; -ιος (adiect.)
  Si. 5. cf. Βάκχος, Βρόμιος
Δῶρος Ad. el. 58. 9

Ἕλλη Ad. el. 20

285

INDICES

II. Nomina geographica et gentilia

III. Nomina historica

IV. Voces selectae